"十二五"高职高专精品课程规划教材·财经管理系列

实用人力资源管理

（第 2 版）

主　编　贾俊花
副主编　冯荣珍　王舜华　石径溪　曹世燕

清 华 大 学 出 版 社
北 京 交 通 大 学 出 版 社
·北京·

内 容 简 介

《实用人力资源管理》第 2 版在第 1 版的基础上，以人力资源管理的工作过程为导向，以项目和工作任务为载体，将学生职业技能的学习和训练贯穿于各学习模块和项目中。

本书主要内容如下：模块一人力资源管理概述，主要介绍人力资源管理的概念与职能；模块二岗位分析，主要介绍岗位分析的程序和方法，以及岗位说明书的编制；模块三人力资源规划，主要介绍人力资源规划的内容和程序；模块四招聘录用，主要介绍员工招聘的流程和方法；模块五职业生涯管理，主要介绍职业生涯规划的方法和设计；模块六员工培训开发，主要介绍员工培训的流程与方法；模块七绩效管理，主要介绍绩效管理的流程和方法；模块八薪酬福利管理，主要介绍薪酬福利管理的内容、薪酬体系设计，以及福利设计；模块九员工关系管理，主要介绍员工沟通管理与劳动关系管理。

图书在版编目(CIP)数据

实用人力资源管理/贾俊花主编. —2 版 . — 北京：北京交通大学出版社：清华大学出版社，2021.6

ISBN 978-7-5121-4376-0

Ⅰ. ①实…　Ⅱ. ①贾…　Ⅲ. ①人力资源管理-高等职业教育-教材　Ⅳ. ①F243

中国版本图书馆 CIP 数据核字(2020)第 244745 号

实用人力资源管理
SHIYONG RENLI ZIYUAN GUANLI

责任编辑：谭文芳

出版发行：清 华 大 学 出 版 社　　邮编：100084　电话：010-62776969　http://www.tup.com.cn
　　　　　北京交通大学出版社　　邮编：100044　电话：010-51686414　http://www.bjtup.com.cn

印 刷 者：北京时代华都印刷有限公司

经　　销：全国新华书店

开　　本：185 mm×230 mm　　印张：19.75　　字数：439 千字

版 印 次：2011 年 9 月第 1 版　　2021 年 6 月第 2 版　　2021 年 6 月第 1 次印刷

定　　价：56.00 元

本书如有质量问题，请向北京交通大学出版社质监组反映。对您的意见和批评，我们表示欢迎和感谢。

投诉电话：010-51686043，51686008；传真：010-62225406；E-mail：press@bjtu.edu.cn。

《实用人力资源管理》第 1 版出版于 2010 年，经过十多年的发展，我国的人力资源管理呈现新的发展趋势，也面临着新的挑战。随着"95"后进入劳动力市场，"00"后也即将全面进入劳动力市场，企业在人力资源管理方面必须与时俱进，针对新的形势与新的特点及时调整管理方式与管理方法，探索出适应新时代的人力资源管理模式。

本书第 2 版在第 1 版的基础上，仍坚持第 1 版所强调的特色突出的基本框架及以下主要特点。

1. 与企业工作任务紧密结合。企业人力资源管理的主要职能包括"选、用、育、激、留"，目的是提高人力资源使用效率。本书在分析企业人力资源管理工作任务的基础上，以人力资源管理的主要工作目标为指引，选定企业人力资源管理的主要职能作为主要教学内容，并进行序化设计，系统、全面，并体现了与企业工作相结合的特点。

2. 以工作过程为导向。教材以企业人力资源管理的工作过程为导向，设计不同模块和项目，并以项目和工作任务为载体，突出对学生职业技能的学习和训练，真正体现了"以学生为主体""教、学、做一体""工学结合"的高职教育理念。

3. 以练为主，任务驱动，强化提高学生职业技能。本书根据企业人力资源管理工作的要求，将工作内容设计成不同的工作任务，通过"实训项目"和"学中做、做中学"，学生在任务驱动下进行学习，以练为主，达到提高职业技能和能力的目的。

在此基础上，第 2 版对教材的框架进行了调整，将原来的模块九"职业生涯管理"调整到模块五，即在模块四"招聘录用"之后。在新的人力资源管理形势下，对员工管理的关注更多的是对员工自身的内在的管理，即在员工入职之后，能够很快建立起员工在组织中的职业发展途径，从根本上达到员工的自身发展与组织发展相一致的目标，从而解决传统激励手段对"90"后员工管理的不足。其次，第 2 版在每个模块里都增加了课堂讨论，以增加课程的互动性。同时对案例进行了部分调整，以更好地与时代接轨。

本次教材编写吸收了海归作者参与，他们拥有前沿的人力资源管理知识，拥有独特的人力资源管理的视角，结合作者多年的人力资源管理教学经验及曾在企业从事具体的管理工作中获取的丰富的实践管理经验，因此，第 2 版教材内容的体例与选取不仅比较全面，而且层次递进科学合理，结构序化。除适合高职高专院校学生学习外，也可供企业从事人力资源管理工作的人员和其他管理人员参考使用。

　　本书主要内容及编写分工如下：模块一人力资源管理概述（贾俊花），模块二岗位分析（贾俊花），模块三人力资源规划（石径溪），模块四招聘录用（石径溪），模块五职业生涯管理（曹世燕），模块六员工培训开发（冯荣珍），模块七绩效管理（王舜华），模块八薪酬福利管理（石径溪），模块九员工关系管理（冯荣珍）。全书由贾俊花老师负责统稿、定稿。在编写过程中，编者参考了国内外大量有关企业人力资源管理理论和实务的文献、论著，在此谨表示我们诚挚的谢意。同时恳请业内专家、同行和读者予以指正。

编　者

2021 年 5 月

目录
Contents

模块一

人力资源管理概述

知识目标：

1. 人力资源的含义；

2. 人力资源管理的含义与职能；

3. 人力资源管理部门的职能。

能力目标：

1. 专业术语的认知能力；

2. 人力资源管理的宏观认知能力。

素质目标：

1. 人力资源管理人员的必备素质；

2. 团队协调合作意识。

导入案例：

美国不惜重金招聘人才

1945 年，盟军攻克柏林，在苏军把德国的机械设备运回国的同时，美国政府却派了一批飞机赴德国，把大批德国高级科学家和工程技术人员作为战俘运回美国，经考核后以高薪聘用。这些科学家对美国战后科学技术的发展起到了很大的作用。美国通过重金招聘使得美国人才济济，并发挥了巨大的作用。众所周知，基辛格是犹太人，布热津斯基是波兰人。美国的科学家中移民就更多了，轰动一时的阿波罗登月计划，在参与其事的高级工程师当中，就有相当数量的外国人，其中 1/3 还是炎黄子孙。

第二次世界大战以后，美国引进了高级科学家、工程师、医生等共约 24 万人。在美国，一个人从小学到大学毕业，政府要付 5 万美元的教育经费，24 万人就是 120 亿美元，再加上家长和社会对学生所付的其他费用，经费大得惊人。所以引进人才是无本万利。

瑞士有位研究生研制成功一种电子笔和一套辅助设备，可以用来修正遥感卫星拍摄的红外照片，这项重大发明引起了世界注目。美国闻讯马上找到这个研究生，以优惠的待遇为条件动员他到美国工作。瑞士也千方百计地要留住他，于是美国和瑞士展开人才争夺战。精明大胆的美国人说，我们在你们的薪资上乘以5，就这样这位研究生连人带笔一起到了美国。千方百计"挖墙脚"，使得美国的经济快速增长，科技走在世界前列。

资料来源：根据 http://wenku. baidu. com/view/a97991cc58f5f61fb736669b. html 编写

项目一　人力资源管理

【知识精讲】人力资源的概念；人力资源管理的概念；人力资源管理的作用。

在人类所拥有的一切资源中，人力资源是第一宝贵资源，是21世纪的第一大资源，将成为企业发展的核心要素。企业要保持可持续发展，就必须将人力资源有效开发利用起来，使人力资源得到最大价值的发挥，得到最有效的运用。

一、人力资源

（一）人力资源的含义

探讨人力资源含义，需要先界定资源的含义。资源，《辞海》解释为"资财的来源"，指一国或一定地区内拥有的物力、财力、人力等各种物质要素的总称。在经济学上，资源是为了创造物质财富而进入生产过程的一切要素，是创造人类社会财富的源泉。资源包括自然资源和社会资源。自然资源是来自自然界的物质，如阳光、空气、水、土地、森林、草原、动物、矿藏等；社会资源是人类通过自身劳动在开发利用自然资源过程中所提供的物质和精神财富的统称。社会资源包括的范围十分广泛，在当前的技术经济条件下，主要是指构成社会生产力要素的劳动力资源、教育资源、资本资源、科技资源等非实物形态的资源。而劳动力资源就是我们所说的人力资源。

由此可见，人力资源是社会资源之一。"人力资源"一词是由当代管理学家彼得·德鲁克（Peter F. Drucker, 1909—2005）于1954年在其《管理的实践》一书中提出的。那么何谓人力资源，在考察目前流行的各种观点基础上，我们认为人力资源就是指劳动力资源或劳动力，指具有劳动能力并愿意为社会工作的人口。劳动能力指体力劳动能力和脑力劳动能力的总和，这些能力能利用自然资源、信息资源及其他资源创造出新的价值财富。

掌握人力资源的含义，要把握住人力资源区别于其他资源的主要特征。

（1）人力资源是指存在于人体内的体力劳动能力和脑力劳动能力的总和。从组织的角度考察人力资源，则是指能够推动整个组织发展的劳动者的能力的总称。它包括量和质两个方面。从量的角度划分，人力资源包括现实的劳动能力和潜在的劳动能力；从质的角度划分，人力资源包括脑力劳动能力和体力劳动能力。

（2）人力资源区别于其他资源的最大特征就是它是一种"活"资源，而物质资源是一种"死"资源。物质资源只有通过人力资源这种"活"的资源的有效开发、加工和制造才会产生价值。

（3）人力资源拥有不断的创新能力，它是创造利润的主要来源，特别是在高科技产业，是企业利润的源泉。

（4）人力资源是可开发的资源。通过对人力资源的有效管理，可以源源不断地挖掘人的创造能力，极大地提高组织的生产效率，从而实现组织的目标。

（二）人力资源的特点

1. 时限性

人力资源的形成与作用要受生命周期的限制。一般要经历幼年期、少年期、青年期、中年期和老年期。每人都有其才能发挥的最佳年龄段，如未能在这一时期充分利用开发，就会导致资源的浪费。因此须做到适时开发、及时利用，最大限度地发挥其作用。

2. 能动性

能动性指人力资源在被开发的过程中，能主动发挥主观能动性，有目的、有意识地利用其他资源进行生产，具有创造性思维的潜能，能够在人类活动中发挥创造性的作用。

3. 再生性

由于人口的再生产和劳动力的再生产，人力资源实现了自身的再生过程。同时，人的知识与技能陈旧、老化也可以通过培训和再学习等手段得到一定程度的解决。

4. 高增值性

人力资源在开发和使用过程中，脑力和体力在被组织利用后，非但不会减值和消失，还会通过知识经验的积累、更新而提升自身的价值，实现自身价值的增值。

5. 磨损性

人力资源在使用过程中会由于身体状况的变化，出现有形磨损和无形磨损。劳动者自身的疾病和衰老是有形磨损，劳动者知识和技能的老化是无形磨损。当今新技术的更新周期越来越短，人力资源的磨损速度越来越快，补偿难度也越来越大，补偿费用也越来越高。

6. 两重性

人力资源既是生产者，又是消费者，具有角色的两重性。人力资源的投资来源于个人和社会两个方面，包括教育培训、卫生健康等。同时人力资源投资是一种消费行为，是必需的先于人力资本的收益，远远大于对其他资源投资所产生的收益。

7. 社会性

由于人处在一定的社会之中，人力资源的形成、配置、利用和开发通过社会分工来完成，它以社会的存在为前提条件。其社会性主要表现为由于社会政治、经济和文化水平的不同，人力资源的质量也会不同，会明显受到社会因素的影响。

课堂讨论

资料：积极挖掘自己身上的潜能

据心理学家认为：一个普通人只运用了其能力的 10%，还有 90% 的潜能可以挖掘。人唯一的限制就是自己脑海中所设立的那个限制，一个人不成功是因为他不想成功。成功在于意念，更在于行动。大学生李明学的是计算机专业，毕业后在一家证券公司工作，隔行如隔山，公司规定必须一个月内考下证券从业资格证，小李在家宅了十多天，全力以赴准备考试，连吃泡面都觉得浪费时间，每天凌晨 2 点睡觉，7 点起床，除了睡觉，眼睛没有离开过书。肩膀肿了，想捶又够不到，就拿雨伞狠狠敲……一个月后顺利考取了证券从业资格证。

资料来源：http://jingyan.baidu.com/article/a17d52852794968099c8f24d.html

讨论：

1. 通过以上的描述，反映出人力资源的什么特点？
2. 请找出自己人生经历中发挥出自己潜力的经验，分享给大家。

（三）人力资源的构成

人力资源由数量和质量两个方面构成。

1. 人力资源的数量

人力资源的数量是构成人力资源总量的基础，它反映了人力资源量的特性。它是指一个国家或地区拥有劳动能力的人口的数量。人力资源的数量分为绝对数量和相对数量两种。

人力资源绝对数量，从宏观上看，指的是一个国家或地区中具有劳动能力、从事社会劳动的人口总数，它是一个国家或地区劳动适龄人口减去其中丧失劳动能力的人口，即劳动适龄人口之中具有劳动能力的人口，反映了一个国家或地区人力资源绝对量的水平。

对于企业而言，人力资源的数量一般来说就是其员工的数量。对于国家而言，人力资源数量可以分为现实人力资源数量和潜在人力资源数量两个方面。潜在人力资源绝对量的考察范围，可用一个国家或地区具有劳动能力的人口量加以计算。为此，各国都根据其国情对人口进行"劳动年龄"的划分。在劳动年龄上下限之间的人口称为"劳动适龄人口"。我国现行的劳动年龄规定为：男子 16～60 岁，女干部 16～55 岁，女职工 16～50 岁。在劳动适龄人口内部，存在一些丧失劳动能力的病残人口；在劳动适龄人口之外，也存在一些具有劳动能力，正在从事社会劳动的人口。在计量人力资源数量时，应当对上述两种情况加以考虑。具体包括以下几个方面。

（1）处于劳动年龄之内的，正在从事社会劳动的人口，它占据人力资源的大部分，可称为"适龄就业人口"。

（2）尚未达到劳动年龄，已经从事社会劳动的人口，即"未成年就业人口"。

（3）已经超过劳动年龄，继续从事社会劳动的人口，即"老年劳动者"或"老年就业"。

以上三部分构成就业人口的总和，被称为现实人力资源数量。

（4）处于劳动年龄之内，具有劳动能力并要求参加社会劳动的人口，这部分可以称为"待业人口"。

（5）处于劳动年龄之内，正在从事学习的人口，即"求学人口"。

（6）处于劳动年龄之内，正在从事家务劳动的人口。

（7）处于劳动年龄之内，正在军队服役的人口。

（8）处于劳动年龄之内的其他人口。

以上五部分被称为潜在的人力资源。

人力资源相对数量是指一个国家或地区总人口中人均人力资源的拥有量，可用来进行国家或地区之间人力资源拥有量比较，相对数量越高，表明该国家或地区的经济活动有某种优势。

2. 人力资源的质量

人力资源的质量指人力资源所具有的体质、智力、知识、技能水平，以及劳动者的劳动态度，具体体现在劳动者的体质、文化、专业技术水平及劳动积极性上。人力资源的质量一般可以用健康指标、教育状况、劳动者的技术等级状况和劳动态度指标来衡量。

人力资源的质量构成是一个国家劳动力素质的综合反映，具体包括以下几个方面。

（1）体质因素——身体条件：先天遗传体质和后天营养、锻炼体质。

（2）智力因素——能力、技能和知识。

（3）非智力因素——品德、修养、心理和精神状况等。

人力资源开发中的数量和质量是相互统一的。与人力资源数量相比较，其质量更为重要。数量是基础，质量是核心。随着社会生产力的不断进步，现代的科学技术对人力资源的质量提出了更高的要求。人力资源质量的重要性还体现在其内部的替代性方面。一般来说，人力资源的质量对数量的替代性较强，而数量对质量的替代作用较差，有时甚至不能替代。并且人口过多会造成很多社会问题，人力资源开发的目的在于，提高人力资源的质量，在社会经济的发展中发挥更大的作用。因此人力资源管理的重点应该放在质量上。

（四）与人力资源相关的概念

1. 人口资源

指一个国家或地区所拥有的人口的总量，它是一个最基本的底数，一切人力资源、人才资源皆产生于这个最基本的资源中，它主要表现为人口的数量。

2. 人才资源

指一个国家或地区中具有较多科学知识、较强劳动技能，在价值创造过程中起关键或重要作用的那部分人。人才资源是人力资源的一部分，即优质的人力资源。

人口资源、人才资源和人力资源三个概念的本质有所不同，人口资源和人才资源的本质是人，而人力资源的本质则是脑力和体力，从本质上讲三者之间没有可比性。就人口资源和人才资源来说，它们关注的重点不同，人口资源更多是一种数量概念，而人才资源更多是一种质量概念。但是这三者在数量上却存在一种包含关系。

从数量上看，人口资源是最多的，它是人力资源形成的数量基础，人口资源中具备一定脑力和体力的那部分才是人力资源；而人才资源又是人力资源的一部分，是人力资源中质量较高的那部分，也是数量最少的。从比例上看，人才资源是最小的，它是从人力资源中产生的，而人力资源又是从人口资源中产生的。

3. 人力资本

通过教育、培训、保健、劳动力迁移、就业信息等获得的凝结在劳动者身上的技能、学识、健康状况和水平的总和。

人力资源和人力资本都是以人为基础而产生的概念，研究的对象都是人所具有的脑力和体力，从这一点看两者是一致的。但是二者的内涵不同。

首先在与社会价值的关系上不同。人力资本是由投资而形成的，强调以某种代价获得的能力或技能的价值，投资的代价可在提高生产力过程中以更大的收益收回。因此劳动者将自己拥有的脑力和体力投入到生产过程中参与价值创造，就要据此来获取相应的劳动报酬和经济利益。它与社会价值的关系应当说是一种由因溯果的关系。

而人力资源作为一种资源，劳动者拥有的脑力和体力对价值的创造起了重要贡献作用，人力资源强调人力作为生产要素在生产过程中的生产、创造能力，它在生产过程中可以创造产品、创造财富，促进经济发展。它与社会价值的关系应当说是一种由果溯因的。

其次，关注的角度和重点不同。人力资本是通过投资形成的存在于人体中的资本形式，是形成人的脑力和体力的物质资本在人身上的价值凝结，是从成本收益的角度来研究人在经济增长中的作用，它强调投资付出的代价及其收回，考虑投资成本带来多少价值，研究的是价值增值的速度和幅度，关注的重点是收益问题，即投资能否带来收益及带来多少收益的问题。人力资源则不同，它将人作为财富的来源来看待，是从投入产出的角度来研究人对经济发展的作用，关注的重点是产出问题，即人力资源对经济发展的贡献有多大，对经济发展的推动力有多强。

二、人力资源管理的含义及目标

（一）人力资源管理的含义

界定了人力资源的概念，我们再看管理。管是约束，理是办理、处理，《现代汉语词典》将"管理"解释为"负责某项工作使其顺利进行"，从组织角度来考察，管理就是对所管辖的人、财、物等工作负责办理处理，其过程就是计划、组织、协调和控制等活动。

人力资源管理，顾名思义，就是对组织中"人"的管理，也就是对组织所拥有的人力资源这一特殊的资源，通过计划、组织、协调和控制等活动进行管理。从管理角度考察，人力资源管理就是组织通过岗位分析、人力资源规划、员工招聘选拔、员工培训和开发、绩效管理、薪酬管理、员工关系管理等一系列手段来提高劳动生产率，最终实现组织发展的一种管理行为。

从本质上讲，现代人力资源管理过程就是一个人力资源的获取、整合、保持激励、控制调整及开发的过程，主要包括选人、用人、育人、激人、留人等内容和工作任务。根据定义，可以从两个方面来理解人力资源管理。

（1）对人力资源数量的管理。即根据人力和物力及其变化，对人力进行恰当的培训、组织和协调，使二者经常保持最佳比例和有机的结合，使人和物都充分发挥出最佳效应。

（2）对人力资源内在质量的管理。主要是指采用现代化的科学方法，对人的思想、心理和行为进行有效的管理，充分发挥其主观能动性，以实现组织目标。

（二）现代人力资源管理与人事管理的主要区别

人力资源管理是一门新兴的学科，问世于 20 世纪 70 年代末，发展于 90 年代。人力资源管理的历史不长，但人事管理的思想却源远流长。

从时间上看，从 18 世纪末工业革命开始，一直到 20 世纪 70 年代，这一时期被称为传统的人事管理阶段。从 20 世纪 70 年代末以来，人事管理让位于人力资源管理。进入 20 世纪 90 年代，人力资源管理理论不断发展，也不断成熟。人们更多地探讨人力资源管理如何为企业的战略服务，人力资源部门的角色如何向企业管理的战略合作伙伴关系转变。战略人力资源管理理论的提出和发展，标志着现代人力资源管理的新阶段。

现代人力资源管理不同于传统的人事管理，它深受经济竞争环境、技术发展环境，以及国家法律和政府政策的影响，作为近 20 年来出现的一个崭新的和重要的管理学领域，远远超出了传统人事管理的范畴，与传统人事管理是一种继承和发展的关系。现代人力资源管理是在人事管理的基础上演变发展起来的，但二者又有很大不同，主要表现在以下几方面。

（1）传统人事管理把人当作成本，将人视为一种"工具"，注重的是投入、使用和控制，可以随意控制它、使用它，而现代人力资源管理把人作为一种"资源"，注重产出和开发，要小心保护它、引导它、开发它。

（2）传统人事管理的特点是以"事"为中心，只见"事"，不见"人"，只见某一方面，而不见人与事的整体性、系统性，强调"事"的单一方面的静态的控制和管理，其管理的形式和目的是"控制人"；而现代人力资源管理以"人"为核心，强调一种动态的、心理、意识的调节和开发，管理的根本出发点是"着眼于人"，其管理归结于人与事的系统优化，致使企业取得最佳的社会效益和经济效益。

（3）传统人事管理是某一职能部门单独使用的工具，而现代人力资源管理却逐渐成为决策辅助工具，人力资源部门在决策中的地位逐渐提高。人力资源管理涉及企业的每一个管理者，现代的管理人员既是部门的业务经理，也是这个部门的人力资源经理。人力资源管理部门的主要职责在于制订人力资源规划、开发政策，侧重于人的潜能开发和培训，同时培训其他职能经理或管理者，提高他们对人的管理水平和素质。所以说，企业的每一个管理者，不单要完成企业的生产、销售目标，还要培养一支为实现企业组织目标能够打硬仗的员工队伍。

人力资源管理与人事管理的区别见表 1-1。

表 1-1   人力资源管理与人事管理的区别

项 目	类 型	
	现代人力资源管理	传统人事管理
管理观念	视人为资源	视人为成本
管理模式	注重人与事的统一，以人为中心	以事为中心
管理活动	主动开发	被动反应
管理内容	丰富	简单
管理地位	管理决策层	工作执行层
管理方式	参与、民主	控制、命令
部门性质	生产与效益部门	非生产、非效益部门
管理目的	注重工作过程，关心员工利益	注重工作成果
管理深度	注重潜能开发	管好现有的人

（三）人力资源管理的目标

1. 基本目标

人力资源管理的基本目标是最大限度地满足组织对人力资源的需求；最大限度地开发与管理组织内外的人力资源；维护与激励组织内的人力资源。人力资源管理既要考虑组织目标的实现，又要考虑员工个人的发展，强调在实现组织目标的同时实现员工个人的全面发展。无论是专门的人力资源管理部门还是其他非人力资源管理部门，进行人力资源管理，必须达到以下三个目标：最大限度地满足组织对人力资源数量和质量的需求；最大限度地开发组织的人力资源，保持组织的持续发展；有效地激励组织的人力资源，最大限度地发挥其潜能，使人力资本得到提升与扩充。

人力资源管理的最优目标就是用最少的人做最多的事，使每个人都能发挥自己的潜力和长处，并使人力资本不断升值。

2. 宏观目标

人力资源管理的宏观目标就是通过一系列对员工的管理活动实现组织的目标。阿姆斯特朗（Armstrong）在《计划与行动》（1992）一书中，对人力资源管理体系的目标做出了如下规定：

（1）企业的目标最终将通过其最有价值的资源——它的员工来实现；

（2）为提高员工个人和企业整体的业绩，人们应把促进企业的成功当作自己的义务；

（3）制定与企业业绩紧密相连，具有连贯性的人力资源方针和制度，是企业最有效利用资源和实现商业目标的必要前提；

（4）应努力寻求人力资源管理政策与商业目标之间的匹配和统一；

（5）当企业文化合理时，人力资源管理政策应起支持作用；当企业文化不合理时，人力资源管理政策应促使其改进；

（6）创造理想的企业环境，鼓励员工创造，培养积极向上的作风；人力资源政策应为合作、创新和全面质量管理的完善提供合适的环境；

（7）创造反应灵敏、适应性强的组织体系，从而帮助企业实现竞争环境下的具体目标；

（8）增强员工上班时间和工作内容的灵活性；

（9）提供相对完善的工作和组织条件，为员工充分发挥其潜力提供所需要的各种支持；

（10）维护和完善员工队伍以及产品和服务。

3. 微观目标

人力资源管理的微观目标就是发挥出每个组织成员的所有潜能，在组织中能够做到事得其人、人尽其才、才有其用。具体就是通过企业人力资源战略规划的制定，如员工的招聘与选拔，培训与开发，绩效管理，薪酬福利管理，员工流动管理，员工关系管理等，对人力资源的获取（选人）、开发（育人）、激励（激人）、保持（留人）和利用（用人）等方面所进行的计划、组织、指挥、控制和协调等一系列活动，最终达到实现企业的发展目标。

美国佛罗里达国际大学著名管理学教授加里·德斯勒在他所著的《人力资源管理》一书中列举了一家大公司在进行有效的人力资源管理过程中，人力资源管理者所负的责任为以下十大方面：

（1）把合适的人配置到适当的工作岗位上；

（2）引导新雇员进入组织（熟悉环境）；

（3）培训新雇员适应新的工作岗位；

（4）提高每位新雇员的工作绩效；

（5）争取实现创造性的合作，建立和谐的工作关系；

（6）解释公司政策和工作程序；

（7）控制劳动力成本；

（8）开发每位雇员的工作潜能；

（9）创造并维持部门内雇员的士气；

（10）保护雇员的健康及改善工作的物质环境。

三、人力资源管理的作用

在人类所拥有的一切资源中，人力资源是第一宝贵的，人力资源将成为 21 世纪的第一大资源，自然成了现代管理的核心。经济优势取决于科技优势，科技优势又源于人才优势。诺贝尔经济学奖获得者舒尔茨，在对美国 20 世纪以来经济与工业的高速发展作评时，一针见血地指出："在当代美国的经济发展中，人才资本已占据了显著的地位。例如本世纪以来，美国 90%的产品更新，依靠的是人才的智力，而不是传统的劳力或资本。"因此，依靠开发人力资源以取得科技、经济竞争主动权，赢得发展新优势，已日益成为国际竞争的焦点。

实际上，现代人力资源管理的作用可以从三个层面，即国家、组织、个人来加以理解。

（1）国家层面

目前，"科教兴国""全面提高劳动者的素质"等国家的方针政策，关注的重点是一个国家、一个民族的人力资源开发管理。只有一个国家的人力资源得到了充分的开发和有效的管理，一个国家才能繁荣，一个民族才能振兴。

（2）组织层面

在一个组织中，只有求得有用人才、合理使用人才、科学管理人才、有效开发人才等，才能促进组织目标的达成和个人价值的实现。

（3）个人层面

对每个人，只有使其潜能得到开发、技能得到提高，使其适应社会、融入组织，才能为组织创造价值，为社会做出贡献，而这都有赖于人力资源的管理。

课 堂 讨 论

资料：佛莱克斯纳三聘爱因斯坦

20世纪30年代初，美国著名教育家佛莱克斯纳立志改革教育。在风景秀美的普林斯顿兴办了一所高等研究院后，开始在世界范围内物色一流的专家和学者。

1932年，爱因斯坦到美国加州理工大学讲学，佛莱克斯纳马上前往拜访，并提出聘请爱因斯坦的请求，但爱因斯坦没有答应。后来，爱因斯坦到英国讲学，佛莱克斯纳又紧跟其来到英国并再次提出请求，爱因斯坦仍没有答应。这年夏天，当爱因斯坦从英国回到柏林的寓所时，佛莱克斯纳又跟到那里，再三恳切地提出聘请爱因斯坦的请求。精诚所至，金石为开，爱因斯坦终于被他的诚心所感动，决定答应佛莱克斯纳的请求，前往美国普林斯顿大学任终身教授。从此，美国成为了全世界的物理中心。

讨论：

1. 佛莱克斯纳为什么三聘爱因斯坦？
2. 爱因斯坦在普林斯顿大学做出哪些贡献？为美国的物理发展起到哪些作用？

资料来源：根据 http://wenku.baidu.com/view 编写

案例简析

案例一：风帆奶业公司由于市场竞争和内部原因，上半年销售额减少，各种费用没有降低，导致公司发生亏损。公司总经理李风帆经过考虑，认为是人浮于事造成的，在没有和任何人商量的情况下，决定在全公司范围内裁员，所有部门都必须裁减12%的员工。这导致了公司核心盈利部门经理张抗的强烈反对，并扬言要是裁员，就从他开始。张抗管理的酸奶部门是公司盈利最多的部门，解雇他会对公司的经营业绩带来很大的影响，总经理李风帆陷入了困境当中。

问题:

1. 该案例中总经理李凤帆为什么会陷入困境?
2. 请为总经理李凤帆找到脱离困境的对策。

简析:

问题1:李凤帆之所以会陷入困境,是因为三方面的原因:第一,李凤帆只将人力资源成本作为企业成本,以为只要裁员就可以扭亏为盈,采取的是冷漠无情的管理方式,也无助于解决企业亏损问题;第二,公司裁员是关系到公司未来发展的重大决策,要求相关部门的人员参与,李凤帆在未与他人商量的情况下做出决策,在实施过程中必然遭到相关管理人员的反对;第三,所有部门均裁员12%的决定忽略了人力资源的结构化因素,短期内可能压缩成本,但是长期看无助于形成结构合理的员工队伍。

问题2:首先,参与决策。李凤帆必须让各部门经理参与公司基本政策的制定和决策过程,与各部门经理研究,让他们参与决策过程并最终对决策有所贡献。这样就可以让他们了解公司的短期财务需求和长期的发展目标,鼓励他们做出建设性的反应,并发挥团队精神。

其次,降低成本。公司必须全面降低成本。裁人这种解决方法,虽然短期内可起到一定的作用,但是从长远来看,公司在管理及业绩方面的问题依然存在。李凤帆和各部门经理必须研究出新的市场应对策略,使公司扭亏为盈,这才是根本的解决之道。

最后,李凤帆还必须在部门经理的配合下,深入调查各部门的情况,和部门经理共同制定该部门的目标和衡量业绩的标准。同时要考虑缩减人事费用以外的其他的成本节省方法,例如:减少成品、半成品和原料的存货;除此之外,还得研究产品合理化的可行性。

总之,李凤帆必须放弃以前对亏损部门和盈利部门一视同仁的做法。制定相应的政策,鼓励先进,督促后进,调动盈利部门的积极性,使亏损部门有危机感,变亏损为盈利。

案例二:某大型企业职能部门的员工年龄结构如下表所示。请分析相关数据并回答下列问题。

项 目	年 龄	人数/人
职能部门年龄结构	25岁以下	35
	26～30岁	85
	31～35岁	253
	36～40岁	325
	41～45岁	95
	46～49岁	45
	50岁以上	13

问题：

1. 该公司职能部门员工的年龄具有什么特点？

2. 从员工职业发展的角度看，该公司目前需要注意什么问题？

3. 请为该公司改善员工年龄结构提出建议。

简析：

问题 1：职能部门人员大部分都是 31～45 岁，占总人数将近 80%，而 25 岁以下只有 4%，人才后备力量不足，员工没有形成梯次，并且形成了一个庞大的年龄板块，如对此不加以重视的话，人才断层将影响公司未来发展。

问题 2：由于部门人员的年龄结构主要集中在 31～45 岁，如果公司在此期间没有大规模的发展，员工会由于看不到发展机会而出现以下问题：

(1) 组织学习和创新能力下降；

(2) 工作上不思进取，得过且过；

(3) 寻求机会另谋发展，导致人才的大规模流失；

(4) 由于职业发展的内在要求，员工之间的关系可能会变得紧张复杂，不利于低龄员工的成长和发展。

问题 3：该公司的年龄结构呈现橄榄型。针对人才后备不足的情况，需要大批引进年轻人，为公司提供新鲜血液；同时对 31～45 岁的中青员工，要建立能上能下、能进能出的人才配置机制；设计多渠道的员工发展通道；采用多种手段强化激励机制，鼓励创新学习，以激发中青年员工的活力。

实训项目

实训内容：请学生调查学校周围一家大中型企业（公司、饭店、工厂、商场等），了解企业的基本状况，考察其人力资源的特点，包括人员的数量，人员的质量（身体素质、智力水平、非智力水平）。了解各种人力资源管理规章制度。

实训指导：

1. 从网上或根据自己的社会关系锁定一家有规模、有实力的企业，最好在当地有一定的知名度，因为此类企业的人力资源管理较规范系统，便于考察。

2. 深入企业进行调查。先从外围调查，从员工的特点开始，数量、质量，再调查人力资源部门的具体情况。可以从企业的宣传资料、网站内容，以及采取询问法、观察法、应聘职员或兼职打工等手段进行调查。

3. 调查完毕，写出调查报告，调查报告包括以下三方面的内容。

(1) 企业概况：企业的名称、性质、规模、产品及业务范围等。

(2) 企业人力资源的特点：人员数量，人员质量（身体素质，如年龄、体质；智力水平，如文凭、专业、经验、技能；非智力素质，如心理素质、工作态度、职业道德等）。

（3）企业人力资源管理中有哪些规章制度。

学中做　做中学

全班以宿舍或同伴为单位，分成7～8个小组，每个小组各成立一家虚拟公司。要求：

1. 做出公司的可行性调研报告

（1）调研：此虚拟公司要结合本地区实际，进行详细的论证调研，最好能抓住市场空隙，有一定的市场空间，适合大学生独立创业。可利用各位同学的家庭资源、实习资源、打工资源等社会资源，进行深入详细调研，目的是能为毕业后实际就业提供一定的借鉴作用。

（2）立项：在调研的基础上，共同决策小组经营的项目，请说出立项的依据、理由，列出项目的优势与劣势，项目在市场上的潜力，并为虚拟公司起名。

2. 成立公司的组织机构

（1）公司的部门构成；

（2）公司的人力资源部构成；

（3）各自在人力资源部的分工。

3. 公司的战略规划或发展计划

（1）公司的近期发展目标，主要指各项业务开展计划；

（2）公司的中期发展目标，主要指市场拓展计划；

（3）公司的远期发展目标，主要指公司在市场上的长期战略计划，公司远期发展的规模；

（4）公司在毕业后能否实际启动运行，请说出理由。

4. 请到当地工商部门或登录其网站查询了解，成立一个这样的公司需要哪些条件，公司启动需要多少注册资金，需要办理哪些手续才能领到营业执照。

项目二　人力资源管理的职能概述

【知识精讲】人力资源管理的职能；人力资源管理职能之间的关系；人力资源管理部门的组织机构；人力资源管理部门的职责。

人力资源管理的基本职能始终贯穿于人力资源管理的整个活动过程。人力资源管理职能主要包括人力资源规划，岗位分析与工作设计，员工招聘录用、合理配置和使用，员工培训与开发，绩效管理，薪酬福利管理，员工关系管理和职业生涯管理等八大职能。

一、人力资源管理的基本职能

(一)人力资源规划

人力资源规划是一项系统的战略工程，主要是从企业战略规划和发展目标出发，根据其内外部环境的变化，预测企业未来发展对人力资源的需求，以及为满足这种需要所提供人力资源的活动过程。对于目前组织来说，人力资源规划的实质是根据组织经营方针，通过确定未来组织人力资源管理目标来实现组织的既定目标。人力资源规划的内容，分为人力资源的战略计划和战术计划。

人力资源的战略计划：根据组织内部的经营方向和经营目标，以及组织外部的社会、政治、经济和法律等环境对人力资源的影响，制定出一套跨年度人力资源计划。人力资源的战略计划必须要注意战略规划的稳定性和灵活性的统一。

人力资源的战术计划：根据组织未来面临的外部人力资源供求的预测，以及公司的发展对人力资源的需求量的预测，根据预测的结果制定具体的方案，包括招聘、辞退、晋升、培训、工资福利政策、员工梯队建设和组织变革等。

(二)岗位分析与工作设计

为了更好地进行人力资源管理，必须对组织内部的各个岗位的工作活动进行充分的了解，对其工作职责进行详细的界定，因此要对各个岗位进行分析。岗位分析就是工作分析，是指对组织中某个特定工作职务的目的、任务或职责、权利、隶属关系、工作条件、任职资格等相关信息进行收集与分析，以便对该职务的工作做出明确的规定，并确定完成该工作所需要的行为、条件、人员的过程。岗位分析所形成的工作描述、工作规范是人力资源开发与管理中必不可少的环节或重要的工作，它与其他人力资源管理方面的工作有着密切的关系。

岗位分析的目的就是要为管理活动提供与工作有关的各种信息，这可以用 6W1H 概括。

Who——谁来完成工作？

What——具体的工作内容是什么？

When——工作时间的安排是什么？

Why——工作的目的是什么？

Whom——工作的服务对象是谁？

Where——工作的地点在哪里？

How——如何进行工作？

工作设计就是通过对工作任务的分解，设计不同的工作岗位，并规定每个岗位的工作条件、工作要求和应承担的责任，确定此工作岗位应有的技能、知识和经验等，以确保工作岗位的工作描述规范，工作要求具体。在此基础上，配备与工作岗位任职资格相匹配的员工，达到组织人力资源与工作岗位的科学合理配置的目的。

(三) 员工招聘录用

员工招聘录用是根据组织人力资源规划和岗位分析的数量与质量要求,采取一些科学的方法去寻找、吸引具备资格的个人到组织来任职,并从中选拔适宜人员予以录用的管理过程。

员工招聘录用是在组织完成人力资源规划工作的基础上展开的具体工作内容。人力资源规划对企业未来用人的数量和质量进行了具体的测算与评估,是否招聘、招聘多少、用什么标准等,这些具体工作都会通过招聘计划的形式来完成。人力资源部门依据招聘计划,按照招聘流程,通过适当的招聘途径,寻找符合工作要求的求职者,并以人事相宜的原则,将合适的求职者录用安排在一定的岗位上。目标就是成功地选拔和录用企业所需要的人才,实现所招人员与岗位的有效匹配,以期为组织做出最大的贡献。

招聘录用是组织获取人力资源职能的体现,是实现组织人力资源战略,落实人力资源规划的重要环节。招聘录用的内容主要由招募、选拔、录用和评估四个阶段组成。

(四) 员工培训与开发

员工素质的提升、潜能的开发,是人力资源管理工作的重要内容之一。员工培训与开发是指组织为开展业务及培育人才,通过多种方式对员工进行有目的、有计划的培养和训练,使员工在知识、技能、能力和态度等方面得到提高,具备完成现在或者将来工作所需要的技能并改变他们的工作态度,以改善员工在现有或将来职位上的工作业绩,最终实现企业整体绩效提升的一种计划性和连续性的活动。培训与开发有助于培育企业文化,改善企业的绩效,增进企业的竞争优势,提高员工的满足感。

员工培训与开发一定要服务组织战略和规划,本着目标原则和激励原则,讲究实效,追求最大效益。

(五) 绩效管理

通过各种方式有效地激励员工、管理员工是人力资源管理的又一重要内容。绩效管理就是指组织制定员工的绩效目标并收集与绩效有关的信息,定期对员工的绩效目标完成情况做出考核和反馈,以改善员工工作绩效并最终提高企业整体绩效的制度化过程。绩效管理有助于提升组织的绩效,保证员工行为和组织目标保持一致,提高员工的满意度,实现人力资源管理目标的科学合理。

绩效管理的实质是绩效管理体系的建立,内容包括员工绩效考核目标的制定,阶段性沟通,依据考核结果进行奖惩和培训、辅导等。绩效管理的目的,主要是跟踪、评估、指导员工的工作过程,提高员工的工作绩效。

(六) 薪酬福利管理

薪酬福利是组织支付给员工的物质报酬,体现组织对员工劳动价值的评价,也表明了员工个人在组织中的地位。合理科学的工资报酬福利体系关系到组织中员工队伍的稳定与否。人力资源管理部门要从员工的资历、职级、岗位、实际表现和工作绩效等方面,来为员工制定相应的、具有吸引力的薪酬福利标准和制度。薪酬福利应随着员工的工作职务升降、工作岗位的变换、工作表现的好坏与工作绩效的高低进行相应的调整。

薪酬福利管理是指组织在经营战略和发展规划的指导下，综合考虑内外部各种因素的影响，确定自身的薪酬结构和薪酬形式，并进行薪酬调整和薪酬控制的整个过程。有效的薪酬管理有助于吸引和保留优秀的员工，实现对员工的激励，改善组织的绩效，塑造良好的组织文化。

薪酬福利管理的内容涉及薪酬制度的设计、薪酬预算的管理、福利制度的设计、福利项目的管理等。合理科学的薪酬及福利制度是做好薪酬福利管理的前提。薪酬福利制度要随着市场形势的变化，适时进行改革与调整，以适应知识经济形势的发展和市场竞争，为处理好组织与员工之间的利益分配关系提供强有力的制度保障。

（七）员工关系管理

员工关系指的是员工与企业产生的劳动关系，是员工与企业为实现生产过程所结成的社会经济关系。主要指企业所有者、经营管理者、普通员工和工会组织之间在企业的生产经营活动中形成的各种责、权、利关系：所有者与全体员工的关系；经营管理者与普通员工的关系；经营管理者与员工组织的关系；员工组织与员工的关系。基本内容包括劳动者与用人单位之间在工作事件、休息时间、劳动报酬、劳动安全、劳动卫生、劳动纪律及奖惩、劳动保护、职业培训等方面形成的关系。此外，与员工劳动关系密不可分的关系还包括劳动行政部门与用人单位、劳动者在劳动就业、劳动争议及社会保险等方面的关系。工会与用人单位、员工之间因履行工会的职责和职权，代表和维持员工合法权益而发生的关系等。

员工关系管理是对员工劳动关系的管理，指组织中各级管理人员和人力资源职能管理人员，通过制定和实施各项人力资源政策和管理行为，以及其他的管理沟通手段调节企业和员工、员工与员工之间的相互联系和影响，从而实现组织的目标并确保为员工、社会增值。在企业竞争日益激烈、人才高度竞争的背景下，留住和用好优秀人才，成为人力资源管理面临的重要挑战，员工关系管理的重要性和必要性越来越凸显出来，是摆在企业面前的重要课题。

（八）职业生涯管理

职业生涯，又称职业发展，既是指一个人在其一生中遵循一定道路（或途径）从事工作的经历和历程，也是指与工作相关的活动、行为、价值、愿望等的综合。职业生涯管理是现代企业人力资源管理的重要内容之一。职业生涯管理是指一个人从首次参加工作开始的一生中所有的工作活动和工作经历，按从业时间的顺序连接起来的一个连续的职业过程，与组织密切相关。从实质上说，也就是人们不断提高其职业技能、完善其职业品质、丰富其人生经历的过程。职业生涯管理应看作是竭力满足管理者、员工、企业三者需要的一个动态过程。

人力资源管理部门和管理人员有责任鼓励和关心员工的个人发展，帮助其制订个人发展计划，并及时进行监督和考察。这样做有助于企业资源进行合理配置；有助于充分调动人的内在的积极性；有助于促进组织的发展，使员工有归属感，进而激发其工作积极性和创造性，提高组织效益；有助于实现企业组织目标。人力资源管理部门在帮助员工制订其个人发展计划时，有必要考虑它与组织发展计划的协调性或一致性。也只有这样，人力资源管理部门才能对员工实施有效的帮助和指导，促使个人发展计划的顺利实施并取得成效。

二、人力资源管理基本职能之间的关系

人力资源管理各项职能之间相互联系、相互影响，共同组成一个有机的系统。

(一) 以岗位分析与工作设计为基础

在人力资源职能系统中，岗位分析和工作设计是基础，其他各项职能要在此基础上进行实施。

在进行人力资源规划时，对组织所需的人力资源数量和质量进行预测时，其依据就是岗位分析中的每个职位的工作职责、工作量和任职资格。

在进行人员招聘时，发布招聘信息的依据是岗位说明书，而录用选拔的标准也来自岗位说明书中的任职资格要求。

在员工培训与开发过程中，培训需求的确定也要以岗位说明书对业务知识、工作能力和工作态度的要求为依据。也就是将员工的现实情况和这些要求进行比较，两者的差距就是要培训的内容。

进行绩效管理时，员工的绩效考核指标的设计是完全根据岗位分析中岗位的工作职责来确定的。

进行薪酬福利管理时，必须对员工工资等级进行确定，其依据的信息主要是岗位说明书的内容。

在进行员工关系管理时，员工的工作任务、休息时间、劳动报酬、劳动安全、劳动卫生、劳动纪律及奖惩、劳动保护、职业培训等，主要来源于岗位分析的结果——岗位说明书。

职业生涯设计方面，在帮助员工制定职业生涯规划和帮助其职业生涯发展时，首先考虑的是员工以前的工作基础，而工作基础与岗位分析、工作设计密切相关。

(二) 以绩效管理为核心

绩效管理在整个系统中居于核心的地位，其他职能或多或少都要与它发生联系。

(1) 与人力资源规划的关系：对组织内部的人力资源供给进行预测时，需要对现有员工的工作业绩和能力等做出评价，而这些都属于绩效考核的内容。

(2) 与员工招聘的关系：招聘也与绩效考核有关，人力资源部门对来自不同渠道的员工的绩效进行比较，从中得出结论，以更好地选择招聘渠道。录用员工时，可依据绩效考核的结果来改进录用选拔的方式，以保证录用工作的有效性。同时有效的录用选拔结果将有助于员工实现良好的绩效。

(3) 与员工培训开发的关系：培训开发和绩效管理之间存在一定的关系，将员工的现

实情况与岗位说明书的要求进行比较后的差距就是培训的内容，而员工的现实情况表现必须借助绩效考核才能得到结果。并且员工经过培训开发后对提高绩效有很大的促进。

（4）与薪酬管理的关系：在设计薪酬体系时，一般企业都将员工的工资分为固定工资和浮动工资两部分，固定工资主要依据工资等级来支付，浮动工资则与员工的绩效水平相联系，因此绩效考核的结果会对员工的工资产生重要的影响。

（5）与员工关系管理的关系：员工关系管理的目的就是提高员工的绩效。通过员工关系管理，建立起一种融洽的氛围，提高员工的工作积极性，使员工更加努力地工作，从而实现组织整体绩效的提升。

（三）其他管理职能相互联系

人力资源管理的其他职能之间也存在同样密切的关系。

招聘计划的制订要在人力资源规划的基础上进行；录用要在招聘的基础上进行，无人应聘就无法进行选拔。

培训开发要受到选拔结果的影响，如果选拔的新员工素质低，培训任务就繁重，如果素质高，培训任务就较轻松。

培训开发是员工的薪酬福利之一。员工薪酬的内容，包括工资、福利等货币报酬，还包括各种形式的非货币报酬，培训就是其中的一种重要形式，可以说，培训开发构成了报酬的一个组成部分。

员工关系管理目标的实现要依靠培训开发和薪酬管理，这是两种提高员工的组织承诺度的重要手段。培训开发和薪酬管理则是达成这一目标的重要手段。

职业生涯管理与员工关系管理有着密不可分的关系，其管理的基础要依据员工关系管理，如劳动合同期限签订的长短是职业生涯管理首先考虑的内容。

三、人力资源管理部门的组织结构

人力资源管理部门的组织结构是指人力资源管理部门在整个企业组织架构中的位置及自身的组织形态。人力资源管理部门的组织结构在一定程度上反映了人力资源管理部门的地位，体现了人力资源管理的工作方式，也决定了对人力资源管理人员的需求。

人力资源管理部门传统的组织结构往往是按照直线职能制进行设置的，也就是说按照人力资源管理的职能设置相应的部门和岗位。

对于小型企业来说，由于工作量较小，因此一般不设置独立的人力资源管理部门，而是将这部分职能合并在其他部门中，大部分放在行政管理部门，如总经理办公室、综合管理部等部门，但是一般会设有专门的人力资源管理人员。

对于大中型和特大型的企业来说，人力资源管理部门往往是单独设立的，一般分为两种情况，一种是人力资源管理部门的部门层次只有两层，大中型企业多采用这样设计；另一种是人力资源管理部门的部门层次有多层，这种情况多为特大型企业。

多层次组织结构的设置，可以使人力资源管理工作的分工明确，有利于经验的积累，但是同时它也存在一系列的问题。首先，这种设计容易使各个职能的衔接脱钩，造成整个人力资源管理工作不成系统，不利于发挥人力资源管理的整体效应；其次，混淆了人力资源管理各个层次的工作，不利于人力资源管理地位的转变；最后，这种设计没有真正以客户为导向，不利于发挥人力资源管理对企业经营的支持作用。

课堂讨论

资料：人力资源经理与管理的多重责任

星期一7:30，高级纺织公司湖景工厂的人力资源经理山姆·雷诺克斯，驱车驶向工厂上班。开车需要15分钟，所以他在路上要思考一些问题。山姆大学毕业后便就职于高级纺织公司，因为具有组织"和谐团队"的能力而被公司的人事副总裁格兰·庄臣注意到，把他调到湖景工厂担任特别人事助理。当时湖景工厂出现了一些人事问题，山姆依靠自己的能力解决了大部分。现在他考虑如何设计一个新的人事计划。

他首先决定今天完成目标管理计划。他考虑这个计划已有三个多月，但总被打断，所以他开始细分计划的目标、程序和步骤。接着他开始考虑主管培训问题、简化员工档案制度等。在停车场遇到仓库工头艾尔，向他抱怨替班的新人没有来，他答应解决。

当他坐在办公桌前，女文员给他搬来一大堆信件。他告诉她准备一些办公用品，然后处理信件。工厂经理打来电话，要求他为其找一个新秘书。在山姆坐在那里听工厂经理唠叨秘书问题时，他开始给几个工头打电话，帮艾尔解决人员问题。这时，一个职员要他看几份辞职报告。他试图找到辞职的症结，这时格兰打来电话，问不能解决的申诉问题是哪些。山姆回答结束时，泰瑞站在办公桌前等他审批费用。

周末公司登出了一些招聘广告，现在有几位应聘的人来到办公室。在应聘和面试进行的时候有点嘈杂。山姆开始帮忙，并开始和一位应聘者谈话。这时赛西尔·哈迪进来了。他是工厂的工程师，快要退休了，今天他想谈公司的养老福利的事。他还描述了星期日打高尔夫球的情况。

时间到了10:45，是给员工开会讨论质量控制问题的时间。山姆并不感兴趣，但是会议要求所有的部门领导都要参加。中午山姆和一位做塑料纤维生意的朋友去吃午饭。这位朋友想谈一项重要的医疗计划项目。下午2点回到办公室，这时办公室里仍在面试应聘者。他突然想起仓库还需要一个人手，但已经太迟了，明天再解决吧。他坐下并开始整理与投诉有关的材料。

生产主管打电话来说需要几个生产人员。他需要有经验的人员，并且对山姆新近给他们招聘的员工不太满意。山姆到休息室喝饮料时，注意到一些机密员工的档案拿了出来但没有放回去。他边整理边想是谁的责任。回到办公桌前，想找一个帮他们销售广告的童子军。这是工厂经理给他提出的怪异的工作之一。下午的时间在一分一秒地过去，但山姆处理的申诉工作仍然没有什么进展，他变得着急起来。下午4:45，东部工厂的人事经理打电话过来，向山姆询问一些员工的问题。完了之后已经 5:30 了，山姆有些疲倦。穿上外套，走向停车场。

回想一天所完成的工作，他几乎没有做什么创造性的工作。早晨满怀热情计划要做的那些项目仍然没有完成。而且不能保证明天是否能完成。他在考虑晚上是否加班。但因加班欠妻子和家庭太多了。他工作的真正目的是为了家庭。如果不能跟家人在一起，就违反了他的人生目标。又考虑是否取消到教堂做礼拜，但欠上帝时间也不少。那么只能减少与兄弟姐妹相处的时间，那会挤出一点时间来，但又没有娱乐时间了。

资料来源：http://wenku.baidu.com/link?url 剑桥高级人力资源管理案例

讨论：

人力资源管理包括许许多多的活动。山姆这一天的日程安排涉及人力资源管理的哪些活动领域？列出无效管理的领域和影响山姆工作时间的事件。

要点：

四、人力资源管理部门的人员构成与职责

（一）人力资源管理部门的人员构成

目前大中型企业中人力资源管理部门的专业人员构成，一般由员工招聘专员、岗位分析专员、薪资与福利管理专员、员工培训专员、劳动关系管理专员、安全主管专员等构成。现将各种职位的职责举例如下。

员工招聘专员：制订有效的招聘计划，同周围社区保持联系并经常搜寻合格的求职者。

岗位分析专员：搜寻并审查与工作职责有关的（如岗位与职务的内容、职责、工作特征、关键业绩指标、劳动条件及任职所需要的资质等）详细信息，为编写工作说明书做好准备。

薪资与福利管理专员：拟定薪资计划，管理制订各种员工的福利计划。

员工培训专员：负责培训活动的计划、组织、指挥工作。

员工关系管理专员：就与劳资关系有关的所有问题向资方建议，并进行有效管理。

安全主管专员：负责员工的劳动保护和企业的劳动安全工作。

（二）人力资源管理部门的职责

在现代，无论是大企业还是中小企业，行使人力资源管理职权的部门必须从权力机构转变为专业化秘书、咨询机构，对企业人力资源管理起决策支持作用。在人力资源管理部门的职权、职责分担上，由于人力资源部门所处的特殊位置，它是整个企业人力资源管理系统的设计和实施的组织者和监控者。因此人力资源管理部门运行质量的高低直接关系到整个企业的人力资源管理水平的高低。

目前，我国大中型企业人力资源管理部门主要职责有以下几方面。

（1）人力资源规划：配合公司战略，制定公司人力资源规划和方针政策，提出公司3～5年人力资源战略；建立和执行公司的人力资源管理政策和制度。

（2）组织结构设计和岗位设置：根据公司发展状况，对公司组织结构和职位设置进行设计和调整。

（3）人员调配：根据组织结构及人员变动情况，调配人员；优化公司的人力资源配置，提高公司人力资源的有效性。

（4）人员招聘：根据各部门用人需求，负责公司的人员招募，组织人员的甄选和录用。

（5）培训开发：制订员工培训计划，组织员工培训，组织培训效果评估。

（6）绩效管理：制定、监控和管理公司的绩效管理体系。

（7）薪酬福利管理：建立、实施和管理公司薪酬与福利体系。

（8）员工关系管理：建立公司和员工间的沟通了解渠道和方法；管理员工的劳动合同。

（9）企业文化建设：组织对公司文化的提炼、传播，提高公司凝聚力。

（10）人力资源数据库建设与管理：建立相关行业专家数据库，为解决公司的人力资源问题提供信息。

（三）人力资源管理部门承担的其他活动

人力资源管理部门除应当承担的人力资源管理的职能外，还要从事其他一些活动，人力资源管理部门所从事的活动主要为三类：一是战略性和变革性的活动，二是业务性的职能活动，三是行政性的事务活动。

战略性和变革性的活动涉及整个企业，包括战略的制定和调整，以及组织变革的推动等内容。严格来讲，这些活动都是企业高层的职责，但是人力资源管理者和部门必须参与到这些活动中来，要从人力资源管理的角度为这些活动的实施提供有力的支持。

战略性人力资源管理，即围绕企业的战略目标而进行的人力资源管理。人力资源管理开始进入企业决策层，人力资源管理的规划和策略与企业经营战略相契合，不仅使人力资源管理的优势得以充分的发挥，更给企业的整个管理注入新的生机和活力。

业务性的职能活动的主要内容就是前面所讲的人力资源管理的职能。

行政性的事务活动的内容则相对比较简单，如员工工作纪律的监督，员工档案的管理，各种手续的办理，人力资源信息的保存，员工服务，以及福利的发放等活动都属于这一类。

根据国外学者P. 赖特（P. Wright）和G. 麦克马汉（G. McMahan）的研究，人力资源管理者和部门所从事的各类活动的投入时间和具有的附加值并不是正相关的。在他们所进行的活动中，大约有60%的时间耗费在行政性的事务活动上，但产生的附加值却很低，只占到整个附加值的10%左右；业务性的职能活动，耗费的时间和产生的附加值大致是相等的，都是30%左右；而战略性和变革性的活动，投入的时间很少，大约只有10%，但是对公司的附加值却很大，达到60%左右。

由此可以看出，人力资源管理部门所从事的活动还有很大的改进余地和提升空间，如果想要提高自己的价值，做出更大的贡献，就必须改变工作层次，把大量的精力和时间投入到战略性和变革性的活动中去，尽量少做一些行政性的事务工作。

近年来，随着计算机、网络技术的发展和专业人事代理服务公司的出现，通过专门的人力资源管理软件和网络技术，许多以前需要耗费大量时间来处理的工作现在可以更加快速简捷地完成，如员工薪酬的计算，人力资源信息的统计，相关信息的搜集，各种手续的办理，应聘简历的收集及绩效考核的实施等。人力资源管理部门省去了或剥离了大量的行政性事务工作和部分的业务性职能工作，这使人力资源管理部门改变了部门的工作层次。

此外，很多以前需要人力资源管理部门完成的工作，现在可以由员工和其他部门以"自助"的方式实现，如员工信息的更新等。借助专业的人事代理服务公司，人力资源管理部门可以将很多事务性的工作进行"外包"，如员工人事档案的管理、"五险一金"费用的缴纳及员工的服务等；还有一些常规性的职能活动也可以委托出去，如员工的招聘和员工的培训实施等都可以借助专业的人事代理公司进行。通过这些手段，人力资源管理者和部门可以节省大量的时间和精力来进行附加值较高的活动，从而使自己的工作层次发生根本性的变化。

案例简析

美国得克萨斯仪器公司（以下简称"得州仪器"）是一家全球化化半导体制造商。公司在数字信号处理设备的设计、生产方面具有世界领先地位。另外，公司还经营原材料和控制器、教育及生产领域所使用的仪器和数字图像技术等。公司总部在美国的得克萨斯州达拉斯市。公司共有 36 000 名员工，分别在全球 129 个不同地区的设计中心、制造厂和销售代理工作。公司的经营目标是：实行以价值增长、财务稳定性为核心的战略，努力成为位居全球第一的电子公司。

得州仪器一直把人力资源看成是企业的一项巨大资产，因此，被公认为是人力资源管理领域的"带头人"。但公司人力资源管理副总裁认为，人力资源管理部门才刚刚实现战略转变，即由一个仅为企业经营提供重大支持的部门，转变为直线职能部门的"伙伴"，开始理解企业战略的部门。尤其是从对企业经营战略方面产生的影响来看，人力资源管理职能已经开始处于领导地位。公司人力资源部门所处的地位，从人力资源副总裁在公司领导中的位置（他与公司的首席运营官和首席执行官一起组成得州仪器战略领导小组）就能体现出来。人力资源副总裁帮助公司认识到：对员工技术能力的开发是确保企业长期战略成功的关键。同时，公司的各项经营活动都要接受三个维度的评价：经营成功与否、财务是否改善、人是否适应。

公司的三大主导目标之一就是加强员工开发。为确保人力资源能在企业战略中做出贡献，公司采取了一系列措施：为了满足企业适时的人才需求，就必须提前进行雇员开发；为推进人才开发工作的实施，公司的每一位员工都必须与其直接上级一起共同制订个人开发计划，个人开发计划以员工希望达到未来职位要求和当前职业要求为依据；为满足员工职业发展的需要，公司鼓励员工主动参加某些课程学习，鼓励员工在公司内部进行部门间、产品领域间的流动。员工开发计划不仅提高了员工对公司的满意度，为公司发展储备了管理人才（这种过程通常被称为接班计划），而且满足了高绩效员工的晋升期望或为其提供了获得具有发展潜力职位的机会。

除此以外，公司十分重视通过对员工的招募来吸引适合公司经营的新员工。为此，公司花费了大量的资源，在国际互联网上创建了一个专门的招募网页，以便吸引顶尖人才。在网页中，公司不仅提供一些对求职者有帮助的求职建议，如：怎样编写简历，如何书写简历封面的文字及公司内部的职位信息等，而且还提供需要求职者完成的测验（"适应性测验"），它有助于公司了解求职者的价值取向与企业文化的匹配或融合情况，帮助求职者确定得州仪器是否是其期望中的雇主。公司认为，求职者准备得越充分，公司的招募工作也就越容易完成。

为了确保公司具有一支多元化的劳动力队伍，公司对人力资源管理中的多元化问题和道德伦理问题进行了研究。为此，公司建立了一个多元化的网络，并制订了相应的监督计划；鼓励决策的道德化，并保持与公司三大价值观（团结、创新和敬业）的一致性。

在与员工的信息沟通上，人力资源管理部门也积极帮助员工理解公司对伦理道德的要求。比如，公司的电子新闻谈论的主题就包括：恰当使用国际互联网的问题；兼职工作与正式工作之间可能存在冲突的问题；公司在提供以及接受商业礼品方面的政策等。

问题：

得州仪器在人力资源管理方面做出了哪些举措？对我们管理企业有什么借鉴意义？

简析：

在人力资源管理方面的举措有：

1. 重视人力资源管理部门。把人力资源管理部门列为企业战略部门。从对企业经营战略方面产生的影响来看，人力资源管理职能已经开始处于领导地位。

2. 重视对员工技术能力的开发，认为开发员工潜质是确保企业长期战略成功的关键，以此确保人力资源为企业做出最大的贡献。

3. 重视通过对员工的招募来吸引适合公司经营的新员工，为公司吸取新鲜血液。

4. 重视对人力资源管理中的多元化问题和道德伦理问题。使员工保持与公司三大价值观（团结、创新和敬业）一致，提高了公司的凝聚力。

5. 在与员工的信息沟通上，人力资源管理部门也积极帮助员工理解公司对伦理道德的要求。帮助员工内化，使其道德准则符合公司的标准。

借鉴意义：得州仪器所取得的成功证明，人力资源管理在决定企业的竞争力方面起到了关键性作用。得州仪器的人力资源管理实践帮助其在与对手的较量中赢得了竞争优势。这也预示着一种趋势：人力资源管理将成为企业战略性管理，人力资源管理部门开始在企业上升为战略管理层次。

❏ 实训项目

实训内容：请学生对自己调查的企业，进行深入详细的人力资源管理调查，了解其人力资源管理的基本状况，人力资源管理部门在企业中的地位，人力资源管理部门的管理层级、下设机构，人员构成、分工，人力资源管理人员的职权构成、工作职责以及来历背景等。

实训指导：

1. 人力资源管理的基本状况，可以向一般员工、中层管理者或高层管理者采取询问法、调查法或上网查找法进行。

2. 人力资源管理部门在企业中的地位，可以从调查人力资源部长的职位、职权、职责等方面入手，调查其职位的高低、工作的职责和工作的权限等，以此来确定此企业对人力资源管理方面的重视程度和规范程度，并对该企业的发展前景进行预测。

还可以调查其人力资源管理部门人员的来历，与企业高层有无家族关系或其他较密切关系，以此来推断人力资源管理部门的地位。

3. 对人力资源管理部门的管理层级、下设机构，人员构成、分工，每位管理人员的职务构成、工作职责等，最好做出一个组织图，并详细调查每位管理人员的工作职责，用方案表述出来。

❏ 学中做　做中学

请为你的虚拟公司的人力资源管理部门制定必要的工作岗位，并配备相应的人员编制，也就是定岗定编。要求：

1. 工作岗位的制定要依据人力资源管理部门的职能来进行。不要求多而全，要求精求简。

2. 人力资源管理部门每个岗位上的人员要根据虚拟公司的业务量来设置编制，做到事得其人，人尽其才，才有所用。最好能与每个小组成员的性格特点、爱好专长、个人人格特征结合起来。

3. 定岗定编时，要充分发扬民主，广泛听取每位成员的意见，先让每位成员表达愿意从事的岗位，说出从事该岗位自己所拥有的优势。对不愿从事的某一岗位，也请说出原因。

4. 把定岗定编情况形成文字方案，以后每位成员要以此为依据开展工作。

5. 通过此活动了解小组每个成员的爱好特长、性格特点及个人愿望，以磨炼自己识人的能力，增加自己识人阅人的经验，学会观察人、判断人和阅读人。

项目三　人力资源管理人员的素质能力

【知识精讲】人力资源管理人员的胜任力；人力资源管理人员的素质；人力资源管理人员的知识结构；人力资源管理人员的能力结构；人力资源管理人员未来面临的变化。

人力资源管理是企业管理中的一项重要职能，从事人力资源管理工作的管理者，在整个人力资源管理活动中占有非常重要的地位。

在组织内部，人力资源管理人员是人力资源管理职能和活动实现的载体，其素质能力直接决定人力资源管理作用的发挥，在某种程度上甚至还影响到人力资源管理在整个企业中的地位。

在职能职责上，人力资源管理人员不仅直接管理各种行政事务，而且在企业战略制定、战略规划、战略执行方面参与企业的管理，是企业的决策层。在专业职能方面，由于人力资源管理的职能已经细分为招聘、选择和录用、人力资源开发、绩效管理、薪酬体系设计、员工关系管理和职业生涯管理等几个方面，各个基本职能的内容越来越专业化。这就对人力资源管理人员的素质能力提出了更高的要求，他们必须对本专业业务有更深入、更高层面的了解，在此基础上还要了解整个组织的有关业务及相关知识。

在组织外部，随着市场环境的瞬息万变，市场竞争的日益加剧，直接表现为人才竞争激烈程度的加剧，在这种外界环境的逼迫下，企业高层对人力资源管理水平提高的期望大大促使了人力资源管理人员向职业化、专业化发展。

基于以上原因，人力资源管理工作要求人力资源管理人员必须有过硬的人格品质、合理的知识结构、先进的人力资源管理理念、基本的工作能力，健全的心理素质与一定的人力工作经验。

一、人力资源管理人员的胜任力

胜任力是指个体成员与工作绩效直接有关的知识、技能、才干或个性特征，它对个体的工作绩效具有直接的影响。人力资源管理人员作为管理者，除具备一般管理者必备的能力外，还需具备本岗位的关键胜任力。

20世纪90年代国外进行了三次大规模的人力资源能力研究，已经对人力资源管理职业做出了一些解释说明。在第一次研究中，Towers Perrin 和 IBM 公司合作，对包括人力资源专业人员、公司顾问、直线主管人员以及学者在内的 3 000 位人士进行了范围广泛的人力资源问题调查研究。这项研究工作从不同的方面对人力资源胜任力进行了揭示。在接受调查研究的四组人员当中，普遍认可人力资源管理人员需具备胜任力特征是：计算机知识，广博的人力资源知识和观念，预测变化所带来影响的能力，对直线管理人员的教育培训和影响力。

由人力资源管理基金协会发起了第二次研究，该次研究关注的是未来人力资源管理人员的胜任力要求。来自不同行业、不同规模、不同公司的 300 位人力资源管理人员的数据表明，人力资源管理人员胜任力根据不同的层次和不同的角色集中在领导、管理、功能和个人特性等方面。

由密歇根大学商学院组织的第三次研究最详细，此次研究进行了三轮，总共耗费了 10 年时间（1988—1998）。该项研究涉及超过 20 000 位的人力资源管理人员和直线管理人员，确定了人力资源专家、不同的行业和不同的时间对人力资源管理人员的胜任力要求。该项研究的目标是为人力资源管理这个职业建立一个胜任力模型，而不是仅仅为某一公司而设计。

据密歇根大学统计发布：人力资源管理职业人员必须具备五种关键素质，得到了人力资源管理协会（SHRM）的认可，可见人力资源管理人员在成就其职业成功的道路上也是需要具备一定的条件才可达到的。这些素质是人力资源管理人员在所从事的职业中占有极其重要的关键位置。

（一）战略性贡献

人力资源管理工作不是传统的人事管理工作，其中最重要的不同就在于它具有很重要的战略性作用。人力资源管理工作要超越烦琐的人力资源管理日常工作，进而提高到一定的战略性层面，提出对企业长期发展的战略性方略。

（二）个人品质

由于人力资源管理工作的特殊性，它要求从业人员需要具备极高的个人素质，这往往取决于一个人的个人品质。必须在完成工作达到目标外取得公司其他同事的认可与尊敬，或者说以自己的品质来改变周围的人际环境。

（三）提供人力资源服务

人力资源管理工作发展到现在一直以其神秘而让人去追随，关键原因就在于人力资源管理作为一种管理职能，却具备着提供服务给内部客户的服务职能。人力资源管理人员在履行管理职能的基础上，给内部员工客户提供满意的服务，比如：办理保险手续、培训员工等。

（四）业务知识

人力资源管理人员不仅要做部门内部分内工作，还要为其他所有部门提供各种不同服务，这就需要人力资源部门和其他部门建立联系进行交流和沟通。例如，必须会用财务数据来回答员工关心的薪资问题，必须会用销售数据来判断销售部门的业绩不佳的原因，以此做培训计划。

（五）人力资源管理专业技能

人力资源管理职业不同于其他职业的一点在于，入门很简单，不同行业、不同背景的人都可以参与到此领域来实现他们的人力资源管理愿望。但是，人力资源管理人员与技术人才一样，如不掌握一定的技能，会很难顺利地开展工作，其每个职能模块都是一门技术，需要熟练精通才能提供出让员工满意的服务。

专业技能的提升，也会让人力资源管理人员更容易增加技能工资和提升职位，同时也为以后能够参与更高层次的管理活动奠定技术基础。

在密歇根项目的最近一轮研究中，研究人员分析了上述人力资源管理人员胜任力的五个领域对人力资源管理全面绩效的相互影响。

表1-2描述了这些胜任力的行为指标，反映了这些胜任力在对人力资源专业人员工作效率贡献中的位次。所有这些胜任力领域都被认为是人力资源专业人员的重要胜任力。

表1-2　人力资源胜任力的行为指标

胜任力领域	重要性排序 （1＝最高）	具体的胜任力（按重要性排列）
个人诚信	1	成功的职业记录
		赢得信任
		逐步培养员工自信心
		与关键客户关系融洽
		表现出高度的正直
		关注重要问题
		以有效的方式来表达复杂的想法
		适当地冒险
		不带偏见的评论
		对企业问题有多种洞察力
管理变革的能力	2	易与他人建立起相互信任的关系
		有远见
		在引导变革上起着主动抢先的作用
		和他人建立相互支持的关系
		激发他人的创造力
		把特殊问题放到最大系统中考察的能力
		识别成功业务的核心要素
管理文化的能力	3	在组织中与他人分享知识
		文化转型过程的支持者
		把所期望的文化转化为具体行为能力
		挑战现状
		确定公司的经营战略所需要的文化，并以激励员工的方式设计文化
		鼓励主管的行为与所期望的文化保持一致
		重视内部文化要适应外部客户需求

续表

胜任力领域	重要性排序 （1＝最高）	具体的胜任力（按重要性排列）
传导人力资源 管理实践	4	进行有效的口头交流
		传达
		将清晰而一致的信息给一同工作的经理们
		进行有效的书面交流
		推动组织重建的工作
		设计组织发展计划以推动变革
		促进内部沟通过程的设计
		吸引合适的员工
		设计薪酬体系
		推动客户意见的传播
经营知识	5	理解人力资源管理实践
		理解组织结构
		理解竞争者分析
		理解财务金融
		懂得市场营销和销售
		懂得计算机信息系统

研究表明，按从低到高的顺序对重要性进行排序，这些胜任力的次序如下：精通业务（帮助人力资源专业人员融入管理团队之中）；具备人力资源管理实践（让人力资源专业人员明白什么是最好的人力资源管理实践，并做到最好）；建设管理公司文化（帮助塑造公司的特性）；管理和适应变革（帮助"促进变革情况的发生"）；展示个人诚信（赢得尊重和信任）。这种排序在各行业、对不同的人力资源专业人员及在特殊领域中都具有真实性。

二、人力资源管理人员的素质

基于国外对人力资源管理人员胜任力的研究成果，结合现代企业管理，我们认为，人力资源管理人员必备的素质和能力，应从人格品质、心理素质、管理观念、知识结构和能力结构上进行提高，以适应现代企业形势的需要。

（一）高尚的人格品质

人力资源管理人员应具备高尚的人格品质，以高尚的人格魅力来感染员工，在人格品质上应注重人格修养与道德修养两方面。

1. 人格修养的基本要求

具有先进的理论和正确的世界观和方法论，坚持理论联系实际的作风。

具有坚定的人生观和全心全意为员工服务的精神，时刻以企业的利益为重，不为个人或小团队谋私利。

敢于坚持原则，在思想上、观念上自觉地同组织或大局保持一致。坚定不移地贯彻执行国家的各种劳动法律法规，敢于同危害国家及组织利益的行为做斗争。

事业心强，有朝气、有干劲、有胆识，为企业建设敢于探索，锐意改革，能在企业管理中做出积极贡献。

观念解放，实事求是，尊重知识，尊重人才。

有优良的思想作风和严格的组织纪律，谦虚谨慎，公道正派，作风民主，平易近人。

2. 道德修养的基本要求

爱心：爱职业、爱员工、敬重领导。

工作责任心：人力资源管理工作事无巨细，事事重要，事事都是责任，要认真做好工作中的每一件"小事"。

业务精益求精：时时、事事寻求合理化，精通人力资源管理业务，知人善任，用人有方，追求人与事的最佳结合点。

具有探索、创新、团结、协调、服从、自律等现代意识。

树立诚信观念。诚信乃做人做事之本，更是做好人力资源管理这一特殊工作的根本。个人诚信和个人品牌成为人力资源管理工作有效实施的重要条件。诚信度高，个人品牌亮，人力资源管理工作的成效就大。个人诚信包括人力资源管理人员内化于公司的价值观念之中；要和同事之间的关系建立起可信任的基础，以此建立可信度；要始终如一坚持"一种态度"做事，以此赢得员工们的尊重。

（二）健全的心理素质特征

人力资源管理人员应当具有健全的心理素质，基本心理素质包括性格、积极性、心愿、才智、意识和洞察力、预见和远见、虚心和灵活性、有说服力、较高的情商等内容。

性格：人力资源管理人员必须具备使人信任的性格和正直的品质。

积极性：人力资源管理人员是主动工作的人。

心愿：人力资源管理人员要相信并听取员工的意见，愿意帮助他们成长并发展。这就需要有自信和谨慎，成为员工的帮助者，而不是操纵者或掠夺者。

才智：人力资源管理人员必须具有高水平的思维能力。对复杂事物能有效地进行分析判断，领悟快，并具备终身学习的持续兴趣。

意识和洞察力：人力资源管理人员不仅能意识到周围进行着的事情，而且有洞察力去评价事情对组织和员工的重要性。

预见和远见：人力资源管理人员应具有直觉和预见，能预测到影响环境的原因和环境中的人们的各种可能情况，应当是比其他人都强的推测者。

虚心和灵活性：人力资源管理人员能虚心考虑事实，具有灵活性而不优柔寡断。

有说服力：人力资源管理人员应具备较强的口头和文字表达能力，具备较强的说服能力，而不是命令员工干某事。

较高的情商：能通过知觉，调整、控制自己的情绪以适应环境需要。人力资源管理人员一方面是领导的助手和参谋，另一方面，人力资源工作又直接关系到组织成员的切身利益，如任免调迁、薪酬福利等，这种角色特点决定了人力资源管理人员本身要处于招怨与委屈的地位，所以必须具有较高的情商。

（三）先进的人力资源管理观念

人力资源管理人员要具备先进的人力资源管理观念，主要指"管理观念"和"价值观念"的转变。它强调能够具备战略思维、眼光，能参与企业战略层面的决策，具有商业敏锐性，能协调外部管理。

1. 管理观念包括的转变

指导思想的转变：由"对工作负责""对上级负责"到"对工作的人负责"。

工作目标的转变：由追求"一般"到追求"卓越"。

工作环境的转变：由"简单""缓慢"到"复杂""多变"。

自我意识的转变：由"上级比下级高明"到"下级的具体专长和具体能力应高于上级"。

管理内容的转变：由"简单的任务完成"到"建设高情感的管理场所"。

管理方法的转变：由"教你如何"到"叫你如何"，再到"引导你如何"。

管理手段的转变：由管理者的"中心指挥"变为"中心导向"。

管理职能的转变：由"组织、控制、指挥、协调"到"育才为中心，提高人的素质为目的"。

管理效果的转变：由"差强人意"到"主动精神"。

管理组织的转变：由下属的"参与管理"到"共同肩负责任"。

2. 价值观念上要做到尊重人才，尊重知识

树立这一新的价值观念，必须抛弃以权为贵的旧的传统价值观念，切实做到"不唯上，不唯书，只唯实"的处事准则。在人才使用上尽量做到以下几方面：

用其所长：用人所长，容其所短，把人才放在最能充分显示其才能的岗位上，智者尽其谋，勇者尽其力。

用其所愿：在服从工作需要和服从分配的前提下，尽可能与个人的意愿、兴趣、特长结合，力求个人自身价值的实现和企业的发展目标相统一。

用当其时：珍惜人才的使用年限和最佳年龄。打破论资排辈、求全、平衡、照顾的观念束缚，大胆破格破例录用辈分小、资质好的青年人才。对业绩卓越、时代感强、身体健康的人才，要大胆任用。

保护人才：保护有干劲、有棱角、锋芒毕露的人才。成功人士一般个性很强，个性强的人才，干得多，说得多，错得自然也多，要尽量保护。只要不是原则问题和道德问题，仅是个性特征问题，在不影响组织大局的情况下，就应给予积极保护。

三、人力资源管理人员的知识结构

人力资源管理人员必须具备合理的、广博的知识，其知识结构应是"金字塔"式的，塔基是基础知识，塔身是相关知识，塔尖是专业知识。

（一）基础知识

基础知识是一个人在学校阶段学习所拥有的知识，在人的职业生涯中起最基础的作用。

（二）相关知识

相关知识指与人力资源管理人员所属组织及行业的相关知识，一般是参加工作后的学习。例如经营知识，人力资源管理人员所拥有的"经营知识"，并不是具有管理所有业务职能的能力，而是指理解业务职能的能力，即理解公司的组织架构、业务特长、组织愿景、文化特色和业务流程等；关注业务发展变化趋势，知晓组织经营企划的框架，了解财务报表的构成；懂得竞争者优势劣势的分析、市场营销知识和网络信息交流；熟悉公司的产品和服务，能系统思考公司的整体运作等。只有懂得公司的财务、战略和技术方面的知识，人力资源管理人员才能在各种战略讨论中起着有价值的作用。

专家们认为，对人力资源管理工作有益的主要的知识领域大体有：哲学，伦理学，逻辑学，数学，心理学，社会学，人类学，医学，历史学，劳动法学，经济学，管理学，组织行为学，政治学。

（三）专业知识

专业知识指人力资源管理知识。作为一个优秀的人力资源管理人员，首先要具备人力资源管理的专业知识、技术和技能，精通人员调配、业绩评价、奖励系统、组织设计等方面的业务。具体指能设计人力资源管理的相关制度，如薪酬制度、绩效管理制度、培训发展制度、招聘选拔制度等；善于和相关部门沟通、协调，尤其是人力资源改革方案的宣导、解释和执行过程的跟踪、落实；精于激励的诸多方法，有良好的领导艺术，长于吸收别人的建议，合作精神好。

就像任何其他专业人员一样，人力资源管理人员至少都应该是所从事专业的专家。如果人力资源管理人员能够巧妙地、艺术地、创新地将专业知识应用到人力资源管理实践，就能帮助他们在组织里建立起个人诚信，并且赢得公司里其他部门员工的尊敬。这是培育人力资源职业特征的必要条件。然而，此种专业知识和技术的范围会随着时间的推移而发生巨大的变化。因此，人力资源管理人员必须投入大量的时间，持续不断地跟踪人力资源理论中可能出现的新内容，并且要有足够的灵敏性，把它灵活地运用到工作实践中去。

以上知识属于书本知识，它是经验的总结，是间接经验。间接经验来自书本中总结的规律、准则，以及分析与解决问题的方法、手段。前人总结的宝贵经验和创造的精神财富是通过后天的学习和培训获得的。这些知识的获得，使人力资源管理人员建立起合理的知识结构成为可能。但人力资源管理是需要实际经验积累的，在实际工作中获得的人力资源管理的实际经验是直接知识的积累。

四、人力资源管理人员的能力结构

仅有合理的知识结构，先进的人力资源管理理念，对一个人力资源管理人员来说远远不够，若想胜任此工作，还必须具备大量的直接经验，这些直接经验体现于基本的工作能力之中。能力结构是多序列、多要素和多层次的。比如，观察思考能力、办事能力、语言表达能力、文稿起草能力，以及文化知识水平，等等。人力资源管理人员的能力结构是由各种能力相互联系、相互作用和相互影响而形成的整体素质的总和。

（一）基本能力

作为人力资源管理人员，应具备的基本工作能力有写作能力、组织能力、表达能力、观察能力、应变能力和交际能力等。

（1）写作能力。写作是人力资源管理人员的基本任务，人力资源部门的规章制度、文书通告等大多出自人力资源管理人员之手。所以写作能力是人力资源管理人员的基本功。符合人力资源工作要求的文字写作本身就是人力资源工作的有机组成部分。人力资源管理人员的写作任务的范围比较广泛，包括制度、通告、新闻稿件、简报、信函、致辞、演讲稿、公告、祝贺语等。

（2）组织能力。人力资源管理人员的组织能力是指在从事人力资源管理活动过程中计划、组织、安排、协调等方面的活动能力，组织能力体现在以下三个方面。

计划性。人力资源管理活动要有计划，不仅要明确为什么进行，进行什么和怎样进行，而且还要知晓先做什么，后做什么。只有明确了这些，人力资源管理活动才能有条不紊地顺利进行，否则将陷入杂乱无章的境地。

周密性。要保证人力资源管理活动成功，就要对方方面面的问题考虑周全。作为人力资源管理者，不仅要重视大的方面，如活动的内容、形式，而且对一些细小的方面，如员工的接待、环境的布置、仪表、仪容等均应引起足够的注意，关注细节才能达到总体效应。

协调性。一项人力资源管理活动的成功组织需要各方面的配合和支持，需要各部门人员的通力协作，所以人力资源管理人员必须具备较强的组织能力，是一个协调关系的专家、调动积极性的高手，能争取各方面的帮助，把人力资源管理工作做好。

（3）表达能力。作为经常要和各方联系的人力资源管理人员，需具有较强的交际能力。从口头语言表达看，要善于与人交流，学会用积极的、肯定的说话方式，这样有助于改善态度，更有力地影响周围的人。从体态语言表达看，要会用微笑、点头、拍肩膀等激励手下的员工，通过各种方式表明认可员工取得的成绩；不失时机地安慰失望者和悲伤者，让其充分体会到组织的支持和关怀。从书面语言表达看，要借助报告、信件、演讲和谈话来表达自己的看法。

（4）观察能力。人力资源管理人员的观察能力是在人力资源管理理论的指导下，对周围的人和事从人力资源管理的角度予以审视、分析、判断的能力，它对人力资源管理工作的效果和组织的人力资源管理状态来说至关重要。对周围的人或事从人力资源管理的角度予以审视；对周围的人或事从人力资源管理的角度予以分析；对周围的人或事从人力资源管理的角度予以判断。这种观察、分析和判断能力就是观察能力的具体体现，人力资源管理者具备较强的观察能力会使人力资源管理工作顺利开展。

（5）应变能力。人力资源管理人员的应变能力是指人力资源管理人员在遇到突发性的事件或问题时的协调和处理能力。表现为遇事不慌张，从容镇定；忍耐性强，不急躁发火；思维灵活，迅速想出解决的办法；提高预见性，打有准备之仗。应变能力严格来说不是一时的奇想，而是经验的总结和积累。

（6）交际能力。人力资源管理人员的交际能力不是日常生活中的应酬，而是与交往对象——员工的迅速沟通，赢得好感的特殊才能。包括交际礼仪的掌握、交际艺术的采用和交际手段的运用。人力资源管理人员要具备出色的人际沟通能力和人际亲和力，在组织内外取得他人，尤其是其服务对象的信赖，既坚持原则又能取得信任，具有处理良好的人际关系技巧，这也是决定人力资源管理人员工作绩效的关键因素。

（7）其他能力。包括综合分析能力、直觉能力和认识自己的能力等。

综合分析能力。人力资源管理人员因其掌握着本组织的特殊业务而具有信息方面的优势。但这种信息优势必须要以对信息的综合分析能力为基础。因此人力资源管理人员要具有强烈的求知欲望、高超的分析问题的技巧、系统的解决问题的方法、开放的思想及立体的思维。

直觉能力。人力资源管理人员的工作是极具人情味的工作。组织中的员工不仅仅是工作上的关系，而且可能涉及个人私事、难事和隐事，人力资源管理人员如能凭借个人的直觉，与员工建立起良好的关系，将有助于组织同事之间的相互沟通与信任，建立起广泛的群众基础，使人力资源管理的各项工作顺利开展。

认识自己能力。成功的管理者往往注重对自身实力、弱点、机会和威胁进行定期分析，这有助于不断提高个人的素质，增强责任感。人力资源管理人员由于在组织中特殊的地位，因此必须对自己进行定期的分析，才能不断完善自己，更好地胜任人力资源部门的工作。

（二）专业工作能力

作为人力资源管理人员，应具备的专业工作能力有以下几方面。

（1）创造力。人力资源管理人员面对人力资源问题，积极思考，提出多种解决问题的方法、想法和方案。

（2）客户服务能力。人力资源管理人员要善于与各业务部门建立起密切关系，尽可能满足各部门的要求，提供较为满意的服务。

（3）合作能力。人力资源管理人员要与业务部门建立互相信任关系，及时沟通情况信息，充分运用各种支持性服务，运用团队的技能，善于聆听和采纳各种不同的想法与建议，以促进工作的顺利开展。

（4）实施能力。人力资源管理人员的实施能力主要是指人力资源管理人员需要具备推行和实施各种人力资源制度及方案的能力，将各种方案和制度落到实处。

（5）自身影响能力。人力资源管理人员需要在各种利益相关者中维持利益的平衡，运用自己的影响能力去推动组织高层与一线管理者实现组织既定的人力资源战略目标。

（6）时间分配能力。人力资源管理人员要将工作时间主要集中在关键性战略问题上，才能抓住主要矛盾，使各项工作开展得有条不紊，显示出较强的执行能力，更有力度地引导各项变革，使工作不偏离方向，不至于被具体的工作细节耗费精力。需要指出的是，随着市场竞争的加剧，人力资源管理者会将更多时间用于关注战略问题，并且这种趋势越来越明显。

（7）管理文化能力。管理文化能力是指在组织中，注重组织规章的制定、宣传、引导和执行，有完善的组织管理制度的书面成果。例如，组织的合理化建议制度的设计、推广；组织奖励制度的修改、完善；参与组织重大管理制度的起草、沟通和关系协调；主动了解客户需求，并提供相应的技术服务，完善对客户的服务流程，建立良好的客户关系；善于与员工合作，易于和大家知识共享等。要善于营造文化气氛浓厚的组织，在企业文化气氛浓厚的组织中，员工对组织的价值理念、知识共享认同度高，工作绩效也较高。而这其中的主要原因在于人力资源管理人员在公司文化的宣传、推动上的关键性作用。

（8）管理变革能力。包括积极参与组织创新、变革的活动，有较强的展示演讲才能，有专业咨询的修养，能快速理解创新的关键环节和推动程序；有组织团队、激励员工的技巧和能力，善于平衡、协调、处理不同意见和改革中的矛盾；能预测变革的趋势、可能存在的问题和相关利益的得失，并将这些变数结合管理变革的进程加以考虑，具有前瞻性。管理变革的能力是人力资源管理地位不断提高的另一个实例。

课 堂 讨 论

讨论：

除了以上列出的，你认为现代人力资源管理人员还应具备哪些方面的素质能力？你如何提高自身素质能力以适应未来岗位需求要求？

五、人力资源管理人员未来面临的变化

人力资源管理人员面临着 21 世纪这个新的发展时代，这是一个以知识和信息的生产、使用、分配为社会发展和经济增长的基础的时代，是一个高度信息化、网络化的时代，是一个没有边界的世界，因此所有的工作都需要内装一个全球的理念。

作为在企业管理中扮演着越来越重要战略角色的人力资源管理人员，必须对现在的变化具有敏感性，对未来的发展具有前瞻性，才能把握未来，引领未来，以应对新的可能的机遇或挑战。人力资源管理人员未来面临的变化主要有以下几方面。

（一）灵活的工作环境

未来十年企业管理面对的显著变化就是灵活的工作环境。由于网络的广泛使用，使得办

公变得更加虚拟；只要有网络接口，就能够将自己与整个网络联通起来，只要能获得预期，甚至超过预期的业绩和成果，员工的工作时间、地点，以及任务和进度安排方面就有更多的自主选择权，而不是被传统的命令体系控制。

人力资源管理人员必须适应这种新的变化，善于运用网络，创造共享、合作的企业文化，促进员工的沟通，让大家彼此合作，共同分享，共同解决问题，在灵活的工作环境中注重人性的完善，将以人为本观念贯穿于每一个工作细节中，使之更广泛地展开和丰富化，在自己卓越创造与贡献基础上，与员工真诚的合作与共享，这将是未来人力资源管理者工作模式的主流。

（二）培养全球化的观念

在未来的工作和经营中，资金、产品和人员迁移、流动都将在全球化范围内进行。对于一个企业来说，劳动力的国际化是大势所趋，不同种族的人员完全有可能坐在同一个办公桌边共同工作；来自地球不同地点的员工也完全有可能在同一条装配线上装配同一辆轿车。因此，对于专门从事与人打交道的人力资源管理人员来说，必须具有全球化的观念，必须逐渐培养起对国际经营实践、国际人力资源实践、国际劳动法规及其习惯等的全面感知和认识，需要更多的关注外来文化、语言和经营的广泛知识，在理解外来文化的基础上，促进来源不同、文化背景不同的人相互合作、相互帮助。

（三）关注终身的学习

随着科技的飞速发展，3～5年不学习新知识，也会变成外行。因此学习将成为人力资源管理的终身需要。不仅仅是组织，就连员工本身也会日益重视和投资于此。人力资源管理人员就培训而言，将更多地集中在业绩表现的改善上，在课程内容上，将开始更多地重视战略思维、领导能力、解决问题能力、决策能力、技术能力，以及团队合作和知识管理等方面的能力，而这些将更直接地决定员工本身具有的价值。

（四）战略角色的转变

未来十年，人力资源管理人员的角色必须要从行政功能为主的传统角色转向企业经营者的良好的合作伙伴。人力资源经理不仅仅是公司战略的执行者，更应该成为制定公司战略的积极的主要力量，以发现未来发展趋向，引导变革。

为适应未来经济发展和市场竞争的需要，理想的人力资源管理人员应该是用25%的时间着手于战略性人力资源规划，用50%的时间考虑人力资源咨询和技术开发，还有25%的时间可以进行有关人力资源管理的行政性、事务性的工作。然而，目前的情况恰恰相反。大多数的人力资源经理还是把更多更好的精力投放到行政事务中去，仅有25%的时间用在做咨询上，在人力资源规划上用的时间则更少，仅10%，而10%的时间显然不能适应未来经济发展对人力资源管理的要求。因此人力资源管理人员将进行角色的转变，将角色定位于战略角色上，充分发挥职能作用。

（五）成为客户经理人

人力资源管理职位的特殊性要求必须为员工服好务，因此未来人力资源经理必须成为员工的客户经理。一方面，人力资源管理人员要具有专业的知识与技能，帮助员工进行个人的自我发展设计。另一方面，要具有向管理者及员工推销人力资源产品与服务方案的技能，就是要为企业各层级提供一揽子的人力资源系统解决方案。

案例简析

某公司人力资源部经理王女士，被该企业员工李某杀害，血案引起很大震动。

李某，21岁，大学毕业，平时文质彬彬，衣冠楚楚，可为何对人力资源部经理起杀机呢？原来李某是单身，由于家在外地，大学毕业后进入公司，急于交女朋友，但由于企业内部引入竞争机制，重奖重罚，优胜劣汰，李某因竞争不利，由原来的技术部被挤到车间流水线岗位，报酬少，地位低，处处受人管制，自己觉得没有面子。他多次到人力资源部要求申请调换工种，均被拒绝。后来直接找到人力资源部王经理，也被断然拒绝。李某对王经理开始没有好感。

他消沉了，女朋友又找不到，他归罪于流水线岗位，不如技术部体面，没面子，没地位，没金钱。气愤之际染上了酗酒的恶习。某日，在企业的舞会上借酒壮胆，对某女工说脏话还动手动脚，女工上报公司后，总经理交人力资源部处理，人力资源部按规定扣发李某一个月奖金。李某到财务部去质问，财务部拿出人力资源部的处罚单子让李某看，李某一看是王经理的签字，从此对王经理怀恨在心。

此后，李某工作不守规章，装卸物料乱扔乱堆，严重影响了生产秩序，又与车间主任发生争执，并大打出手，车间主任将其退回人力资源部。人力资源部按照规定，对李某扣除三个月奖金，并将李某停职，每天到公司接受培训学习，培训期间只有生活费。期间，李某去找王经理，但王经理说培训完后再谈，李某认为王经理故意敷衍他。李某又书面请求要求人力资源部将其调回技术部或其他有面子的岗位。但人力资源部以企业有关规定予以拒绝。李某又认为是王经理从中作梗，更加仇视王经理。

案发当天，李某与几个朋友喝酒，边喝边发泄怨气，喝到几分醉，竟冲进人力资源部找正在开会的王经理理论。几位到会的人员七手八脚将李某赶出办公室。李某气愤不过，跑去抓来一把刀，硬闯进办公室威胁王经理："姓王的，今天不给我调工作，就叫你白刀子进，红刀子出！"王经理还是那句话：今天不谈。叫大家进去继续开会。大家软硬兼施又把李某赶出办公室。为防万一，报告了派出所。派出所迅速采取措施，将李某拘留。李某不服，提出申诉。于是派出所按法律规定，限他第二天把申诉书和保证金送来，李某同意后被放回。李某即直奔人力资源部，借车间有事将在场的车间主任支开，当人力资源部只有王经理时，李某乘机抽出刀向王经理猛砍九刀，当场致死。

问题：

1. 人力资源部王经理在处理李某问题时有哪些过失？应如何处理？
2. 从这次血案中，你认为作为一名人力资源部人员应具备哪些素质能力？

简析：

1. 王经理之所以发生血案主要是因为缺乏与员工有效沟通和对员工的激励不足造成的。李某多次申请都遭到王经理的拒绝而没有处理，可见王经理对员工的关心不足。王经理未能从员工的切身实际进行考虑，不能"以人为本"，未能及时观察到李某的思想变化和心理状态，而是简单地按规定办事，造成员工情绪的失控。

其次，公司文化的宣传导向未能将李某内化为公司价值观念的认同者，李某消沉的原因是觉得车间流水岗位没地位，没金钱，所以公司对于员工的道德修养和价值取向也没有进行良好的教育和导向。而公司文化氛围的营造和宣传也是人力资源管理人员的工作之一。

公司要避免此危机，首先应正确处理管理者与员工的问题。

首先要尊重员工，激励人才；要改进管理机制，以人为本，创造宽松的工作环境和良好的工作氛围，使员工对公司有归属感；要不断进行员工培训，提高员工综合素质；设立内部奖励计划和机制，鼓励并提供机会让员工参加公益活动，使员工树立正确的社会经济观和价值取向，提高员工的社会责任。

其次要重视沟通。建立有效的沟通机制，使员工了解企业的发展趋势和现阶段的工作目标，让员工产生责任感和参与感，意识到自己的工作在公司的重要性而积极地为公司争取好成绩；听取员工的意见，保证制定的政策尽可能的全面，避免失于偏颇；塑造一个具有活力的企业文化，使员工感觉被认可和骄傲而团结一致，积极进取。

2. 人力资源管理者应具备的素质能力首先要以人为本，多站在员工角度考虑问题，多为员工着想；并且要有良好的沟通能力，善于听取员工意见，把员工的不满情绪消灭在萌芽状态；还要提高自己的观察识人能力，善于观察人、认识人，体察员工的心理状态才能做好人力资源管理工作。

□ 实训项目

实训内容：请学生在自己调查的企业，找一个普通的员工进行访谈，调查其对目前工作的满意度，对将来工作的想法，以及对未来的目标。同时调查其对人力资源部或人力资源部员工的印象，有无个人成见，哪些方面属于员工个人原因，哪些方面属于人力资源部人员责任。

实训指导：

1. 寻找员工谈话，要寻找有一定代表性的普通员工。

2. 与员工谈话，一定要注意不要让员工产生戒备心理，要自然随意，时间地点灵活掌握，以聊天的方式进行，以此培养自己与人沟通交谈的能力。

3. 事先列出谈话提纲，记在心里，在谈话中有意识地引导员工，不要无目的地海聊。

4. 一个谈不成，可以接着寻找下一个目标，直到顺利进行为止。谈话后写出谈话内容，整理成文字在课上与同学们分享讨论。

□ 学中做　做中学

　　请根据每位成员在虚拟公司中所担任的工作职务，列出本岗位人员应具备的素质和能力。根据列表，召开一次小组成员会，请小组成员与你一起共同探讨你现在具备哪些素质和能力，还有哪些差距。要求：

　　1. 你所在岗位的素质与能力要具体，不要泛泛而谈，要形成文字。

　　2. 小组成员会要开诚布公。每位成员都要真诚而坦率地谈论你对其他人的看法，不要藏头露尾。在其他成员谈你时，请不要随意打断别人的谈话。

　　3. 针对小组会上的情况，正确客观地进行自我评价。

　　4. 你认为在未来的学习生涯中，该如何弥补你所欠缺的素质和能力，将采取哪些措施，达到何种程度，请做出你的弥补计划。

小　结

　　1. 人力资源就是指劳动力资源或劳动力，指具有劳动能力并愿意为社会工作的人口。劳动能力指体力劳动能力和脑力劳动力的总和，这些能力能利用自然资源、信息资源等其他资源创造出新的价值财富。人力资源具有时限性、能动性、再生性、高增值性、磨损性、两重性和社会性的特点。人力资源由数量和质量构成。人力资源的数量又分为绝对数量和相对数量两种。人力资源绝对数量，指的是一个国家或地区拥有的具有劳动能力的人口资源，即劳动力人口的数量。人力资源的质量指人力资源所具有的体质、智力、知识和技能水平，以及劳动者的劳动态度，一般体现在劳动者的体质、文化、专业技术水平及劳动积极性上。

　　2. 人力资源管理就是组织通过岗位分析、人力资源规划、员工招聘选拔、员工培训和开发、绩效管理、薪酬福利管理、员工关系管理等一系列手段来提高劳动生产率，最终实现组织发展的一种管理行为。

　　3. 人力资源管理的基本目标，就是指企业人力资源管理需要完成的职责和需要达到的绩效。人力资源管理既要考虑组织目标的实现，又要考虑员工个人的发展，强调在实现组织目标的同时实现个人的全面发展。

　　4. 人力资源管理的基本职能始终贯穿于人力资源管理的整个运动过程，主要包括人力资源规划，岗位分析与工作设计，员工招聘录用、合理配置和使用，员工培训与开发，绩效管理，薪酬福利管理，员工关系管理和职业生涯管理等八大职能。人力资源管理各项职能之间相互联系、相互影响，共同组织一个有机的系统。以岗位分析与工作设计为基础，以绩效管理为核心，其他管理职能相互联系。

　　5. 人力资源管理部门的组织结构与职责。人力资源管理工作要求人力资源管理人员必须有过硬的人格品质、健全的心理素质，先进的人力资源管理理念、合理的知识结构、基本的工作能力与一定的人事工作经验。

思考题

1. 什么是人力资源？什么是人力资源管理？传统的人事管理与人力资源管理有何不同？

2. 人力资源管理的基本目标是什么？

3. 人力资源管理基本职能包括哪些？各职能之间有什么关系？

4. 简述现代人力资源管理人员应具备哪些方面的素质能力。你如何提高自身素质以适应未来岗位需求要求？

5. 人力资源管理人员未来应面对哪些变化？你认为从现在起应做好哪些准备？

模块二

岗 位 分 析

知识目标：

1. 岗位分析的含义与内容；

2. 岗位分析的程序；

3. 岗位分析的方法、要求和流程。

能力目标：

1. 岗位分析的方法；

2. 岗位说明书的撰写。

素质目标：

1. 以人为本的素质培养；

2. 严谨认真的工作态度。

导入案例：

应该由谁来清扫车间地板

一个机床操作工把大量的机油洒在机床周围的地面上。车间主任令操作工把洒掉的机油清扫干净，操作工拒绝执行，理由是岗位说明书里并没有包括清扫的条文。车间主任顾不上去查岗位说明书上的原文，就找来一名服务工做清扫。但服务工同样拒绝，他的理由是岗位说明书里也没有包括这一类工作。车间主任威胁说要把他解雇。服务工勉强同意，但是干完之后立即向公司投诉。

有关人员看了投诉后，审阅了两类人员的岗位说明书。机床操作工的岗位说明书规定：操作工有责任保持机床的清洁，使之处于可操作状态，但并未提及清扫地面。服务工的岗位说明书规定：服务工有责任以各种方式协助操作工工作，如领取原材料和工具，随叫随到，即时服务，但也没有明确写明包括清扫地面工作。清杂工的岗位说明书确实包括了各种形式的清扫工作，但他的工作时间是从工人正常下班以后开始的。那么，究竟应该由谁在工作时间内来清扫车间地板呢？

资料来源：于秀芝．人力资源管理．2版．北京：经济管理出版社，2004．

项目一　岗位分析的内容

【知识精讲】岗位分析的基本概念及其基本术语；岗位分析所需收集的资料；岗位分析的目的、作用、意义；编写的职位说明书所需的信息。

人力资源管理是对人进行的管理，这种管理都是通过工作活动体现出来的。而将人的管理纳入到组织中，首先是将人放在一个工作岗位上进行管理，因此要将人管理好，必须对组织内部各岗位的工作活动进行充分界定，以确保各岗位的工作活动职责清晰，任务明确，工作规范，工作关系清楚，工作条件完备，从而实现组织的整体目标，而这项工作就是岗位分析所要完成的任务。

一、岗位分析的概念

（一）岗位分析的基本概念

岗位分析，又称职务分析、工作分析，是对组织中某个特定工作职务的目的、任务或职责、权利、隶属关系、工作条件、任职资格等相关信息进行收集与分析，以便对该职务的工作做出明确的规定，并确定完成该工作所需要的行为、条件、人员的过程。岗位分析主要回答两个问题，即这个工作岗位是做什么的，什么样的人来做。

因此岗位分析的结果是工作描述和工作规范。工作描述是说明某项工作的职务目的、职责或任务、权利、隶属关系、工作条件及使用的设备等内容。工作规范是指为了完成某种特定的工作所必须具备的知识、技能、能力，以及其他身体和个性特征的说明。

（二）岗位分析的基本术语

岗位分析是一项专业性较强的人力资源管理工作，它涉及许多专业术语。

（1）工作要素：工作中不能再分解的最小的动作单位。例如，一位秘书所进行的从文件筐中取出文件、开机、敲击键盘打字等都属于工作要素。

（2）任务：某一时间段内为了达到某种目的所从事的一系列活动，由一个或多个工作要素组成。例如，讲课、出考题、改考卷、答疑等都是教师的工作任务。

（3）职责：一个工作承担者为实现一定的组织职能或完成工作使命而担负的一项或多项任务组成的活动。例如，人力资源部人员的职责之一是"员工的满意度调查"，它由设计调查问题、把调查问卷发给调查对象、将结果表格化并加以分析、把调查结果汇报给管理者或员工等几项任务组成。

（4）职权：是指为完成特定的岗位职责或任务，而由组织赋予的一定范围、限度内的权力。例如，上级对下级工作有监督、考核权，部门经理对部门所需的日常费用有一定的财务审批权，但一定有额度限制，否则就容易失控。职责和职权相对应，有什么样的职责就有什么样的职权。

（5）职位：又称为岗位，由一个员工来完成的一项或多项相关职责组成的集合。一般情况下，职位与个体一一匹配，有多少职位就有多少员工，二者数量相等。职位是以"事"为中心确定的，强调的是人所担任的岗位，而不是担任这一个岗位的人。例如，市场部经理、培训主管等都是职位。

（6）职务：又称工作，由一组主要职责相似的职位所组成。在企业中，通常对所需知识技能及所需要的工具类似的一组任务和职责视为同类职务（或工作），从而形成同一职务、多个职位的情况，如计算机程序员、生产统计员、推销员等均可由两个或两个以上的员工共同完成，这些职位分别构成对应的职务。而总裁、市场部经理可一人担任，它既可以是职位，也可以是职务。

知识链接

职位和职务的区别

职务表示的是工作的类别，而职位表示的是工作任务。职务强调的是工作，与机构没有直接的关系，确切地说，一个职务可为多个部门所有，而一个部门也可以有多个职务，职位强调的是在组织中的位置，与机构有直接的关系，即一个职位只能为某个具体的部门所拥有。例如，工厂有两个副总职位，一个主管生产，另一个主管销售。同属于一个职务"副总"；再比如酒店里的服务员，服务员是一个职务，那餐厅服务员和客房服务员就是职位。

（7）职业：跨组织的工作或职务类别，如教师、工人等。例如，医生、教师、会计、采购员等就是不同的职业。

（8）工作族：又称工作类型，指性质或工作特点相似的工作组成的一个工作类别，如销售工作和生产工作分别是两个工作族。

（9）职位分类：是指将所有的职位（即工作岗位）按其业务性质分为若干职组、职系（从横向上讲），然后按责任的大小、工作难易、所需教育程度及技术高低分为若干职级、职等（从纵向上讲），对每一个职位给予准确的定义和描述，制成职位说明书，以此作为对聘用人员管理的依据。与职位分类相关的术语如下。

① 职系：是指一些工作性质相同，而责任轻重和困难程度不同的职位集合。

② 职组：工作性质相近的若干职系的总和，也叫职群。我国现有 27 个职组 43 个职系。

③ 职级：指将工作内容、难易程度、责任大小、所需资格皆很相似的职位划为同一职级，进行同样的管理、使用并给予同等的报酬。

④ 职等：指工作性质不同或主要职务不同，但其困难程度、责任大小、工作所需资格等条件充分相同的职级可归纳称为职等。

二、岗位分析所需收集的资料

（1）背景资料：企业所在的产业情况，企业的经营战略，企业文化，组织结构和职业分类等。

（2）工作活动：实际发生的工作活动、工序、活动记录、负责人的职责等。

（3）工作行为：与工作有关的个人行为（如沟通、决策、撰写等）、动作和行为的质量要求。

（4）工作设备：计算机（软件和硬件）、安全设施、办公设备、机器、工具和其他器具等。

（5）有形和无形物质：与工作有关的有形和无形物质，包括物料、制成品、所应用的知识和所提供的服务等。

（6）绩效标准：工作标准、偏差分析、各种量度和评估工作成果的方法等。

（7）工作条件：工作环境、工作时间表、激励因素及其他企业和社会环境的条件。

（8）人员条件：与工作有关的知识和技能及个人特性的要求。

三、岗位分析的目的、作用和意义

（一）企业为何要进行岗位分析

通常情况下，企业进行岗位分析有以下几种情形。

（1）新建的企业或部门为满足组织设计与人员招聘需要必须进行岗位分析。

（2）由于战略调整和业务发展使工作内容、工作性质发生变化，需要进行岗位分析。

（3）企业技术创新带来劳动生产率的提高，需要重新进行定岗、定员。

（4）建立调查新制度的需要，比如绩效考核、晋升、培训机制的研究需要进行岗位分析。

（二）岗位分析要解决的问题

一般地，具体的岗位分析主要解决以下 6W1H 个重要的问题。

（1）员工需要完成什么样的体力和脑力活动，即具体的工作内容是什么？（What）

（2）工作时间的安排是什么，即工作将在什么时候完成？（When）

（3）工作将在哪里完成，即工作地点在哪里？（Where）

（4）工作目的是什么，为什么要完成此项工作？（Why）

（5）工作的服务对象是谁？（Whom）

（6）完成工作需要哪些条件？（Which）

（7）员工如何完成此项工作？（How）

进一步分析就可以发现，上述各问题是围绕两个主题展开的：其一是"某一工作是做什么事情的?"这一问题与工作活动内容有关,包括工作的名称、职责、要求、场所、时间及条件等一系列内容;其二是"什么样的人来做这些事情最适合?"这一问题则与胜任该工作的人的资格有关,包括专业、年龄、必要的知识和能力、必备的证书、工作的经历以及心理要求等内容。

(三) 岗位分析的作用

(1) 通过岗位分析,有助于员工本人反省和审查自己的工作内容和工作行为,以帮助员工自觉主动地寻找工作中存在的问题,圆满实现职位对于组织的贡献。

(2) 在岗位分析过程中,人力资源管理人员能够充分地了解组织经营的各个重要业务环节和业务流程,从而有助于人力资源管理职能真正上升到战略地位。

(3) 借助于岗位分析,组织的最高经营管理层能够充分了解每一个工作岗位上的人目前所做的工作,可以发现职位之间的职责交叉和职责空缺现象,并通过职位及时调整,提高组织的协同效应。

为了更加直观地了解岗位分析这一活动,我们用一个系统模型把它加以表示(如图2-1所示)。

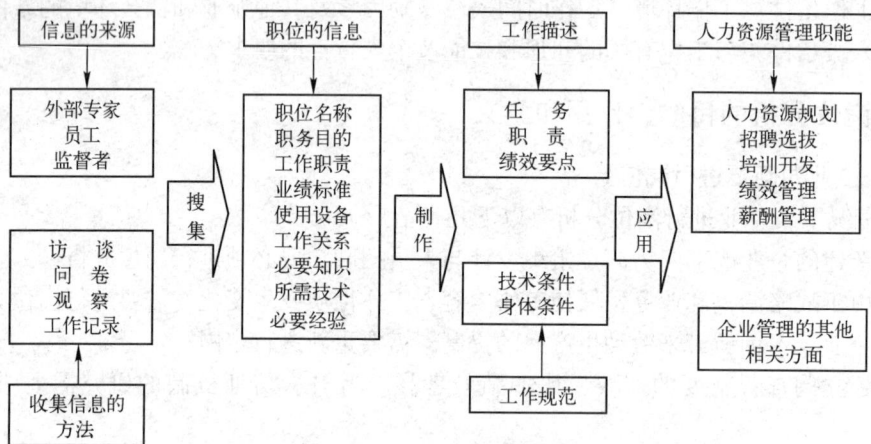

图 2-1　岗位分析的系统模型

(四) 岗位分析的意义

(1) 岗位分析是人力资源规划的基础。

(2) 岗位分析对组织人员的甄选与任用具有指导作用。

(3) 岗位分析有助于员工培训与开发工作。

(4) 岗位分析有利于职业生涯规划与管理。

(5) 岗位分析为绩效评价提供了客观的标准与依据。

(6) 岗位分析有助于薪酬管理方案的设计。

(7) 岗位分析有利于把握员工的安全与健康。

（8）岗位分析有利于改善员工的劳动关系。

（9）岗位分析有助于工作设计。

课堂讨论

资料：秘书门事件

EMC 公司是世界第七大企业级软件供应商。一天，时任 EMC 大中华区总裁的陆纯初由于忘记带办公室钥匙而联系秘书瑞贝卡未果，于凌晨向该秘书和几位高管发出措辞严厉且语气生硬的"谴责信"。

陆纯初的英文邮件内容大致是："我星期二刚告诉过你，想东西、做事情不要想当然！结果今天晚上你就把我锁在门外，我要取的东西都还在办公室里。问题在于你自以为是地认为我随身带了钥匙。从现在起，无论午餐时段还是晚上下班后，你要与你服务的每一名经理都确认无事后才能离开办公室，OK！"

第三天，瑞贝卡向公司所有人发送邮件，列举六大原因指出总裁的不对。在信中，她这样写道："第一，我做这件事是完全正确的，我锁门是从安全角度考虑的，如果一旦丢了东西，我无法承担责任。第二，你有钥匙，自己忘了带，还要说别人不对。造成这件事的主要原因都是你自己，不要把自己的错误转移到别人的身上。第三，你无权干涉和控制我的私人时间，我一天就 8 小时的工作时间，请你记住中午和晚上下班后的时间都是我的私人时间。第四，从加入 EMC 的第一天到现在，我工作尽职尽责，即使加过很多次的班，也没有任何怨言，但是，如果你要求我为了工作以外的事情加班，我无法做到。第五，虽然咱们是上下级的关系，也请你注重一下你说话的语气，这是做人最基本的礼貌问题。第六，我要强调一下，我并没有猜想或者假定什么，因为我没有时间也没有必要。"

资料来源：南方都市报 2006.4.6

讨论：

"秘书门"事件的根源在哪里？

要点：＿＿＿＿＿＿＿＿＿＿＿＿＿＿＿＿＿＿＿＿＿＿＿＿＿＿＿＿＿＿＿＿

＿＿＿＿＿＿＿＿＿＿＿＿＿＿＿＿＿＿＿＿＿＿＿＿＿＿＿＿＿＿＿＿＿＿＿＿

四、岗位分析与人力资源管理其他职能的关系

（1）岗位分析是企业组织设计的基础。企业根据岗位分析的结果形成组织结构图，为企业定岗、定编、定员提供依据。

（2）岗位分析在组织管理方面的价值，主要为保障企业战略目标的实现，在管理中做到人岗匹配，并为工作设计和再设计提供依据，最终体现人本管理的思想。

（3）人力资源规划工作依赖于岗位分析的结果，岗位分析的结果为人力资源规划提供

信息，运用并影响人力资源规划工作。

（4）明确、详细的岗位说明书是员工招聘的重要依据，它可以减少招聘工作中的盲目性，避免在对应聘人员的条件高低进行把握时出现随意性。

（5）岗位分析为员工培训与开发提供依据。岗位分析对于员工培训的作用主要表现为：有利于确定培训需求，有利于制定培训计划，有利于开展培训工作，有利于培训转化。

（6）岗位分析为绩效管理提供依据。岗位分析是绩效计划、绩效实施与管理、绩效评估和绩效反馈，以及绩效改进等一系列绩效管理工作的基础。

（7）岗位分析为制定公平合理的薪酬政策奠定基础。工作评价是建立内部一致性的重要工作，目的是衡量工作岗位在组织中的相对价值大小，通过提取内化在工作中的知识、技能、贡献，以及外在环境和条件等要素，采用不用的评价方法，结合外部市场调查获得薪水平，建立不同的等级结构，形成组织的薪酬体系（如图2-2所示）。

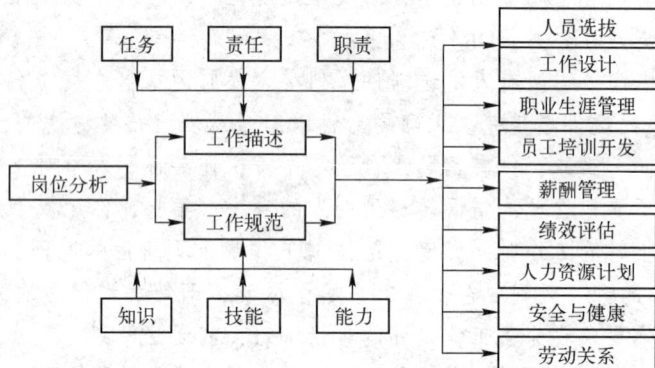

图2-2   岗位分析与人力资源管理各职能的关系

五、岗位说明书的编写

岗位分析的内容取决于岗位分析的目的与用途。有的组织的岗位分析是为了使现有的工作内容与要求更加明确或合理化，以便制定切合实际的奖励制度，调动员工的积极性。有的组织的岗位分析则是为了给人员招聘或员工培训提供依据。

（一）编写岗位说明书所涉及的内容

1. 岗位基本资料

（1）岗位名称。岗位名称必须明确，使人看到岗位名称就可大致了解工作内容。岗位名称必须标准化，按照有关职位分类、命名的规定或通行的命名方法和习惯确定岗位名称。如果该岗位已经完成了岗位评价，在工资上已有固定的等级，则名称上可加上等级。例如技师，必须细分为何种性质、何种等级的技师。

（2）岗位代码。各个岗位按照统一的代码体系编码，岗位代码既能反映出工作岗位所属部门，又能反映出工作岗位上的上下级关系。

（3）工作地点。从事本岗位工作的员工的工作地点。有时将工作地点和办公地点分开考虑，主要是因为有的岗位工作地点和办公地点不同。

（4）所属部门。本岗位属于企业中的哪一个部门。

（5）直接的上下级关系。本工作岗位的直接上级和其直接领导的下级的工作岗位的名称和相应的人数。

（6）员工数目。企业中从事同一岗位的员工数目。如果同一岗位的员工人数经常变动，其变动范围应予以说明；如员工是轮班使用，也应说明。由此可了解员工的工作负荷及配置情况。

2. 工作内容

（1）工作任务。岗位应该完成的工作活动。明确、规范工作行为，如工作的中心任务、工作内容、工作的独立性和多样化程度，完成工作的方法和步骤、使用的设备和材料等。

（2）工作责任。承担该工作应负有的责任。通过对工作相对重要性的了解，配备相应权限，保证责任和权力对应。工作责任主要包括对原材料和产品的责任，对机械设备的责任，对工作程序的责任，对其他人员的工作、合作和安全的责任。

（3）工作量。即工作强度。目的在于确定标准工作量。如劳动定额、工作量基准、工作循环周期等。

（4）工作标准。即用什么来衡量工作的好坏。确定工作标准可以为考核和薪酬等人力资源管理活动提供依据。

（5）机器设备。即从事本岗位工作所需要使用的机器、设备、工具等，其名称、性能、用途均应有详细的记录。

3. 工作关系

（1）监督指导关系。即隶属关系，包括直属上级、直属下级、该工作制约哪些工作、受哪些工作制约。

（2）职位升迁关系。该工作岗位可晋升或降级到哪些岗位，可以与哪些岗位进行同级调度等，为员工做好职业生涯规划。

（3）工作联系。本岗位在具体工作中会与哪些岗位或部门发生工作的往来，发生联系的目的、方式是什么。

4. 工作环境

（1）物理环境。工作地点的湿度、温度、照明度、噪声、振动、异味、粉尘、空间、油渍等，以及工作人员和这些因素接触的时间。

（2）安全环境。从事本岗位工作所处工作环境的工作危险性、劳动安全卫生条件、易患的职业病、患病率及危害程度。

（3）社会环境。包括工作群体的人数、完成工作要求的人员的数量、各部分之间的关系、工作地点外的文化设施、社会风俗习惯等。

（4）聘用条件。包括工作时数、工资结构、支付工资方法、福利待遇、该工作在组织中的正式位置、晋升的机会、工作的季节性、参加培训的机会等。

5. 任职条件

（1）教育培训。从事本岗位工作所具备的教育、培训经历、学历、资格等。

（2）必备知识。从事本岗位工作的员工对使用的机器设备、材料性能、工艺过程、操作规范及操作方法、工具的选择和使用、安全技术等所必须具备的专业知识的掌握。

（3）经验。从事本岗位工作所必需的操作能力和实际经验。

（4）素质要求。从事本岗位工作应具备的职业性向，包括体能性向，即任职者应具备的行走、跑步、爬行、平衡等；气质性向，即任职者应具备的耐心、细心、沉着、勤奋、诚实、主动性、责任感、情绪稳定性等。

以上所列项目，并非对所有职位进行岗位分析时均需包含在内，企业可以根据实际需要选择相关分析内容。

（二）岗位说明书的范例（见表2-1和表2-2）

表2-1　生产部经理岗位说明书

工作名称：生产部经理　部门：生产部
工作代号：0031
工作地点：公司办公大楼
在职者：　　　　　编写日期：2020 年 1 月 14 日
工作关系
间接上级：总经理
直接上级：生产副总经理
直接下级：生产部副经理、机电班班长、灭菌组组长、车间主任、生产部统计员等
内部联系：生产副总经理、总经理、各职能部门负责人
外部联系：政府相关部门、社会相关人士
工作概要
在生产副总经理、总经理领导下，负责生产调度和生产管理。
工作职责
1. 生产管理：
(1) 全面负责产品的生产、计划和组织协调工作，拟定生产结构调整报告；
(2) 编制公司年、季、月生产计划并监督实施，按期上报生产进度表；
(3) 负责配合品质部贯彻执行公司的质量、计量制度和程序，并监督检查实施情况；
(4) 负责审批本部门低值易耗品、机电用品、工位器具、工装等的领用申请；
(5) 负责生产设备的购置申请；
(6) 负责生产车间的现场管理，优化资源配置；
(7) 负责生产部的内部协调，保证生产正常进行；
(8) 负责车间安全生产制度的制定并监督执行；
(9) 其他相关管理。

2. 内部管理：

（1）负责本部门相关规章制度的制定和执行；

（2）在办公室协助下组织对本部门员工的招募、培训、考核和奖励工作，拟定产品工资定额；

（3）负责本部门与其他部门的协调与沟通。

3. 负责下属的培养。

4. 生产副总经理和总经理交办的其他事项。

工作条件和环境

（1）大部分时间在公司办公楼和生产车间现场工作，极少有外出要求。

（2）因工作需要配备计算机一台，固定电话一部。

调任、晋升与培训机会

本职位为公司中层管理职位，可能调任其他相关职位或晋升为生产副总经理、总经理。在公司内外有工商管理培训的机会。

生产部经理任职说明

工作名称：生产部经理

年龄：50 岁以下

性别：不限

学历：本科（或同等学力）以上

专业或相关培训：无菌医疗器械、工商管理专业及相关培训

工作经验

从事医疗器械企业生产管理工作五年以上

体能要求

（1）身体健康，体力充沛，行动敏捷。

（2）无严重疾病和传染病。

知识与技能

（1）具备本公司产品生产专业技术知识及相关知识。

（2）善于激励员工，调动员工积极性。

（3）熟悉 ISO 9000 认证体系与 CMDC、CE、GMP 标准。

（4）熟悉本公司产品生产流程、各类产品生产工艺及产品使用特性。

（5）具备生产管理专业知识及相关经验。

（6）有较强的计划、控制和协调能力。

（7）有良好的沟通能力。

（8）有独立工作的能力。

其他特性

（1）对企业忠诚、敬业、乐于奉献。

（2）严谨求实、责任心强、注重细节。

（3）有吃苦耐劳、精益求精的精神。

（4）有强烈的进取和创新精神。

表2-2 人力资源总监岗位说明书

职务名称：人力资源总监

直接上级：总经理

直接下级：人力资源部经理、培训部经理

本职工作：负责公司人力资源的管理，为公司提供和培养合格的人才。

一、业务职责

（1）根据公司实际情况和发展规划拟定公司人力资源计划，经批准后组织实施。

（2）组织制订公司用工制度、人事管理制度、劳动工资制度、人事档案管理制度、员工手册、培训大纲等规章制度、实施细则和人力资源部工作程序，经批准后组织实施。

（3）组织办理员工绩效考核工作并负责审查各项考核、培训结果。审批经人事部核准的过失单和奖励单，并安排执行。

（4）负责在公司内外收集有潜力的和所需的人才信息并组织招聘工作。

（5）受理员工投诉和员工与公司劳动争议事宜并负责及时解决。

（6）了解人力资源部工作情况和相关数据，收集分析公司人事、劳资信息。

（7）审批公司员工薪酬表，报总经理核准后转会计部执行。

（8）制订人力资源部专业培训计划并协助培训部实施、考核。

（9）加强与公司外同行之间的联系。

（10）代表公司与政府对口部门和有关社会团体、机构联络。

二、管理职责

1. 组织建设

（1）参与讨论公司部门级以上组织结构；

（2）确定下级部门的组织结构；

（3）当发现下级部门的岗位设置或岗位分工不合理时，要及时指出问题，做出调整，并通知人力资源部。

2. 招聘及任免

（1）用人需求：

① 提出直接下级岗位的用人需求，并编写该岗位的岗位职责和任职资格，提交给总经理确认；

……

（2）面试：

① 进行直接下级岗位的初试；

② 任免；

……

3. 培训

……

4. 绩效考评

……

5. 工作沟通

……

6. 激励

……

7. 经费审核与控制

……

8. 工作报告

……

9. 表现领导能力

……

（三）岗位说明书编写的误区

1. 只重结果，不重过程

岗位说明书的编写，既是落实岗位责任和确定任职资格条件的过程，也是组织目标层层分解的过程。以人为本的组织，就必须尊重员工，了解员工的需求特点，让员工与企业共同发展，在组织目标实现的同时，使个人的目标也得以实现。

编写岗位说明书的过程，可以使员工明确自己的工作责任及自己在企业中的作用，同时也是企业了解员工工作情况和期望的大好时机。可惜很多部门主管都像在应付作业一样草草完成，没有借此机会与员工进行交流，在以后岗位说明书的应用过程中，容易出现员工不理解、不利用、不执行的情况，使岗位说明书变成摆设。

2. 人力资源部门总揽岗位说明书的编写工作

岗位说明书应主要由各部门的主管负责编写，人力资源部为其提供格式和方法，并予以适当的指导和审核。如果由人力资源部代行其事，就在一定程度上失去了编写岗位说明书的本意。

3. 一劳永逸，长期不改

随着时代的进步和企业的发展，企业中部门的职能及相应岗位的工作内容也会不断地发生变化，尤其是网络时代中的新兴行业更是如此。如果岗位评价的价值能进行及时修正，就会很快过时。一般而言，至少也要每1～2年修改一次。因此，要求岗位说明书的格式简洁实用，重点突出，项目不要过多。在进行岗位职责描述时，要注意措辞既明确又通用，内容应详略得当，不要写得太详细，也不能过分简单，以实用为准。

4. 岗位说明书以现任人员为准

岗位分析针对的是岗位，而不是人。岗位说明书描述的只能是岗位本身具有的特性，与本岗位的任职者无关。很多企业，特别是一些老国有企业，常常根据现有人员的情况来制定岗位职责和任职资格标准，使岗位说明书偏离了它本身的特点，缺乏客观公正性。因此，在编写岗位说明书时不能过多掺杂现有任职者的身影。一般都要按照岗位本身的要求进行编写，为避免"执行难"的问题，再稍微照顾现有任职者（主要是一些老员工）的情况。比如，对不能达到学历要求的员工，可以规定其必须具备什么样的工作经验，或者规定其培训的内容、方式和时间应达到什么样的要求等。

案例简析

都是岗位说明书惹的祸

"小王，我真不知道你到底需要什么样的机械操作工？"高尔夫机械制造有限公司人力资源部经理老陈说道，"我已经送去了4个人给你面试，这4个人都基本符合所需岗位说明书的要求，可是，你却将他们全部拒之门外。"

"符合岗位说明书的要求？"小王颇为惊讶地回答道，"我要找的是那种一录用，就能够直接上手做事的人；而你送给我的人，都不能够胜任实际操作工作，并不是我所要找的人。再者，我根本就没有看见你所说的什么岗位说明书。"

闻听此言，老陈二话没说，为小王拿来岗位说明书。当他们将岗位说明书与现实岗位所需逐条加以对照时，才发现问题之所在：原来这些岗位说明书已经严重地脱离实际，也就是说，岗位说明书没有将实际工作中的变动写进去。例如，岗位说明书要求从业人员具备旧式钻探机的工作经验，而实际却已采用了最新技术的数控机床。因此，工人必须具备更多的数学和计算机知识。

在听完小王描述机械操作工作所需的技能及从业人员需要履行的职责后，老陈喜形于色说道："我想该写一份准确描述该项工作的岗位说明书，并且用这份岗位说明书作指导，一定能够找到需要的合适人选。我坚信，只要我们的工作更加紧密地配合，上述不愉快的事情绝不会再发生了。"

资料来源：http://wenku.baidu.com/link?url

问题：

1. 岗位说明书和招聘的关系是什么？

2. 岗位说明书对人力资源管理的价值是什么？

简析：

1. 岗位说明书是招聘的依据。明确、详细的岗位说明书是员工招聘的重要依据，它可以减少招聘工作中的盲目性，避免在对应聘人员的条件高低进行把握时出现随意性。

2. 岗位说明书在整个人力资源管理中处于基础地位。人力资源管理的其他职能都是建立在岗位分析的基础上。

☐ 实训项目

实训内容：请学生实地调查一个企业，或调查本学校各部门的职能情况，了解其组织架构，重点分析各部门职责范围的划分。

实训指导：

1. 要了解企业（学校）的组织架构、人力资源管理部门的基本状况，该部门在企业中的地位，该部门的管理层级、下设机构，人员构成、分工，每位管理人员的职务构成、工作职责及来历背景等信息。

2. 根据企业的性质（生产、零售、服务、餐饮等）调查各部门的职责。

3. 使用恰当的方法、选择适当的部门主管、确定恰当的信息调查范围，对拟进行分析的部门收集相关的信息以确定该部门的职能范围。

学中做 做中学

请为你的虚拟公司的基层部门的各岗位编制相应的岗位说明书。要求如下。

1. 根据某岗位现在的实际工作情况以及过去的岗位说明书，收集该岗位工作描述和工作规范的基本内容，主要包括：工作识别、工作编号、工作概要、工作关系、工作职责、工作条件与工作环境，以及为了完成某种特定的工作所必须具备的知识、技能、能力和其他特征。

2. 选择合适的编制岗位说明书所需信息的收集方法，设计适当的岗位分析调查问卷表或者访谈提纲。

3. 将收集来的信息进行归纳、分类和分析，归为工作规范和工作描述两大类，为编制岗位说明书准备资料。

4. 最后依据岗位说明书的格式，编制一份规范的岗位说明书。

项目二 岗位分析的程序

【知识精讲】岗位分析的程序；岗位分析程序中准备阶段的基本准备工作；调查阶段的所需要完成的工作；分析整理阶段的所需要归纳出来的信息；完成阶段的所需要完成的岗位说明书的编写。

岗位分析是一个全面的评价过程，这个过程可以分为四个阶段：准备阶段、调查阶段、分析整理阶段和完成阶段，这四个阶段关系十分密切，它们相互联系、相互影响。

岗位分析工作的操作是一项技术性很强，既复杂又细致的工作，要做好它是不容易的，必须有充分的认识和准备。其操作步骤主要包括以下四个阶段。

一、准备阶段

准备阶段是岗位分析的第一阶段。这阶段主要是设计调查方案，组建岗位分析小组，确定调查的范围、对象，这一阶段主要完成以下几项任务。

（一）确定岗位分析的目的

岗位分析的目的就是明确分析资料到底是要用来做什么的，是要解决什么问题的。岗位分析的目的不同，所收集的信息和使用的方法也会不同。只有确定了岗位分析的目的，才能正确确定调查的范围、对象和内容，同时在一定程度上也决定了将使用何种方法来搜集资料。例如，如果岗位分析的目的是为企业的文书性工作职务培训项目提供依据，则无须取得其他工作岗位的信息，一般来说，采用观察法和面谈法就可以了。

（二）成立岗位分析小组

为了保证岗位分析的顺利进行，在准备阶段要成立一个岗位分析小组，从人员上为这项工作的开展做好准备。小组的成员一般由三类人员组成：一是企业的高层领导；二是岗位分析人员，主要由人力资源管理专业人员和其他职能部门的人员组成；三是聘请的外部专家和顾问，他们具有这方面的丰富经验和专门技术，可以防止岗位分析的过程出现偏差，有利于结果的客观性和科学性。

（三）对岗位分析人员进行培训

为了保证岗位分析的效果，还要由外部的专家和顾问对本企业参加岗位分析小组的人员进行业务上的培训。

（四）掌握各种基础数据和资料

根据岗位分析的总目的、总任务，对企业各类职位的现状进行初步了解，掌握各种基础数据和资料。还应当注意岗位分析的目的与岗位分析过程中所要调查、搜集的信息内容是密切相关的，例如，如果岗位分析是为了开发一项书面测试来评估求职者的知识水平，则分析者就应把调查的目标定在关于该工作的具体任务信息以及完成每项任务所需要的知识技能上。

（五）建立有效的沟通体系

向参与岗位分析的有关管理人员、员工解释与说明岗位分析的目的、内容、作用及意义，使他们充分了解岗位分析的程序，并建立友好合作关系，使管理人员和员工对岗位分析有良好的心理准备。

（六）确定岗位分析对象的样本

由于受时间、资金和人力的限制，不可能所有的岗位任职者都参与岗位分析，这样岗位分析对象选择的合理与否与岗位分析结果的准确度息息相关，因此，在选择岗位分析对象时，一定要选择有代表性、典型性的工作进行分析。

二、调查阶段

此阶段的主要任务是根据调查方案，对整个工作过程、工作环境、工作内容和工作人员等方面做一个全面的调查。调查通常是面对面的访谈和问卷的调查，还可以结合资料分析、现场观察、关键事件、工作日志、小组讨论等方法，广泛、深入地搜集有关岗位工作的各种数据和资料。这一阶段需要完成的任务主要有以下几项。

（一）设计岗位分析方案

岗位分析方案是岗位分析小组开展工作的依据。实施一次完整的岗位分析活动，往往需要调动大量的资源，需要花费相当长的时间，需要来自各个方面的人员配合，所以，在实施之前需要制定一个方案，以便有计划、有条理地实施岗位分析。

课 堂 讨 论

讨论：一份完整的岗位分析方案应包括哪些内容？

要点：_____

_____

（二）选择搜集工作内容及相关信息的方法

依据岗位分析目的，确定搜集工作内容。搜集工作信息的方法有很多，这部分见本模块项目三。

（三）搜集工作的背景资料

这些资料包括公司的组织结构图、工作流程图及国家的岗位分类标准，如果可能的话，还应当找来以前保留的岗位分析资料。组织结构图指明了某一岗位在整个组织中的位置，以及上下级隶属关系和左右的工作关系；工作流程图指出了工作过程中信息的流向和相关的权限，这些都有助于更加全面地了解岗位的情况。职位分类标准和以前的岗位分析资料也有助于更好地了解职位的情况，但是在使用这些资料时要注意绝对不能照搬照抄，而应当根据企业现时的具体情况，有选择地加以利用。

（四）搜集岗位的相关信息

在完成以上的工作之后，就可以正式开始搜集岗位的相关信息了。一般来说，岗位分析中需要搜集的信息包括工作活动、在工作中所使用的机器、工具、设备和工作辅助用品、与工作有关的有形和无形因素、工作地点，以及工作对任职者的要求。

三、分析整理阶段

这阶段是岗位分析的关键环节，是对岗位调查的结果进行深入的分析，并初步整理出岗位说明书。岗位分析并不是简单、机械地搜集和积累某些信息，而是要以正确、开放和创新的思路与观念，对各个岗位的特征和要求做出全面考察，创造性地提出各岗位的主要成分和关键因素，并在深入分析和认真总结的基础上，编制出岗位说明书。在这一阶段需要进行以下几项工作。

（一）整理资料

将搜集到的信息按照岗位说明书的各项要求进行归类整理，看是否有遗漏的项目，如果有的话要返回到上一个步骤，继续进行调查。

（二）审查资料

资料进行归类整理以后，岗位分析小组的成员要一起对所获工作信息的准确性进行审查，如有疑问，就需要与相关的人员进行核实，或者返回到上一个步骤，重新进行调查。

（三）分析资料

如果搜集的资料没有遗漏，也没有错误，那么接下来就要对这些资料进行深入的分析，也就是说要归纳总结岗位分析的必需材料和要素，揭示出各个岗位的主要成分和关键因素。

四、完成阶段

这是整个岗位分析过程的最后一个阶段，前三个阶段的工作都是把达到此阶段作为目标的，此阶段的任务就是根据规范和信息编制"工作描述"和"工作规范"。这个阶段主要是对岗位分析的初步结果进行反馈与修正，最后形成完整的岗位说明书。岗位说明书的内容必须经过不断地反馈与修正，才能把工作的误差降到最小。

有些企业往往忽略这个阶段的工作，导致岗位说明书的内容存在漏洞或不合理，容易引起其他工作的混乱和员工的不满。由于接下去人力资源管理工作的各个环节都是以此为基础的，如果为了简便和节省时间，草草完成岗位说明书的编写，就会像一座大厦的地基没有夯实一样，因此必须引起足够的重视。同时，要注意总结岗位分析调查工作中的问题和经验，以便于在适当的时间进行调整和修正。

案例简析

A 公司的岗位分析

A公司是我国中部省份的一家房地产开发公司。近年来，随着当地经济的迅速增长，房产需求强劲，公司有了飞速的发展，规模持续扩大，逐步发展为一家中型房地产开发公司。随着公司的发展和壮大，员工人数大量增加，众多的组织和人力资源治理问题逐渐凸显出来。

公司现有的组织机构是基于创业时的公司规划，随着业务扩张的需要逐渐扩充而形成的。在运行的过程中，组织与业务上的矛盾已经逐渐凸显出来。部门之间、岗位之间的职责与权限缺乏明确的界定，扯皮推诿的现象不断发生；有的部门抱怨事情太多，人手不够，任务不能按时、按质、按量完成；有的部门又觉得人员冗杂，人浮于事，效率低下。

在公司的人员招聘方面，用人部门给出的招聘标准往往很含糊，招聘主管往往无法准确地加以理解，使得招来的人大多差强人意。同时目前的许多岗位不能做到人事匹配，员工的能力不能得以充分发挥，严重挫伤了士气，并影响了工作的效果。公司员工的晋升以前由总经理直接做出。现在公司规模大了，总经理几乎没有时间直接与基层员工和部门主管打交道，基层员工和部门主管的晋升只能根据部门经理的意见来做出。而在晋升中，上级和下属之间的私人感情成为决定性的因素，有才干的人往往并不能获得提升。因此，许多优秀的员工由于看不到自己未来的前途，而另寻高就。在激励机制方面，公司缺乏科学的绩效考核和薪酬制度，考核中的主观性和随意性非常严重，员工的报酬不能体现其价值与能力，人力资源部经常可以听到大家对薪酬的抱怨和不满，这也是人才流失的重要原因。

面对这样严重的形势，人力资源部开始着手进行人力资源治理的变革，变革首先从进行岗位分析，确定岗位价值开始。岗位分析、岗位评价究竟如何开展，如何抓住岗位分析、岗位评价过程中的要害点，为公司本次组织变革提供有效的信息支持和基础保证，是摆在 A 公司面前的重要课题。

首先，他们开始寻找进行岗位分析的工具与技术。在阅读了国内目前流行的基本岗位分析书籍之后，他们从其中选取了一份岗位分析问卷，来作为收集岗位信息的工具。然后，人力资源部将问卷发放到了各个部门经理手中，同时他们还在公司的内部网上也发了一份关于开展问卷调查的通知，要求各部门配合人力资源部的问卷调查。

据反映，问卷在下发到各部门之后，却一直搁置在各部门经理手中，而没有发下去。很多部门是直到人力资源部开始催收时才把问卷发放到每个人手中。同时，由于大家都很忙，很多人在拿到问卷之后，都没有时间仔细思考，草草填写完事。还有很多人在外地出差，或者任务缠身，自己无法填写，而由同事代笔。此外，据一些较为重视这次调查的员工反映，大家都不了解这次问卷调查的意图，也不理解问卷中那些生疏的治理术语，何为职责，何为工作目的，许多人对此并不理解。很多人想就疑难问题向人力资源部进行询问，可是也不知道具体该找谁。因此，在回答问卷时只能凭借自己个人的理解来进行填写，无法把握填写的规范和标准。

一个星期之后，人力资源部收回了问卷。但他们发现，问卷填写的效果不太理想，有一部分问卷填写不全，有一部分问卷答非所问，还有一部分问卷根本没有收上来。辛苦调查的结果却没有发挥它应有的价值。

与此同时，人力资源部也着手选取一些岗位进行访谈。但在试着谈了几个岗位之后，发现访谈的效果也不好。因为在人力资源部，能够对部门经理访谈的人只有人力资源部经理一人，主管和一般员工都无法与其他部门经理进行沟通。同时，由于经理们都很忙，能够把双方凑在一块实在不易。因此，两个星期时间过去之后，只访谈了两个部门经理。

人力资源部的几位主管负责对经理级以下的人员进行坊谈，但在访谈中，出现的情况却出乎意料。大部分时间都是被访谈的人在发牢骚，指责公司的治理问题，抱怨自己的待遇不公等。而在谈到与岗位分析相关的内容时，被访谈人往往又言辞闪烁，顾左右而言他，似乎对人力资源部这次访谈不太信任。访谈结束之后，访谈人都反映对该岗位的熟悉还是停留在模糊的阶段。这样持续了两个星期，访谈了大概 1/3 的岗位。人力资源部经理认为时间不能拖延下去了，因此决定开始进入项目的下一个阶段 ——撰写岗位说明书。

可这时，各岗位的信息收集却还不完全。怎么办呢？人力资源部在无奈之中，不得不另觅他途。于是，他们通过各种途径从其他公司中收集了许多岗位说明书，试图以此作为参照，结合问卷和访谈收集到一些信息来撰写岗位说明书。

在撰写阶段，人力资源部成立了几个小组，每个小组专门负责起草某一部门的岗位说明书，并且还要求各组在两个星期内完成任务。在起草岗位说明书的过程中，人力资源部的员工都颇感为难，一方面不了解别的部门的工作，问卷和访谈提供的信息又不准确；另一方面，大家又缺乏写岗位说明书的经验，因此，写起来都感觉很费劲。规定的时间快到了，很多人为了交稿，不得不急急忙忙，东拼西凑了一些材料，再结合自己的判定，最后成稿。

最后，岗位说明书终于出台了。人力资源部将成稿的岗位说明书下发到了各部门，同时，还下发了一份文件，要求各部门按照新的岗位说明书来界定工作范围，并按照其中规定的任职条件来进行人员的招聘、选拔和任用。但这却引起了其他部门的强烈反对，很多直线部门的治理人员甚至公开指责人力资源部，说人力资源部的岗位说明书是一堆垃圾文件，完全不符合实际情况。

于是，人力资源部专门与相关部门召开了一次会议来推动岗位说明书的应用。人力资源部经理本来想通过这次会议来说服各部门支持这个项目。但结果却恰恰相反，在会上，人力资源部遭到了各部门的一致批评。同时，人力资源部由于对其他部门不了解，对于其他部门所提的很多问题，也无法进行解释和反驳，因此，会议的最终结论是，让人力资源部重新编写岗位说明书。后来，经过多次重写与修改，岗位说明书始终无法令人满意。最后，岗位分析项目不了了之。

人力资源部的员工在经历了这个失败的项目后，对岗位分析彻底丧失了信心。他们开始认为，岗位分析只不过是"雾里看花，水中望月"的东西，说起来挺好，实际上却没有什么大用，而且认为岗位分析只能针对西方国家那些治理先进的大公司，拿到中国的企业来，根本就行不通。原来雄心勃勃的人力资源部经理也变得灰心丧气，但他却一直对这次失败耿耿于怀，对项目失败的原因也是百思不得其解。那么，岗位分析真的是他们认为的"雾里看花，水中望月"吗？该公司的岗位分析项目为什么会失败呢？

问题：

1. 该公司为什么决定从岗位分析入手来实施变革，这样的决定正确吗？为什么？

2. 在岗位分析项目的整个组织与实施过程中，该公司存在哪些问题？

简析：

1. 首先，岗位分析可以明确各个职位的职责，避免因职责与权限缺乏明确的界定出现的扯皮推诿的现象；其次，岗位分析后形成的岗位说明书能成为员工的工作指南，也可以成为企业确定人力资源规划、员工能力考核、薪酬、培训开发等人力资源职能管理参考依据。所以我们认为这样的决定是对的。该公司有必要进行岗位分析来实施变革。

2. 而该公司在岗位分析的组织与实施过程中存在以下问题。

① 该公司信息收集不完全，更没有经过信息反馈验证，人力资源部只能从其他公司中收集了许多岗位说明书，以此作为参照，结合问卷和访谈收集到一些信息来撰写岗位说明书。

② 问卷和访谈提供的信息不准确，又缺乏写岗位说明书的经验，所以这样写出来的岗位说明书肯定不能通过客观的内在逻辑形成一个完整的系统，给企业提供能真正解决问题的职位说明书。

③ 在运行阶段，该公司在还没有形成确实有效的岗位说明书的时候就要求各部门按新的岗位说明书界定工作范围，遭到各部门的强烈反对。

🗆 实训项目

实训内容：请学生对一家公司（或校外实训基地、本学校）的重点岗位进行一次较为完善的岗位分析。

实训指导：

1. 根据公司的性质确定要进行岗位分析的重点岗位，首先要了解岗位分析所需收集的资料有背景资料、工作活动、工作行为、工作设备、有形和无形物质、绩效标准、工作条件、人员条件等。

2. 选择适当的方法收集有关岗位职责、有关该岗位工作描述的基本信息，诸如工作概要、工作关系、工作职责、工作条件与工作环境等信息。

3. 进行岗位分析后，编写岗位说明书，然后对照企业的实际岗位说明书，比较自己的岗位说明书与企业实际的相同与不同之处。

🗆 学中做　做中学

请为你的虚拟公司的中层部门的各岗位编制相应的岗位说明书。

要求：

1. 根据某岗位现在的实际工作情况及过去的职位说明书，分阶段收集符合该岗位的岗位职责和工作规范。

2. 选择收集岗位职责信息的合适方法，设计适当的岗位职责信息调查表。

3. 根据实际工作情况，整理出适合该岗位的工作描述。

4. 根据实际工作情况，整理出胜任某项工作的工作规范。

项目三　岗位分析方法实务操作

【知识精讲】岗位分析的方法及基本的工作流程；访谈法、问卷调查法、观察法的使用方法；调查问卷的设计。

当目标计划等规划方面的东西确定下来以后，实施就成为重中之重，而实施过程中采用的方法是否科学又是实施成败的关键。同样，在岗位分析过程中，根据目标、岗位特点、实际条件等选择采取合适的分析方法也就成了关键。目前岗位分析的方法有很多种，这里只介绍几种比较常用的方法。

一、访谈法

访谈是访谈人员就某一岗位与访谈对象按事先拟订好的访谈提纲进行交流和讨论。访谈对象包括：该岗位的任职者，对工作较为熟悉的直接主管人员，与该岗位工作联系比较密切的工作人员，任职者的下属。为了保证访谈效果，一般要事先设计访谈提纲并交给访谈者准备。访谈法分为个体访谈（结构化、半结构化、无结构）和群体访谈；一般访谈和深度访谈。

进行访谈时要坚持的原则有：

（1）明确面谈的意义；

（2）建立融洽的气氛；

（3）准备完整的问题表格；

（4）要求按工作重要性程度排列；

（5）面谈结果让任职者及其上司审阅修订。

访谈法的优点是可以得到标准和非标准的体力、脑力工作及其他不易观察到的多方面信息。其不足之处是被访谈者对访谈的动机往往持怀疑态度，回答问题时有所保留，且面谈者易从自身利益考虑而导致信息失真。因此，访谈法一般不能单独使用，最好与其他方法配合使用。此外，分析者的观点影响工作信息正确的判断；岗位分析者问些含糊不清的问题，影响信息收集。

访谈问题可以从这些方面考虑：

1. 你向谁报告？

2. 谁向你报告？

3. 你在预算上所负的责任如何？（包括预算金额及你管理的资产信息。）

4. 你的主要职责是什么？

5. 你怎么运用你大部分的工作时间？

6. 你分配的工作从何而来？完成的工作送到哪里或送给谁？

7. 工作之前必须完成哪些准备工作？

8. 你要怎样提高产品或服务的质量？

9. 你觉得有哪些工作是重要的或不重要的？

10. 工作过程可以怎样加以改善？

11. 可以用什么不同的方式来工作，以降低费用或者成本？

12. 你必须遵循什么原则、规定、政策等以达成你的职责？

13. 在采取行动之前，有哪些决策必须请示或必须通知你的部下？

14. 这个工作对你的创意和解决问题的能力有什么样的挑战？

15. 请说明你的工作所需要的体力（如果会选的话）。

该方法适合于不可能实际去做某项工作，或不可能去现场观察，以及难以观察到某种工作的情形，既适用于短时间的生理特征的分析，也适用于长时间的心理特征的分析，适用于对文字理解有困难的人。访谈法也适合于脑力职位者，如开发人员、设计人员、高层管理人员等。

二、问卷调查法

问卷调查法就是根据岗位分析的目的、内容等，事先设计一套岗位调查问卷，由被调查者填写，再将问卷加以汇总，从中找出有代表性的回答，形成对岗位分析的描述信息。问卷调查的关键是问卷设计。

问卷设计形式分为开放型和封闭型两种。开放型由被调查人根据问题自由回答。封闭型由调查人事先设计好答案，由被调查人选择确定。设计问卷时要做到：提问要准确；问卷表格要精练；语言通俗易懂，问题不可模棱两可；问卷表前面要有指导语；引进被调查人兴趣的问题放在前面，问题排列要有逻辑。

问卷调查法在具体实施时，岗位分析人员首先要拟订一套切实可行、内容丰富的问卷，然后由员工进行填写。正式进行岗位分析前，要考查各部门的工作内容及可行时间，先行拟定调查时间表，若不可行，则可弹性调整。使用问卷调查法时所要注意的问题如下。

（1）问卷发放。进行各部门岗位分析问卷发放时，先集合各部门主管进行说明，说明内容包括岗位分析目的、岗位分析问卷填答及问题解答，并清楚告知此次活动的进行不会影响到员工现有权益，确定各主管都清楚如何进行后，由主管辅导下属进行岗位分析问卷的填答。

（2）填答问卷。虽然在岗位分析问卷填答前有过详细的说明，也进行了问题解决，但是仍可能产生许多问题。因此，在此期间必须关注各部门的填写状况，并予以协助。

（3）问卷回收及整理。对于回收的资料，首先必须检查是否填写完整，并仔细查看是否有不清楚、重复或冲突之处，如果出现此种情况，便由岗位分析人员与人力资源主管进行讨论，判断是否对此任职者或其主管进行面谈，以确认资料收集的正确性。如果事先已请填写者将内容转换成计算机档案，则岗位分析员只需对原档案进行分析归类即可，不需再花费许多时间将问卷内容转换成计算机文书文件，且只要资料确认无误，即可完成岗位说明书的撰写。

（4）岗位分析成果。依据岗位分析的目的进行所获得的成果即为岗位说明书。问卷调查法在岗位分析中使用最为广泛，其优点是费用低、速度快，调查范围广，尤其适合对大量工作人员进行岗位分析，调查结果可实现数量化，进行计算机处理。它免去了长时间观察和访谈的麻烦，也克服了岗位分析人员水平不一的缺陷。

这种方法对问卷设计要求较高，设计比较费工，也不像访谈那样可以面对面地交流信息，因此，不容易了解被调查对象的态度和动机等较深层次的信息。问卷法还有三个缺陷，一是不易唤起被调查对象的兴趣；二是除非问卷很长，否则就不能获得足够详细的信息；三是需经说明，否则会理解不同，产生信息误差。该方法适用于对工作进行量化排序，并与工作报酬相联系的岗位分析。下面是一份岗位分析调查表，可以参考学习。

岗位分析调查表

本问卷收集的是目前岗位的情况，而非个人的信息。这不是对您工作表现的评估。回答请详细、准确，不要有所保留或夸大，所提供的回答应适用于最为典型的通常情况，而不仅仅适用于短期活动或临时工作。感谢您的大力协助！

为了让您更清楚怎么填这张表，先请看一个填表举例。

一、基本情况

姓　　名	王　强	性　别	男	职　称	无
学历	本科	进入公司时间	2001.6	从事本工作时间	2002.6
所在部门	人力资源部	岗位名称	招聘专员	岗位目前在编人数	2 人
直接上级	人力资源部经理	直接下级	无		
晋升方向	招聘经理助理	轮换岗位	无		
主要职责	（可以写该岗位工作的目的，主要工作内容等，几句话概述。） 负责单位员工的招聘，员工资料管理，劳动合同管理……				

二、岗位职责

	工 作 内 容	权重 （约占总 工作量的 百分比）	工 作 要 求	工作关系 （与哪些单位或 岗位配合）	权　利	考核指标
工作 内容一	职责一描述：负责员工招聘录用及离职管理工作	60%				无
	1. 分析各部门岗位需求，制定相应招聘计划	20%	及时分析各部门人员需求，招聘计划制定科学	单位各部门		各部门人员需求分析准确及时性
	2. 负责应聘人员初步面试和筛选、相关证件的校验工作	20%	所招聘的新员工符合岗位要求，招聘工作组织有序	重庆人才市场重庆市劳动管理部门	决定应聘者是否通过面试	新员工入职后的工作业绩
	3. 负责为新员工办理入职手续，负责员工档案和劳动合同的管理	20%	手续办理及时准确，档案和合同不能遗失	公司所有员工		手续办理及时性

…………

明白怎么填写了吗？现在请开始您的填写吧！谢谢您的合作！

一、请你填写以下基本情况

姓　　名		性　　别		职　　称	
学历		进入公司时间		从事本工作时间	
所在部门		岗位名称		岗位目前在编数	
直接上级		直接下级			
晋升方向		轮换岗位			
主要职责					

二、请填写岗位职责表（如表格不够，可在表格后面的空白处填写）

	具体工作内容	权　重	工作要求	工作关系 （与哪些单位或 岗位配合）	权　利	考核指标
工作内容一	职责一描述：					
	1.					
	2.					
	3.					
工作内容二	职责二描述：					
	1.					
	2.					
	3.					
工作内容三	职责三描述：					
	1.					
	2.					
	3.					
工作内容四	职责四描述：					
	1.					
	2.					
	3.					

三、任职资格（请根据您个人看法在所选处画圆或打钩）

1. 您认为胜任本岗位所需最低的学历和知识要求_____。

A. 初中　B. 高中　C. 职高　D. 中专　E. 大专　F. 本科　G. 硕士　H. 硕士以上

2. 您认为需要多久的工作经验才能胜任本岗位（即要求多长时间能胜任该岗位工作）？

A. 一个月　B. 三个月　C. 半年　D. 一年　E. 两年　F. 三年　G. 五年

3. 您认为一位没有相关工作经验的本科学历人员，需要多久的培训才可以胜任该工作？

A. 不需要培训　B. 15 天以内　C. 一个月以内　D. 三个月以内　E. 半年以内

F. 半年以上

4. 您认为承担本岗位工作有无外语要求？

A. 有　　B. 无

5. 如有要求

(1) 您认为适合本岗位的外语语种是（请填写）＿＿＿＿＿＿＿＿。

(2) 应达到的水平为以下＿＿＿＿＿＿＿＿。

A. 能流利的进行"听"和"说"　　　　　B. 能用外文进行常用文章的写作

C. 能读懂并翻译外文资料　　　　　　D. 只认识简单常用的词汇

6. 您认为胜任本岗位需要哪些通用知识（政策、法律法规、计算机等）和专业知识，以及它们需达到何种水平？请列举。

＿＿＿＿＿＿＿＿＿＿＿＿＿＿＿＿＿＿＿＿＿＿＿＿＿＿＿＿＿＿＿＿＿＿＿＿＿＿＿

＿＿＿＿＿＿＿＿＿＿＿＿＿＿＿＿＿＿＿＿＿＿＿＿＿＿＿＿＿＿＿＿＿＿＿＿＿＿＿

7. 您认为具备哪些个性和职业素质要求（责任心、奉献精神等）才能胜任本岗位？请列举。

＿＿＿＿＿＿＿＿＿＿＿＿＿＿＿＿＿＿＿＿＿＿＿＿＿＿＿＿＿＿＿＿＿＿＿＿＿＿＿

四、劳动强度与工作环境

1. 您的正常工作时间从＿＿＿＿＿＿＿＿时开始至＿＿＿＿＿＿＿＿时结束。（请填写）

2. 您加班频率一般为每月平均＿＿＿＿＿＿＿次，每次平均＿＿＿＿＿＿＿小时。（请填写）

3. 您平均每周在本地外出＿＿＿＿＿＿＿次，平均每次＿＿＿＿＿＿＿小时。（请填写）

4. 您所从事的工作是否忙闲不均？

A. 是　　　　　　　B. 否

5. 您所从事的工作有何方面的要求？

A. 气力　B. 耐力　C. 坚持力　D. 控制力　E. 调整力　F. 其他（请填写）＿＿＿＿＿＿

6. 本岗位的工作是否要求精力高度集中？

A. 是　　B. 否

7. 本岗位工作场所是＿＿＿＿＿＿＿。

A. 只在办公室　　　　　　　　　　　B. 在办公室为主，小部分在外

C. 在外为主，小部分在办公室　　　　D. 只在外工作，极少时间在办公室工作

8. 本岗位的工作情况是＿＿＿＿＿＿＿。

A. 工作任务比较单一，在规定时间内能顺利完成

B. 同时处理多项工作任务

C. 在 A 的基础上，工作中经常出现新问题、新情况，需提出解决方法

D. 在 B 的基础上，工作中经常出现新问题、新情况，需提出解决办法

9. 您所负责的岗位的工作量负荷程度如何?

A. 超负荷　　B. 满负荷　　C. 半负荷　　D. 无负荷

10. 从事该岗位有无危险性?

A. 无　　B. 有

11. 从事该岗位是否会导致职业病?

A. 无　　B. 有

12. 工作需要哪些工具设备?(请描述)

_____

_____

13. 社会环境:您的工作环境是_____。

A. 相对独立　　B. 与他人协作

如选 B,请您回答何时与他人协作,以何种方式协作。(请填写)

_____

14. 不足和建议。您认为本岗位工作安排有哪些不合理的地方?应如何改善?

不合理处	改进建议

感谢您填完本问卷,请再仔细核对一遍,确保没有漏答。

三、观察法

观察法就是岗位分析人员在不影响被观察人员正常工作的条件下,通过观察将有关工作的内容、方法、程序、设备、工作环境等信息记录下来,最后将取得的信息归纳整理为适合使用的结果的过程。利用观察法进行岗位分析时,应力求观察的结构化,根据岗位分析的目的和组织现有的条件,事先确定观察的内容、观察的时间、观察的位置、观察所需的记录单等,做到省时高效。

观察法又分为以下两种。

(1) 直接观察法:岗位分析人员直接对员工工作的全过程进行观察。直接观察法适用于工作周期很短的职位。比如保洁员,他的工作基本上是以一天为一个周期,岗位分析人员可以一整天跟随着保洁员进行直接工作观察。

(2) 阶段观察法:有些员工的工作具有较长的周期性,为了能完整地观察到员工的所有工作,必须分阶段进行观察。比如行政文员,他需要在每年年终筹备企业总结表彰大会。岗位分析人员就必须在年终时再对该职位进行观察。有时由于间阶段跨度太长,岗位分析工作无法拖延很长时间,这时采用"阶段表演法"更为合适。

观察法对于工作周期很长和突发性事件较多的工作比较适合。如保安工作,除了有正常的工作程序以外，还有很多突发事件需要处理，如盘问可疑人员、处理突发事件等，岗位分析人员可以让保安人员表演盘问的过程，来进行该项工作的观察。应用观察法的要求如下。

（1）所观察的工作应具有代表性。

（2）观察人员在观察时尽量不要引起被观察者的注意。在适当的时候，岗位分析人员应该以适当的方式将自己介绍给员工。

（3）观察前应确定观察计划，计划中应含有观察提纲、观察内容、观察时刻、观察位置等。

（4）观察时思考的问题应结构简单，并真实地反映工作有关内容，避免机械记录。

（5）在使用观察法时，应将岗位分析人员用适当的方式介绍给员工，使之能够被员工接受。采用观察法进行岗位分析结果比较客观、准确，但需要岗位分析人员具备较高的素质。观察法也存在一些弊端，如不适用工作循环周期很长的工作，难以收集到与脑力劳动有关的信息。

一般来说，观察法适用于外显特征较明显的岗位工作，如生产线上工人的工作、会计员的工作等。不适于工作循环周期很长的、脑力劳动的工作，偶然、突发性工作也不易观察，且不能获得有关任职者要求的信息。

观察法举例：岗位分析观察提纲

被观察者姓名：　　　　　　　　　　日期：

观察者姓名：　　　　　　　　　　　观察时间：

工作类型：　　　　　　　　　　　　工作部门：

观察内容：

（1）什么时候开始正式工作？　　　　　（2）上午工作多少小时？

（3）上午休息几次？　　　　　　　　　（4）第一次休息时间从_____到_____

（5）第二次休息时间从_____到_____　（6）上午完成产品_____件

（7）平均完成一件产品的时间　　　　　（8）与同事交谈几次？

（9）每次交谈约_____分钟　　　　　　（10）室内温度_____摄氏度

（11）抽了几支香烟？　　　　　　　　　（12）喝了几次水？

（13）什么时候开始午休？　　　　　　　（14）出了多少次品？

（15）搬了多少原材料？　　　　　　　　（16）噪声分贝是多少？

四、关键事件法

关键事件法要求岗位分析工作人员或其他有关人员描述能反映其绩效好坏的"关键事

件",即对岗位工作任务造成显著影响的事件,将其归纳分类,最后就会对岗位工作有一个全面的了解。关键事件的描述包括:导致该事件发生的背景、原因;员工有效的或多余的行为;关键行为的后果;员工控制上述后果的能力。采用关键事件法进行岗位分析时,应注意三个问题:调查期限不宜过短;关键事件的数量应足够说明问题,事件数目不能太少;正反两方面的事件都要兼顾,不得偏颇。

关键事件法直接描述工作中的具体活动,可提示工作的动态性;所研究的工作可观察、衡量,故所需资料适用于大部分工作。归纳事件需耗大量时间;易遗漏一些不显著的工作行为,难以把握整个工作实体。该方法适用于员工太多,或者岗位工作内容过于繁杂的工作。

课 堂 讨 论

资料:销售工作的 15 种关键行为

1. 善于把握客户订货信息和市场信息;
2. 密切注意市场需求的瞬间变化;
3. 善于与销售部门的管理人员交流信息;
4. 善于与生产部门的管理人员和执行人员交流信息;
5. 对上级和客户忠诚,讲信用;
6. 能够说到做到;
7. 坚持为客户服务,了解和满足客户的要求;
8. 积极收集产品的售后反馈信息;
9. 向客户宣传企业的其他产品;
10. 积极扩大企业的销售额及市场占有率;
11. 不断掌握新的销售技术和方法;
12. 在新的销售途径方面有创新精神;
13. 维护公司形象,树立企业良好声誉;
14. 结清账目;
15. 工作态度积极主动。

讨论:

以上 15 种关键行为属于能提高绩效的关键事件,请根据上述资料列出影响销售绩效的关键事件。

要点:_____

五、工作实践法

工作实践法是指岗位分析人员直接参与某一岗位的工作,从而细致、全面地体验、了解和分析岗位特征及岗位要求的方法。

与其他方法相比，工作实践法的优势是可获得岗位要求的第一手真实、可靠的数据资料。可以准确地了解工作的实际任务和体力、环境、社会方面的要求，适用于短期内可以掌握的工作。由于分析人员本身的知识与技术的局限性，其运用范围有限，只适用于较为简单的岗位分析。

该方法只适应于短期内可掌握的工作，不适用于在现代化大生产条件下对操作的技术难度、工作频率、质量要求高及有危险性的岗位。

六、工作日志法

工作日志法是让员工以工作日记或工作笔记的形式记录日常工作活动而获得有关岗位工作信息资料的方法。

应用工作日志法的关键在于制定工作记录的格式表，使所需的信息能够系统的记录下来。在实际工作中，不同的岗位分析目的往往需要不同的"工作日志"格式。常用的格式设计，通常包括工作的内容、程序和方法，工作的时间消耗和结果形式，工作中的典型事件和涉及的关系等。

工作日志法的优点在于，如果这种记录很详细，那么经常会得到一些其他方法无法获得或者观察不到的细节。工作日志法可能存在的最大问题在于其内容是否真实。该方法适用于高水平、复杂工作的分析。

表 2-3 是一个简单的工作日志填写示例。

表 2-3　工作日志

5 月 29 日　　　　工作开始时间 8：30　　　工作结束时间 17：30

序　号	工作活动名称	工作活动内容	工作活动结果	时 间 消 耗	备　　注
1	复印	协议文件	4 页	6 分	存档
2	起草公文	贸易代理委托书	8 页	2 小时 15 分	报上级审批
3	贸易洽谈	玩具出口	1 次	40 小时	承办
4	布置工作	对日出口业务	1 次	20 小时	指示
5	会议	讨论东欧贸易	1 次	1 小时 30 分	参与
⋮					
16	请示	贷款数据	1 次	20 分	报批
17	计算机录入	经营数据	2 屏	1 小时	承办
18	接待	参观	3 人	35 分	承办

七、交叉反馈法

交叉反馈法，即由岗位分析专家与从事被分析岗位的骨干人员或其主管人员交谈、沟通。其步骤为：按企业经营需要，确定工作岗位；然后由主管人员或骨干人员根据设立的岗位按预先设计的表式，草拟工作规范初稿；再由岗位分析专家与草拟者和其他有关人员一起讨论，并在此基础上起草出二稿；最后由分管领导审阅定稿。访谈对象最好是从事比所需要了解岗位高一个层次的岗位工作的人员或从事该项工作的关键人员，这样反映问题比较全面、客观。

该方法的优点在于，工作规范描述准确，可执行性强；工作关系图、工作流程的描述相对清晰；能够较好地与实际工作相吻合。不足之处在于，所需花费时间较多，反馈周期较长，工作任务量大。这种方法适合于发展变化较快，或岗位职责还未定型的企业。由于企业没有现成的观察样本，所以只能借助专家的经验来规划未来希望看到的岗位状态。

八、不同岗位分析方法的优缺点及适用范围

前面介绍的几种岗位分析方法各有优缺点，表 2-4 是这几种方法的比较，各种方法的优缺点与适用性一目了然。在实际岗位分析活动中应视具体情况将各种方法结合使用。

表 2-4　岗位分析方法的比较

方　法	优　　点	缺　　点	适　用
访谈法	能了解到工作者的工作态度和工作动机等深层次的内容；收集信息简单、迅速、具体、有助于缓和工作压力	访谈者要接受专门训练；费时；成本高；信息易于失真	任务周期长，工作行为不易被直接观察的工作
问卷调查法	成本低；速度快；适用范围广；结果可量化	问卷设计费时；员工与调查者之间交流不足	各种类型的工作；样本数量较大的场合
观察法	岗位分析人员能较全面、深入地了解工作要求	不适于以脑力活动为主的工作和处理紧急情况的间歇性工作，不能得到任职资格的要求，被观察者可能会反感	标准化、任务周期较短、以体力活动为主的工作
关键事件法	行为标准明确；能更好地确定每一行为的利益和作用	费时费力；无法描述工作职责、任务背景、任职资格等；对中等绩效员工难以涉及	以招聘选拔、培训、绩效评估等为目的的岗位分析
工作实践法	便于深入了解、获取工作职责、内容与关系、劳动强度等信息	存在因分析员素质、认识、参与程度等方面的差异而导致的对于工作特征和任职资格要求的不同认识	任务周期较短，工作状态稳定的工作
工作日志法	便于获取工作职责、内容与关系、劳动强度等信息，费用低，分析复杂工作时比较经济有效	关注过程而非结果；整理信息量大；存在误差；可能影响正常工作	任务周期较短，工作状态稳定的工作

案例简析

小王为何要辞职

小王来到公司的人力资源部，对张经理说，"可能我无法适应目前的工作，我希望在这个月末试用期结束时离开公司。"张经理听了很惊讶。小王是两个月前到公司销售部担任销售部经理助理的。在工作的这段时间中，人力资源部通过销售部经理及销售部其他同事了解过小王试用期的工作情况，大家都反映很好，想不到小王会主动提出辞职。

三个月以前，销售部经理提出了增加经理助理岗位的需求，由于销售部将加强与国外厂商的业务联系，急需熟练使用英语口语和处理英语书面文件的员工，并希望新增加的员工具有一定的计算机水平，同时可兼顾公司对外网站的管理工作。人力资源部就所需增加的工作岗位进行分析，经过与销售部经理协商，编写了该岗位的岗位说明书。其中对岗位职责的描述是：

1. 协助经理处理国外业务及英文书面文件、合同；

2. 在需要的情况下可担任英文翻译；

3. 整理销售部内部业务文档；

4. 负责在网站上发布有关公司的业务信息，并进行公司网页的更新、调整。

由于工作岗位对语言能力方面的要求，决定了应聘人员最好是英语专业的毕业生，或在国外学习生活过的人员。而计算机网站管理又对应聘人员的计算机水平提出了较高的要求，要求能制作网页和进行数据库处理，应聘者最好是具备计算机专业学历的人员。

看到这样的任职资格要求，人力资源部感到这个岗位的招聘工作难度较大。当招聘信息在人才招聘渠道发布后，应聘的人员不多。小王是华南地区某商学院毕业的学生，毕业后在广告公司做过业务工作，后来到英国留学，在国外所学的专业是计算机应用，留学回国才一个月，各方面的条件完全符合招聘岗位的要求。经过两次面试后，销售部和人力资源部都觉得小王是这个岗位的最佳人选。于是通知小王来公司报到上班。

"为什么你会觉得自己不能适应这项工作呢？"张经理问小王。

小王说："工作中业务文件处理、与客户的业务联系都没问题，内部文档也能按要求管理好，但是我不了解我们公司生产产品的技术参数和生产能力，在与客户联系的过程中，需要根据客户的需要为客户量身订制产品的技术参数并在合同中注明交货期限。销售部要求我向客户提供技术方案，和我们能为客户量身订制的产品的规格、型号，有时还要决定我们什么时候能给客户供应哪些类型的产品。这些工作需要较多技术方面的知识，何况我不是销售部经理，我也无法决定。目前我承担的工作与应聘时对我提出的工作要求完全不一样。"

资料来源：https://wenku.baidu.com/view/895bec647f21af45b307e87101f69e314332fa78.html

问题:

1. 小王为什么要辞职?

2. 销售经理助理这一岗位的岗位说明书存在什么问题?有何影响?

3. 如果你是人力资源部经理,你需要怎么做?

简析:

在组织的招聘工作中,需要了解所招聘岗位的工作职责和任务,由此确定应聘者应具备的资格条件,只有这样才能使招聘者有效地筛选应聘者的资料,从中挑选应聘候选人,针对工作岗位的要求进行选拔、聘用。销售经理助理这一岗位的岗位说明书缺乏系统性,没有对该岗位的工作职责进行全面描述,漏了工作任务,由此确定的任职资格条件也不完备、不恰当。岗位说明书的信息失误将直接影响招聘工作的准确性、可靠性,即使员工录用后,由于工作岗位职责不明确或工作任务与招聘时的工作界定范围不同,也会引起员工不适应工作而流失,从而造成组织和应聘者双方不必要的浪费。因此,在招聘之前,应对该职位进行系统的岗位分析,编制出一份准确的岗位说明书,然后以其为依据进行招聘。

□ 实训项目

实训内容: 请学生针对校外实训基地或一家企业的某类型岗位制作一份岗位调查问卷、一份访谈提纲和一份观察提纲,然后发放问卷,并进行访谈或观察,将问卷收回,将访谈记录和观察内容整理成文字材料进行分析。

实训指导:

1. 选择的岗位要具有典型性,能代表此企业的主要业务活动。

2. 调查问卷要针对该岗位的性质,一般包括:工作识别、工作编号、工作概要、工作关系、工作职责、工作条件与工作环境等,将问卷发放到样本员工,并及时收回。

3. 按照访谈提纲对样本员工进行访谈,以补充问卷调查内容,重点访谈其工作行为、工作设备、有形和无形物质、绩效标准、工作条件、人员条件等。

4. 按照观察提纲对选定岗位进行观察,以确定员工所填问卷与访谈内容的真实性。

□ 学中做 做中学

请为你的虚拟公司的基层各部门的各岗位做一次岗位分析,并编写出各岗位的岗位说明书。要求:

1. 从主管部门、人力资源管理部门和外部专业家选择合适的人选,组织岗位分析的小组成员。

2. 实地进行观察,设计访谈提纲。使用观察法、访谈法和问卷调查法来收集岗位分析时所需要的信息,设计信息收集所需要的调查问卷。

3. 安排合适的地点、合适的时间进行信息收集时的访谈，一对一的访谈或一对多的访谈都可以，根据实际情况选择合适的形式。

4. 选择一些部门或者岗位作为样本，发放调查问卷，让他们在业余时间填写问卷，并收集问卷、分析整理问卷并得出相应的编写岗位说明书所需要的信息。

小　结

1. 岗位分析是人力资源管理的基础性工作，人力资源管理的每项工作几乎都需要用岗位分析的结果。因此岗位分析是企业人力资源管理职能的基础。岗位分析，又称职务分析。岗位分析的结果将形成工作描述与工作规范。

2. 岗位分析是一项专业性较强的人力资源管理工作，它涉及许多专业术语：工作要素、任务、责任、职位、职务、职业、工作族、职位分类、职系、职组、职级、职等。岗位分析所需收集的资料有背景资料、工作活动、工作行为、工作设备、有形和无形物质、绩效标准、工作条件、人员条件等。

3. 岗位分析程序可分为准备、调查、分析整理、完成四个阶段。岗位分析的方法多种多样，访谈法、问卷调查法、观察法、工作实践法、关键事件法、工作日志法、交叉反馈法。通常在组织中，岗位分析人员要将几种方法结合起来使用，效果才更好。

4. 岗位说明书又称职务说明书，是岗位分析的成果，它包括两个部分：工作描述和工作规范。岗位说明书编写要遵守统一规范、清晰具体、范围明确、共同参与四项原则。

5. 工作描述的基本内容包括：工作识别、工作编号、工作概要、工作关系、工作职责、工作条件与工作环境。工作规范，又称任职说明，是一个人为了完成某种特定的工作所必须具备的知识、技能、能力及其他特征的一份目录清单。

思考题 ●●●

1. 为什么要进行岗位分析？
2. 常用的岗位分析方法有哪些？试比较它们的优缺点。
3. 如何编制岗位说明书？
4. 编制岗位说明书所需要的信息有哪些？
5. 编制岗位说明书时需要注意的误区有哪些？

模块三

人力资源规划

知识目标：

1. 了解人力资源规划的含义、分类；
2. 理解人力资源规划的内容、任务、目标；
3. 了解人力资源规划的作用；
4. 掌握人力资源规划的影响因素和制定程序。

能力目标：

1. 掌握人力资源供需预测方法；
2. 掌握人力资源供需平衡方法。

素质目标：

1. 能够发现问题做出判断；
2. 能够正确用各种方法制定人力资源规划。

导入案例：

人力资源管理要有长远规划

美国艾默生（Emerson）电气公司当时是一家电机和风扇制造商。经过100多年的努力，艾默生已经由一个地区制造商成长为一个全球技术解决方案的强势集团公司。了解艾默生的人都知道，这里的员工都很有计划性，他们在每年上半年，就开始制订第二年的工作目标与详细计划，例如公司业绩增长速度至少保持在全国 GDP 平均值的两倍以上等。接下来的每个月、每个季度，各部门都要自我总结，调整业绩目标与工作方法。

如艾默生旗下的费希尔调压器（上海）有限公司，每年都要为下一年度招聘、培训、沟通等制订详细计划与执行步骤；每季度都会召开一次全体员工大会，总经理亲自发言，通报公司最新进展，以及分公司、全球总公司的发展状况，让员工有更广阔的视野。管理层每两个月都要越级与经理级以下的员工——包括普通工人直接沟通，了解他们的真实想法。

作为一家有上百年历史的世界500强企业，人们的着眼点往往是"大"而非"强"。殊不知，"强"才是好的企业在人才市场上占尽优势的立足点。艾默生的"强"不仅体现在具有享誉世界的系统化、流程化生产管理制度，以一流的业绩吸引一流的人才，而且善于将这种特色融入人力资源管理的细节中，为员工提供了高效、舒适、安全的工作环境。

企业人力资源管理做得好与坏，关键在于有没有长远规划，是否密切跟踪并自我调整。站得高，才能看得远。用规划来引领全局的工作，包括人力资源的工作，是取得长期成功的有效方法。当然，还必须具备一个条件，就像艾默生公司这样坚持不懈，无微不至。

资料来源：http://www.hrsee.com/?id=215

项目一　人力资源规划概述

【知识精讲】人力资源规划的含义及分类；人力资源规划的内容；人力资源规划的任务和目标；人力资源规划的作用。

对任何企业来说，建设一支高能力水平、高素质的人才队伍是实现企业目标的保证。而要做到这一点，就必须要对企业人力资源管理进行规划，即在研究和分析企业战略的基础上，对未来企业人力资源的需求和供给情况进行科学的预测，确定企业人力资源管理的目标、实现目标的途径、需要完成的主要任务及工作的重点，为企业战略和经营目标的实现提供人力保证，这就是企业人力资源战略规划。

一、人力资源规划的含义

所谓规划，就是指从战略的高度对组织未来较长时间要达到的目标以及实现目标的措施所做的总体谋划。

人力资源规划即从企业战略规划和发展目标出发，根据其内外部环境的变化，预测企业未来发展对人力资源的需求，以及为满足这种需要所提供人力资源的活动过程。人力资源规划的概念要从以下几个方面理解：

（1）制定人力资源战略规划的依据是组织的发展战略、目标；

（2）人力资源战略规划要适应组织内外部环境的变化；

（3）人力资源战略规划的目的是使组织人力资源供需平衡，保证组织长期持续发展和员工个人利益的实现。

以往的观念认为人力资源规划是组织将数量与质量合适的人力安排到恰当的工作岗位

上。它与组织的战略目标相适应，满足组织未来活动的人员需求。这种观念只考虑了组织的利益，只考虑了组织的人才供求匹配，很少顾及员工个人利益。

现代观念认为，人力资源规划应当兼顾组织和员工双方的利益。这里的员工利益是指员工的报酬、晋升机会、工作环境、安全健康保障等。如果在制定或者执行人力资源计划时，不考虑员工个人利益，对于组织和员工个人都是不利的。其后果往往是优秀员工外流，组织缺乏凝聚力，组织内部不和谐，缺乏朝气和活力。

人力资源规划是组织发展战略的重要组成部分，可以确保组织发展过程中对人力资源的需求，是实现组织战略目标的重要保证。人力资源规划是预测未来的组织任务和环境对组织的要求，以及为了完成这些任务和满足这些要求而设计的提供人力资源的过程。人力资源规划的实质是根据企业经营方针，通过确定企业人力资源和保证人力资源供给来实现企业的目标。

二、人力资源规划的分类

（1）从规划的时间期限上看，人力资源战略规划可分为短期规划、中期规划和长期规划。

（2）从规划的范围上看，人力资源战略规划可分为整体性人力资源战略规划、部门人力资源规划、某项任务或工作的人力资源战略规划。

（3）从规划的性质上看，人力资源战略规划可分为人力资源战略性规划和人力资源战术性规划。长期的人力资源规划多属于战略性和整体性的；短期规划多属于战术性的和策略性的。

三、人力资源规划的内容

企业人力资源规划的内容，也就是最终结果，包括以下两个层次。

（一）人力资源总体规划

人力资源总体规划即人力资源战略性规划，主要依据企业发展战略规划，通过建立人力资源信息系统，预测人力资源供给和需求状况，指出满足企业人力资源需求的总原则和指导性措施，阐明人力资源管理的重大方针、政策和原则，确定人力资源管理工作投资的预算等问题。

（二）人力资源业务规划

人力资源业务规划即人力资源战术性规划。一般包括人力资源的各项业务计划，具体有人员补充计划、人员分配计划、人员晋升计划、培训开发计划、薪酬奖励计划、保险福利计划、劳动关系计划、退休解聘计划等内容。这些业务计划是总体战略规划的具体化，每一项业务计划都由目标、任务、政策保证、实施步骤及经费预算等项内容组成，具体参见表 3-1。

表 3-1 人力资源战术性规划内容

规 划 项 目	具 体 内 容
人员补充计划	制定需补充人员的数量、类型、层次，拟定人员任职资格，拟招募地区、形式及甄选方法
人员分配计划	规划部门编制，拟定各职位人员任职资格，做到人适其位，并规定工作轮换的范围与时间及轮换人选等
人员晋升计划	建立后备管理人员梯队，规划员工职业发展方向，确定晋升比例和标准，以及未提升人员的安置
培训开发计划	拟定重点培训项目。有关培训时间、培训对象、培训教师、培训方式、培训效果的保证，以及与工资、奖励、晋升制度的联系
薪酬奖励计划	进行薪资调查和内部工作评价，拟定工资制度，奖励政策及绩效考核指标
劳动关系计划	为了提高员工满意度，加强沟通，实行全员参与管理，建立合理化建议制度等
退休解聘计划	退休政策及解聘程序，制定退休解聘规定，拟定退休解聘人选

课 堂 讨 论

资料：科讯公司的二次创业难题

科讯公司以批发某品牌全系列电子产品为主，经过多年的努力与发展，已经具有一定的规模。公司现有员工近 20 人。在为用户创造更多价值的同时，科讯电子更是秉承为不同群体的客户提供更高的应用需求的原则，极力增加新的产品，为用户创造更多的价值，并努力加快公司的发展步伐。

在创业初期，公司业务比较单一，人员所需不多，所以人力资源管理工作相对也比较简单。到了二次创业时期，公司必须有自己的发展战略，而人才的配置必须适应这种战略。因此，如何有效地开发和使用人才，便成为科讯公司二次创业时期人力资源管理的关键问题。

资料来源：http://wenku.baidu.com/

讨论：

该公司应如何有效开展人力资源管理工作，与公司发展规划相适应？

四、人力资源规划的任务和目标

人力资源规划的任务首先是分析人力资源现阶段的基本状况。在此基础上，预测企业人力资源的供求状况，并制定供求平衡的措施。其次是规定各项人力资源管理活动的具体目标、任务、政策、步骤和预算，包括人力资源的补充、使用、培训等活动。最后，使人力资源管理的各项业务计划保持平衡，并使人力资源规划与组织其他计划相互衔接。

人力资源规划的目标是通过规划企业内人力资源管理的各项活动，努力使员工的需要与组织的需要相吻合，形成高效率—高士气—高效率的良性循环，确保组织战略目标的实现。

五、人力资源规划的作用

企业人力资源规划的作用，主要体现在如下几个方面。

（一）有利于组织制定战略目标和发展规划

人力资源规划是组织发展战略的重要组成部分，受组织战略的制约和影响，并且需要与组织战略的要求相适应，是实现组织战略目标的重要保证。反过来，人力资源规划的制定和完善也有利于组织制定适宜的战略目标和发展规划。

（二）确保组织生存发展过程中对人力资源的需求

在市场竞争激烈的环境中，企业只有不断地开发新产品，引进新技术，才能确保在竞争中立于不败之地。而不同的企业、不同的生产技术条件，对人力资源的数量、质量、结构等方面的要求是不一样的。人力资源部门必须分析企业人力资源的需求和供给之间的差距，制定各种规划来满足企业对人力资源的需求。

（三）有利于人力资源管理活动的有序化

人力资源规划是企业人力资源管理的基础，它由总体规划和各种业务计划构成，为管理活动（如确定人员的需求量、供给量、调整职务和任务、培训等）提供可靠的信息和依据，进而保证管理活动的有序化。

（四）有利于控制人力资源成本

人力资源规划有助于检查和测算出人力资源规划方案的实施成本及其带来的效益。要通过人力资源规划预测组织人员的变化，调整组织的人员结构，把人工成本控制在合理的水平上，这是组织持续发展不可缺少的环节。

（五）有利于促进人力资源的开发

通过人力资源战略规划的制定与实施，使组织内各级人员了解人力资源开发上存在的问题，并将问题解决在萌芽中。可以说是人力资源战略规划的基本内容，对满足员工的需要、调动员工的积极性与创造性有巨大作用。

案例简析

华日公司的前身是一家主要经营地毯等纺织品的集体所有制性质的工厂，由于经营观念落后，以及经营体制等各方面的束缚，企业连年亏损，濒临倒闭。2015年，企业吸引了部分外资，成立了华日公司。公司与原来的老企业相比，从组织结构到管理体制等各方面都做了重大改革。公司主要有家具部、纺织品部和纤维部三个生产部门，其中纺织品部下辖六个分厂，分别生产服装、地毯及其他工业用纺织品。应该说这种改革顺应了当时的经济潮流，使公司能够轻装上阵，转变经营理念，及时把握商机，改制两年后，华日公司就取得了长足的发展，企业的规模也得以扩大，员工人数达900多人，管理人员也增加为140人，此外还有产品开发与设计人员10人，营销人员20名。

华日公司的总经理钱明从公司成立伊始，就强调公司包括管理人员在内的所有员工的受教育程度和学历很重要。公司制定了详细的规章制度，为管理人员和员工的培训和学习提供了有利的条件，钱明本人也经过两年多的在职学习，获得了工商管理硕士学位。在华日公司，受教育和培训的经历是员工进行工作流动和升职的必要条件。

华日公司的这些举措收到了明显的效果。公司的员工都热爱自己的工作，乐意通过提高自己的素质和技能来提高工作的质量和效率，员工之间的人际关系十分融洽。由于公司的效益良好，因此，员工的报酬也很丰厚。每个员工都为自己是华日公司的一员而自豪。

但到了2017年，公司的效益出现了大幅度的滑坡。2018年年度的财务报告显示，公司已经出现了严重的亏损。

导致公司衰退的原因是多方面的。从公司的外部环境来看，日益加剧的竞争，导致很多原来是公司拳头产品的市场萎缩，消费需求的下降也是公司产品销路不畅的一个原因。从公司内部的原因来看，产品的质量问题被忽略了，迟迟没得到彻底解决，如今，随着竞争的加剧，许多竞争对手价廉物美的产品赢得了消费者的青睐，相比之下，华日的产品更显得质次价高。另外，公司产品缺乏创新也是华日产品日渐失去消费者的原因所在。

处于窘境的华日公司总经理钱明向董事会提出了精简组织结构及裁员的报告，获得了董事会的同意。但究竟应该保留多少员工？这是钱明面临的一个难题。在前几年中，由于公司发展迅速，人力资源部的主要任务是不断为新增加的职位招聘员工，并且为公司所有员工薪酬福利等事务服务，至于人力资源规划上的问题，从来没有提到人力资源部的工作日程上。

经过董事会和公司管理部门的多次开会讨论，最终决定了裁员后的公司组织结构，新的公司有两个主要的生产部门：家具部，主要生产各类家庭及办公用家具；纺织品部，分为两个分部，一个分部生产地毯；另一个分部以来料加工方式制作各类服装。这样，重组后公司将保留一线员工625人，其中家具部400人，地毯部125人，服装分部100人。此外，公司将削减管理人员至88人，产品研发人员的数量增加至32人，营销人员36人。钱明深信，在具体执行减员下岗工作时，一定还有许多的困难。

问题：

1. 谈谈人力资源规划工作对企业的重要性。

2. 人力资源规划与公司战略之间存在什么样的关系？

简析：

1. 人力资源规划对企业来说非常重要：人力资源规划能加强企业对环境变化的适应能力，为企业的发展提供人力保证；有助于实现企业内部人力资源的合理配置，优化企业内部人员结构，从而最大限度地实现人尽其才，提高企业的效益；对满足企业成员的需求和调动职工的积极性与创造性有巨大的作用。

2. 人力资源规划工作如果不得力，事前的预测和计划工作不到位，可能导致公司战略发展处于被动状态，一旦变化来临，则相应的变革就不得不在压力下进行。如2015年改制后，生产力极大地提高了，人力资源部门忙于应付不断增加的人力资源需求，而没有进行总体谋划，去开展人力资源规划工作，所以说该公司的人力资源规划和公司发展战略之间是脱节的。

❑ 实训项目

实训内容：实地调查一家企业，也可以从网上查阅资料，了解企业目前岗位、编制设置情况，并分析企业现有人力资源是否满足企业经营的需要，存在哪些问题。

实训指导：

1. 企业岗位设置和岗位编制可以通过访问人力资源管理部门了解，同时需要了解企业人员调整变动情况：如何进行调整，在什么情况下调整及调整的频率等；

2. 要了解人力资源是否满足企业需要，则应该与各部门主管进行沟通，了解目前部门员工基本情况及工作绩效，并进一步明确部门要求；

3. 调研完毕，分析企业人力资源规划管理存在的问题，形成调研报告。

❑ 学中做　做中学

以虚拟公司为单位，制定虚拟公司的人力资源规划，使其为企业战略和经营目标服务。要求：

1. 小组同学首先通过讨论，形成公司未来 3～5 年发展战略；

2. 根据企业目前发展情况，规划设计企业组织结构；

3. 确定公司各部门岗位设置；

4. 人力资源部门经理及工作人员与部门经理进行模拟访谈，了解部门人员现状及未来需要；

5. 人力资源部门经理需要就企业人力资源规划工作与部门经理进行沟通，达成共识，在未来将会密切配合，共同完成企业人力资源规划设计工作。

项目二　人力资源规划制定的程序

【知识精讲】影响企业人力资源规划的主要因素；企业人力资源规划制定程序。

一、人力资源规划的影响因素

企业在制定人力资源规划时，要考虑各种环境因素的影响。通常，影响人力资源规划制定的因素主要分为外部环境因素、行业环境因素和内部环境因素。

（一）外部环境因素

主要包括政治法律环境、经济环境、社会文化环境、科学技术环境、人口和劳动力市场环境等。

1. 政治法律环境

影响人力资源规划的政治法律因素有：政府有关的劳动就业制度、工时制度、最低工资标准、职业卫生、劳动保护、安全生产等规定，以及户籍制度、住房制度、社会保障制度等，因为这些制度、政策、规定会影响到人力资源管理工作的全过程，当然也会影响到企业的人员规划。

2. 经济环境

经济环境方面的各种变化在宏观上改变着企业员工队伍的数量、质量和结构，它对企业人力资源需求影响较大。

当经济处于萧条期时，人力资源的获得成本和人工成本较低，但是企业受经济形势的影响，对人力资源的需求减少；当经济处于繁荣期时，劳动力成本较高，但是企业处于扩张时期，对人力资源的需求量会增加。企业在进行人员规划时，必须考虑所处经济社会的宏观经济形势，在整体趋势上保证人员规划总体战略的正确性。

3. 社会文化环境

社会文化反映社会民众的基本信念、价值观，对人力资源管理有间接的影响。例如，不同的文化对待劳动关系的观点就有所不同：我国东部沿海地区，受西方文化的影响较大，人们在选择工作、与企业确定劳动关系时，可能很痛快地与企业签订契约关系；而我国西部广大地区，人们可能比较喜欢传统的较为稳定的终身雇佣制度。因此企业在制定人员规划时，应慎重考虑社会文化环境因素，尤其是跨国公司，在国际化与本土化相结合的经营战略下，人员规划及人力资源管理的其他环节都要充分考虑各个国家和不同地区的社会文化的差异性。

4. 科学技术环境

科学技术对企业人员规划的影响是全方位的，它使企业对人力资源的需要和供给处于结构性的变化状态（或处于动态的不平衡状态）。例如，计算机网络技术的飞速发展，使得网络招聘等成为现实；新技术的引进与新机器设备的应用，使得企业对低技能员工的需求量减少，对高技能员工的需求量增加。

5. 人口和劳动力市场环境

人员规划的对象是人，因此，人口环境，尤其是企业所在地区的人口环境，对企业获取人力资源有着重要的影响。人口环境因素主要包括：社会或本地区的人口规模，劳动力队伍的数量、结构和质量等特征。

在制定人员规划时，还要考虑劳动力年龄因素对人员规划的影响。因为不同年龄段的员工在收入、生理需要、价值观念、生活方式、社会活动等方面存在一定的差异性，有着不同的追求。

劳动力市场上的各种人才的供求关系对于企业获得各种人才的成本、难易程度都有较大的影响。

(二) 行业环境因素

行业环境因素分析即企业人力资源管理面临的中观环境分析。一个行业经济结构的变化，竞争的激烈程度及获利能力的最终潜力，是受到竞争对手的强弱、加入者的威胁、替代品的威胁、顾客的购买力、供应商的情况、工会组织、行业协会等多方面因素的影响。

企业所处的行业特征在很大程度上决定着企业的管理模式，也影响着人力资源规划工作。企业的行业属性不同，企业的产品组合结构、生产的自动化程度、产品的销售方式等内容也不同，则企业对所需要的人力资源数量和质量的要求也不同。比如，对于传统的生产性企业而言，生产技术和手段都比较规范和程序化，人员招聘来源大多以掌握熟练技术的工人为主；而对于现代的高科技企业来说，则需要技术创新型的技术开发人员。

(三) 内部环境因素

1. 企业的发展战略

企业在确定发展战略目标时，就要制定相应的措施来保证企业发展目标的实现。比如企业生产规模的扩大、产品结构的调整或升级、采用新的生产工艺等，会造成企业人力资源结构的调整。因此，在制定企业人员规划时要着重考虑企业的发展战略，以保证企业人力资源符合企业战略目标的要求。

2. 员工素质变化

随着经济与社会发展和受教育水平的提高，员工素质有了重大改变。管理人员比重逐步提高，知识工人成为主力军，传统人事管理体制和管理方法已不能适应需要，现代制度和方法受到企业重视，并正在取代传统体制和方法。人力资源规划必须考虑到这一点。

3. 企业文化

企业文化对企业的发展有着重要的影响。优秀的企业文化，能增强企业的凝聚力及员工的进取精神，稳定企业的员工队伍，企业面临的人力资源方面的不确定性因素就会减少，有利于人员规划的制定。

4. 企业人力资源管理系统

企业人力资源管理系统既包括企业拥有的人力资源的数量、质量和结构等特征，也包括人力资源战略、培训制度、薪酬激励制度、员工职业生涯规划等功能模块，这些都对人员规划有着重要的影响。

知识链接

SWOT 分析法

SWOT 分析法是西方广为应用的一种战略选择方法。SWOT 是 strength, weakness,

opportunity，threat 的英文缩写。SWOT 分析是指企业在选择战略方案时，对企业内部优劣形势和外部环境的机会与威胁进行综合分析，据此对各种战略方案做出系统评价，选择最适宜的战略方案。

SWOT 分析法常将上述四类因素同列在一张十字形图表中加以对照评价，是一种常用的战略分析方法，如表 3-2 所示。

表 3-2　SWOT 分析法

		内部优势（S）		内部劣势（W）
		1. …… 2. …… 3. ……		1. …… 2. …… 3. ……
外部机会（O） 1. …… 2. …… 3. ……	SO 战略	利用优势 抓住机会	WO 战略	利用机会 克服劣势
外部威胁（T） 1. …… 2. …… 3. ……	ST 战略	利用优势 避免/减少威胁	WT 战略	避免/减少威胁 克服劣势 找出/培育优势

SWOT 分析法的内涵就是承认现状、发扬优势、克服劣势，对于自身优势尽可能地发挥，对自身的劣势尽可能地回避或变劣势为优势。

在应用 SWOT 分析法对人力资源现状进行综合分析时，首先要列出对人力资源队伍发展有重大影响的外部和内部的关键因素，然后对这些因素进行评价，从而判断出外部的威胁和机会，以及内部的优势和劣势。

二、人力资源规划制定程序

（一）人力资源规划内容模型

在制定企业人力资源规划时，需要准确界定企业人力资源总体规划与其他人力资源管理职能的关系。人力资源规划的模型见图 3-1。

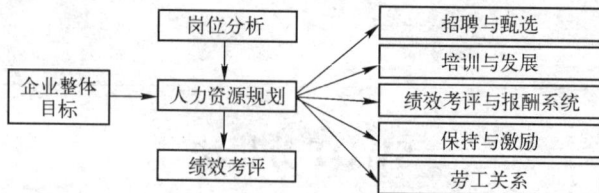

图 3-1　人力资源规划的模型

从图中可以看出，首先，企业人力资源总体规划的制定要以企业的战略目标为指引；其次，人力资源规划制定的重要基础是岗位分析，即要有企业明晰合理的组织结构设计，并清楚了解各部门职能及各岗位职责、目标及任职资格要求等；最后是要根据人力资源规划，制定完善科学、规范的绩效考评体系，了解现有员工工作状态和工作绩效。在企业人力资源总体规划完成之后，需要和员工招聘、培训、绩效管理、薪酬激励管理系统相联系，制定各项人力资源业务规划。

课 堂 讨 论

资料：多变的市场与企业人力资源管理

A 信息技术公司在 IT 创业高速发展的 2000 年前后，提出了在 3～5 年时间内发展成为业界第一，快速做大做强的战略构想，因此大规模地招聘人才，员工总数由 1999 年的 2 500 人急速扩大为 2002 年的 4 500 人。但是随着全球 IT 泡沫破灭，市场空间缩小，产业规模受限制，人员富余严重，一方面一线生产人员和营销人员冗员严重，另一方面职业化的经营管理人才和高级技工严重不足。尽管 2003 年 IT 产业复苏，前景看好，但如何做好企业人力资源战略规划，人力资源部感到比较困惑。

讨论：

1. 解决人员富余的主要途径有哪些？
2. 该企业在解决人力资源总量过剩的同时应如何做好结构调整工作？

要点：

_____

_____

（二）人力资源规划制定程序

人力资源规划的目的是通过制定规划保证人力资源战略符合组织发展需要。如图 3-2 所示，企业可以通过以下步骤制定人力资源战略规划。

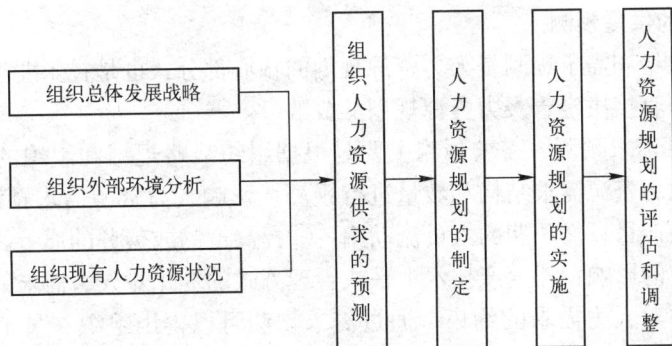

图 3-2　人力资源规划制定程序图

1. 收集信息阶段

人力资源规划的信息要靠人力资源信息系统来提供，拥有这一系统的组织收集和分析信息的效率要高一些。无论有无人力资源信息系统，信息的收集都要从组织内外两个环境入手来进行分析，见表3-3。

表3-3　人力资源规划信息

外部环境信息	内部环境信息
宏观经济形势	组织战略规划
行业经济形势	战略规划的战术计划
技术的发展状况	战略规划的行动方案
产品市场的竞争性	组织结构
劳动力市场	组织文化
人口和社会发展趋势	其他部门的规划
政府管制情况	人力资源现状

（1）外部环境分析。所谓外部环境就是影响组织正常经营的外部因素。如组织所在地的政治、经济、文化、法律、人口及社会环境等。外部环境中最重要的因素是劳动力市场因素、政府相关法律法规及劳动者的自主择业情况。外部环境因素会直接影响人力资源供给状况，如劳动力市场的缩小会直接导致企业人力资源的外部供给减少。

（2）内部环境分析。内部环境主要包括组织的经营战略、组织的人力资源结构及组织的环境等。组织的经营战略是组织的宏观计划，对组织内所有的经营活动都有指导作用。组织的环境主要包括组织现有的组织结构、管理体系、薪酬设计及企业文化等，只有对组织现有的组织结构有充分的了解，才能预测组织未来的组织结构。组织的人力资源结构就是现有的人力资源状况，包括人力资源数量、素质、年龄、工作类别、岗位等，有时也涉及员工价值观、员工潜能等。只有对现有人力资源进行充分了解和有效利用，人力资源规划才能真正实现它的价值。

2. 人力资源的供需预测

人力资源的供给和需求预测是人力资源规划的核心部分，也是技术要求最高的部分，供需预测的准确与否直接决定着人力资源规划的成败。

（1）人力资源需求预测。需求预测主要是根据组织战略规划和组织的内外条件选择预测技术，然后对人力资源需求结构和数量进行预测。影响人力资源需求预测的因素主要有：①组织的业务量或产量；②预期的人员流动率；③提高产品或劳务的质量，以及进入新行业的决策对人力需求的影响；④生产技术水平或管理方式的变化对人力需求的影响；⑤组织所能拥有的财务资源对人力需求的约束。通过需求预测可以得出组织在员工数量、组合、成本、新技能、工作类别等方面的需求，以及为完成组织目标所需的管理人员数量和层次的列表。

最简单的人力需求预测是先要预测组织产品或服务的需求，然后将这一预测转化为满足产品或服务需求而产生的对员工的实际需求。例如，对一个生产个人计算机的企业来说，满足产品或服务需求的活动，可以被描述为生产产品的数量、销售访问的数量、加工订单的数量，等等。假设预测企业的生产率为每周生产 1 000 台计算机，按每周 40 个工作小时计算，可能需要 10 000 个装配工时。10 000 个工时除以 40 小时，得出需要 250 名装配工。更复杂的预测方法将在下面的内容中介绍。

（2）人力资源供给预测。人员供给预测也称为人员拥有量预测，是人力预测的另一个关键环节，只有进行人员拥有量预测并把它与人员需求量相对比之后，才能制定各种具体的规划。人力供给预测包括两部分：一是内部拥有量预测，即根据现有人力资源及其未来变动情况，预测出各规划时间点上的人员拥有量；二是对外部人力资源供给量进行预测，确定在各规划时间点上的各类人员的可供给量，主要考虑社会的受教育程度、本地区的劳动力的供给状况等。

供给预测通过分析劳动力过去的人数、组织结构和构成，以及人员流动、年龄变化和录用等资料，预测出未来某个特定时刻的人力资源供给情况。预测结果为组织现有人力资源状况，以及未来在流动、退休、淘汰、晋升及其他相关方面的变化。其作用可归结为四个方面：检查现有员工填充企业中预计的岗位空缺的能力；明确指出哪些岗位的员工将被晋升、退休或者被辞退；明确指出哪些工作的辞职率、开除率和缺勤率高得异常或存在绩效、劳动纪律等方面的问题；对招聘、培训和员工发展需要做出预测，以能够及时地为工作岗位的空缺提供合格的人力补给。

3. 人力资源供需平衡

在充分掌握了人力资源的供求预测后，可以根据组织的具体情况，制定相应的措施，以实现组织人力资源供求的平衡。人力资源供求是否平衡直接涉及组织经营目标能否实现，因此在处理的过程中要尽量小心谨慎。

通常来说，人力资源供给与需求之间可能有四种较为典型的情况存在：人力资源供不应求，人力资源供大于求，人力资源供给与需求之间的结构关系失调，人力资源供给和需求基本保持平衡。但人力资源供给和需求基本保持平衡的这种情形相对较少，且都是短期行为，任何一个组织都不可能存在长期的均衡，这是由组织内外环境的复杂性所决定的。但是，由于不同组织的生命周期不同，因此它们的变动趋势也不尽相同，不同竞争格局的组织所选择的应对战略也不同。组织应该根据具体情况制定供求平衡规划。

4. 人力资源规划的制定

人力资源规划的制定就是根据供需平衡的需要制定各种具体的规划，包括前面提到的七种规划，但重点要做好以下三个方面。

（1）设计新的组织结构，能够吸引、容纳、保留、激励员工，以服务于规划目标。这种组织应该具有以下特征：员工拥有更多的工作自主权利参与决策与管理的机会；畅通的全方位沟通网络；内部激励与外部激励有机结合的激励系统与机制；更进步的工作设计；关心员工工作生活质量与生产率并重；全面考虑员工的技能、知识、个性、兴趣、偏好及组织特征之间的相互匹配程度等。

（2）设计有效的替换计划和继任计划。替换计划主要适用于一般员工，并关注近期需要。它包括：随着新技术、新产品、新市场的发展，哪些不适应的人员需要替换；替换计划表要标明各个任职者的姓名、需要替换的人员姓名、可能替换该任职者的人员的姓名，以及需要从外部招聘的人员资质特征等。继任计划主要适用于管理者，具有长期性、开发性和弹性；强调继任的及时性、代际之间的年龄梯次性和能力的递升性；注重继任者的储备性、差额性。

（3）设计裁员计划。裁员是企业由于各种原因在人力资源供大于需或供不适应需时的重要活动，是人力资源计划的重要组成部分。裁员计划要适当、适度、适时。它包括：提前退休、外部安置、工资清算、工作技能再培训、提供工作转换机会、员工职业生涯计划设计及有关的咨询服务等。

5. 人力资源规划的实施

在人力资源规划政策的指导下，确定具体的实施方案。一般来说，供求情况和相应的政策确定后，执行的具体操作和技术就不成问题，问题是企业要重视这些工作，明白人力资源规划对企业经营的影响程度，按科学程序进行管理。人力资源规划实施过程需要注意以下几点。

（1）必须要有专人负责既定方案的实施，要确保这些人拥有保证人力资源规划方案实现的权利和资源。

（2）要确保不折不扣地按规划执行。

（3）在实施前要做好准备。

（4）实施时要全力以赴。

（5）要有关于实施进展状况的定期报告，以确保所有的方案都能够在既定的时间里执行到位，并且保证方案执行的初期成效与预期的情况一致。

6. 人力资源规划过程的评估与反馈

对人力资源规划实施的效果进行评估是整个规划过程的最后一步，由于预测不可能做到完全准确，因此人力资源规划也不是一成不变的，它是一个开放的动态系统。人力资源规划的评估包括两层含义，一是指在实施的过程中，要随时根据内外部环境的变化来修正供给和需求的预测结果，并对平衡供需的措施做出调整；二是指要对预测的结果及制定的措施进行评估，对预测的准确性和措施的有效性做出衡量，找出其中存在的问题及有益的经验，为以后的规划提供借鉴和帮助。

一般应由专家、用户及有关部门主管人员组成评估组来完成评估工作。评估要客观、公正和准确；同时要进行成本-效益分析，以及审核规划的有效性；在评估时一定要征求部门经理和基层领导人的意见，因为他们是规划的直接受益者，最有发言权。

案例简析

近年来苏澳公司常为人员空缺所困扰，特别是经理层次人员的空缺常使得公司陷入被动的局面。苏澳公司最近进行了公司人力资源规划，首先由四名人事部的管理人员负责收集和分析目前公司对生产部、市场与销售部、财务部、人事部四个职能部门的管理人员和专业人员的需求情况，以及劳动力市场的供给情况，并估计在预测年度内，各职能部门内部可能出现的关键职位空缺数量。

上述结果用来作为公司人力资源规划的基础，同时也作为直线管理人员制定行动方案的基础。但是在这四个职能部门里制定和实施行动方案的过程（如决定技术培训方案、实行工作轮换等）是比较复杂的，因为这一过程会涉及不同的部门，需要各部门的通力合作。例如，生产部经理为制定将本部门A员工的工作轮换到市场与销售部的方案，则需要市场与销售部提供合适的职位，人事部做好相应的人事服务（如财务结算、资金调拨等）。职能部门制定和实施行动方案过程的复杂性给人事部门进行人力资源规划也增添了难度，这是因为，有些因素（如职能部门间的合作的可能性与程度）是不可预测的，它们将直接影响到预测结果的准确性。

苏澳公司的四名人事管理人员克服种种困难，对经理层的管理人员的职位空缺做出了较准确的预测，制定详细的人力资源规划，使得该层次的人员空缺减少了50%，跨地区的人员调动也大大减少。另外，从内部选选拔工作任职者人选的时间也减少了50%，并且保证了人选的质量，合格人员的漏选率大大降低，使人员配备过程得到了改进。人力资源规划还使得公司的招聘、培训、员工职业生涯计划与发展等各项业务得到改进，节约了人力成本。

苏澳公司取得上述进步，不仅仅是得益于人力资源规划的制定，还得利于公司对人力资源规划的实施与评价。在每个季度，高层管理人员会同人事咨询专家共同对上述四名人事管理人员的工作进行检查评价。这一过程按照标准方式进行，即这四名人事管理人员均要在以下14个方面做出书面报告：各职能部门现有人员；人员状况；主要职位空缺及候选人；其他职位空缺及候选人；多余人员的数量；自然减员；人员调入；人员调出；内部变动率；招聘人数；劳动力其他来源；工作中的问题与难点；组织问题及其他方面（如预算情况、职业生涯考察、方针政策的贯彻执行等）。同时，他们必须指出上述14个方面与预测（规划）的差距，并讨论可能的纠正措施。通过检查，一般能够对下季度在各职能部门应采取的措施达成一致意见。

在检查结束后，这四名人事管理人员则对他们分管的职能部门进行检查。在此过程中，直线经理重新检查重点工作，并根据需要与人事管理人员共同制定行动方案。当直线经理与人事管理人员发生意见分歧时，往往通过协商解决，行动方案上报上级主管审批。

问题：通过以上案例，你认为进行人力资源规划管理时需要注意哪些主要问题？

简析：

企业人力资源规划要充分估计企业未来可能的发展，满足企业发展的需要，同时，有了人力资源规划的制定和实施，还需要对人力资源规划进行评价和反馈。

此外，人力资源规划并不单单是人力资源管理部门的事情，它也需要相关部门的支持。人力资源部门在对人力资源进行规划的时候只是负责方法的介绍、技术的使用、流程的解释等，这些政策的具体实施还在于相关的部门，同时相关部门对自己的人员配备状况也最为了解，所以进行人力资源规划时在公司内部要转变这是人力资源管理部门自己的事情这样的观念。在解决了人力资源管理职能及相关部门角色的情况下，人力资源规划就比较容易制定和开展了。

❑ 实训项目

实训内容： 调查某一家企业，了解公司有无人力资源规划。如有，进一步了解企业是如何制定人力资源规划的，实施情况如何。

实训指导：

1. 需要向企业人力资源部门进行调查，最好能联系到企业人力资源经理；
2. 调查前，应明确调查目的和拟调查内容，设计一份详细的访谈问题提纲；
3. 具体调查时，应注意社交礼仪和沟通技巧的应用；
4. 可以尝试小组同学分头行动，多调查一些企业，以提高调查效果。

❑ 学中做　做中学

以小组为单位，制定设计虚拟公司企业人力资源规划的工作计划。要求：

1. 首先要对虚拟公司面临的人力资源管理的宏观、中观和微观环境进行讨论和分析；
2. 工作计划的内容至少应包括环境分析、供需预测、规划制定及实施几个环节，并且要尽可能详细；
3. 要为小组内每一位同学分配任务，要求共同完成。

项目三　人力资源规划实务操作

【知识精讲】 人力资源需求预测的内容、步骤和方法；人力资源供给预测的内容、步骤和方法；人力资源供需平衡。

要制定人力资源规划，需要综合考虑企业外、内部等各种影响因素，以企业的战略目标、发展规划和工作任务为出发点，对企业未来人力资源需求和供给的数量、质量及时间等进行估计和预测，并在预测的基础上，进行人力资源的供需平衡分析。

一、人力资源需求预测

人力资源的需求预测，是指以组织的战略目标、工作任务为出发点，综合考虑各种因素的影响，对组织未来人力资源的数量、质量和时间等进行估计的活动。

（一）人力资源需求预测的内容

1. 企业人力资源存量与增量预测

企业人力资源存量与增量预测是对企业现在和未来拥有的不同层次的人力资源的数量的推测与判断。企业人力资源存量主要是指企业人力资源的自然消耗（如自然减员）和自然流动（如专业转移、变动而引起的变动）；企业人力资源增量主要是指随着企业规模扩大、行业调整等发展变化带来的人力资源上的新的需求。

2. 企业人力资源结构预测

当社会总的人力资源结构和经济结构发生变化时，就会引起企业人力资源结构的变化，进行人力资源结构预测，可以保证企业在任何情况下都具有较好的人力资源结构的最佳组合，以避免出现不同层次人力资源组织的不配套，或结构及比例失调等状况。

3. 企业特殊人力资源预测

特殊人力资源是指企业需要的特殊人才资源，这种人才往往与现代高科技发展紧密相连，在产业结构调整、新兴行业发展、支柱产业形成、提高科技含量和竞争力方面起着决定性的作用。对企业特种人力资源进行预测具有极强的针对性，能够使企业通过一些特殊的手段与方法，加快开发和培养特殊人才资源，使企业人力资源在变革中占有一席之地。

（二）人力资源需求预测步骤

1. 分析需求影响因素

影响企业人力资源需求的因素一般有以下几种。

（1）市场需求的变化。一般来说，市场需求直接影响企业的生产销售情况和经营状况，影响一个企业的规模变化，市场需求巨大，企业自然会扩大规模，使用更多的人力、物力。

（2）生产需求变化。对短期预测来说，销售收入情况往往不能反映生产人员的数量情况，而产品、产值、产量却不同，它既直接反映了生产规模，也间接反映了生产人员需求量。

（3）劳动力成本趋势。一般来说，劳动力成本高，企业会择以机器代替人，劳动力成本低，企业就可能多使用一些劳动力。

（4）劳动生产率的变化趋势。如果劳动生产率增高，企业需要较少的人力。这也是影响需求的一个方面。

（5）每个工种员工的移动情况。工种之间的移动使得熟练工人向更有技术性的相关工种调整，企业需要新人来适应初级简单的工种。

（6）出勤率。出勤率直接影响在职人员总数量，一般来说，出勤率高，则员工总量需求低；出勤率低，则企业需要更多员工来满足工作需要。

（7）工作时间的变化。通常，工作时间长，则企业需要人员少；工作时间短，则需要人员多。

（8）退休年龄的变化。退休年龄的变化对企业人力资源的影响很大。如果企业面临众多员工即将退休，就必须要考虑补充人力资源。

2. 进行岗位分类

不同岗位的定员定额情况差别很大，为了便于进行人员资料的搜集和人员需求的预测，应首先把岗位进行分类。如可分为：

（1）企业专门技能人员，如生产工人、维修操作工、检验工、辅助工等；

（2）专业技术人员，如工艺人员、装配工艺人员、工程设计人员、服务性技术人员等；

（3）企业经营管理人员，如战略管理人员、运营管理人员、市场运作人员、保障管理人员和社会化服务管理人员五大类。

3. 资料收集与初步处理

收集资料的方法主要有查阅资料、实地调研两种。一般需要收集和调查的主要有：计划期企业产量、产值、销售收入；企业总成本和人工成本；企业投资情况；新产品研发项目情况；企业人员数量、结构（学历、职称、年龄等）；各类人员变动情况；企业人员培训调查表；企业人员出勤率等。

4. 进行需求预测

进行需求预测主要包括：

（1）确定职务编制和人员配置；

（2）进行人力资源盘点，统计出人员的缺编或超编，以及是否符合职务资格要求；

（3）将上述统计结果与部门管理者进行讨论，修正并得出统计结果（现实的人力资源需求量）；

（4）对计划期内退休的人员、未来可能发生的离职的人员（可以根据历史数据得到）进行统计，得出统计结果（为未来的人员流失状况）；

（5）根据企业发展战略规划，以及工作量的增长情况，确定各部门还需要增加的工作岗位与人员数量，得出统计结果（为未来人力资源需求量）；

（6）将现实人力资源需求量、未来的人员流失状况和未来的人力资源需求量进行汇总计算，得出企业整体的人力资源需求预测。

5. 编制人员需求计划

企业各部门对员工的补充需求量主要包括两部分：一是由于企业各部门实际发展的需要而必须增加的人员；二是原有的员工中，因年老退休、退职、离休、辞职等原因发生的"自然减员"，而需要补充的那一部分人员。

核算计划期内企业各部门人员的需要量，应根据各部门的特点，按照各类人员的工作性质，分别采用不同的方法。比如，企业的生产性部门是根据生产任务总量和劳动生产率、计划劳动定额，以及有关定员标准来确定人员的需要量；而企业各职能部门的行政、服务人员的计划，应根据组织机构的设置、职责范围、业务分工、工作总量和工作定额标准来制定。

计划期内人员的需要量核算出来以后，要与原有的人员总数进行比较，其不足部分加上自然减员人数，即为计划期内的人员补充需要量。在现实的操作中，企业应对短期、中期、长期的人力资源需求分别进行。

（三）人力资源需求预测方法

人力资源需求预测的方法主要有以下几种。

1. 经验预测法

经验预测法就是利用现有的情报和资料，根据有关人员的经验，结合本公司的特点，对公司的人员需求加以预测。

经验预测法可以采用"自下而上"和"自上而下"两种方式。"自下而上"就是由直线部门经理向自己的上级主管提出用人要求和建议，征得上级主管的同意；"自上而下"就是由公司经理先拟定出公司总体的用人目标和建议，然后由各级部门自行确定用人计划。最好是将"自下而上"与"自上而下"两种方式结合起来运用：先由公司提出员工需求的指导性建议；再由各部门按公司指导性建议的要求，会同人事部门、业务技术部门、员工培训部门确定具体用人需求；最后，由人事部门汇总确定全公司的用人需求，形成员工需求预测，交由公司经理审批。

经验预测法是人力资源预测中最简单的方法，比较适用于较稳定的小型企业。因为不同的管理者的预测可能有所偏差，则可以通过多人综合预测或查阅历史记录等方法提高预测的准确度。

2. 现状规划法

现状规划法是一种最易操作的方法。这种方法假定企业保持原有的生产和生产技术不变，企业目前各种人员的配备比例和人员的总数完全能适应计划期内企业对人力资源的需要。在此预测方法中，人力资源规划人员要测算出在计划期内有哪些岗位上的人员将得到晋升、降职、退休或调出本组织，再准备调动人员去弥补。

现状规划法适合于中、短期的人力资源预测。

3. 德尔菲方法

德尔菲方法又名专家会议预测法，是美国兰德公司于20世纪40年代后期首先用于技术预测的。这种方法是依靠专家的知识、经验与判断能力，对未来发展趋势做出定性估测，然后将定性资料转换成定量的估计值。该方法是通过综合专家们各自的意见来预测企业人力资源需求。

专家可以是管理人员，也可以是普通员工；既可以来自企业内部，也可以来自企业外部。德尔菲法需反复几轮才可以达成一致，得到对企业人力资源需求的预测结果。

德尔菲方法的实施步骤如下。

（1）选择20～30名专家，提供预测背景资料。

（2）设计调查表，即将人才结构预测的各项参数归结为十分明确的问题。

（3）进行第一轮调查，将调查表送请专家填写，对专家的意见采用统计平均法、四分位法及加权平均值进行综合处理。

（4）把第一轮处理结果划分为若干档，制成第二轮咨询表，请专家在第二轮调查中对咨询表开列的选择方案评分。

（5）用总分值及等级和的计算方法对第二轮咨询表进行处理，总分值最高、等级和最低的即为最佳方案，第二轮的结果使专家们的意见进一步集中了。

（6）根据第二轮结果再拟出第三轮咨询表，第三轮表仅提供3种人才结构比例方案，数据处理采用加权平均法，便可得到满意的方案。

此方法操作的关键点：一是如何提出意义明确的预测问题，二是如何将专家意见进行梳理、归纳。

知识链接

德尔菲预测方法

德尔菲是古希腊地名。相传太阳神阿波罗（Apollo）在德尔菲杀死了一条巨蟒，成了德尔菲主人。阿波罗不仅年轻英俊，而且对未来有很高的预见能力。在德尔菲有座阿波罗神殿，是一个预卜未来的神谕之地，于是人们就借用此名，作为这种方法的名字。

德尔菲法最早出现于20世纪50年代末，是当时美国为了预测在其"遭受原子弹轰炸后，可能出现的结果"而发明的一种方法。1964年美国兰德（RAND）公司的赫尔默（Helmer）和戈登（Gordon）发表了"长远预测研究报告"，首次将德尔菲法用于技术预测中，以后便迅速地应用于美国和其他国家。除了科技领域之外，还几乎可以用于任何领域的预测，如军事预测、人口预测、医疗保健预测、经营和需求预测、教育预测等。此外，还用来进行评价、决策和规划工作，并且在长远规划者和决策者心目中享有很高的威望。据《未来》杂志报道，从20世纪60年代末到70年代中，专家会议法和德尔菲法（以德尔菲法为主）在各类预测方法中所占比重由20.8%增加到24.2%。

---

4. 转化比率法

转换比率法的目的是将企业的业务量转换为对人力的需求。应用时，需首先根据企业生产任务或业务量的多少预测所需要的一线生产人员或业务员的数量，然后根据这一数量来预测企业行政秘书、财务人员和人力资源管理人员等辅助人员的数量。这是一种适合于短期需求预测的方法。

转化比率法的关键是找出转换的比率关系，这种比率关系往往体现为辅助（服务）人员的生产率。如某企业每名电工可以为20名一线生产工人服务，假如知道一线工人人数为600名，那么总共需要电工数就是30名。

需要注意的是，进行预测时需要对计划期的业务增长量、目前人均业务量和生产率的增长率进行精确的估计。

5. 回归分析法

该方法是根据数学中的回归原理对人力资源需求进行预测。人力资源的需求水平通常总是和某个或某些因素具有高度确定的相关关系，这样就可以用数理统计的方法定量地把这种关系表示出来，从而得到一个回归方程，并用此方程简单、方便地预测人力资源需求量。使用这一方法的关键在于找出与人力资源需求高度相关的变量。

如以时间为变量，首先需要收集企业在过去几年内人员数量的数据，并且根据这些数据做图，然后用数学方法进行修正，使其成为一条平滑的曲线，将这条曲线延长就可以看出未来的变化趋势。在实践中为了简便，往往将这种趋势化为直线关系。

假如我们了解到某宾馆的客流量和所需服务员呈正相关关系，根据过去的记录得到下表。根据宾馆发展计划，年客流量要从 2019 年的 12 万人次增加到 14 万人次，那么需要服务员多少名。

年　　份	2014	2015	2016	2017	2018	2019
客流量/万	5	6	7	8	10	12
服务员/名	40	50	50	60	70	90

用 X 表示宾馆年客流量，用 Y 表示所需要的服务员数量。两者之间的线性关系可以表示为 $Y=a+bX$，那么根据下面的公式可以分别计算出 a 和 b：

$$a=\frac{\sum y}{n}-b\frac{\sum x}{n} \qquad b=\frac{n(\sum xy)-\sum x\sum y}{n(\sum x^2)-(\sum x)^2}$$

$$a=5.84 \qquad b=6.77$$

应用回归分析法，可以得到一元回归预测模型：

$$Y=5.84+6.77X$$

用此模型可以预测当客流量达到 14 万人次时，宾馆需要的服务员人数为：

$$Y=5.84+6.77\times14=101（名）$$

以上方法中，经验预测法、现状规划法和德尔菲方法属于定性的方法，转化比率法和趋势预测法属于定量的方法。人力资源需求预测方法还有其他如劳动定额分析法、计算机模拟方法等很多种，不再一一赘述。

二、人力资源供给预测

人力资源供给预测分为企业内部人力资源供给预测和企业外部人力资源供给预测。

（一）内部人力资源供给预测

当组织出现人力资源短缺时，优先考虑的应该是从内部进行补充，因为内部劳动力市场不但可以预测，而且可调控，以有效地满足组织对人力资源的需求。影响内部供给的因素主要有：

（1）组织现有人力资源的存量；

（2）组织员工的自然损耗，包括辞退、退休、伤残、死亡等；

（3）组织内部人员流动，包括晋升、降职、平职调动等；

（4）内部员工的主动流出等；

（5）组织由于战略调整所导致的人力资源政策的变化。内部人力资源供给预测的方法主要有以下三种。

1. 人事资料清查法

这种方法通过对组织现有人力资源质量、数量、结构和在各职位上的分布状况进行检查，掌握组织拥有的人力资源状况。通过一些记录员工信息的资料，可以反映员工的工作经验、受教育程度、特殊技能、竞争能力等与工作有关的信息，以帮助人力资源规划人员预测现有员工调换工作岗位的可能性大小和决定哪些员工可以补充当前空缺岗位。

这一方法常作为一种辅助性的方法，对管理人员置换、人力接续等提供更为详细的质量上的参考，如表 3-4 所示。

表 3-4　企业员工人事资料表

姓名：		部门：	科室：	工作地点：		填表日期：	
到职日期：		出生年月：	婚姻状况：	工作职称：			
教育背景	类别	学位种类	毕业日期	学校		主修科目	
	高中						
	大学						
	硕士						
	博士						
训练背景	训练主题		训练机构		训练时间		
技能	技能种类			证书			
志向	你是否愿意担任其他类型的工作？					是	否
	你是否愿意调到其他部门去工作？					是	否
	你是否愿意接受工作轮调以丰富工作经验？					是	否
	如果可能你愿意承担哪种工作？						
你认为自己需要接受何种训练？	改善目前的技能和绩效：						
	提高晋升所需要的经验和能力：						
你认为自己现在就可以接受哪种工作指派：							

2. 继任/接续计划

根据岗位分析的信息，明确岗位对员工的要求和任职者情况，安排继任/接续计划。

一种是继任卡方法，主要用于管理者的内部接续管理。该预测技术首先要根据岗位分析给出的任职资格和要求，在次一级职务或岗位上的现职人员中找出可以被提升的人员，将这些人员作为人才储备。一般的继任卡如图 3-3 或表 3-5 所示。

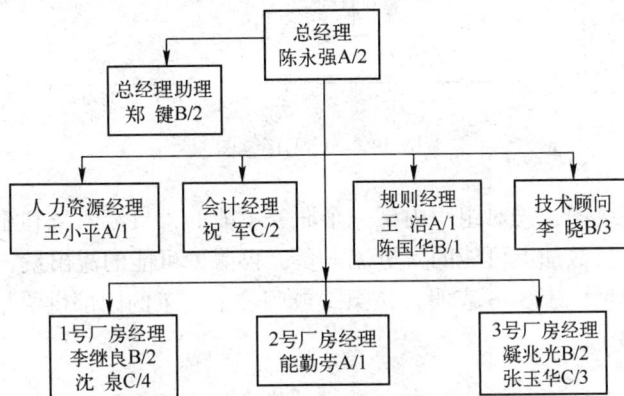

图 3-3 管理人员继任图

框内名字代表可能接替岗位的人员，字母和数字含义如下：A 表示可以晋升；B 表示需要培训；C 表示不适合该岗位；1 表示优越；2 表示良好；3 表示普通；4 表示欠佳。

表 3-5 继任卡

该格填写现任者晋升的可能性，可以用符号或颜色显示。如 A 表示应该立即晋升；B 表示随时可以晋升；C 表示 1～3 年内可以晋升；D 表示 3～5 年内可以晋升。				
该栏填写现任者的职务，如 CEO、部门经理、客户经理等				
该栏填写现任者的年龄，以确定何时退休		该栏填写现任者的姓名		该栏填写现任者任现职的年限
继任者	继任者 1	姓名	年龄	现任职务	晋升可能性（用符号或颜色表示）
	继任者 2	姓名	年龄	现任职务	晋升可能性（同上）
	继任者 3	姓名	年龄	现任职务	晋升可能性（同上）
紧急继任者		姓名	年龄	现任职务	列入晋升计划的时间

另外一种是员工接续计划，主要用于一般员工的接续管理，以进行供给预测，如表 3-5 和图 3-4 所示。该方法强调计划的整体性和一致性，即计划要与组织内外部各个方面协调一致。

这一方法将每个岗位均视为潜在的工作空缺，而该岗位下的每个员工均是潜在的供给者。人员替代法以员工的绩效为预测的依据，当某位员工的绩效过低时，组织将采取辞退或调离的方法；而当员工的绩效很高时，他将被提升替代他上级的工作。这两种情况均会产生岗位空缺，其工作则由下属替代。通过人员替代图可以清楚地了解到组织内人力资源的供给与需求情况，为人力资源规划提供依据。

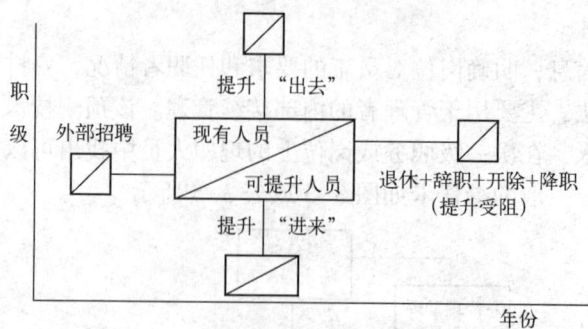

图 3-4 员工接续图

根据接续表和接续图，先对组织内某一个职务可能的人员流入量和流出量进行估计，然后用该职务的现职人员数加上可能的人员流入量，再减去可能的流出量，就可以得出该职务的内部人力资源供给量，表 3-6 表明，该组织或职位上员工的内部供给量 $= M - (A+B+C+D+E+F+G+H+N) + (X+Y)$。

表 3-6 员工接续表

人力资源输入		组织或职位上现有员工人数	人力资源输出							
外部招聘	内部晋升		辞退	辞职	退休	病残	死亡	晋升	降职	其他
X	Y	M	A	B	C	D	E	F	G	N

3. 马尔可夫模型

马尔可夫模型又称转换概率矩阵分析法，它使用的基本工具是人员变动矩阵，该矩阵描述的是企业中员工流入、流出和内部流动的整体状况。

该方法的第一步是做人员变动矩阵，矩阵中的每一个元素（P_{ij}）表示从一个时期到另一个时期在两个职务或岗位之间调动的员工数量的历史平均百分比（即员工流动概率），表 3-7 是某企业的不同层次管理人员之间的变动矩阵，P_{11} 表明企业高层管理人员中仍留在该企业的占 70%，另有 30% 离开了该企业。然后，将计划期初每个职务上的人员数量与变动概率相乘并纵向相加，就可以得出企业内部的人力资源供给量，见表 3-8。

表 3-7 不同层次人员变动矩阵

P_{ij}	员工流动矩阵				
	高级经理	部门经理	业务主管	技术人员	离职
高级经理	0.7	0.7	0.6	0.1	0.3
部门经理	0.1	0.2	0.2	0.6	0.2
业务主管					0.1
技术人员					0.2

表 3-8 企业内部人力资源供给量

	初期人员数量	高级经理	部门经理	业务主管	技术人员	离　职
高级经理	10	7				3
部门经理	30	3	21			6
业务主管	50		10	30	5	5
技术人员	50			10	30	10
内部人力资源供给量		10	31	40	35	24

马尔可夫模型虽然在一些国际性的大公司中得到广泛应用，但其所预测的人员流动概率与预测期的实际情况可能有差距，因此使用这种方法得到的内部人力资源供给预测的结果也就可能会不精确。其最大的价值在于提供了一种内部人员流动的分析框架。

在许多情况下，由于内部人力资源供给往往满足不了企业的需要，尤其是当企业扩大生产规模时，就需要对企业外部人力资源供给进行了解和预测。

(二) 外部人力资源供给预测

企业职位空缺不可能完全通过内部供给解决，企业人员因各种主观或自然原因退出工作岗位是不可抗拒的规律，这必然需要企业不断地从外部补充人员，因此需要进行外部人力资源供给预测。

企业外部人力资源供给的渠道主要有：大中专院校应届毕业生、复转军人、技职校毕业生、事业人员、其他组织人员、流动人员等。大中专院校及技职校应届毕业生的供给较为确定，主要集中于夏季，且其数量和专业、层次、学历均可通过各级教育部门获取，预测工作比较容易，复转军人也较容易预测。

比较困难的是城镇失业人员和流动人员预测，在预测过程中须综合考虑城镇失业人员的就业心理、国家就业政策、政府对农村劳动力进城务工的控制程序及其他一些因素。

对于其他组织在职人员的预测则需考虑诸如社会心理、个人择业心理、组织本身的经济实力及同类组织人员的福利、保险、工资、待遇等因素。企业应在本单位可能提供的待遇基础上，科学地预测外部人员的可供给量。

在劳动力市场上，供给曲线显示随着工资率的提高，劳动力供给必然增加，如图 3-5 所示。

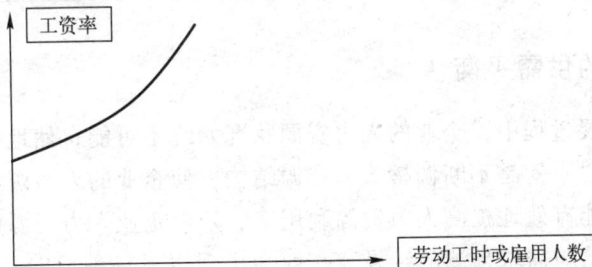

图 3-5　劳动力市场供给曲线图

另外还要考虑影响劳动力供给的主要因素，如人口政策及人口现状、劳动力市场的发育程度、社会就业意识及择业心理偏好等。严格的户籍制度也制约着企业外部人员的供给。

课 堂 讨 论

资料：焦头烂额的人事助理

老冯几天前刚调到五金制品公司的人力资源部当助理，就接受了一项紧迫的任务，要求他在 10 天内提交一份本公司 5 年的人力资源规划。虽然老冯从事人力资源管理工作已经多年，但面对桌上那一大堆文件、报表，不免一筹莫展。

目前公司共有生产与维修工人 825 人，行政和文秘性白领职员 143 人，基层与中层管理干部 79 人，工作技术人员 38 人，销售员 23 人。据统计，近五年来职工的平均离职率为 4%，其中生产工人离职率最高达 8%，技术人员和管理干部则只有 3%。按照既定的扩产计划，白领职员和销售员要新增 10%～15%，工程技术人员要增加 5%～6%，中、基层干部不增也不减，而生产与维修的蓝领工人要增加 5%。有一点特殊情况要考虑：最近本地政府颁布了一项政策，要求当地企业招收新职工时，要优先照顾妇女和下岗职工。如今的事实却是，销售员除一人是女性外全是男性；中、基层管理干部除两人是女性外，其余也都是男性；工程师里只有三人是女性；蓝领工人中约有 11% 女性或下岗职工，而且都集中在最底层的劳动岗位上。

老冯有 10 天时间做出并上交计划，其中包括各类干部和职工的人数、从外界招收的各类人员的人数，以及如何贯彻市政府关于照顾妇女与下岗人员政策的计划。此外，五金制品公司刚开发出几种有吸引力的新产品，所以预计公司销售额五年内会翻一番，老冯还得提出一项应变计划以备应付这类快速增长。

讨论：

1. 老冯在编制人力资源规划时要考虑哪些情况和因素？

2. 在预测公司人力资源需求时，他可以采用哪些技术？

要点：

三、人力资源的供需平衡

在整个企业的发展过程中，企业的人力资源状况始终不可能自然地处于平衡状态。人力资源部门的重要工作之一就是不断调整人力资源结构，使企业的人力资源始终处于供需平衡状态。只有这样，才能有效地提高人力资源利用率，降低企业人力资源成本。

企业人力资源供给与需求预测的结果，一般会出现以下三种可能：人力资源供大于求；人力资源供小于求；人力资源供求总量平衡，结构不平衡。针对这三种不同的情况，企业应采取不同的措施。

（一）人力资源供大于求时采取的措施

（1）通过企业自身的发展，如可通过扩大经营规模，开发新产品，实行多种经营等增加人力资源需求的方式来吸收过剩的人力资源供给。

（2）撤销、合并臃肿的机构，减少冗员。

（3）鼓励提前退休或内退。企业可以适当地放宽退休的年龄和条件限制，促使更多的员工提前退休。如果将退休的条件修改得足够有吸引力，会有更多的员工愿意接受提前退休。

（4）减少人员补充。当出现员工退休、离职等情况时，对空闲的岗位不进行人员补充。

（5）增加无薪假期。当企业出现短期人力过剩的情况时，采取增加无薪假期的方法比较适合。比如规定员工有一个月的无薪假期，在这一个月没有薪水，但下个月可以照常上班。

（6）裁员。裁员是一种最无奈，但最有效的方式。在进行裁员时，首先制定优厚的裁员政策，比如为被裁减者发放优厚的失业金，等等；然后，裁减那些主动希望离职的员工；最后，裁减工作考评成绩低下的员工。

（二）人力资源供不应求时采取的措施

1. 内部晋升或招聘

内部晋升是当较高层次的职务出现空缺时，优先提拔企业内部的员工。内部招聘是指当企业出现职务空缺时，人力资源部先在企业内部发布招聘需求，优先由企业内部员工调整到该职务的方法。

无论是内部晋升，还是内部招聘，最主要的优点：一是由于内部员工更加了解企业的情况，会比外部招聘人员更快地适应工作环境，提高工作效率；二是丰富了员工的工作，激励员工的工作积极性；三是节省了外部招聘成本。

2. 外部招聘

对企业内部招聘无法满足的某些职位需要的人员，可有计划地由外部招聘。当人力资源总量缺乏时，采用此种方法比较有效。但如果企业有内部调整、内部晋升等计划，则应该先实施这些计划，将外部招聘放在最后使用。

3. 技能培训

对公司现有员工进行必要的技能培训，使他们不仅能适应当前的工作，而且还能适应更高层次的工作。这样，就为内部晋升政策的有效实施提供了保障。如果企业即将出现经营转型，企业应该及时向员工培训新的工作知识和工作技能，以保证企业在转型后，原有的员工能够符合职务任职资格的要求。这样做的最大好处是防止企业产生冗员现象。

4. 聘用非全日制临时工

如返聘已退休者，或聘用小时工。

总之，以上措施虽然是解决企业人力资源短缺的有效途径，但最有效的方法是通过激励和培训来提高员工的业务技能，以及改进工艺设计来调动员工的积极性，提高劳动生产率，从而减少对人力资源的需求。

（三）人力资源总量平衡，结构不平衡时采取的措施

企业人力资源供求完全平衡的情况极少见，即使是供求总量上达到平衡，也会在层次上、结构上发生不平衡，对于结构性的人力资源供求不平衡，主要通过在人力资源规划基础上的一系列人事活动来平衡。可以采取以下措施。

（1）进行人员内部的重新配置，包括晋升、调动、降职等，来弥补那些空缺的岗位，满足这部分的人力资源需求。

（2）对人员进行有针对性的专门培训，使他们能够从事空缺岗位的工作。

（3）进行人员的置换，释放那些组织不需要的人员，补充组织需要的人员，以调整人员的结构。

总之，在整个企业的发展过程中，企业的人力资源状况不可能始终很自然地处于平衡状态。人力资源部门的重要工作之一就是不断调整人力资源结构，使企业的人力资源始终处于供需平衡状态。

四、编制人力资源规划

由于各企业的具体情况不同，所以编制人力资源规划的步骤也不尽相同。下面是编写人力资源规划的典型步骤。

（一）制定职务编制计划

根据企业发展规划，结合职务分析报告的内容，制定职务编制计划。职务编制计划要阐述企业的组织结构、职务设置、职务描述和职务资格要求等内容。制定职务编制计划的目的是描述企业未来的组织职能规模和模式。

（二）制定人员配置计划

根据企业发展规划，结合企业人力资源盘点报告，来制定人员配置计划。人员配置计划阐述了企业每个职务的人员数量，人员的职务变动，职务人员空缺数量等。制定人员配置计划的目的是描述企业未来的人员数量和素质构成。

（三）预测人员需求

根据职务编制计划和人员配置计划，使用预测方法来预测人员需求预测。人员需求中应阐明需求的职务名称、人员数量、希望到岗时间等。最好形成一个包括员工数量、招聘成本、技能要求、工作类别，以及为完成组织目标所需的管理人员数量和层次的分列表。实际上，预测人员需求是整个人力资源规划中最困难和最重要的部分，因为它要求以富有创造性、高度参与的方法处理未来经营和技术上的不确定性问题。

（四）确定人员供给规划

人员供给计划是人员需求的对策性规划。主要阐述人员供给的方式（外部招聘、内部招聘等）、人员内部流动政策、人员外部流动政策、人员获取途径和获取实施规划等。通过

分析劳动力过去的人数、组织结构和构成，以及人员流动、年龄变化和录用等资料，就可以预测出未来某个特定时期的供给情况。预测结果勾画出了组织现有人力资源状况，以及未来在流动、退休、淘汰、升职及其他相关方面的发展变化情况。

（五）制订培训计划

为了提升企业现有员工的素质，适应企业发展的需要，对员工进行培训是非常必要的。培训计划中包括培训政策、培训需求、培训内容、培训形式、培训考核等内容。

（六）制订人力资源管理政策调整规划

规划中明确规划期内的人力资源政策的调整原因、调整步骤和调整范围等。其中包括招聘政策、绩效考评政策、薪酬与福利政策、激励政策、职业生涯规划政策、员工管理政策等。

（七）编写人力资源部费用预算

主要包括招聘费用、培训费用、福利费用等费用的预算。

（八）关键任务的风险分析及对策

每个企业在人力资源管理中都可能遇到风险，如招聘失败、新政策引起员工不满等，这些事件很可能会影响公司的正常运转，甚至会对公司造成致命的打击。风险分析就是通过风险识别、风险估计、风险驾驭、风险监控等一系列活动来防范风险的发生。

人力资源规划编写完毕后，应先积极地与各部门经理进行沟通，根据沟通的结果进行修改；最后再提交公司决策层审议通过。

附：通联集团 2018 年度人力资源规划

背景：通联集团成立于 1990 年，主要生产电冰箱。由于产品质量好，价格比较低廉，加上管理得力，使得通联电冰箱很快成为国内电冰箱主流产品。随着业务的发展，通联集团 1997 年开始走多元化经营之道，到 2002 年，先后开发出的主要新产品有洗衣机、微波炉，2015 年后开始开发智能小家电，逐步占领市场。

为了集团人力资源的优化发展，公司总裁和人力资源部制定了 2018 年度人力资源管理计划。

通联集团 2018 年度人力资源管理计划

一、职务设置与人员配置计划

根据公司 2018 年发展计划和经营目标，人力资源部协同各部门制定了公司 2018 年的职务设置与人员配置。在 2018 年，公司将划分为 8 个部门，其中行政副总负责任政部和人力资源部，财务总监负责财务部，营销总监负责销售一部、销售二部和产品部，技术总监负责开发一部和开发二部。具体职务设置与人员配置如下。

1. 决策层（5 人）

总经理 1 名、行政副总 1 名、财务总监 1 名、营销总监 1 名、技术总监 1 名。

2. 行政部（8人）

行政部经理1名、行政助理2名、行政文员2名、司机2名、接线员1名。

3. 财务部（4人）

财务部经理1名、会计1名、出纳1名、财务文员1名。

4. 人力资源部（4人）

人力资源部经理1名、薪酬专员1名、招聘专员1名、培训专员1名。

5. 销售一部（19人）

销售一部经理1名、销售组长3名、销售代表12名、销售助理3名。

6. 销售二部（13人）

销售二部经理1名、销售组长2名、销售代表8名、销售助理2名。

7. 开发一部（19人）

开发一部经理1名、开发组长3名、开发工程师12名、技术助理3名。

8. 开发二部（19人）

开发二部经理1名、开发组长3名、开发工程师12名、技术助理3名。

9. 产品部（5人）

产品部经理1名、营销策划1名、公共关系2名、产品助理1名。

二、人员招聘计划

1. 招聘需求

根据2018年职务设置与人员配置计划，公司管理层人员数量应为96人，到目前为止公司只有83人，还需要补充13人，具体职务和数量如下：

开发组长2名、开发工程师7名、销售代表4名。

2. 招聘方式

开发组长：社会招聘和学校招聘。

开发工程师：学校招聘。

销售代表：社会招聘。

3. 招聘策略

学校招聘主要通过参加应届毕业生洽谈会、在学校举办招聘讲座、发布招聘张贴、网上招聘四种形式。社会招聘主要通过参加人才交流会、刊登招聘广告、网上招聘三种形式。招聘人事政策如下。

（1）本科生

A. 待遇：转正后待遇5 000元，其中基本工资4 000元、住房补助300元、社会保障金700元左右（养老保险、失业保险、医疗保险等）。试用期基本工资3 000元，满半月有住房补助。

B. 考上研究生后协议书自动解除。

C. 试用期三个月。

D. 签订三年劳动合同。

（2）研究生

A. 待遇：转正后待遇 7 000 元，其中基本工资 6 000 元、住房补助 300 元、社会保险金 700 元左右（养老保险、失业保险、医疗保险等）。试用期基本工资 5 000 元，满半月有住房补助。

B. 考上博士后协议书自动解除。

C. 试用期三个月。

D. 公司资助员工攻读在职博士。

E. 签订不定期劳动合同，员工来去自由。

F. 成为公司骨干员工后，可享有公司股份。

4. 风险预测

（1）由于今年本市应届毕业生就业政策有所变动，可能会增加本科生招聘难度，但由于公司待遇较高并且属于高新技术企业，可以基本回避该风险。另外，由于优秀的本科生考研的比例很大，所以在招聘时，应该留有候选人员。

（2）由于计算机专业研究生愿意留在本市的较少，所以研究生招聘将非常困难。如果研究生招聘比较困难，应重点通过社会招聘来填补"开发组长"空缺。

三、选择方式调整计划

2017 年开发人员选择实行了面试和笔试相结合的考查办法，取得了较理想的结果。

在 2018 年首先要完善非开发人员的选择程序，并且加强非智力因素的考查，另外在招聘集中期，可以采用"合议制面试"，即总经理、主管副总、部门经理共同参与面试，以提高面试效果。

四、绩效考评政策调整计划

2017 年已经开始对公司员工进行了绩效考评，每位员工都有了考评记录。另外，在 2017 年对开发部进行了标准化的定量考评。在今年，绩效考评政策将做以下调整。

1. 建立考评沟通制度，由直接上级在每月考评结束时进行考评沟通。

2. 建立总经理季度书面评语制度，让员工及时了解公司对他的评价，并感受到公司对员工的关心。

3. 在开发部试行"标准量度平均分布考核方法"，使开发人员更加明确自己在开发团队中的位置。

4. 加强考评培训，减少考评误差，提高考评的可靠性和有效性。

五、培训政策调整计划

公司培训分为岗前培训、管理培训、岗位培训三部分。岗前培训在 2016 年已经开始进行，管理培训和技能培训从 2016 年开始由人力资源部负责。在今年，培训政策将做以下调整。

1. 加强岗前培训。

2. 管理培训与公司专职管理人员合作开展，不聘请外部专业培训师。该培训分成管理层和员工层两个层次，重点对公司现有的管理模式、管理思路进行培训。

3. 技术培训根据相关人员申请进行。采取公司内训和聘请培训教师两种方式进行。

六、人力资源预算

1. 招聘费用预算

（1）招聘讲座费用：计划本科生和研究生各四个学校，共8次，每次费用1 000元，预算8 000元。

（2）交流会费用：参加交流会4次，每次平均1 000元，共计4 000元。

（3）宣传材料费：5 000元。

（4）报纸广告费：1 000元。

2. 培训费用

2017年实际培训费用50 000元，按20%递增，预计今年培训费用约为60 000元。

3. 社会保障金

2017年社会保障金共交纳×××××元，按20%递增，预计今年社会保障金总额为×××××元。

案例简析

　　四海公司是近两年刚刚发展起来的私营公司，市场前景良好，发展速度非常快，但存在的问题也很多。陈峰受邀对四海公司进行综合诊断。

　　研究发展部的前身是四海公司的一个办公室，当初只有两名员工，负责维修设备和做一些简单设计。近两年，随着企业发展的要求，在产品设计开发、技术引进等方面做了大量的工作，同时招聘了一些大专院校的本科生、研究生以充实技术力量。目前公司面临的挑战是：技术人员跳槽太多。经常是一些学生工作了半年或一年后，就去了其他电子公司。虽然做了很多思想工作，可他们说那边的工资高，有更多的晋升机会。现在，公司被他们搞得人心惶惶。

　　营销部是四海公司规模最大的部门，在华北、东北和华东都建立经销网络和维修机构。上半年的统计市场份额大概有35%，比去年增长了10%，一定程度上得益于紧抓服务的营销战略。上个月，东北地区的销售经理反映，公司单纯以销售额来评价各个地区销售业绩的政策影响了东北区的销售。因为不管从消费者数量，还是从收入来说，东北区都明显不如其他两个地区。而公司制定年初目标时，对这方面的考虑似乎不够充分。此外，销售人员的士气有些低落。生产部对人力资源部有些意见。根据质检部门的抽查和顾客服务部门的反馈，产品质量出现下滑，原因在于有些工人的操作不符合规定。三个月前，生产部曾经提出了对员工的培训要求，但因为是出国培训，人力资源部就选派了那些平时表现好的员工。没有得到培训的员工，以前的技术就需要提高，这次又失去了机会，现在不仅技术有缺点，而且情绪低落。安排的一些文体活动，也没有彻底解决他们的思想压力。如果这种状态继续持续下去的话，产品质量将很难得到保证。财务部员工较少，但问题是如何给财务人员分工。有时候有些人非常忙，而有些人又没有事做，效率不高。计划办公室的任务是做好企业的整体计划，包括企业的发展计划、生产计划等，有时还会同财务部门做预算。人力资源计划只是人事部每年做个很简单的计划，主要是有关招聘和薪酬方面。

问题：四海公司在人力资源管理方面遇到的问题有哪些？导致这些问题最根本的原因是什么？

简析：

企业缺乏一个整体的人力资源规划，导致企业在招聘、培训、绩效评估、激励及各职能部门之间的工作协调和合作方面出现了一系列问题，主要表现为：人力资源部门定位太狭窄，自我认可差，其重要性更未被其他职能部门认可；着眼于具体职能分工，信息流动有限，缺乏合作沟通机制和习惯等。

人员尤其是技术人员的流动率较高。企业的成长、业务的扩张、功能日益完善，本身对人员数量和质量都提出了更高要求，但人力资源管理还仅仅停留在对招聘和薪酬进行简单化管理，缺乏预测和规划，对新员工的整合也不到位，加上外部竞争等方面的原因，导致较高的流动率，而技术人员或管理人员的高离职率不仅会加大招聘、培训等方面的成本，也使职能性工作缺乏持续性，更会影响到整体情绪和对公司的判断。

☐ 实训项目

实训内容：要求学生调查某一家企业的人力资源规划。要详细了解企业所处发展阶段、企业发展战略规划、目前岗位设置和岗位编制、人力资源现状（人数、结构等）、未来企业人力资源规划及最近一个年度的人员补充计划、提升计划、培训计划、薪酬计划等内容。

实训指导：

1. 先从外围了解有关企业发展的一般情况，然后，就上述问题向企业相关人员进行访谈调查。

2. 在调查之前，最好先设计一份详细的访谈提纲，提高访谈效率和效果。

3. 调查完成后，要写出调查报告，并进行必要的分析。

4. 注意所收集信息和数据的完整性和准确性。

☐ 学中做 做中学

请描述所设立的虚拟公司的发展现状及未来发展战略规划、当前岗位设置及现有人员情况。要求：

1. 一般应描述企业五年期发展规划，并清楚说明企业人力资源管理如何为企业的战略服务。

2. 应从整体上并区分岗位层级和岗位类别详细列出各级各类岗位的人员构成及结构等。

3. 对企业人员状况进行分析，评价是否满足企业目前发展的需要，在哪些方面还有待于加强和改进。

4. 制定企业未来五年的人力资源规划，并说明制定程序。

小 结

人力资源规划就是对企业在某个时期内的人员供给和人员需求进行预测，并根据预测的结果采取相应的措施来实现人力资源的供需平衡。

人力资源规划的分类有：根据规划的时间跨度，可以分为长期规划、中期规划和短期规划；根据规划的层次划分，可以分为总体规划、业务规划；根据规划是否独立，可以分为独立的人力资源规划和从属的人力资源规划。

人力资源业务规划包括人员补充计划、员工配备计划、员工培训计划、薪酬激励计划、员工晋升计划、绩效评估计划、员工职业发展计划。

人力资源规划的程序可以分为五个阶段：准备阶段、预测阶段、制定规划阶段、实施阶段和评估阶段。

对现有人力资源情况分析可以通过员工队伍稳定状况分析、员工岗位配置分析、冗员分析、员工年龄结构分析、员工素质分析几个方面进行。一般来说，人力资源需求预测的方法主要有：经验预测法、德尔菲法、趋势预测法、回归预测法和比率预测法。企业人力资源供给预测可以采用：技能清单、人员接替法、马尔可夫模型。人力资源供需平衡的情况有：供给大于需求；供给小于需求；供给和需求总量平衡，但结构不匹配。

人力资源规划的制定过程包括下面几个环节：编写人员配置计划，预测人员需求，制定人员供给计划，制定培训计划，编写人力资源费用的预算，编写人力资源政策调整计划。

思考题 ●●●

1. 人力资源规划的含义是什么？人力资源规划的内容包括哪些？

2. 人力资源规划的程序是什么？如何分析企业人力资源现状？

3. 预测人力资源需求和供给的方法有哪些？应当怎样平衡人力资源的供给和需求？

模块四

招 聘 录 用

知识目标：

1. 员工招聘的意义；
2. 员工招聘、选拔的程序和主要内容。

能力目标：

1. 招聘的来源与方法；
2. 选拔测试的主要方法；
3. 面试技术。

素质目标：

1. 招聘的来源与方法；
2. 选拔测试的主要方法。

导入案例：

招聘工作很难做

近年来，无论是与从事人力资源管理工作的朋友交流，还是向企业界老板探询，无论是通过网络输入"招聘难""招工难""招聘失败"等关键词进行搜索，还是通过浏览综合性报刊或综合性网站，都可以发现企业的招聘工作很难做。具体体现在两个方面：一是难以吸引到合适的人应聘，二是难以选拔出合适的人上岗。

招募工作真急人呀！

2016 年 2 月 23—26 日，人民网广东频道、上海频道、陕西频道、海南视窗、北京频道等都发布了企业高薪招工难的新闻报道。2017 年 2 月 20 日，凤凰财经、中华新闻频道、中国青年网等网络媒体转发了外媒"中国廉价劳动力时代结束，招工难成全国现象"的报道。2017 年 2 月 20 日，《参考消息》报道：根据统计，在珠三角，今年春节后广州企业用工缺口超过 18 万人，佛山约为 8 万人，而深圳一向是珠三角用工缺口最大的城市，往年的节后用工缺口都在 20 万人以上，2017 年 1 月 23 日，中新网报道：人社部政策研究司副司长卢爱红今日谈及今年就业形势时表示，有一些企业很难招到技能人才、高层次人才。为了应对"用工荒"，很多企业将招工阵地前移，到火车站、汽车站、流动人口聚居区、商业繁华区、劳务介绍所等一线"抢人"。为了能够招募到员工，有的企业鼓励老员工带新人回企业，每带回一名新人最高可奖励 1000~2000 元。某企业招工负责人说，招工将从一年一度的"阻击战"变成一年 365 天"持久战"。由于企业招工难，全国许多地方出现了"企业招工难，政府来帮忙"的现象。

招工难，招熟练工人更难，招优秀的中高级专业技术人才和中高层管理者更是难上加难，这已经是当前中国的普遍现象，这真让企业从事招募工作的人着急呀。

选拔工作愁煞人呀！

选拔工作的目标是选出"有能力、有兴趣、适宜"的人，但是，往往由于应聘者善于伪装而将真正的求职动机隐藏的很深，或者由于招聘人员甄选能力有限而未能较好地识别求职者的动机和能力及其与工作的匹配性，造成选拔工作的失败。

识人不难，离职快——新员工入职不到一个月即离职的现象十分普遍。北京东单东方广场的某外资公司因发展需要从外部招聘了两位女性行政助理，第一位负责前台接待工作，入职第二天就没有上班，也没有打电话告知公司，公司打电话竟然联系不到人；第二位负责出纳、办公用品采购、公司证照办理与变更手续等工作，其工作 10 天后编造谎言而辞职。

貌似高效，实则无效——某公司销售部招聘的两名销售助理新入职 3 周后，销售部负责人忽然告诉人力资源部负责人，这两位新人不适合，请辞退并重新招聘，原因是他们工作不积极主动、不汇报沟通、不团结互助。可是销售部负责人和人力资源部负责人当时对这两位人员的材料和面试结果都是很满意的。不过，这两位新人的入职，从招聘广告发布、简历收集与筛选、初试、复试、择优录用、报批、办理入职手续到正式上岗，一共只用了 6 天时间。

聘人争议惹恩怨——某公司研发部需招项目经理，人力资源部主张内部招聘，研发部却坚持外部招聘。研发部认为，人是本部门用，人力资源部不懂技术、不了解项目情况，且公司招聘制度规定用人部门有决策权，因此，采用哪种招聘方式应由研发部定。人力资源部却认为他们正在行使监督的职责。最后，双方请公司副总经理裁决，副总经理听取双方意见后，最终认可了人力资源部的观点，要求先实施内部招聘，实在不行再考虑外部招聘。之后，出现了有趣的现象，研发部在内部招聘过程中表面上积极配合，派出了强有力的专业技术人员参与面试，但无论应聘者是谁，他们总是找出一些理由来证明应聘者不是合适的人选，结果是在预定的时间内无法完成招聘任务，研发部从而把责任推给了人力资源部门。

请客容易送客难——某贸易公司张老板以 30 万元年薪聘请赵先生做管理部经理，签订了为期 1 年的劳动合同。赵先生是公司另一位骨干王先生介绍来的，有很不错的业绩背景。但工作一段时间后，张老板发现，赵先生在很多方面做得不好。3 个月后的某天，张老板给赵先生两个建议："离开公司，给你一定的补偿；或者是换岗，留在本部，工薪减半。"第二天，赵先生把公司电脑里的资料复印了若干份，扔在张老板的桌面上："你要我离开公司可以，但你得补偿我 30 万元。如果你不补偿，公司资料在我手里，我可以找税务局和客户揭发你。"面对这种情况，张老板真是不知如何办才好。

资料来源：王贵军. 招聘与录用. 4 版. 大连：东北财经大学出版社，2018.

项目一 招聘录用概述

【知识精讲】招聘的定义；影响招聘的因素；招聘的基本程序；招聘的渠道和方法。

现代企业的竞争归根到底是人才的竞争，而企业获取优质人才以增强其核心竞争力就必须通过员工招聘这项职能来实现。员工招聘工作质量如何，对企业的影响往往是根本性的、长期的，甚至有时是决定性的。

一、招聘的含义

招聘是根据组织人力资源规划和岗位分析的数量与质量要求，制定相应的职位空缺计划，通过信息的发布和科学甄选，获得本企业所需合格人才，并安排他们到企业所需岗位工作的过程。招聘的目标就是成功地选拔和录用企业所需要的人才，实现所招人员与岗位的有效匹配，以期为组织做出最大的贡献。

二、影响招聘的因素

招聘是在一定的环境中进行的，招聘的有效性，会受到各种因素的影响。归纳起来，影响招聘活动的因素有外部因素和内部因素两大类。

（一）外部影响因素

1. 国家政策、法规环境

国家政策和法规环境指那些制约和影响企业的政治要素和法律系统，以及其运行状态。政策环境包括国家的政治制度、权力机构、颁布的方针政策、政治团体和政治形势等因素。法规环境包括国家制定的法律、法规、法令及国家的执法机构等因素。这些政治和法律因素是保障企业生产经营活动的基本条件，也对企业招聘活动起到了一定的限制和约束作用。

在我国，以《中华人民共和国劳动法》为依据，已经颁发了一系列与招聘录用相关的法律法规，包括《劳动合同法》《集体合同规定》《劳动争议处理条例》《女职工禁忌劳动范围的规定》《禁止使用童工规定》等，用来规范企业劳动用工行为。

地方性的法规、政策也对企业招聘有着重大影响。近年来，随着经济因素的活跃，我国中央和地方也出台了一些政策用来吸引人才。如重庆市对引进的高级人才，可给予最高达 60 万元的一次性补贴。上海市也实行了"沪门开放"政策，取消"黄表、蓝表"的限制。

2. 劳动力市场因素

外部劳动力市场在三个方面影响着组织的招聘活动。第一，劳动力市场的规模直接影响了企业人力资源招聘的数量。第二，劳动力质量影响着组织招聘的质量。第三，劳动力市场交易成本及交易的便利性决定了组织招聘活动的成本和效率。

3. 技术及行业发展状况

技术及行业发展状况是指企业所处的环境中的科技要素及与该要素直接相关的各种社会现象的集合，包括国家科技体制、科技政策、科技水平和科技发展趋势等。如果企业所在行业具有巨大的发展潜力，那么就能吸引大量的人才涌入这个行业，从而使企业的人才选择的范围较大；相反，当企业所在行业发展前景欠佳时，企业就很难从人才市场上选择到合适的人才。

4. 竞争对手

现代社会，企业之间的竞争是全方位的，组织必须全面了解竞争对手在招聘方面的策略、做法，采取针对性的措施，以保证自身在人才市场上具有足够的吸引力。

（二）内部影响因素

1. 企业自身的形象

企业良好的社会声誉、持续上升的发展趋势、人性化的管理、合理的报酬和福利、自由广阔的发展空间、优越的地理位置都可以使企业增加对优秀人才的吸引力。

一般来说，企业在社会中的形象越好，对招聘活动越有利。良好的形象会对应聘者产生积极的影响，引起他们对企业空缺职位的兴趣，从而有助于提高招聘的效果。

在企业能否有广阔的发展空间几乎是所有应聘者关注的要素。一个透明的上升空间对一个人的激励作用是来自内心深处的。例如，在IBM如果员工被认可，就会获得很多参加培训的机会。IBM在中国的薪金可能不是外企中最高的，但是IBM的培训却是最有吸引力的。

2. 企业的文化和政策

企业高层决策人员对企业内部招聘或外部招聘的倾向性看法，会从各方面影响企业招聘。比如，员工补充的来源、招聘的方式方法、录用决策等。调查表明，70%的企业在进行人员招聘时会选择内部招聘；中小企业更青睐于有经验的应聘者；大型企业则更看重大学毕业生的培养价值。

所以，企业的相关政策对招聘活动有着直接影响。企业在招聘时一般有内部招聘和外部招聘两种渠道，至于选择哪个渠道来填补职位空缺，往往取决于企业的招聘政策。比如有些企业倾向于外部招聘，而有些企业倾向于内部招聘；在外部招聘中，企业的招聘政策也会影响到招聘来源的选择，比如有些企业愿意从学校招聘，而有些企业更愿意从社会上招聘。

3. 企业的招聘预算

为了提高招聘工作的效率和效果，组织需要对招聘渠道和方法进行精心选择，对招聘流程进行科学设计，还需要采取相关的战略举措以提高组织在人才市场上的吸引力。所有这些措施，都必须建立在企业自身的支付能力的基础之上。所以，组织的招聘费用预算也直接影响着招聘活动的开展。

三、招聘的基本程序

一般来说，招聘的基本程序大致分为以下几个阶段。

（一）招聘准备阶段

准备阶段的主要工作如下。

（1）根据企业人力资源规划以及企业现有人力资源配置现状分析，进行人员招聘的需求分析，明确哪些岗位需要补充人员。

（2）根据岗位说明书，明确掌握需要补充人员的工作岗位的性质、特征和要求。

（3）制定招聘人员的招聘计划，提出切实可行的员工招聘策略。

（4）确定本次招聘工作的组织者和执行者，明确各自的分工与责任。

（二）招聘实施阶段

招聘工作的实施阶段是整个招聘工作的核心和关键步骤，这个阶段包括招募、选拔和录用三步骤。

1. 招募步骤

招募阶段主要是根据招聘计划，预测企业所要招聘的人员的生活习惯空间范围、喜欢的传播媒体，利用这些传播媒介发布招聘信息以吸引足够多应聘者，同时做好准备接受应聘者申请的工作。

2. 选拔步骤

在选拔步骤中，招聘企业需要对众多的应聘者进行甄选，需要用到很多的选拔方法，挑选出最合适企业需求的人员。

3. 录用步骤

录用步骤主要是对通过选拔的人员按照企业录用决策，确定录用人员名单、通知被录用者、辞谢未被录用者，对录用人员进行体检、岗前培训和安排试用。

（三）招聘评估阶段

在这一阶段，需要对招聘活动的每一个环节进行评价和总结。如招募活动选择的媒体、招聘方式和测试方法、是否招到了合适的人选、招聘的效率和效果如何等，以便及时发现问题、分析原因、找到解决的对策，为企业下次的招聘提供经验教训。

课 堂 讨 论

资料：远翔公司的招聘

远翔公司最近几年在物色中层管理干部中遇到了一些两难的困境。该公司是制造、销售高精度自动机床的，目前重组成六个半自动制造部门。高级管理层相信这些部门经理有必要了解生产线和生产过程，因为许多管理决策需要在此基础上做出。传统上，公司一直严格地从内部提升中层管理人员。但后来发现这些从基层提拔到中层管理职位的中层管理人员缺乏适应新职责的相应知识和技能。于是，公司决定从外部招募，尤其是那些工商管理专业毕业的优秀毕业生。通过一个职业招募机构，公司得到了许多有良好工商管理专业训练的毕业生作为候选人，并从中录用了一批人，先安排在基层管理职位，已备经过一定阶段锻炼以后提升为中层管理人员。但在两年之中，所有的这些人都离开了该公司。公司只好回到以前的方式，从内部提拔，但又碰到了与过去同样的素质欠佳的老问题。不久就有几个重要职位的中层管理人员退休，亟待称职的后继者来填补有关空缺。面对这一问题，公司想请有关咨询专家来出些主意。

资料来源：http://wenku. baidu. com/search？

讨论

1. 你认为造成此公司招募中层管理人员困难的原因是什么？

2. 从公司内部提升基层管理人员和从外部招聘专业对口的大学应届毕业生，各有何利弊？

要点：_____

四、招聘的渠道和方法

企业人力资源部能否招聘、甄选与录用到高质量的合格员工，是关系整个企业员工队伍素质高低的关键。其中员工招聘的途径和方法将直接影响到所招收员工的素质与企业的经营效益。这部分将在项目二里详细讲解。

案例简析

一次失败的行政助理招聘

北京某外资 SP 公司因发展需要从外部招聘新员工。

公司背景：此公司是国外 SP 公司在中国投资的独资子公司，主营业务是为电信运营商提供技术支持，提供手机移动增值服务、手机广告。该公司所处行业为高科技行业，薪水待遇高于其他传统行业。公司的位置位于北京繁华商业区的著名写字楼，对白领女性具有很强的吸引力。总经理为外国人，在中国留过学，自认为对中国很了解。

被招聘的员工背景如下。

A，23 岁，女，北京人，专科就读于北京工商大学，后转接本科就读于人民大学。做过少儿剑桥英语的教师一年。

B，21 岁，女，北京人。学历大专，就读于中央广播电视大学电子商务专业。上学期间在两个单位做过兼职：一个为拍卖公司，另一个为电信设备公司。职务分别为商务助理和行政助理。B曾参加瑞丽封面女孩华北赛区复赛，形象气质均佳。

招聘流程：1. 公司在网上发布招聘信息。2. 总经理亲自筛选简历。筛选标准：本科应届毕业生或者年轻的，最好有照片，形象气质好的，学校最好是名校。3. 面试：如果总经理有时间就总经理直接面试，如果总经理没时间，HR进行初步面试，总经理最终面试。新员工的工作岗位、职责、薪资、入职时间都由总经理定。4. 面试合格后录用，没有入职前培训，直接进入工作。该公司先后招聘了这两位行政助理，结果都失败了。具体情况如下：

第一位A入职的第二天就没来上班，没有来电话，上午公司打电话联系不到本人。经她弟弟解释，她不打算来公司上班了，具体原因没有说明。下午，她本人终于接电话，不肯来公司说明辞职原因。三天后又来公司，中间反复两次，最终决定不上班了。她的工作职责是负责前台接待。入职当天晚上公司举行了聚餐，她和同事谈得也挺愉快。她自述的辞职原因：工作内容和自己预期不一样，琐碎繁杂，觉得自己无法胜任前台工作。HR对她的印象：内向，有想法，不甘于做琐碎、接待人的工作，对批评（即使是善意的）非常敏感。

第二位B工作十天后辞职。B的工作职责是负责前台接待、出纳、办公用品采购、公司证照办理与变更手续等。自述辞职原因：奶奶病故了，需要辞职在家照顾爷爷（但是当天身穿大红毛衣，化彩妆）。透露家里很有钱，家里没有人给人打工。HR的印象：形象极好、思路清晰、沟通能力强，行政工作经验丰富。总经理印象：商务礼仪不好，经常是小孩姿态，撒娇的样子，需要进行商务礼仪的培训。

资料来源：http://wenku.baidu.com/search?

问题：招聘行政助理连续两次失败，作为公司的总经理和HR觉得这不是偶然现象，在招聘行政助理方面肯定有重大问题。问题出在什么地方？

❑ 实训项目

实训内容：请为学校学生会纳新设计一套纳新方案。

实训指导：

1. 调查学生会的组织结构、岗位职责、成员数量、素质要求等，了解学生会的管理制度。

2. 制定的纳新方案要具有针对性，做出具体的岗位要求、职责分工、能力要求及任职资格等，确实能为纳新活动提供可行性方案。

❑ 学中做 做中学

请根据你的虚拟公司的人力资源部门做出的人力资源规划和工作岗位，做出招聘计划。
要求：

1. 明确招聘计划的内容；
2. 人员需求清单，包括招聘的职务名称、人数、任职资格要求等；
3. 招聘信息发布的时间和渠道；
4. 招聘小组人选，包括小组人员姓名、职务、各自的职责；
5. 应聘者的考核方案，包括考核的场所、大致时间；
6. 招聘的截止日期；
7. 新员工的上岗时间；
8. 招聘费用预算；
9. 招聘工作时间表。

项目二　招聘甄选流程

【知识精讲】制订招聘计划；选拔测试的方法；招聘评价的方法。

员工招聘流程是一个完整的招聘活动，是由一系列活动组成的。主要有以下几个步骤组成：确定招聘需求，选择招聘渠道，制订招聘计划，初步筛选，选拔甄选和评价招聘效果，如图4-1所示。

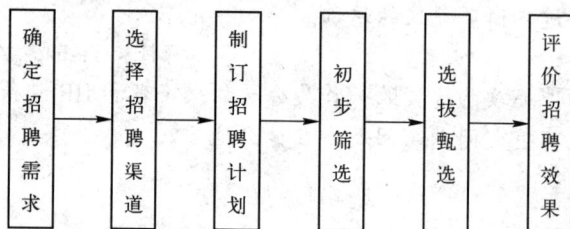

图 4-1　招聘流程图

一、确定招聘需求

根据企业人力资源规划及企业现有人力资源配置现状分析，确认企业人力资源需求。具体分为以下几种情况。

（1）为满足新建企业的战略目标、技术、生产、经营等方面的需求，要招聘在数量、质量和结构上合适的或优秀的员工。

（2）企业现有战略规划的调整、组织结构的改变、业务发展的调整等会出现更多的岗位空缺，需要及时填补。

（3）企业现有岗位上的人员不称职，对企业的提高整体绩效有障碍，需要及时补充绩效优秀人才。

（4）现有职工队伍结构不合理，在裁减多余人员的同时，需要及时补充短缺的专业人才。

（5）企业内部因为原有员工调任、离职、退休或升迁等原因而产生职位空缺，需要弥补职位的空缺，以免造成工作上的延误。

二、选择招聘渠道

招聘的渠道总的来说可以分为企业内部和企业外部两大类。

（一）企业内部招聘

内部招聘的主要目的是从内部提拔人才，让企业内部员工感觉到在企业中可以有发展空间，是激励内部员工进取心的有力手段，比较适合基层员工及对企业忠诚高的中层管理人员。

1. 企业内部招聘员工的来源

一是下级职位员工，主要通过晋升的方式来填补空缺职位；二是同级职位员工，填补空缺职位的方式主要是工作调换或工作轮换；三是上级职位员工，主要通过降职的方式来填补空缺职位。

晋升就是从组织内部提升员工来填补高层次的职位空缺。晋升促成组织的人力资源垂直流动，是内部招聘的重要来源。工作调换或工作轮换主要是在组织内劳动力的横向流动，不仅弥补了职位空缺，还使员工对不同工作有了更广泛的了解，既丰富了工作本身，又拓展了他们的知识面。通过降职的方式来填补空缺职位在企业中不常用。

2. 内部招聘的方法

一是工作公告法，主要通过企业内部网站或向员工通报现有职位空缺信息，让全体员工了解现有的职务空缺、需要人数及申请人资格限制等信息，鼓励员工积极应聘，目的是吸引有兴趣的员工来申请这些空缺职位，争取更好的工作机会。

二是档案记录法。具体是指企业利用人事档案中与技术有关的信息来获取人才。企业在自己的人力资源部建立一个正规的技能数据库以集合人力资源管理的有关教育、培训、经验、技能、绩效等方面的信息，一旦企业出现突发性的人员短缺时，企业可以通过技能数据库快速地在内部员工中挑选可能的任职者来填补空缺。

（二）企业外部招聘

外部招聘主要是为企业提供更多的新鲜血液，企业外部招聘时主要引进技术与管理层，还有销售人员。企业外部招聘的方法按照应聘者的来源渠道主要可分为劳动派遣机构、人才招聘会、各类媒体、网络招聘、猎头公司五种形式。

1. 劳动派遣机构

劳动派遣机构渠道适用于技工和操作人员。派遣机构的价值就是为招聘企业和求职者提供一个信息交换，派遣机构通过将求职者推荐到有需要的企业去应聘，收取求职人员的服务费获利。选择劳动力派遣，关键要看它是否合法和是否经营诚信，其次看它提供的求职者的质量和速度是否配合了企业的要求。

2. 人才招聘会

人才招聘会是企业和应聘者进行双向选择的场合。选择招聘会，首先应了解这个招聘会的性质、地域及分析当地人才特点，然后根据所需职位的要求，评估决定是否参加。比如，广东东莞的制造业发达，特别是电子电器行业制造方面的人才众多，如果企业有这方面的人才需求，可以考虑当地的制造业专场。

企业参加招聘会，要把握几个基本原则：第一，高层职位不要选择普通的招聘会，这会降低这个职位的含金量；第二，参加招聘会要有始有终，不要迟到早退；第三，不要频繁地去参加招聘会，这样会降低企业的信誉。

3. 各类媒体

媒体是现在很重要的招聘渠道。各类报纸、杂志都设有招聘专版，不过随着网络的普及和广泛的应用，选择报纸招聘的企业越来越少。但是企业如果要兼做宣传则另当别论。就单次招聘成本来说，报纸招聘是比较昂贵的；选择何种媒体，要取决于招聘何种职位的人才。很多专业人士都有阅读专业刊物的习惯，比如要招聘一个市场开拓方面的人才，分析一下这种目标人才主要聚集在什么地区，然后把目标地区最具影响力的专业刊物找出来，从中选择一个最合适媒体投放的招聘广告。

4. 网络招聘

网络招聘已经是相当普及的招聘渠道了。目前有影响力的有：前程无忧、中华英才网、中国人才招聘网、南方人才网、智联招聘等。在这些网站上各类中小型企业发布的中低层职位的招聘信息比较多，应届毕业生应聘时可选择这样的途径。

5. 猎头公司

企业间的人才争夺战成就了一个行业——猎头公司。猎头公司在企业人才争夺战起到了推波助澜的作用，加上供求关系的失衡，也为高级人才的身价增长起到了积极的推动作用。在选择猎头公司的时候，考察他们的实力和口碑是至关重要的。一是要了解他们所服务的客户情况，二是了解他们的内部运作，三是评估猎头顾问的专业水准，四是合同条款的约定，特别是被推荐过来的人才干了几个月就跑了如何处理，最后才是考虑服务的收费价格。

（三）企业内外部招聘优缺点比较

企业内部招聘和外部招聘各有利弊，不能简单笼统地概括某种方式由于另一种方式。综合考虑内外部招聘的优缺点，选择适合企业自身状况的、特定时期和特定条件下适合不同职位的招聘方式和渠道，不能简单固定于某一种招聘方式。企业内外部招聘优缺点及效果的比较如表4-1和表4-2所示。

三、制订招聘计划

招聘计划书是指用人单位对聘用新员工的程序、时间、要求等做出安排的文书。招聘计划书的内容主要包括：组成招聘小组、招聘的规模、招聘的范围、招聘的时间、撰写招聘广告、流程方案和招聘经费预算。

表 4-1　企业内外部招聘优缺点比较

方式	优　点	缺　点
内部招聘	1. 可提高被提升者的士气 2. 可更准确地判断员工的能力 3. 可降低招募的风险和成本 4. 可调动员工的积极性，充分利用内部资源 5. 成功的概率高	1. 易出现思维和行为定势，缺乏创新性，从而使组织丧失活力 2. 未被提升的人可能士气低落 3. 易引起内部争斗或"近亲繁殖" 4. 选择范围有限，组织中最适合的未必是职位中最适合的
外部招聘	1. 新鲜血液有助于拓宽企业视野 2. 方便快捷，且培训费用少 3. 在某种程度上可平息或缓解内部竞争者之间的紧张关系	1. 可能引来窥探者 2. 可能未选到适应该职务或企业需要的人 3. 影响内部未被选拔的候选人士气 4. 新员工需较长的"调整适应期"

（资料来源：曹晖，陈新玲．人员招聘与配置．北京：中国劳动社会保障出版社，2011．有改动．）

表 4-2　企业内外部招聘渠道招聘效果选择比较

招聘信息发布渠道	是否随时发布	受众面	求职意向	费用	影响时间	成效	适用的企业和职位
招聘会	否	窄	强	较低	短	不定	适用于招聘费用预算少的企业或招聘中层以下和操作性的职位
网络招聘	是	很广	较强	很低	长	不定	适用于技术类和职能管理类职位
报刊招聘	否	较广	强	不定	短	不定	适用于旨在树立企业形象的企业，或高端职位以外的职位
广播电视	否	很广	强	很高	短	不定	适用于招聘预算费用多，并想树立企业形象的企业
劳务派遣	是	较广	较强	较低	较短	较高	适用于有阶段性人才需求的企业
猎头公司	是	较广	不定	很高	较短	很高	适用于有高端职位、稀缺性职位需求或需求紧迫的企业
档案记录法和内部公告法	是	窄	不定	无	长	某些企业较好	适用于企业规模大、有较好的人才梯队建设的企业

（资料来源：曹晖，陈新玲．人员招聘与配置．北京：中国劳动社会保障出版社，2011．有改动．）

（一）组成招聘小组

招聘小组由以下几种人员组成：用人部门主管、人力资源管理部门人员、企业高层人员、外聘专家四类人员。招聘小组成员负责发布招聘信息、解答求职的咨询、组织笔试面试等筛选工作，对候选人进行背景调查，组织体检，对招聘工作进行评估。

（二）招聘规模

招聘规模就是指企业期望通过招募活动中吸引求职者的数量。应该按照每类职位的招聘的实际数量来吸收合适数量的简历，以免给后续的筛选增加工作量。

（三）招聘范围

理论上说吸引应聘者的数量越多越好，招聘的范围越大也越有可能吸引足够多的优秀的应聘者，但范围太大容易增加成本，因此范围应当适度。

（四）招聘时间

招聘工作本身需要耗费一定的时间，再加上选拔录用和岗前培训的时间，因此填补一个职位空缺往往需要相当长的时间。一般来说，一次正规的招聘，将每个阶段工作的时间加在一起，招聘时间都在40～60天，参见表4-3。

表4-3　某企业招聘时间安排

顺序	招聘的各个阶段	平均天数
1	信息发布，收集应聘者的信息，筛选，通知面试者	8
2	笔试、面试、各种测试	5
3	录用审批、背景调查	10
4	通知录用人员报到	15
5	岗前培训	10
	合计	48

（资料来源：曹晖，陈新玲.人员招聘与配置.北京：中国劳动社会保障出版社，2011.有改动.）

（五）撰写招聘广告

招聘广告是企业与媒体之间达成的发布招聘信息协议的文件，是向不特定的应聘者发出的邀请。应聘者通过招聘广告信息，了解到企业用人情况，并决定是否应聘。根据企业用工情况的变化，通过向社会发布招聘信息，寻求人才是企业人力资源管理的一项经常性的工作。因此，企业招聘广告要求将企业对人才需求的信息准确地传递给求职者，以便求职者能够及时与用人单位联络、沟通。企业招聘广告的内容一般包括组织介绍、招聘职位、招聘条件、招聘程序、考试安排及待遇等信息。广告内容力求真实、准确、简明，既要能吸引潜在的应聘者提高招聘效率，又能展现组织的魅力和实力，树立良好的组织形象，见表4-4。

表4-4　招聘广告内容

板块	内容及要求
企业情况介绍	企业历史及主要业务（主要特色和吸引力）、企业的发展前景、企业标识、企业网址等
职位说明	职位名称、所属部门、工作职责、工资报酬福利等（要以工作说明书为依据，但不可照抄，二者的主要目的不同）
职位要求	学历、工作经验、技能要求、年龄、性别等信息（要以职位要求和候选人数量为依据）
应聘方式	应聘者需准备的资料，是否需要填写简历或求职申请表，联系方式或简历投递方式等

（资料来源：曹晖，陈新玲.人员招聘与配置.北京：中国劳动社会保障出版社，2011.有改动.）

招聘广告设计的原则可以概括为注意、兴趣、愿望、行动四个原则，即 AIDA（attention-interest-desire-action）原则。A 即广告要吸引人的注意，广告的设计要讲究创意，注重视觉效果；I 是要引起应聘者对招聘职位的兴趣，这种兴趣既要来自广告本身的生动，又要从招聘职位本身出发，如工作的挑战性、薪酬、企业的发展前景、地理位置等；D 是要激起应聘者申请职位的愿望，这又与求职者的求职动机紧密联系在一起，如职位带来的成就感、发展机会等；A 是促使求职者的行动。

一则招聘广告如表 4-5 所示。

表4-5　招聘广告示例

苏州三星电子招工简章

苏州三星电子有限公司成立于 1995 年，总投资 3.3 亿美元。主要生产销售电冰箱、洗衣机、空调器、压缩机和配套零部件。目前拥有 10 000 余名员工，产品除了在国内市场热销，还出口至全球 60 多个国家和地区。公司现有 2 个厂区，分别位于园区苏虹东路 501 号和园区综合保税区界浦路。三星的经营理念是"以人才和技术为基础，创造最佳产品和服务，为人类社会做出贡献"，三星精神是"与顾客共存，向世界挑战，创造出未来"。公司始终坚持"人才第一"的经营理念，通过选人、育人、用人、留人等优化机制充分体现人尽其才原则。公司近年来连续多次被政府部门评为劳动保障示范企业、劳动关系和谐企业。

三星集团长期招聘工种：操作员、技术员、文员、助理、仓管、叉车工、品检、质检、业务员、维修技工等，综合工资 4 200～5 800 元/月（具体视个人加班情况而定）。当天安排面试、住宿，需自备床上用品及生活用品。

一、招聘要求

1. 年龄范围：16～35 周岁。

2. 性别要求：男女不限。

3. 学历要求：初中及以上学历（熟悉并掌握 26 个英文字母读写）。

4. 身体要求：身体健康，无明显文身、烟疤、伤疤，无犯罪记录，无传染性疾病等。

5. 视力要求：无色盲、色弱，矫正视力 0.8（现通用 4.9）以上。

6. 身份要求：持有本人二代有效身份证件（接受临时身份证）。

7. 身高要求：男性身高 160 cm 以上，女性身高 150 cm 以上。

8. 其他要求：品行端正，能吃苦耐劳，配合公司加班等。

二、面试须知

1. 现场面试带好本人二代身份证。

2. 带好一寸彩色白底照片 8 张，正反面身份证复印件 6 张，黑色水笔一支，毕业证书原件及复印件一张。

3. 需要住宿的自带床上用品及生活用品。

4. 本招聘属于三星集团直招，不收取任何中介费用，招聘信息真实可靠。

三、工作时间

1. 公司执行白晚班两班制。正常工作时间：每天 8 小时，每周 5 天。

2. 加班时间：平时每日加班不超过 3 小时，每周至少休息 1 天。

四、薪资待遇

1. 基本工资：2 540 元/月（入职第二个月 2 800 元/月），夜班津贴 20 元/天。

2. 技能奖金：50～150 元/月。

3. 加班工资：平时加班 1.5 倍，周末加班 2 倍，国定假日 3 倍。

4. 综合工资：4 200～5 800 元/月。

5. 每天超出 8 小时算加班。

五、入职流程

1. 通过电话、QQ、网站在线报名预约面试。

2. 招聘专员通过电话进行初试。

3. 到工厂参加复试、通过录用。

4. 在工厂参加新人入住体检。

5. 通过体检，分配工作部门。

6. 签订劳动合同并参加岗前培训。

7. 成为正式员工。

六、发展空间

公司为每一位员工提供了"公平公正""个人晋升靠能力和贡献"的发展平台：每季度进行一次绩效考评，每年进行两次转正评定。签订《劳动合同》，享受正式工待遇，还可以升任班长、仓库管理等管理职位和设备保养等技术职位。

七、体检和来苏路费

1. 体检项目：肝功能、胸透、心电图、血常规、尿常规（体检费自理）。

2. 在职一个月凭车票可免费报销 300 元以内来苏路费。

八、劳动保障

录用后签订《劳动合同》，缴纳五险一金。

九、伙食

上班期间公司提供免费工作餐四菜一汤+水果或饮料，根据员工自身口味可另选择麻辣烫、水饺、馄饨、炒面、汤面等，营养搭配合理。

十、住宿

公司提供免费住宿，4～8 人间，环境优美，24 小时热水，免费宽带、有线电视、空调、洗衣机、桌椅、衣橱、独立卫生间等，有班车接送。

十一、我们的承诺

1. 每月 10 日准时发放上月工资；

2. 为每一位员工办理社会保险；

3. 每一位员工享受带薪年假。

真诚欢迎你加入三星，共创辉煌，展望未来！

友情提示：外地人来苏州之前请务必与三星工作人员联系，以防上当受骗。

咨询电话：13914074252

QQ 在线：2056087102，3443393199

企业邮箱：3443393199@ QQ. COM

公司网址：http://www. samsung-zp. com

厂区地址：江苏省苏州市工业园区苏虹东路 501 号

（资料来源：http://www. samsung-zp. com/jianzhang/，有改动．）

　　总之，招聘广告要明确招聘人才的目的和拟招聘的岗位，以便应聘者选择是否应聘。有的企业在拟有招聘广告之外，还准备了招聘信息咨询手册，供求职者查询。

（六）招聘工作的流程

　　招聘工作的流程方案是整个招聘工作的具体操作实施过程，包括招募方案、筛选方案和录用方案。招聘方案制定后，招聘工作人员应该明确每个阶段的具体工作任务、所需要的时间，使招聘工作按部就班地进行。

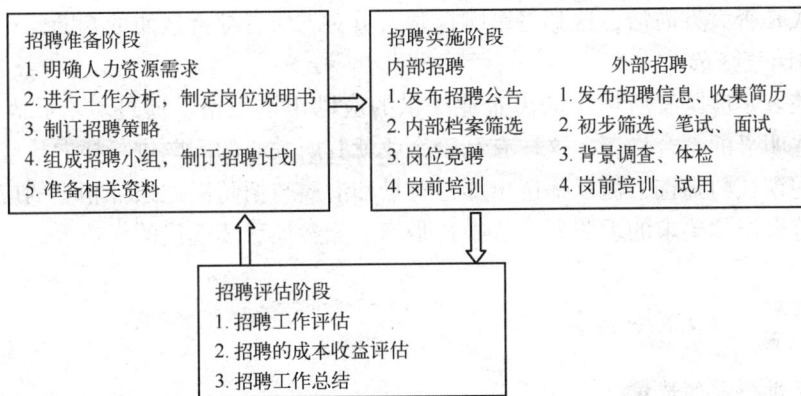

图 4-2 招聘流程图

（资料来源：曹晖，陈新玲．人员招聘与配置．北京：中国劳动社会保障出版社，2011．有改动．）

（七）招聘的预算

在招聘计划中，要对招聘的预算做出估计，招聘的成本一般由以下几项费用组成。

（1）人工费用：工资、福利、差旅费、生活补助及加班费等。

（2）业务费用：通讯费、专业咨询与服务费、广告费、资料费及办公用品费等。

（3）一般管理费用：包括临时租用设备、场地等。

四、初步筛选

（一）简历筛选

当前，很多简历大多是打印而成，无法从字体上来做判断。筛选简历需要一定的技巧。

1. 重点关注客观内容

在筛选简历时特别留心客观内容，这些内容包括个人信息、受教育经历、工作经历和个人成绩四个方面。个人信息包括姓名、性别、民族、年龄、学历等；受教育经历包括上学经历和培训经历等；工作经历包括工作单位、工作起止时间、工作内容、参加项目名称等；个人成绩包括学校成绩、工作单位中的各种奖励等。

2. 判断简历内容是否符合职业技术和经验要求

在客观内容中，首先要注意个人信息和受教育经历，判断应聘者的专业资格和经历是否符合空缺岗位的要求。

3. 审查简历内容的逻辑性

在工作经历和个人成绩方面，要注意简历中的描述是否有条理，是否合乎逻辑，这些都可以帮助我们判断简历中有无虚假成分。

4. 分析简历的结构，注意简历的整体印象

简历的结构反映了应聘者的组织和沟通能力。简历的整体印象，如有无错别字、整体是否干净、格式是否大方简洁，这都将影响招聘人员对求职者综合素质的判断。

（二）申请表筛选

应聘申请表是应聘者所填写的由企业提供的应聘申请表格。通过对求职者申请表的审核，剔除一些明显的不合格者，这样有利于企业就其所关心的问题进行横向比较。通过对应聘者申请表的审核与筛选，可以筛选出那些背景和潜质与招聘岗位条件相当的应聘者，剔除一些明显不符合岗位要求的求职者，从中初步确定能参加后续选拔的候选人。

课 堂 讨 论

资料：天洪公司的选拔

天洪公司是一家发展中的零售公司，已创立 15 年，拥有 10 多家连锁店。在过去的几年中，从公司外部招聘来的中高层管理人员中，大约有 50% 的人员不符合岗位的要求，工作绩效明显低于公司内部提拔起来的人员。在过去的两年中，从公司外聘的中高层管理人员中有 9 人不是自动离职就是被解雇。

从外部招聘来的商业二部经理因年度考评不合格而被免职之后，终于促使董事长召开了一个由行政副总裁、人力资源部经理出席的专题会议，分析这些外聘的管理人员频繁被更换的原因，并试图得出一个全面的解决方案。

首先，人力资源部经理就招聘和录用的过程作了一个回顾，公司是通过职业介绍所，或者在报纸上刊登招聘广告来获得职位候选人的。人员挑选的工具包括一份申请表，三份测试（一份智力测试和两份性格测试），有限的个人资历检查及必要的面试。

行政副总裁认为，他们在录用某些职员时，犯了判断上的错误，他们的履历表看上去挺不错，说起话来也头头是道，但是工作了几个星期之后，他们的不足就明显地暴露出来了。

董事长则认为，根本的问题在于没有根据工作岗位的要求来选择适用的人才。"从表面上看，几乎所有我们录用的人都能够完成领导交办的工作，但他们很少在工作上有所作为，有所创新"。

人力资源部经理提出了自己的观点，他认为公司在招聘时过分强调了人员的性格特征，没有重视应聘者过去在零售业方面的记录，例如在 7 名被录用的部门经理中，有 4 人是来自与其任职无关的行业。

行政副总裁指出，大部分被录用的职员都有某些共同的特征，例如他们大都在 30 多岁，经常跳槽，多次变换自己的工作；他们都雄心勃勃，并不十分安于现状；在加入公司后，他们中的大部分人与同事关系不是很融洽，与直属下级的关系尤为不佳。

会议结束的时候，董事长要求人力资源部经理："彻底解决公司目前在人员招聘上存在的问题，采取有效措施从根本上提高公司人才招聘的质量。"

资料来源：http://wenku. baidu. com/search?

讨论：

1. 天洪公司管理人员的招聘有什么问题？造成这些问题的原因是什么？

2. 您对该公司管理人员的招聘有哪些更好、更具体的建议？

要点：_____

五、选拔测试

经过初步筛选，入选者要进入甄选面试阶段，在这个阶段要采用各种方式，包括笔试、面试、心理测试、评价中心等多种形式，对入选者的知识、智力、技能、能力和人格特征等进一步进行筛选，主要看其是否适合组织和岗位的需求，以决定下一步是否录用。

（一）选拔测试的主要内容

1. 知识

知识测试主要指通过纸笔测试的形式了解被试者的知识广度、深度和知识结构的一种方法。这种测试主要是用来衡量应聘者是否具备完成职位职责所要求的知识。

2. 智力

智力测试主要是通过词汇、相似、相反、算术等类型的问题进行测试，用于检测应聘者在思维能力、想象力、记忆力、推理能力、分析力、空间关系，以及数字识别和语言表达等方面的能力。

3. 技能和能力

技能是通过练习获得的能够完成一定任务的动作系统。技能测试主要测试是否具备岗位所需的技能。能力是指个人顺利完成某种活动所必备的心理特征。能力测试包括一般能力测试和特殊能力测试两种。

4. 人格特征

人格特征测试多用来衡量应聘者情绪的稳定性等方面的基本状况，人格特征测试的方法主要有问卷调查法和影射法。做人格特征测试的同时，专家一般还要求对应聘者做兴趣测试，将人格特征测试和兴趣测试两者的结果相结合，来判断应聘者适合做什么工作。

（二）选拔测试的方法

1. 笔试

笔试是一种与面试对应的测试，是用以考核应聘者特定的知识、专业技术水平和文字运用能力的一种书面考试形式。这种方法可以有效地测量应聘者的基本知识、专业知识、管理知识、综合分析能力和文字表达能力等素质及能力的差异。

2. 面试

通过笔试的应聘者可以参加企业组织的面试。面试是通过与应聘者之间面对面的交流，深入了解应聘者的素质、能力及求职动机的一种人员甄选技术。它比笔试更为直观、灵活和深入，不仅可以评价出应聘者的学识，还能考察应聘者的能力和个性特征等。（这部分内容将在项目三中详细讲解。）

六、评价招聘效果

招聘效果评估的目的是发现招聘过程中存在的问题，提高以后招聘的效果。对招聘效果进行评估，一般要从以下几个方面来进行。

（一）职位填补的及时性

职位填补的及时性是指招聘部门能否在用人部门所要求的时间内发现候选人、完成筛选程序并最后录用合格的人选。

（二）用人部门对招聘工作的满意度

用人部门对招聘工作的满意度包括：对新录用员工的数量、质量的满意度，对招聘过程的满意度，对所用人员绩效的满意度等。

（三）招聘成本

招聘成本可以用招聘总成本和招聘单位成本两个指标进行衡量。招聘总成本由直接成本和间接成本构成。直接成本包括招聘费用、选拔费用、录用员工的家庭安置费用和工作安置费用、招聘人员差旅费、应聘人员招待费及其他费用。间接成本包括内部提升费用、工作流动费用。

（四）应聘比率、录用比率和招聘完成比

（1）应聘比率是对招聘效果数量方面的评估。

$$应聘比率 = （应聘人数/计划招聘人数）\times 100\%$$

其他条件相同时，应聘的比率越高，说明招聘的效果越好，该比例越大，则招聘信息发布的效果越好。

（2）录用比率是对招聘效果质量方面的评估。

$$录用比率 = （录用人数/应聘人数）\times 100\%$$

其他条件相同时，录用的比率越高，说明招聘的效果越好；而录用比越小，则说明录用者的素质可能越高。

（3）招聘完成比是对招聘结果的考核。

$$招聘完成比 = （录用人数/计划招聘人数）\times 100\%$$

当招聘完成比大于 100% 时，则说明在数量上全面完成招聘任务。

（五）成本效用评估

成本效用评估是对招聘成本所产生效果进行的分析。主要包括招聘总成本效用分析、招聘成本效用分析、人员选拔成本效用分析、人员录用成本效用分析等。它们的计算方法如下：

总成本效用 = 录用人数/招聘总成本；

招聘成本效用=应聘人数/招聘期间的费用；

选拔成本效用=被选中人数/选拔期间的费用；

人员录用效用=正式录用的人数/录用期间的费用。

(六) 招聘收益—成本比

招聘收益—成本比既是一项经济评价指标，也是对招聘工作的有效性进行考核的指标。招聘收益—成本比越高，说明招聘工作越有效。

招聘收益—成本比=所有新员工为组织创造的总价值/招聘总成本×100%

案例简析

索尼公司的内部招聘

一天晚上，索尼董事长盛田昭夫按照惯例走进职工餐厅与职工一起就餐、聊天。他多年来一直保持着这个习惯，以培养员工的合作意识，并维持与他们的良好关系。这天，盛田昭夫忽然发现一位年轻职工郁郁寡欢，满腹心事，闷头吃饭，谁也不理。于是盛田昭夫就主动坐在这名员工对面，与他攀谈。

几杯酒下肚之后，这个员工终于开口了："我毕业于东京大学，曾有一份待遇十分优厚的工作。进入索尼之前，对索尼公司崇拜得发狂。当时，我认为我进入索尼是我一生的最佳选择。但是，现在才发现，我不是在为索尼工作，而是为课长干活。坦率地说，我这位课长是个无能之辈，更可悲的是，我所有的行动与建议都得课长批准。我自己的一些小发明与改进，课长不仅不支持，不解释，还挖苦我癞蛤蟆想吃天鹅肉，有野心。对我来说，这名课长就是索尼。我十分泄气，心灰意冷。这就是索尼？这就是我的索尼？我居然要放弃了那份优厚的工作来到这种地方！"

这番话令盛田昭夫十分震惊，他想类似的问题在公司内部员工中恐怕不少，管理者应该关心他们的苦恼，了解他们的处境，不能堵塞他们的上进之路，于是产生了改革人事管理制度的想法。

之后，索尼公司开始每周出版一次内部小报，刊登公司各部门的"求人广告"，员工可以自由而秘密地前去应聘，他们的上司无权阻止。

另外，索尼原则上每隔两年就让员工调换一次工作，特别是对于那些精力旺盛、干劲十足的人才，不是让他们被动地等待工作，而是主动地给他们施展才能的机会。

资料来源：http://wenku.baidu.com/search?

问题：

1. 你怎样看待索尼公司的内部招聘？

2. 这种制度能否在中国企业行得通？

□ 实训项目

实训内容：请学生调查学校周围一家企业，了解企业人力资源招聘录用的方式。考察企业招聘的相关规定。

实训指导：

1. 锁定目标企业，关注其招聘录用的计划和实施过程。

2. 深入企业进行调查。关注企业招聘渠道的选择、招聘的流程、招聘测试的方法及企业招聘活动的评价。

3. 做出书面的分析报告。

□ 学中做　做中学

为你的虚拟公司设计一套完整的招聘测评方案。要求：

1. 招聘测评的方法很多，心理测评、笔试、面试、评价中心技术、系统仿真等都可以作为测评手段。其中，心理测评、笔试、评价中心技术的应用最为普遍。在实际应用中，可以根据需要选择合适的测评方法。

2. 招聘测评方案设计有四个步骤，第一步，确定测评的重点维度；第二步，选择和开发能够测评以上维度的工具；第三步，实施测评，反绩测评结果；第四步，跟踪反馈。

项目三　面 试 甄 选

【知识精讲】面试的含义、面试的类型、笔试筛选、面试的实施过程。

一、面试

（一）面试的含义

招聘面试是用人单位甄选人才时普遍采用的测评手段，是一场经过精心设计，在特定场景下，通过面试考官对应聘者进行面对面的提问、交谈和观察等方式，了解应聘者素质特征、能力状况及求职动机等信息，以考察应聘者是否具备胜任应聘职位的相关能力和个性品质的一种人力资源测评甄选技术。

面试主要是通过对应聘者的外部行为观察和过去行为的考察来评价其素质。同时，用应聘者过去的行为来预测其未来的行为，也是面试要达到的一个重要目的。通过面试，用人单位会对应聘者形成一个直观的印象，这种直观的印象对用人单位的最终录用决策会有很重要的影响。面试的方式和内容具有较大的灵活性，面试内容因应聘者的个人经历、背景等情况的不同而灵活变化。

（二）面试的目标

面试官肩负着为用人单位估计未来的责任，所以面试是一种质量控制。要有目的性和针对性才能成功。因此，面试中面试官要重点考察或询问以下问题：

（1）应聘者是否胜任这份工作？

（2）应聘者是否具备空缺职位所要求的技能、经验、知识和判断力？

（3）应聘者的个性和处事方式是否很好地融入企业的文化和环境中？

（4）公司能否吸引到这位应聘者？

从应聘者角度来说，双向选择的原理也需要应聘者通过面试达到自己的目标：

（1）通过面试证明自己能够胜任这份工作：应聘者必须在面试过程中举出真实的例子来证明自己具备与所应聘职位相关的能力，如技术上和专业上的能力。

（2）通过面试清楚有效地表达与交流自己的思想：应聘者不仅要清楚地传达自己的信息和观点，还要确信面试官能准确有效地理解自己所传达的内容。

（3）收集对自己有价值的信息：通过面试，应聘者还可以收集对自己有用的信息如公司文化、岗位要求等情况。

（4）在面试过程中与面试官建立友善关系。

二、面试的类型

面试是最常见也是最重要的甄选测试方法，按照不同的标准，可以将面试划分为不同的类型。

（一）按照面试的结构化程度

按照面试的结构化程度，可以分为结构化面试、非结构化面试和半结构化面试三种类型。结构化面试是指按照事先设计好的问题进行提问的面试，这种面试可以避免遗漏一些重要问题，但缺乏灵活性，不利于对某一问题进行深入了解。非结构化面试是指根据实际情况随机进行提问的面试。面试官针对每一位应聘者提出不同的问题，面试话题也会围绕不同方向展开，由此面试官可以全面了解应聘者的情况。半结构化面试是指将其按两种方法结合起来进行的面试，它可以有效地避免结构化面试和非结构化面试的缺点。

（二）按照面试的组织方式

按照面试的组织方式，可以将面试分为一对一面试、小组面试（多对一）和多对多面试三种类型。一对一面试是指面试官和应聘者两个人单独进行面试，多用于小规模招聘。小组面试是指由多个面试者对一个应聘者进行面试，这种方法可以对应聘者做出比较全面的评价，但比较耗费时间。多对多面试是指由多个面试者同时对多个应聘者进行面试，它虽然可以节省大量时间，但是由于面试者要同时观察多个应聘者的表现，容易出现观察不到的情况。

（三）按照面试的过程

按照面试的过程，可以分为一次性面试和系列面试两种类型。一次性面试指对应聘者只进行一次面试就做出决策；系列面试则是指要对应聘者依次进行几轮的面试才能做出决策。

在现实中，企业往往将上述类型的面试结合起来使用的，一般会采取一次性的、多对一的面试方式。

三、面试前的准备

面试过程是在连续的提问对话过程中完成的，但其中可以分为若干个阶段，一般分为面试前准备阶段、面试过程和面试总结（评估）阶段三个过程。

正式面试前，企业要做好相关的准备工作，以保证面试顺利、有效地进行，同时提高面试的信度和效度。

（一）面试考官的选择

面试官的素质、工作能力和个性特征会直接影响到面试的质量。首先，面试官必须具备良好的个人品格和修养，为人正直、公正。面试官代表着企业，是企业文化的象征，在与面试官的接触中感受到彼此的价值。其次，面试官要具备相关的工作经验和专业知识。在面试中，要求面试官具有丰富的工作经验，能借助工作经验来判断应聘者的素质及特征是否符合企业岗位的需求。第三，业务水平高，熟悉组织状况和职位要求，能熟练运用各种面试技巧，掌握相关的人员测评技术，能对应聘者的能力、素质、潜质、经验及各种能力做出较为正确的判断。第四，良好的自我认知能力。要求面试官要有良好的自我认知能力，不受应聘者外表或背景等因素的影响，能公正、客观地评价应聘者。

（二）面试考官小组的组成

面试考官小组最好由 5～7 人组成，通常由人力资源部门主管、企业高层管理者、企业分管领导、用人部门主管、工会代表等人员组成。

（三）面试官的培训

在进行面试前，应由面试主考官对面试官进行培训。培训的内容应包括考评指标设定及其原因，评分标准和评分方法的把握，如何观察和评价不同应聘者的表现，如何规避可能发生的误判等内容。

（四）面试前的准备工作

1. 面试场地准备

面试场地的设计和布置首先必须安静，须与其他公共场所隔开；其次，应聘者的席位与面试考官的席位的距离不宜太远，便于面试官观察应聘者的面部表情和肢体语言；第三，要对面试主考官、考官、应聘者和其他工作人员做出明确的标记；第四，面试场所大小要适中，要根据招聘岗位人数的多少来选择面试场所。

2. 面试事务性准备

为了保证面试工作有序进行，面试官要准备面试中可能会用到的物品，如记录用的纸和笔、应聘者的求职申请表、工作说明书和人员招聘标准、准备检测时所需要的物品等。

3. 面试官的准备工作

面试前，面试考官首先要仔细阅读应聘者的简历或申请表，标出简历或申请表上有疑惑的地方，便于面试中提问核实。其次，要查阅应聘职位的岗位说明书，以便能很好地把握该工作的主要职责，了解什么类型的应聘者可能适合该工作。再次面试官还要准备面试中需要用到的各种面试问题，评价中用到面试评价表也是必需的。最后，面试官的着装要合适，因为这既代表公司的形象，又是对面试工作和应聘者的尊重。

四、面试过程

（一）面试开始阶段

面试开始阶段，为了建立和谐、宽松、友善的面试气氛，多以社交话题开始，问题多为友善、客套话题，目的在于打破隔膜，消除应聘者的紧张情绪。常见的话题如下：

（1）我们公司所在的地方难不难找？

（2）今天路上的交通情况怎样？

（3）你住在哪里？是怎么来到公司的？

这是开场白，也是应聘者给面试考官留下第一印象的重要阶段。一般来讲，常见的面试问题可以设计为四大类问题（见表4-6）。

表4-6　面试中常见的问题

基本信息问题	1. 请先做一个自我介绍。 2. 你为什么要更换工作？ 3. 你最大的缺点是什么？ 4. 你对我们公司了解多少？ 5. 你对未来的职业发展是如何规划的？
工作经历问题	1. 请谈谈你以前从事的工作。 2. 你的工作经验不能胜任应聘的职位吧？ 3. 你的管理风格是什么？ 4. 你如何看待公司文化的建设？
能力素质问题	1. 你喜欢独立工作还是与他人合作？ 2. 当你遭受批评或指责时，你如何应对？ 3. 你是如何处理一个团队中冲突的？
情景测试问题	1. 无领导小组中的表现。 2. 在面试等待期间你如何表现？ 3. 参观公司后的观后感。 4. 给一些压力面试题。

（资料来源：陈丽琳. 员工招聘与配置. 长春：东北师范大学出版社，2011.）

（二）面试正式阶段

在这一阶段，分两个环节来进行。

1. 基础问题提问环节

在这一环节中首先要围绕应聘者的履历和应聘者所填报的各项资料来提出问题，逐步引出面试正题。在这一环节中应聘者的自我介绍要重点突出自己的个性、兴趣及工作经验等，面试考官需要评估应聘者的这些特征和素质是否适合企业的岗位需求，如工作模式、技能、专业知识、优点等。另外，面试官还要针对履历上的疑点进行提问，设法澄清这些疑点，搞清楚事实真相。常见的面试考官要澄清的疑点如下。

（1）应聘者工作经历中存在的空白时间段，在这个空白时间段，应聘者都做了些什么？这段时间可以反映出应聘者的求职心态和求职动机。

（2）为什么离职，为什么频繁跳槽？一定要追问到底，切忌含糊其词。因为这些问题或多或少地反映出应聘者与工作相关的性格特征，对其未来工作可以起到很好的预测作用。

2. 面试正题

这是面试的实质性阶段。在这一阶段面试官采用灵活的提问和多样化的形式进行交流，以便进一步观察和了解应聘者。这一环节中，面试考官要按照事先准备好的面试提纲或面试具体进程，对应聘者提出问题。

这一阶段的问话提纲，是根据所选择的评价要素及不同侧面了解到的应聘者的背景资料进行设计的。这些问题的来源，主要是招聘岗位的岗位说明书及应聘者的个人资料。一般来讲，面试问题包括以下几种类型。

（1）开放式问题。开放式问题可以让应聘者自由地发表意见或看法，以便获取信息。开放式问题能使应聘者自由作答，充分发挥自己的水平和潜力，有利于应聘者与面试官进行沟通，如"请谈谈您的工作经验或工作经历""你对这个行业有什么看法？照你看，我们公司最大的劲敌是谁？"这些话题涉猎广泛，主要表现在应聘者对企业的业务范围、岗位需求、工作方针、发展方向，以及对所申请职位的工作性质、内容及职业范围的认识等。

（2）封闭式问题。封闭式问题是让应聘者对某一问题做出明确的答复，答案一般用"是"或"否"来回答。封闭式问题的回答有两种不同的意思：一是表示面试官对应聘者答复的关注，一般在应聘者答复后立即提出一些与答复有关的封闭式问题；二是表示面试官不想让应聘者就某一问题继续讨论下去，不想让对方多发表意见。例如，"你曾经做过秘书之类的工作吗？""你能否出差？"

（3）清单式问题。清单式问题是考察应聘者在众多选项中进行优先选择，以检验应聘者的判断、分析与决策能力。例如："你认为企业产品质量下降的主要原因是什么？"列出一些选项让应聘者进行选择，并给出选择的理由。

（4）假设式问题。假设式问题是考察应聘者从不同的角度思考问题，发挥应聘者的想象力，以探求应聘者的求职动机、态度和观点。例如："如果你处于当时那种情况，你会怎么处理?"等。

（5）举例性问题。举例性问题是面试中一项重要的面试技术，又叫作行为描述式问题。面试官通过应聘者对自己行为的描述来了解两方面的信息：一是应聘者过去的工作经历，判断他选择本组织发展的原因，预测他未来在本组织中发展的行为模式；二是了解他对特定行为所采取的行为模式，并将其行为模式与空缺职位所期望的行为模式进行比较分析。面试过程中，面试官往往要求应聘者对其某一行为的过程进行描述，如面试官会提问"能否谈谈你过去的工作经历与离职的原因?""请谈谈你向你们公司总经理辞职的经过"等。

在提问过程中，行为描述面试所提的问题还经常是与应聘者过去的工作内容和绩效有关的，而且提问的方式更具有诱导性。例如，对于与同事的冲突或摩擦，"你与你同事有过摩擦吗？举例说明"的提问，显然不如"告诉我，与你工作中接触最少的同事的情况，包括问题是如何出现的，以及你们之间关系最紧张的情况"，更能激起应聘者真实的回答。

某企业某岗位招聘面试测评要素及提问问题表举例见表4-7。

表4-7 某企业某岗位招聘面试测评要素及提问问题表举例

面试测评要素	测评项目	提问问题举例	评价要点
礼仪风度	1. 仪容、仪表 2. 行为、举止 3. 敲门、走路、坐姿、站姿 4. 问候语		1. 穿着整齐、得体、无明显失态 2. 沉着、稳重、大方 3. 走路、敲门、坐姿、站姿符合礼仪 4. 问候语礼貌
求职动机		1. 您从何处了解本公司的 2. 您选择本公司的原因及所看重的是什么 3. 希望公司如何安排您的工资待遇	1. 是否以公司发展为目标兼顾个人利益 2. 回答完整、全面、适当 3. 语言有说服力
表现力、语言表达能力	1. 能将自己表达的内容有条不紊地、准确地传达出来 2. 语言、语气符合要求 3. 说话时表情、姿态准确	1. 请谈谈您的优缺点 2. 根据您的自我分析，您认为自己最适合的工作是什么，为什么?	1. 谈话中内容的前后连续性 2. 谈话语言准确、简洁明了 3. 说话语言逻辑清楚、有说服力
社交及人际关系		1. 请您介绍一下您的家庭 2. 您希望在什么样的领导下工作 3. 您认为交友应该最注重什么 4. 请您把朋友对您的看法简单描述一下	1. 自我认识及评价能力 2. 社交能力

面试测评要素	测评项目	提问问题举例	评价要点
判断力、情绪稳定性	1. 准确判断面临的情况 2. 处理突发事件 3. 迅速回答对方问题 4. 处理棘手问题的反应	1. 假如您同时被两个公司录用，您将如何选择 2. 公司工作非常艰苦，您将如何对待 3. 您好像不太适合本公司的工作	1. 理解问题的准确性 2. 判断力 3. 是逻辑判断还是感情判断 4. 有自己独立的见解
协调能力、执行力与工作经验	1. 对自己认定的事情能否坚持 2. 团队合作能力 3. 团队工作的协调能力 4. 组织领导能力 5. 能否更多地从他人的角度理解问题	1. 您从事过何种勤工俭学的工作 2. 您参加过学校的哪些组织活动、您在其中担任何种角色 3. 您对某问题有何种研究 4. 谈谈您最成功（失败）的一次工作经历	1. 表现力 2. 考虑对方处境和理解力 3. 实践能力 4. 执行能力
责任心、纪律性	1. 勇于承担责任的精神 2. 考虑问题是否全面 3. 对本职工作的要求是否严格 4. 对工作是否能按时完成	1. 您对指派的任务如果不能按时完成，如何处理 2. 对公司的销售策略如何看	1. 自信心 2. 纪律性 3. 意志力
个人性格、品质	1. 有无不良的性格（过分狂妄和过分自卑） 2. 有无偏激的观点 3. 回答问题是否认真、诚实	1. 你认为现在社会中一个人最重要的是什么性格 2. 您能否"受人之托忠人之事"	1. 坦率真诚 2. 人生观 3. 个人信用
专业知识、专业技能	1. 对专业知识的了解程度 2. 在校成绩 3. 过去的业绩 4. 对所从事工作的认识	1. 介绍一下自己的成绩和擅长的专业知识 2. 您有何种特长，具备何种资格 3. 谈谈您从事这项工作的优势或特长 4. 您有什么工作经验	1. 专业知识学识是否符合工作需求 2. 有无特殊技能 3. 有无工作经历

（资料来源：陈丽琳．员工招聘与配置．长春：东北师范大学出版社，2011.）

（三）面试结尾阶段

当面试官主要问题提问完毕之后，面试就进入了结束阶段。在这阶段，面试官应该给应聘者一个机会，让应聘者提出一些自己对该公司感兴趣的问题，或者问应聘者是否有需要补充或修正之处。不管对应聘者录用与否，均应该在友好的气氛中结束面试，不要让应聘者感到突然。如果对某一对象是否被录用有分歧意见，不必急于下结论，可安排第二次面试。在面试结尾阶段，还需要做好面试记录表，记录面试过程中有关面试评价要素的情况。

(四) 面试评审阶段

面试结束后，应根据面试记录表对应聘人员进行评价。评价要依据应聘者在面试中的真实表现，对照面试评价要素进行如实评价。评价可以采用评语式评价，也可以采用评分式评价。评语式评价的特点是对应聘者的不同侧面进行深入的评价，能反映出每个应聘者的特征，但特点是应聘者之间不能横向比较。评分式评价则是对每个应聘者相同的方面进行比较，其特点正好与评语式评价相反。面试评价表见表 4-8。

表 4-8　面试评价表

面 试 意 见						
评 价 要 素	初 试 意 见			复 试 意 见		
仪表/气质/语言表达						
求职动机/态度/专业素质						
从业经验/对应聘职位了解						
	良好	尚可	欠佳	良好	尚可	欠佳
活力						
潜质						
反应						
总体评价	评价： 建议： 签名/日期：_____			评价： 建议： 签名/日期：_____		

由有关部门填写

提供职位部门：_____ 　合同期：_____ 　到职日期：_____

人力资源部负责人：_____ 　分管部门负责人：_____

总经理室审批：_____

附注：

(资料来源：陈丽琳.员工招聘与配置.长春：东北师范大学出版社，2011.)

招聘面试评价记录表见表 4-9。

五、面试总结

组织员工招聘工作结束后，人力资源管理部门还要对整个招聘工作进行科学的评估和认真总结，这对于公司进一步改进人员招聘面试工作具有重要意义。人员招聘面试工作评估的内容是招聘面试工作的重点，即人员招聘和甄选工作及这些工作的经济效益，对这些不同内容的评估应选用不同的评估指标。

表4-9 招聘面试评价记录表

姓名		应聘部门			应聘岗位	

初试评价记录

评价项目	评价记录等级				备注
教育背景	佳	较好	一般	较差	
专业相关性	对口	较对口	相关	无关	
业务能力	很强	较强	一般	较差	
工作经历	吻合	较吻合	相关	无关	
学习能力	很强	较强	一般	较差	
形象举止	佳	较好	一般	较差	
执行力	很强	较强	一般	较差	
团队合作能力	很强	较强	一般	较差	
反应能力	敏锐	灵活	正常	迟钝	
领导潜质	很强	较强	一般	较差	
价值观	吻合	较吻合	认同	抵触	
总体评价					
建议复试考察内容					
					面试官签名:
初试结论	□可以试用　□可以复试　□可以考虑　□不予考虑				

复试评价记录

评价意见	
	面试官签名:
复试结论	□建议录用，岗位：_____　　　□可以试用　　　□不予考虑

（资料来源：陈丽琳．员工招聘与配置．长春：东北师范大学出版社，2011．）

课堂讨论

资料：面试中的游戏

这是一场新鲜又刺激的面试。主考官将大家的兴奋点提高，他宣布"下面我们来做一个游戏，我手中有一本书，"他将一本 32 开的书指给考生，"假如出现了洪水，其他所有的地方全部被水给淹了，你们十个人要在这本书大小的地方躲过这场灾难，你们将会怎样做？"那本小小的书吸引了众人的目光，"要在这么小的书上站十个人，这怎么可能？"每个人的脑袋里充满了问号。"这十个人中，有体积庞大的男性，也有身材瘦弱的女性。"一位女应聘者想出一个好方法："我想我们应该将我们十个人分成不同等级，体积较大的站在最外层，稍小的次之，最小的被大家包围在最里层。"她的建议立即得到了大家的认可，在她的组织下，十个面试者在这小小的书本上站了下来，而在这样的过程中，大家也建立了友好的关系，形成了互相帮助的氛围。

资料来源：http://wenku.baidu.com/link? url=W_TfUPorb77z7NJTjYDhSyrCPk6P

讨论：

这个游戏主要是考察应聘者的哪个方面？从这个游戏中你判断出这位女应聘者是哪类人才？设计这个游戏对面试有什么好处？

要点：_____

六、面试中常见的失误

（一）面试官"话多、听少、看少"

面试过程中面试官滔滔不绝，说话过多，而没有仔细聆听应聘者对问题的回答，没有观察应聘者回答问题时的表情和肢体表现，阻碍了从应聘者那里得到与工作相关的信息。

（二）滥用专业术语

面试官在面试提问和询问时，适当运用一些专业术语，有利于面试的有效实施，也有利于引导应聘者回答问题及考查应聘者的专业知识。但是，如果一味地掺杂专业术语，则不利于应聘者思考和回答问题，不能充分发挥本来的水平。

（三）首因效应

首因效应是指面试官根据应聘人员面试开始之初的表现，而对整个面试过程中的表现给出评价结论。

（四）对比效应

对比效应是指面试官遇到与自己在某个方面相似的应聘者时，就给出较好的评价；与自己不同的应聘者就给予较低的评价，造成对应聘者评价的不公平。

（五）晕轮效应

晕轮效应是指以某个应聘者的一两个优点或缺点为基础对总体做出评价，从而影响了对应聘者其他特征的评价。

（六）投射效应

投射效应是指面试官将应聘者跟自己进行对比，与自己相似的就给予较高的评价，与自己不同的就给予较低的评价。

七、面试提问时应关注的问题

（1）尽量避免提出引导性的问题。不要问带有提问者本人倾向的问题，例如以"你一定……"或"你没……"开头的问题。不要让应聘者了解提问者的倾向、观点和想法，以免应聘者为迎合提问者而掩盖他真实的想法。

（2）有意提问一些相互矛盾的问题，引导应聘者做出可能矛盾的回答，来判断应聘者是否在面试中隐瞒了真实情况。

（3）了解应聘者的求职动机。一些应聘者往往把自己真正的动机掩盖起来，但可以通过对他的离职原因、求职目的、个人发展、对应聘岗位的期望等方面加以考察，再与其他的问题联系起来综合加以判断。如果应聘者属于高职低求、高薪低求，离职原因讲述不清，或频繁离职，则须引起注意。在这方面，一定要注意通过应聘者的工作经历分析应聘者的价值取向，而不要轻信应聘者自己的说法。

（4）所提问题要直截了当，语言简练，有疑问可马上提出，并及时做好记录。并且不要轻易打断应聘者的讲话，对方回答完一个问题再问第二个问题。

（5）除了要倾听应聘者回答的问题，还要观察他的非语言行为，如脸部表情、眼神、姿势、讲话的声调语调、举止等，从中可以观察出对方是否诚实，是否具有自信心等情况。

案例简析

一次较典型的评价中心的测评日程及内容

一、第一天

1. 情况介绍

简要介绍一下测评的程序和安排，说明测评中的注意事项，评价中心技术流程和要求，为正式开展测评做准备。

2. 面试

由测试者通过与被测者的交谈、问答、观察，评价被测者的言谈、举止、气质、风度等外部行为特征和表达能力、应变能力、自信心和控制力等智能要素，以及工作动机、工作和学习经历、个性与追求等内容，对其进行初步评价。

3. 管理游戏

游戏的题目是"组建新的集团公司"。将被测者按4人一组分成几个小组，形成若干个公司董事会，给各董事会一些关于市场状况和本公司下属各单位情况的资料，要求他们研究确定进行内部结构调整优化的目标，并做好计划与组织工作。与其他公司董事会进行谈判，转让影响公司发展的部门，买进本公司需用的企业或单位（或者是控股权），完成调整任务，组建一个结构合理、有发展潜力的新的集团公司。

4. 案例分析讨论

讨论的题目是"管理问题"。测试者给 4 人小组提供 4 个不同类型的小型案例，分别考察被测者不同方面的能力，如决策、计划、组织、控制、激励、创新等能力。要求他们作为企业的高级管理顾问，在 1 小时内分析、讨论、解决案例中所提出的问题，形成一致意见，并提交书面建议。

5. 角色扮演

主题为"研究预算"。被测者被告知自己刚刚被任命为部门经理，接替突然因故离职的原经理。新任经理收到一份简要的情况介绍，内容是最近其前任拒绝继续给一项研究提供资金的说明，然而项目负责人一直要求经理改变这个决定，继续提供资金以便顺利完成该项研究课题。被测者有 15 分钟的时间进行提问，可以深入了解有关这件事情的各种信息，以便发现和分析问题。在此之后的一段时间内，被测者不但要做出具体决策，还要口头说明自己发现问题、分析问题的过程及决策的理由和根据，并回答主试人提出的各种有关问题。

二、第二天

1. 公文处理

要求被测者模拟某公司的一个部门经理，处理各种信函、报告、备忘录、申请书、电话记录等公文。被测者要浏览所有文件，分清各种工作的重要性和紧迫程度，依次处理，并按照自己权限情况分别对待：或上报上级主管，或自行处理，或授权下级解决。同时，做好计划、组织、监控工作，使各种文件得到相应的处理。测试者在观察公文处理过程和审阅被测者的处理办法及处理意见后，同被测者进行 1 小时的面谈，详细了解其在处理每一件公文时的想法和理由，以获得更多的信息。

2. 分角色小组讨论

讨论内容为薪金委员会如何为下属加薪。某公司董事会决定每月拿出 8 000 元钱非指定性地给公司内部 5 个中级管理人员加薪。被测者分别模拟公司各个部门（如生产部门、销售部门、财务部门、人事部门）的主管，组成薪金委员会，评选出 5 名加薪的中级管理人员。要求各部门主管尽最大努力为本部门的人员争取到这个奖励，并且在委员会中发挥作用，使委员会最合理、最有效地分配这项奖励基金。

3. 无领导小组讨论

讨论内容为"财务问题"。被测者作为某食品公司的高级顾问，去帮助解决两个问题。其一，该公司一个分支机构由于财务混乱，出现资金流失问题；其二，根据该公司的财务状况和市场调查报告，是否应该扩大生产规模，怎样筹集扩大生产所需资金。测试者给出该公司的各种财务资料和其他有关信息，要求被测者提出解决问题的办法和方案，并分别在8分钟内进行口头说明，然后再将被测者分成小组进行讨论，最后形成统一的建议报告。

三、第三天

各个测评项目的测试者集中在一起，研究、讨论每一名被测者的评价结果，对每一项测评内容的评价形成一致意见后，写出书面报告，对被测者各方面素质和发展潜力进行综合评价。

资料来源：http://baike.baidu.com/view/1519166.htm？fr=aladdin

问题： 上述评价中心测试的特点是什么，涵盖了哪些方面的测试，主要用于选拔哪类人才？

□ 实训项目

实训内容： 模拟一次企业人力资源部助理招聘活动。

实训指导：

1. 请草拟招聘广告、面试通知书；设计面试问话提纲；设计面试评价表；录取通知书；辞退通知书。

2. 制作一份人力资源部助理岗位招聘活动方案。请按照招聘选拔要求，对招聘活动的各环节进行精心设计，具有操作性。

□ 学中做　做中学

为你的虚拟公司选拔一位优秀的销售员。要求：

1. 选拔范围为整个班级。

2. 方式为层层选拔。

3. 选拔方法可以采用各种方法与手段，但一定要针对销售岗位选择。

4. 每一次选拔都要设计好方案，有针对性地选拔具备销售潜质的人员。

小　结

1. 员工招聘与选拔是指组织采取一些科学的方法寻找、吸引具备资格的个人到本组织来任职，并从中选拔适宜人员予以录用的管理过程。招聘是企业中最常见的人力资源管理工作，它在人力资源管理中有着重要的意义。

2. 影响招聘的因素有外部因素和内部因素两大类，以及应聘者个人资历和偏好。

3. 招聘的程序由制定招聘计划、实施招聘计划、招聘效果评估三个方面构成。

4. 招聘的渠道有内部招聘和外部招聘两种。内部招聘的方法主要包括：推荐法、档案法及布告法。外部招聘的方法主要包括：人才市场招聘、劳务派遣机构、猎头公司、互联网招聘等。外部招聘与内部招聘各有优缺点，企业应根据自身情况做出选择。

5. 人员选拔的方法有履历筛选、笔试筛选、面试筛选、心理测试筛选、评价中心测试筛选等。

思考题

1. 简述招聘的重要性。
2. 简述招聘的程序。
3. 招聘的渠道有哪些？各有什么优缺点？
4. 比较各种员工甄选方法。

模块五

职业生涯管理

知识目标：

1. 职业生涯管理的含义；
2. 组织职业生涯管理的内容。

能力目标：

1. 学会编制个人职业生涯方案；
2. 掌握职业生涯管理方法。

素质目标：

1. 能够设计个人职业生涯；
2. 能够创新组织职业生涯管理方法。

导入案例：

3M 公司的职业生涯体系——注重员工潜力数据

3M 公司的管理层始终尽力满足员工职业生涯发展方面的需求。从 20 世纪 80 年代中期开始，公司的员工职业生涯咨询小组一直向个人提供职业生涯问题咨询、测试和评估，并举办个人职业生涯问题公开研讨班。通过人力资源分析过程，各级主管对自己的下属进行评估。公司采集有关职位稳定性和个人职业生涯潜力的数据，通过计算机进行处理，然后用于内部人员的提拔。3M 公司设计了员工职业生涯管理的体系：

1. 职位信息系统。根据员工民意调查的结果，3M 公司于 1989 年年底开始试行了职位信息系统。员工们的反应非常积极，人力资源部、一线部门及员工组成了专题工作小组，进行为期数月的规划工作。

2. 绩效评估与发展过程。该过程涉及各个级别（月薪和日薪员工）和所有职能的员工。每一位员工都会收到一份供明年使用的员工意见表。员工填入自己对工作内容的看法，指出主要进取方向和期待值。然后员工们与自己的主管一起对这份工作表进行分析，就工作内容、主要进取领域和期待值及明年的发展过程达成一致。在第二年中，这份工作表可以根据需要进行修改。到年底时，主管根据以前确定和讨论的业绩内容及进取方向完成业绩表彰工作。绩效评估与发展过程促进了 3M 公司主管与员工之间的交流。

3. 个人职业生涯管理手册。公司向每一位员工发放一本个人职业生涯管理手册，它概述了员工、领导和公司在员工职业生涯发展方面的责任，还明确提出公司现有的员工职业生涯发展资源，同时提供一份员工职业生涯关注问题的表格。

4. 主管公开研讨班。为期一天的公开研讨班有助于主管们理解自己所处的复杂的员工职业生涯管理环境，同时提高他们的领导技巧及对自己所担任的各类角色的理解。

5. 员工公开研讨班。提供个人职业生涯指导，强调自我评估、目标和行动计划，以及平级调动的好处和职位晋升的经验。

6. 一致性分析过程及人员接替规划。集团副总裁会见各个部门的副总经理，讨论其手下管理人员的业绩情况和潜能。然后管理层层层召开类似会议，与此同时开展人员接替规划项目。

7. 职业生涯咨询。公司鼓励员工主动去找自己的主管商谈个人职业生涯问题，也为员工提供专业的个人职业生涯咨询。

8. 职业生涯项目。作为内部顾问，员工职业生涯管理人员根据员工兴趣印发出一些项目，并将它们在全公司推出。

9. 学费补偿。这个项目已实行多年，它报销学费和与员工当前岗位相关的费用，以及与某一工作或个人职业生涯相关的学位项目的全部学费和费用。

10. 调职。职位撤销的员工自动进入个人职业生涯过渡公开研讨班，同时还接受具体的过渡咨询。根据管理层的要求，还为解除聘用的员工提供外部新职介绍。

资料来源：http://rlzy. jpkc. kdvtc-edu. cn/html/tszl/rlzyjxalj/33_77. html

项目一　职业生涯管理概述

【知识精讲】职业生涯管理的含义；职业生涯管理的内容；职业生涯管理的意义。

一、职业生涯管理的含义

(一) 含义

职业生涯管理是指一个人从首次参加工作开始的一生中所有的工作活动和工作经历，按从业时间的顺序连接起来的一个连续的职业过程，与组织密切相关。从实质上来说，也就是人们不断提高其职业技能、完善其职业品质、丰富其人生经历的过程。职业生涯管理具体包括两方面内容：一是员工的职业发展自我期望与管理，二是组织协助员工规划其职业生涯，并提供必要的教育培训机会。

（二）指导思想

职业生涯管理的指导思想来源于职业发展观。职业发展观即现代企业组织为其成员构建职业生涯开发与发展和度过工作生命周期的职业通道，使之与组织的职业需求相匹配、相协调、相融合，以达到满足组织及其成员的需要、彼此受益这样一种目标要求的思想、观点和理念。

二、职业生涯管理的主要内容

组织职业生涯管理可以分为常规管理和延伸管理两个方面，具体内容如下。

（一）职业生涯常规管理

1. 设定职业生涯目标

职业生涯目标是一个人奋斗的方向，可以使人的工作富有导向性。职业生涯目标是指个人在选定的职业领域内，在未来某个时间上所要达到的具体目标，一般包括短期目标、中期目标和长期目标。职业生涯目标一般都是在进行个人评估和环境评估的基础上，由组织的部门负责人或人力资源部负责人与员工个人共同商议设定。生涯目标设定要具体明确、高低适度、具有一定的弹性，并与组织目标相一致。

2. 帮助新员工尽快度过职业适应期

任何一个人从学校毕业进入一个职业，其初始阶段都有一个适应期。为了帮助新人尽快度过适应期，组织都要先做一些工作，如招聘时将有关工作内容和工作环境尽可能多地展现给应聘者，管理人员多给新员工提出希望和给予信任，提供有挑战性的初始工作，同时进行一些心理疏导等。同时还需对新进员工进行关于组织的相关培训，让新员工了解企业的基本发展状况，以便很快适应工作。

3. 及时评估绩效

员工在组织中工作了一段时间后，员工的工作状况要及时反馈给组织，组织通过评估可以发现员工个人工作绩效好或绩效差的原因，是态度问题还是能力问题，以便有针对性地进行反馈和调整，员工也可以从中看到自己的优势和不足。

4. 轮岗与升迁

轮岗与升迁是组织职业生涯管理的重要内容，也是促进员工职业发展的主要手段。所以组织要建立和完善员工的轮岗与升迁制度，研究开辟多种升迁渠道，如行政管理系列、技术职务系列、实职领导岗位、非领导岗位等，促进员工职业生涯目标得以实现，充分调动员工的工作积极性。

5. 提供培训机会

人力资源是可以再生的资源，员工可以通过后来的教育培训不断得到重视和发展。随着知识经济时代的到来，每个人都应该树立终身学习的观念。终身学习是指社会每个成员为适应社会发展和实现个体发展的需要贯穿一生的持续的学习过程。任何员工从一个层次上升到另一个更高的层次，由于知识和能力要求的不同，都需要进行相应的培训。

因此，从职业发展的角度来说，制定一个与职业生涯计划相配套的培训计划是一个不错的选择。

6. 修改职业生涯计划

由于社会环境等各方面因素的不断变化，在职业发展过程中不适应的情况也时有发生，所以职业生涯计划也需要因时制宜地进行调整。如果遇到这种情况，组织要为员工个人修改职业生涯计划提供机会和帮助，以使其选择新的适合自己的发展道路。

（二）职业生涯延伸管理

1. 重视员工健康状况

在竞争激烈和人们面临较大压力的今天，健康对于每个人来说都是最重要的，没有健康就不会有良好的工作状态。现在大多数的人都处于"亚健康"状态，如果处理不好或不注意调整都会走向病态。人的健康包括身体健康和心理健康，从某种程度上来说，心理健康比身体健康显得更为重要。给员工提供舒适、有利于健康的工作环境是关注员工健康的首要问题，帮助员工进行健康教育和心理调适，关心员工因心理紧张或压力过大所造成的各种疾病。

2. 协助处理员工工作与生活的矛盾

组织对员工进行职业生涯管理时，要经常了解员工的家庭生活状况，分析员工工作与家庭生活的矛盾，并进行相应的协调管理。尽管生活本身并不是工作，但生活是工作非常重要的后勤保障。一个长期对家庭生活不满意的员工，必定不能长久地保持对工作的专心及较高的工作效率。

课堂讨论

资料：索尼公司"鲜花疗法"

索尼公司是靠生产电子产品起家的。一次，公司的一家分厂的产品出了问题，这家工厂的产品销售到东南亚，总公司不断收到来自东南亚的投诉。后来经过调查，发现原来是产品的包装上有些问题，但并不影响内在质量，分厂立即更换包装，解决了问题。可是盛田昭夫仍然不依不饶。这位分厂的厂长被叫到公司的董事会议上，要求对这一错误做出陈诉。在会议上，盛田昭夫对其进行了严厉的批评，要求全公司以此为戒。厂长在索尼公司干了几十年，第一次在众人面前受到如此严厉的批评，难堪尴尬之余，禁不住痛哭失声。盛田昭夫的盛怒让其他董事都感觉到太过分了。

会后，董事长的秘书走过来，盛情邀请他一块去喝酒，这位秘书说："董事长一点也没有忘记你为公司做的贡献，今天的事情也是出于无奈。会后，他害怕你为这事伤心，特地让我请你喝酒。"

接着秘书又说了一些安慰的话，厂长极不平衡的心态开始缓和一些。喝完酒，秘书陪着这位厂长回家。刚进家门，妻子迎了上来对丈夫说："你真是受总公司重视的人！"这时，妻子拿来一束鲜花和一封贺卡说："今天是我们结婚二十周年的纪念日，你也忘记了。"原来这束鲜花是盛田昭夫特意订购的，并附上了一张他亲手写的贺卡，勉励这位厂长继续为公司竭尽全力。

盛田昭夫不愧是恩威并重的老手，为了总公司的利益，他不能有丝毫的宽待，但考虑到这位厂长是老员工，而且在生产经营上确实是一把好手，为了不彻底打击他，又采用这样的方式表达一定的歉意。盛田昭夫经常使用这样的方式，索尼公司的许多人把这称为"鲜花疗法"。

资料来源：http://book.sina.com.cn

讨论：

你从这则案例中得到了哪些启示？

3. 帮助下岗员工实现再就业

在企业发展的过程中，一些员工可能会因为某种原因必须从该企业退出。从某种程度上讲，适当的员工流动是企业保持活力的途径之一，有利于企业的生存和发展。但作为任何一个以职业生涯管理为导向的组织来说，都会重视裁员工作。裁员并不意味着简单地把员工辞退，在员工离开单位之际，企业有责任向其提供再就业培训，或者帮助其设计再就业方案等。

4. 员工退休管理

随着员工年龄的增长，员工离退是任何一个组织都会面临的问题。所以从职业生涯管理的角度来说，一方面要帮助员工进行退休前的准备，诸如心理适应、老年健康和联谊等；同时另一方面也要关注已经退休的员工，例如组织一些慰问，给他们提供发挥余热的机会等。如果条件成熟并征得对方同意，可以对退休员工进行返聘。

案例简析

李嘉诚不裁员工

华人首富李嘉诚，发家于塑胶产品。靠生产塑胶产品的长江工业总公司，在做大做强后，转向房地产等产业，成就了财富神话。然而，在塑料花日落西山时，李嘉诚却在寸土寸金的长江大厦保留了生产塑料花的车间。"生产者都是些老人，效率很低！"人们一时不明白。有人建议取消塑料花生产车间，李嘉诚却说："那些员工在我的企业里干了那么多年，是他们创造了塑料花的黄金时代，也成就了我的事业。现在他们老了，除了熟悉塑料花的生产工艺别无所长，我若停止生产，将他们推出门去，他们的境遇将会如何？"李嘉诚接着说："一个企业就像一个家庭，他们是企业的功臣，理应得到这样的待遇。现在他们老了，作为晚辈，我们就该承担起照顾他们的义务。"这种"人性化的理念"，形成别具特色的企业文化。

问题：

李嘉诚不裁员工的案例对我们有什么启发？

简析：

问题1：不裁员，也是竞争力，也是凝聚力，也是发展力。李嘉诚不裁员、"养功臣"的做法，对身处危机环境的企业，未必不是一个很好的启示。

问题2：这种"人性化的理念"，形成别具特色的企业文化。

资料来源：http://zhidao.baidu.com/link? url

🗆 实训项目

实训内容：请学生调查学校周围一家大中型企业（公司、饭店、工厂、商场等），了解企业中员工职业生涯发展的基本状况，考察其员工职业生涯发展的特点，包括各层次、各年龄阶段的员工职业发展状况。了解企业对于员工职业生涯规划有哪些规定。

实训指导：

1. 从网上或根据自己的人际关系锁定一家有规模有实力的企业，最好在当地有一定的知名度，原因是此类企业的员工职业生涯发展状况较规范系统，便于考察。

2. 深入企业进行调查。先从整个企业着手，找到相关部门了解整个企业对于员工职业生涯发展的政策和制度支撑，再采用抽样调查法选取各层次、各年龄阶段的员工进行调查。具体可以从企业的宣传资料、网站内容，以及采取询问法、观察法、应聘职员或兼职打工等手段进行调查。

3. 调查完毕，写出调查报告。调查报告包括：

(1) 企业员工职业生涯管理的制度规定：企业的名称、性质、相关文件内容、制度规定等。

(2) 企业员工职业生涯发展的特点、作用和效果。

🗆 学中做 做中学

请根据虚拟公司中成员所担任的职务，列出本岗位人员的职业生涯发展状况。根据列表，召开一次小组成员会，请小组成员一起共同探讨自己现在的职业生涯发展规划是否合适，今后如何发展对个人和组织有利。要求：

1. 职业生涯发展规划要具体，不要泛泛而谈，要形成文字。

2. 小组成员会要开诚布公。每位成员都要真诚而坦率地谈论自己对其他人的看法，不要藏头露尾。在其他成员谈到自己时，请不要随意打断别人的谈话。

3. 针对小组会上的情况，正确客观地进行自我评价。

4. 你认为在未来的个人发展中，该如何做到个人和组织发展的和谐统一？

项目二　组织职业生涯管理的路径和方法

【知识精讲】职业发展路径；组织职业生涯管理的方法。

一、职业发展路径的类型

具体而言，组织对于员工职业发展主要提供两种类型的路径：专业技术型与行政管理型。

（一）专业技术型路径

专业技术型路径是指工程、财会、销售、生产、人事、法律等职能型专业方向。这些方向都要求员工具有一定的专门技术性知识，并具有较好的分析能力。通过长期的培训和锻炼，员工能够追求在某专业方向上自身层次的提高和相应的成就。此类发展路径的提升路径是晋升技术职称、认可技术性成就、提高奖励等级或改善物质待遇等。

（二）行政管理型路径

行政管理型路径是指把管理职业本身看作努力的目标和方向。相比较而言，偏好行政管理型路径的员工对于地位、影响力、人际关系等方面更感兴趣，也能够更好地处理人际交往方面的问题。他们的发展通常是在基层职能部门从事具体工作，通过良好的表现获得提升，从最初涉及的专业领域转向管理工作。

事实上，组织对员工提供的职业发展路径并不仅局限于以上两种，组织中还存在一些其他相关性发展路径，例如：对管理感兴趣的专业技术型员工，通过在组织内外扩充专业知识，从一个技术部门到另一个技术部门，在打好横向的技术基础后，减少专业上花的时间，转向专业技术部门的管理职位，最终达到决策层分管技术的副职，成为高层管理人才；思维能力突出的行政管理型员工，在从事基础职能工作后可以逐渐转向担任技术部门的主管干部，将专业技术适当融入行政管理工作中；同时具有良好思维能力和人际关系技巧的员工则可以胜任职能部门的主管，进而进入高层从事全面的组织管理工作，兼顾专业技术和行政管理两方面。事实证明，以上这些职业发展路径可以有效地摆脱传统组织职业生涯发展通道过于单一的弊端。

二、组织职业生涯管理的方法

组织的职业生涯管理，是将个人职业需求与组织机构的劳动力需要相联系而做出的有计划的努力。主要包括组织对员工的职业生涯管理和组织自身的职业生涯管理两方面内容。

（一）组织对员工的职业生涯管理

1. 提高员工对职业发展管理的认识

由于职业发展是现代组织人力资源管理中一个相对较新的职能，因此，很多组织对职业发展管理缺乏足够的了解。首先组织的人力资源管理部门以及其他部门主管应加强对职业发展的学习，增强对职业管理重要性的认识。实践经验表明，良好的职业发展管理是组织能够吸引人才和留住人才的最有效的方法之一。其次，人力资源管理部门和其他部门主管应努力向员工宣传职业发展路径和职业发展管理的相关思想，让员工明白在职业生涯中树立职业发展眼光的重要性。

2. 帮助员工进行自我分析，设定职业发展目标

人力资源管理部门应帮助员工进行自我分析，针对员工的教育背景、培训经历和工作经验，全面分析自身知识结构、能力结构、业务专长等方面的优劣势，使员工充分认识自身性格特点与行为特征。例如组织为员工提供帮助自我认识、制定学习目标和实现目标手段的文字性资料；员工在上司的指导下填写《员工职业计划表》等。如果通过前面所说的职业自我认识方法，员工仍有一些解决不了的问题，组织可提供个别咨询。

3. 拟定职业发展计划

在帮助员工设定职业发展目标的基础上，部门指导者应通过各级管理人员及人力资源管理部门对员工的自我评估做出审核并具体评估，之后及时与员工就达到职业发展目标所需的知识、能力和经验要求进行沟通，指导并帮助员工根据自身情况和组织要求，制定出短、中、长期职业发展计划。同时组织要尽可能使员工个人计划与组织的发展和需求相协调，实现员工个人职业目标与组织发展目标的有机结合。

4. 实施员工职业发展计划

员工职业发展计划的顺利实施，离不开个人、部门、公司三者的协调和共同努力。组织负责组织实施有针对性的管理培训和业务培训，对取得明显进步的员工给予精神上和物质上的不断鼓励，激励他们更加积极地参加职业发展的各项活动。部门要为员工提供良好的职业发展空间，要为其确定具体的组织措施和指导计划，同时还要从时间和物质上给予员工参加职业发展培训活动的保证。

5. 职业发展总结评估

职业发展计划是否行之有效需要进行职业发展总结评估。一方面对组织和部门来讲可以为以后制定职业发展计划提供经验，另一方面对个人而言有利于员工制定适合自己的职业发展路径，求得全面发展。总结评估同样离不开员工、部门、公司三方面的协调配合。

课 堂 讨 论

资料：打开华为的升职通道

从秘书开始

1998 年，华为派出当时的副总裁张建国到欧洲考察，发现久负盛名的英国 NVQ 企业行

政管理资格认证体系并非徒有虚名，所以考察结束后开始借鉴英国 NVQ 企业行政管理资格认证体系，起初文秘人员对此并不适应。随着学习的深入，秘书们才逐步认识到：工作效率的提高是建立在有序的工作之上的，任职资格认证能帮助建立工作秩序，从而提高工作效率。任职资格认证的思路就是建立一个文秘行为规范，以及达到这一规范的机制。

确定任职资格

人力资源部确定了文秘工作规范化和职业化的目标，并根据公司自己的实际情况修订和细化了文秘资格标准，建立了一套符合华为实际的有多个级别和任职资格的考评体系。秘书问题解决后，人力资源部成立了两个任职资格研究小组，每组三人，开始制订其他人员的任职资格体系。紧接着华为正式成立了任职资格管理部，对各个岗位设立相应的任职资格标准。为了使员工不断提高自身工作能力和价值，有一个更大更广的发展空间，任职资格管理部设计了管理与专业技术双重职业发展通道。员工可以根据自身特点，结合业务发展，为自己设计切实可行的职业发展通道。

推进过程三位一体

到 1999 年，华为的人力资源管理架构基本成形，包括绩效管理体系、薪酬分配体系和任职资格评价体系。在华为，6 个培训中心统统归属于任职资格管理部之下，乍看不可思议，其实顺理成章。许多企业都为之头痛的培训无效问题，往往是由于缺少任职资格体系，无法得知"现有"和"应有"的差距。而在华为，有了任职资格体系，从某一级升到上一级，需要提高的能力一目了然，培训便具有针对性。

讨论：

华为的员工晋升通道是怎样的？其优越性体现在何处？

（二）组织自身的职业生涯管理

从组织角度来说，为了使员工能够不断满足组织的要求，组织的工作主要是提供组织的职业需求信息及职业提升路线，了解自身的人力资源储备状况，并有针对性地开发组织内部的人力资源。

1. 提供组织内部劳动力市场信息

在提供职业信息方面，主要采取的方法如下：

（1）及时公布工作空缺信息；

（2）介绍组织的职业阶梯或职业通道，包括向垂直或水平方向发展的路径；

（3）建立职业资源中心。

2. 成立潜能评价中心

主要对专业人员、管理者、技术人员提升的可能性进行评价，常用的方法有：心理测验、替换或继任规划。

3. 实施发展项目

为使组织中的人员具有适应激烈竞争的能力，组织实施了各种人才培养措施。具体内容如下：

（1）利用公司内、外人力资源发展项目对员工进行培训，如承担学费的学位教育、管理指导和建立师徒指导关系系统等。

（2）工作轮换，使员工在不同岗位上积累经验，为提升或丰富经验打下基础。这种措施既可作为对专业人员的培养，也可作为对高级管理人员的培训。

（3）专门对管理者进行培训或实行双重职业计划。

（4）参加有关学术或非学术的研讨会。

案例简析

安利 CHO——刚分配到海南很苦恼

饶俊任安利（中国）日用品有限公司中国人力资源总监，全面负责人力资源部工作，处理全国人力资源事务。他具备丰富的人力资源管理经验，十几年的人力资源管理工作使得饶俊讲起职场心经来滔滔不绝。

在工作中培养自己的兴趣爱好

1988 年他从中山大学哲学系毕业后，分配到海南省科技厅担任厅长机要秘书。这个工作在当时被看作是"金饭碗"，主要工作内容就是负责收发文件，只要是稍微认识一些字的人都可以完成这个任务。于是饶俊很苦恼，但是这种苦恼没有持续很长时间。他在工作中找到乐趣，把注意力从收发文件这项工作上转移到文件本身，他从收发的文件中了解并学习到了很多重要的信息，而且收发文件要和各个部门的秘书们打交道，这和他爱交朋友的性格也是非常吻合的，在这个看似简单的人际交往中，他也知晓了政府职能部门之间沟通配合的机制，学会了如何在一个组织中协调各方人际关系，这对他以后在企业组织并担负人力资源工作提供了"实战演练"。

再比如，饶俊后来从事了十几年的人力资源管理工作，时间长了有的从事人力资源的同事也会抱怨，总是面试别人，总是问那几个问题，闭着眼都可以做到。饶俊认为其实完全可以把注意力从"见人"这件事上转移到"人"身上，通过这些面试，肯定会认识不同的人，可以了解到这些人原来的公司或者学校的一些特色、基本情况。这样掌握在手中的就不只是这几个人的情况，而是不同公司、不同行业的情况。因此饶俊建议职场人与其在不喜欢的工作中抱怨，不如转移自己的注意力，培养发现工作中的乐趣。

做好眼前事惊喜就在转弯处

曾经有一位饶俊的同事就是这样，总是跟主管要求做更高级的工作。主管给他了一次机会，让他来主持一次高层的会议，他满心欢喜，可是最后的结果很是"惨不忍睹"。这一次失败的经历对他来说是相当致命的，因为以后主管再分配给他任务，别人就会有怨言：他都做砸了，还让他来做。

饶俊认为不要总是好高骛远，做好自己眼前的事情，说不定机遇就会在转弯的地方等着你。因为你所做的事情，你的主管心里都是有数的。他没有分配给你重要的工作，不代表他不了解你的工作态度、工作能力。谁消极怠工，谁认真对待工作，主管的心里都是有杆秤的。到了适当的时候，你的认真工作会给你回报的。

问题：

1. 结合案例思考如何看待职业规划在职业发展中的作用？

2. 案例中的饶俊是如何给自己做的职业规划？在做职业规划的过程中要注意什么？

简析：

问题1：职业规划在个人的职业发展中可以提高员工对职业发展管理的认识，让员工明白在职业生涯中树立职业发展眼光的重要性。同时职业规划还可以帮助员工进行自我分析，设定职业发展目标。

问题2：做职业规划时首先要进行自我分析，针对自己的教育背景、培训经历和工作经验，全面分析自身知识结构、能力结构、业务专长等方面的优劣势，以及本身性格特点与行为特征，对照岗位能力要求，结合企业提供的岗位路径进行科学规划。

☐ 实训项目

实训内容：请学生对自己调查的组织，进行深入详细的员工职业生涯方面的调查，了解其员工晋升的通道有哪些，在该组织中哪种职业发展路径最常见，员工能力能否得到充分发挥。

实训指导：

1. 员工职业生涯管理的基本状况，可以向中层管理者或高层管理者采取询问法、调查法或上网查找法进行。

2. 调查员工对于组织提供的职业发展路径有何想法（包括意见和建议等），员工对于职业发展生涯管理的重要性有多大程度的认识，最好形成书面的表达，其中主要包括员工的认识，目的是能为毕业后实际就业提供一定的借鉴作用。

☐ 学中做　做中学

请为你的虚拟公司的人力资源部门制定必要的员工职业生涯管理计划。要求：

1. 职业生涯管理计划的制定要依据企业的整体发展状况来进行。尽量少说原则性的语言，多说具体的实施细则。

2. 人力资源管理部门在制定组织的职业生涯计划时，要针对组织的实际和每一成员性格特点、爱好专长、个人人格特征来进行。

3. 制定职业生涯计划时，要充分发扬民主，广泛听取每位成员的意见，首先让每位成员各抒己见，说出他们对于组织职业生涯发展的观点，并说出原因。

4. 把职业生涯发展计划的制定情况形成文字方案，以后每位成员要以此为依据开展工作。

项目三 职业生涯设计

【知识精讲】个人职业生涯管理的内容；如何进行个人职业生涯设计。

一、个人职业生涯管理

（一）初步了解职业生涯规划知识，明确自身职业生涯需求

对于员工个人而言，取得事业上的成功，关键在于员工能否准确识别并充分发挥自身的优势。可以说这一步应该是个人职业生涯管理工作的前提。员工要认清自己的才干和优势，并在此基础上选择个人的职业发展方向。

（二）确定个人职业发展目标，明确未来的职业发展方向

职业发展首先是个人的事，组织只能给予一定的支持和机会。通常在一个组织中出于公平的考虑，每个员工相对于同类职位的同事而言，发展机会都是均等的。但由于组织中管理职位的有限性，只有那些有明确职业目标并为此不断努力的人，才更有可能获得发展机会。

课 堂 讨 论

资料：

小东，财经学院工商财务管理专业毕业，本科学历。毕业后曾在一家中外合资企业从事了两年多的财务工作。但小东一直觉得自己不喜欢财务工作，于是转做销售；不久，他发现销售也不好做，自己很难有成功把握；在朋友介绍下，小东去了一家网站做编辑；但编辑没当多久，小东又发现这份工作并不是自己真正想做的职业……寻寻觅觅中，倍感迷惘的小东不知自己的职业生涯该如何规划。

资料来源：https://www.xycareer.com/zixunfk/2398.html

讨论：

你认为小东对职业生涯感到茫然的原因是什么？

要点：_____

（三）做好工作，展现良好的工作业绩，主动寻求更大的职责

对于大部分组织而言，员工在正式晋升之前要接受组织对其能力进行的全面考察，因此，员工首先应该努力做好现有的工作，展现出良好的工作绩效，进而通过良好绩效的展

示，进入考核范围，以求得在企业内进一步发展的可能。

（四）积极展开沟通，积累职业发展路径实现的资本

员工应主动展开组织的横向、纵向信息沟通，注重多方面信息的收集，获取各种与职业发展相关的信息，积累相关资本，以求职业发展路径的实现。

值得注意的是，由于个人所进行的职业生涯管理都需要通过组织才能最终实现，虽然个人职业生涯规划也很重要，但是相比较而言组织的生涯计划和生涯发展才是职业生涯管理的更重要方面。

二、如何设计个人职业生涯

一个有效的职业生涯设计，必须是在充分正确地认识自身的条件与相关环境的基础上进行的，详细估量内外环境的优势与限制，设计出自己的合理且可行的职业生涯发展方向。设计自己的职业生涯需要以下步骤。

（一）了解自己

找出自己的专业特长与兴趣点，这是职业设计的首要步骤。个体需要审视自己、认识自己、了解自己、并做自我评估。自我评估包括自己的兴趣、特长、性格、学识、技能、智商、情商、思维方式、思维方法、道德水准及社会中的自我等内容。

（二）清楚目标，明确梦想

确立目标是制定职业生涯规划的关键，有效的生涯设计需要切实可行的目标，以便排除不必要的犹豫和干扰，使自己的发展有导向性，从而全心致力于目标的实现。制定自己的职业目标的设定要以自己的最佳才能、最优性格、最大兴趣、最有利的环境等信息为依据。通常目标分短期目标、中期目标、长期目标和人生目标。

（三）制订行动方案

正如一场战役、一场足球比赛都需要确定作战方案一样，有效的生涯设计也需要有确实能够执行的生涯策略方案，这些具体的且可行性较强的行动方案会帮助你一步一步走向成功，实现目标。通常职业生涯方向的选择需要考虑以下三个问题：

（1）我想往哪方面发展？

（2）我能往哪方面发展？

（3）我可以往哪方面发展？

（四）开始实施行动方案

立即行动，无论是大学毕业初出茅庐的年轻人，还是40岁左右不甘现状的跳槽者，只要还没有到职业生涯的下降阶段，任何时候开始职业规划都不为晚。

制定职业生涯规划时要注意，为了适应内外环境的变化必须不断地对职业生涯规划进行评估、修正，论证方案是否恰当，以能适应环境求得发展，同时可以作为下轮生涯设计的参考依据。

案例简析

李洁的职业生涯规划该如何设计

李洁学的计算机专业是父母为她选择的，理由很简单，就是计算机是人类的未来，搞软件的人就业前景肯定好。可是，在大学里，李洁觉得自己逻辑思维能力不强，不适合搞软件，学习积极性不高，成绩也很一般。2002 年毕业后，通过关系进入一家私企软件公司，但工作两年感觉技术水平提高太慢，加之计算机更新速度太快，做软件程序员很吃力。李洁又考虑到自己是一名女性，技术并不是强项。偶然间听到同学做销售干得不错，心想自己口才好，爱交朋友，沟通能力强，应该去做销售，于是就开始做起销售来。可是，开创市场也不是一件容易的事情，那个同学比自己早做两年，市场面大，业绩自然好于自己，李洁心里也很不平衡，再加上年龄在一天天增长，再做销售已经力不从心，感觉真的没什么前途。五年时间飞快地过去了，一些同学已经做到主管的位置、一些同学成了软件行业的主力军，而自己下一步将做什么工作，该如何安排自己？李洁感到茫然不知所措，于是找到宏威职业顾问，请咨询师帮助解决问题。

问题：

如果你是李洁，会怎么设计你的职业生涯规划？

简析：

问题 1：李洁之所以感到茫然无措，首先是对自己定位不清，不明白自己的优势与不足。

问题 2：职业生涯规划应该有明确目标，只有这样才会有方向和动力。

☐ 实训项目

实训内容：

请学生在自己调查的企业，找一个普通的员工进行谈话，调查其职业生涯发展状况，对目前工作的满意度，对将来工作的想法，以及对未来的目标。

实训指导：

1. 寻找员工谈话，要采用抽样调查法，要挑选有一定代表性的普通员工。

2. 事先列出谈话提纲，记在心里，在谈话中有意识地引导员工，不要无目的地交谈。

3. 与员工谈话，一定要注意不要让员工产生戒备心理，要自然随意，时间地点灵活掌握，以聊天的方式进行，以此培养自己与人沟通交谈的能力。谈话后写出谈话内容，整理成文字在课上与同学们分享讨论。

□ **学中做　做中学**

要求虚拟公司中的各成员要对自己做一份职业生涯规划，要求形成书面材料。之后召开一次小组成员会，请小组成员与你一起共同探讨你的职业生涯设计是否可行，为什么？要求：

1. 具体分析自己的情况，包括性格特征，自己的优势、劣势等，要形成文字。

2. 要具体分析所面临的环境，包括宏观环境和微观环境两方面，形成书面材料。

3. 小组成员会要开诚布公。每位成员都要真诚而坦率地谈论你对其他人的看法，不要藏头露尾。在其他成员谈到你时，请不要随意打断别人的谈话。

小　结

1. 职业生涯管理是指一个人从首次参加工作开始的一生中所有的工作活动和工作经历，按从业时间的顺序连接起来的一个连续的职业过程，与组织密切相关。从实质上来说，也就是人们不断提高其职业技能、完善其职业品质、丰富其人生经历的过程。

2. 职业生涯路径指的是员工依照何种路径或沿何种方向实现职业生涯的不断进步和发展。组织对于员工职业发展主要提供两种类型的路径：专业技术型与行政管理型。

3. 职业生涯管理主要包括两种：一是组织职业生涯管理，二是自我职业生涯管理。对于组织而言，只有将组织职业生涯管理和员工个人职业生涯设计两者有机结合，才能有助于实现组织目标。

思考题

1. 什么是职业生涯管理？职业生涯管理的主要内容是什么？

2. 个人职业生涯设计的步骤有哪些？

3. 职业生涯管理的特征是什么？

4. 组织职业生涯管理的方法是什么？

模块六

员工培训开发

导入案例:

造就西门子公司 170 年辉煌的原因

西门子公司是德国的一家著名的电子产品公司,历史悠久,规模较大。它于 1847 年创业,至今已有 170 多年的历史,它从创办时期的 2 个人发展到今天拥有职工 40 多万名,成为世界 500 强大企业的第 17 位,德国 100 家大企业的第 3 位和世界六大电气公司之一。如今西门子业务遍布世界五大洲 190 多个国家,涉及能源、通信、工业、交通、信息、医疗、电子元器件、工业自动化、家用电器等领域,成为当今全球电子电器行业中最大的综合型跨国公司之一。

是什么造就了西门子 170 多年的辉煌?高质量的产品、完善的售后服务、不断创业和创新以及高效的人才培训,被认为是西门子成功的关键。在人才培训方面,西门子创造了独具特色的培训体系。

资料来源:百度文库

项目一　员工培训开发概述

【知识精讲】培训开发的含义；培训开发的地位与作用；培训开发的原则；培训开发的内容和类型；培训开发的基本程序。

进入知识经济时代后，企业竞争的焦点除资金和技术等传统资源外，更重要的是建立在人力资本基础之上的创新能力。面对外界环境的严峻挑战，企业必须保持持续学习的能力，不断追踪日新月异的先进技术和管理思想，才能在市场竞争中占有一席之地。因此，增加对人力资源不断的投资，加强对员工的教育培训，提升员工的素质，使人力资本持续增值，从而持续提升企业业绩和实现战略目标，成为企业界的共识。

在人力资源管理各职能中，员工培训开发不仅可以增加人力资本存量，强化人力资本积累，而且是实现组织战略目标的主要推动力。

一、培训开发的含义和特点

(一) 培训开发的含义

员工培训开发是指组织为开展业务及培育人才，通过多种方式对员工进行有目的、有计划的培养和训练，使员工在知识、技能、能力和态度等方面得到提高，具备完成现在或者将来工作所需要的技能并改变他们的工作态度，以改善员工在现有或将来职位上的工作业绩，最终实现企业整体绩效提升的一种计划性和连续性的活动。

员工培训开发是指有组织、有计划地使员工获得或改进知识、能力、态度和技能，达到提高组织的工作绩效，促进员工与组织共同发展为目的的、系统化的教育训练和开发活动。对培训含义的准确理解，需要把握以下几个要点。

1. 培训开发的对象是全体员工

培训开发的对象必须是组织的全体员工，而不只是某部分员工。并不意味着每次具体培训活动的对象都必须是全体员工。

2. 培训开发的内容应当全面

培训开发的内容要力争全面，凡与工作有关的内容都属于培训的范畴。应当紧密结合员工的工作内容，如工作所需要的知识、技能、态度，企业的战略规划以及企业的规章制度等。与工作无关的内容不在培训的范围之内。

3. 培训开发的目的是提高绩效

培训开发的目的是通过改善员工的工作业绩进而提升组织的整体绩效，它对组织来说也存在投入与收益的核算，当组织着手进行一项培训开发活动计划时，首先必须对培训开发成本和收益进行准确分析，以评估它对组织目标实现的价值，可以说这是组织进行培训的主要目的，也是根本原因，它是衡量培训工作效果的根本性标准，如果不能实现这一目的，培训开发工作就失去了意义，也就不能保证组织目标的实现。

4. 培训开发的主体是组织

培训开发的主体必须由组织来实施，也就是说培训应当由组织牵头来进行。有些活动虽然客观上也实现了培训的目的，但是实施主体并不是组织，因此不属于培训的范畴，例如员工进行自学，虽然同样会改善工作业绩，但不能算作是培训；不过如果这种自学是由企业来组织实施的，那么就属于培训。

（二）培训开发的特点

员工培训开发的目标可以从宏观和微观两个层面来考察：从宏观角度也就是组织角度看，员工培训开发就是要把员工知识、技能、能力等方面的不足，以及员工由于态度不积极而产生的机会成本的浪费控制在最小限度；从微观角度也就是员工自身角度看，通过培训开发可以提高员工自身的知识水平和工作能力，达到员工个人人生价值实现的目标。员工培训开发具备以下特点。

1. 员工培训开发是组织开展的有目的、有计划、有步骤、针对性强的系统管理行为

组织开展培训开发活动，必须确立特定的培训开发目标，提供特殊的资源条件，遵循科学的培训开发方法和步骤，进行专门的组织和管理，建立完善的培训体系，才能确保培训开发目标的实现。

2. 员工培训开发的直接任务是提高员工的知识、技能、能力，改善员工的态度

知识是指员工在工作中所必备的各种业务知识；技能是指员工为完成某项任务通过练习可获得的动作系统；能力是指员工能顺利完成某一工作所必需的主观条件，属于人的个性心理特征；态度是指员工对工作和对组织的工作态度。这四项内容的提高与完善是员工培训开发活动的主要内容，也是直接任务。

3. 员工培训开发是员工职业发展和实现个人价值的需要

在现代企业的人力资源管理中，员工为实现组织目标而贡献自己才能的同时，也要尽力实现自身价值，不断进行自我完善和发展。有效的员工培训开发不仅能够促进组织目标的实现，而且能够提高员工的职业能力，拓展他们的发展空间。

4. 培训开发的目的是多层次的

培训开发的目的包括多重目的，通过培训活动可以建立和完善优秀的企业文化，提高和增强员工的自我意识水平；可以增强组织或个人的应变和适应能力；可以更好地满足员工自身发展的需求；可以不断更新员工的知识技能，提高工作能力，改善绩效水平。

课堂讨论

资料：别具一格的杜邦培训

作为化工界老大的杜邦公司在很多方面都独具特色。其中，公司为每一位员工提供独特的培训尤为突出。因而杜邦的"人员流动率"一直保持在很低的水平，在杜邦总部连续工作 30 年以上的员工随处可见，这在"人才流动成灾"的美国是十分难得的。

　　杜邦公司拥有一套系统的培训体系。虽然公司的培训协调员只有几个人，但他们却把培训工作开展得有声有色。每年，他们会根据杜邦公司员工的素质、各部门的业务发展需求等拟出一份培训大纲。上面清楚地列出该年度培训课程的题目、培训内容、培训教员、授课时间及地点等，并在年底前将大纲分发给杜邦各业务主管。根据员工的工作范围，结合员工的需求，参照培训大纲为每个员工制定一份培训计划，员工会按此计划参加培训。

　　杜邦公司还给员工提供平等的、多元化的培训机会。每位员工都有机会接受像公司概况、商务英语写作、有效的办公室工作等内容的基本培训。公司还一直很重视对员工的潜能开发，会根据员工不同的教育背景、工作经验、职位需求提供不同的培训。培训范围从前台接待员的"电话英语"到高级管理人员的"危机处理"。此外，如果员工认为社会上的某些课程会对自己的工作有所帮助，就可以向主管提出，公司就会合理地安排人员进行培训。

　　为了保证员工的整体素质，提高员工参加培训的积极性，杜邦公司实行了特殊教员制。公司的培训教员一部分是公司从社会上聘请的专业培训公司的教师或大学的教授、技术专家等，而更多的则是杜邦公司内部的资深员工。在杜邦公司，任何一位有业务或技术专长的员工，小到普通职员，大到资深经理都可作为知识教师给员工们讲授相关的业务知识。

资料来源：百度文库

讨论：

1. 通过以上描述，你知道什么是员工培训吗？

2. 杜邦公司的培训体系有什么特点？

要点：_____

_____

二、培训开发的地位与作用

（一）培训开发的地位

　　员工培训开发是人力资源开发和管理的基本核心。员工培训开发与人力资源管理其他职能，如人力资源规划、招聘录用、岗位分析、绩效管理、薪酬管理、员工关系管理、职业生涯设计都有着密切的关系，可以说培训开发工作贯穿于人力资源管理的各个环节。

1. 培训开发与人力资源规划

　　培训开发的基础是根据人力资源规划方案进行，其中包括组织长期或短期人力资源目标，培训开发的内容要依据人力资源目标而进行，这是进行培训活动的出发点。

2. 培训开发与岗位分析

　　培训开发的主要依据就是岗位分析的最终结果——岗位说明书，根据岗位说明书中的工作职责和任职要求等来确定员工是否进行培训。如果某项工作需要一定的知识和技能，而员工又不具备或达不到岗位的要求，那么教育、培训和开发就提到了日程，这就需要进行员工培训开发活动。因此，培训开发就是使员工能在培训中学到的知识技能与未来的工作实际应用相一致，从而提高员工的绩效。

3. 培训开发与招聘录用

在培训的第一个阶段，首先进行培训需求分析，而培训需求分析的内容可以作为人员招聘的基本标准；同时所有被招聘的各类员工都必须接受不同层次、不同类别的岗前导引培训，以建立相应的职业观念、职业规范和职业技能，内化员工成为组织的一分子，新进人员是培训的第一对象。

同时员工上岗的依据是要求人员素质、工作能力、行为特点等与工作的性质相匹配，在不同的工作岗位能任用到与其相适应的员工，这其中的主要手段就是培训，必须通过培训使这些人员更好地适应新的岗位的要求。

4. 培训开发与绩效、薪酬管理

任何一种培训开发活动都是从评价开始，以评价结束。当绩效评价结果不能满足工作需求时，就需要对员工进行培训，然后再以工作绩效来考核培训的效果。在进行薪酬管理时更要考虑到员工的素质与能力，如果培训效果未能达到组织的目标，员工的薪酬福利势必会受到影响。

5. 培训开发与员工关系管理

在员工关系管理中，员工的提升、降职、辞退、劳动合同的签订也必须依据员工自身的能力水平，如员工的能力水平达不到组织要求，势必要根据培训的结果来做出决策；如员工具备可开发潜质，组织势必要考虑如何开发员工以服务企业，以确定员工在组织服务时限的长短。

6. 培训开发与员工职业生涯管理

在对员工职业生涯设计时，其主要依据是员工的自身素质与潜质，如果员工身上具有某种内在的潜质，这种潜质是组织所需要的，组织就要根据其潜质进行适当的培训开发，使其发挥出功效，既可以帮助员工实现其自身价值，又可以帮助组织实现目标。

（二）培训开发的作用与意义

从根本上来说，员工培训开发是技术进步和员工职业发展的必然要求，技术的不断进步要求组织对员工进行培训和再培训。员工培训的作用与意义具体体现在以下几个方面。

1. 员工培训开发是提高整体员工素质、开发组织人力资源的重要渠道

现代经济增长的主要途径取决于四个方面的投入：新的资本资源的投入；新的可利用自然资源的发现；劳动者的平均技能水平和劳动效率的提高；科学的、技术的和社会的知识储备的增加。而劳动者的技能水平和劳动效率的提高、技术和知识储备的增加均与人力资源密切相关，可以说人力资源决定了经济的发展增长，组织员工培训可以说是其中最直接、使用频率最高的一项人力资源战略决策。

2. 员工培训开发是激励员工工作热情、调动员工积极性的重要手段

组织中每位员工所处的岗位不同，层次各异，但都存在不断充实完善和提高自己，使自

己的潜力充分发挥出来的自我实现的需要，这种需要的满足将会产生深刻而持久的工作原动力。因此，现代人力资源管理理论认为员工培训不仅提高了员工的知识和技能，同样也改造了员工的工作动机和工作态度，对于增加组织的凝聚力、提高组织绩效都具有无可替代的作用。

3. 员工培训开发是建设优秀组织文化的有效途径

近年来，组织开始密切关注企业文化的建设，开始培育企业精神、调整企业道德、整合企业价值观、树立良好企业风气。企业文化建设以不同的方式走进了员工培训的课堂，成为培训工作中必不可少的内容。不仅仅在企业，就是国家机关也有其机关文化，学校有其校园文化，军队有其军队文化，即凡是组织就有自身的组织文化，有意识地对现有组织文化进行扬弃和优化，也是提高其工作效率的重要保证。员工培训正是这样一种增进员工对组织文化和组织目标的理解、培养员工对组织的认同感的主要形式。

4. 培训开发有助于提高组织的应变能力

组织要想在竞争中保持优势，必须适应市场的不断变化。而市场的不断变化给组织中员工的能力和素质提出更多、更高、更新的要求，因此只能通过培训开发，才能满足市场不断提出的新要求，才能实现组织适应市场的能力。

5. 培训开发有利于打造学习型组织

学习型组织是一个能熟练地创造、获取和传递知识的组织，同时也要善于修正自身的行为，以适应新的知识和见解。组织只有不断通过各种培训开发活动，才能在员工中形成一种爱学习、肯钻研、善创新的学习氛围，创造一种持续性学习的价值认同观，从而建立成学习型组织。

课 堂 讨 论

资料一：东方财智商学院告诉你

据美国培训与发展年会统计：投资培训的企业，其利润的提升比其他企业的平均值高37%，人均产值比平均值高57%，股票市值的提升比平均值高20%。

在过去50年间，国外企业的培训费用一直在稳步增加。美国企业每年在培训上的花费约300亿美元，约占雇员平均工资收入的5%。目前，已有1 200多家美国跨国企业包括麦当劳都开办了管理学院，摩托罗拉则建有自己的大学。这些对中国企业来说，都是一个很好的培训范例。

资料来源：东方财智商学院

讨论：

1. 这两段文字告诉我们，从企业的角度来说，员工培训的作用是什么吗？
2. 你认为培训员工还可以给企业带来哪些好处？

要点：

***

资料二：英特尔公司给新员工人情味的帮助和支持

英特尔公司有专门的新员工培训计划，比如上班第一天会有公司常识培训：各部门规章制度，在什么地方可以找到所需要的东西等等。然后由经理分给新员工一个"伙伴"，新员工不方便问经理的随时都可以问他，这是很有人情味的一种帮助。公司会给每位新员工一个详细的培训管理计划，第一周，第二周，第一个月，第二个月新员工分别需要做到什么程度，可能需要什么样的支持，都可以照着这个去做，公司也会随时追踪。新员工在三到九个月之间，会有一周关于英特尔文化和在英特尔怎样成功的培训。另外，公司会有意安排许多一对一的会议，让新员工与自己的老板、同事、客户有机会进行面对面的交流，尤其是和高层经理的面谈，给了新员工直接表现自己的机会。

资料来源：学习世界 500 强企业如何培训员工．经理人论坛．2009-10-20.

讨论：

1. 英特尔公司对新员工的培训重点是什么？对公司以后的管理有什么作用？
2. 英特尔公司的培训计划有什么特点？主要目的是什么？

要点：

***

三、培训开发的原则

为保证员工培训开发的计划性、针对性和有效性，达到提高组织绩效的目标，员工的培训开发必须从组织战略出发，有计划、有重点、有步骤地针对员工的现实状态与工作要求的差距，才能达到培训开发的目的。为此必须坚持以下原则。

（一）战略高度原则

在考察员工培训开发的效果上，组织必须将员工的培训开发放在组织的战略高度来认识。比如对员工进行一些技能培训，很快能立竿见影，表现为工作绩效的提高。但有的培训可能在很长时间甚至若干年后才能收到明显的效果，比如对管理人员的培训。因此，许多组织将培训看作是只见投入不见产出的"赔本"买卖，只考虑当前利益，不重视组织长远发展，在培训开发上不投入或少投入，当组织在适应外部环境而进行改革调整时，员工素质不能与组织同步进行，不能实现组织的目标。而员工也由于无法实现个人价值，看不到希望与未来，造成员工队伍的不稳定。因此，企业必须树立战略观念，根据企业发展目标及战略制定培训规划，使培训和开发与企业的长远发展紧密结合。

（二）针对性原则

员工培训开发应当有明确的针对性，从员工实际岗位需要出发，做到两结合：即与工作实际紧密结合，与员工的生理年龄、知识结构、能力结构、工作态度紧密结合，目的在于通过培训开发让员工掌握必备的技能，以完成组织的目标，最终为提高组织的绩效服务。只有这样培训开发才能收到实效，才能提高工作效率。

（三）统筹兼顾原则

员工培训与开发的内容，要兼顾两方面。一方面要对员工进行文化知识、专业知识和专业技能的培训，另一方面还应兼顾员工的理想、信念、价值观和品质道德等方面的培训，这样才能与组织目标、组织文化、组织制度及组织的优良传统等结合起来，使员工在各方面都能够符合企业的要求。

（四）全员与重点结合原则

全员培训开发就是有计划、有步骤地对所有在职员工进行培训开发，目的是提高组织全体员工的素质。但为了提高培训投入的回报率，保证培训的有效性，培训必须有重点地进行，即对企业命运有重大影响的管理和技术骨干，特别是中高层管理人员、有培养潜力的梯队人员，更应该有计划地进行培训与开发。

（五）注重实效原则

组织的任何活动都要达到最初目的，员工培训开发活动更要注重实际效果，也就是培训开发活动必须要在员工今后的工作中产生一定的效果，否则就失去了意义。这种实际效果主要体现在专业知识的拥有、工作能力的提高、工作态度的转变、工作技能的熟练上，这样才能达到提高工作绩效的目的。

（六）反馈与强化原则

员工培训开发效果的反馈是指在培训后对员工进行检验，其作用在于巩固员工学习的技能、及时纠正错误和偏差，反馈的信息越及时、准确，培训开发的效果就越好。强化则是指由于反馈而对接受培训人员进行的奖励或惩罚。其目的是奖励接受培训并取得绩效的人员，同时为提高其他员工的培训意识，使培训效果得到进一步强化。培训开发效果的反馈与强化是培训不可缺少的重要环节。

课 堂 讨 论

资料：惠普公司"不仅用你，而且培养你"

初到惠普，首先是"新员工培训"，这将帮助个人很快熟悉并适应新环境。通过这个培训，了解公司的文化，确立自己的发展目标，清楚业绩考核办法，让员工明白该如何规划自己的职业生涯。在这一阶段，课程主要是与工作紧密相关的技术类培训，比如编程、系统管理等。当员工通过公司内部招聘成为一线的经理，这个阶段的课程主要包括沟通、谈判及基本的管理培训。员工进一步升迁为部门负责人后，需要参加什么培训就主要由他本人决定了。为了帮助年轻的经理人员成长，惠普有一个系统的培训方案——向日葵计划，帮助较高层的经理人员从全局把握职位要求，改善工作方式。

资料来源：http://wenku.baidu.com/link? url

讨论：

1. 惠普公司的培训特点是什么？

2. 惠普公司是如何通过培训让员工对自己的职业有更为深刻的了解？对员工的职业探索有什么借鉴意义。

要点：_____

四、培训开发的内容与类型

员工培训开发的内容类型从不同的角度有着不同形式的划分，在不同形式的类型划分中，我们可以认识员工培训开发的内容、对象、途径和不同层次等基本内容。

（一）按培训内容分

1. 知识培训

通过培训开发使员工具备完成本岗位工作所需基本知识，了解组织的基本情况。

2. 技能培训

通过培训使员工掌握从事本岗位工作的必备技能，如操作技能、人际关系的技能和谈判技能等，并以此培养、开发员工的潜能。

3. 能力培训

通过培训开发员工身上的潜质，挖掘员工的潜在能力，使员工经过进一步的学习和训练后在工作能力上能发挥出更高水平。

4. 态度培训

通过工作态度培训增强组织与员工之间的相互信任度，培养员工对组织的忠诚度，使员工的精神状态和工作态度达到组织要求，增强组织观念和团队意识。

5. 创新能力培训

创新能力是在创新活动中表现出来的各种能力的总和，指员工在顺利完成以原有知识经验为基础的创建新事物的活动中表现出来的潜在的心理品质。创新能力培训是组织为了满足员工自身或组织的需要，在不断拓展工作范围、提高工作标准的环境中，通过培训促使员工努力改善自身的任职条件与行为，进行创新性的活动。

6. 团队精神培训

培训员工的团队精神，就是培训员工的大局意识、协作精神和服务精神。团队精神的基础是尊重个人的兴趣和成就，核心是协同合作，最终目的是提高全体员工的向心力、凝聚力，使员工个体利益和组织整体利益相统一，从而保证组织的高效率运转。

7. 形象与心理培训

形象培训是指对员工的形体、容貌、健康状况、姿态、举止、服饰、风度等方面进行培训，使员工的举止风度符合组织的标准。心理培训是指以员工的自然心理素质为基础，通过教育、实践等一系列活动使员工适应组织的环境需要。

（二）按培训的形式分

1. 工作导向培训

又称新员工培训，指使新员工的精神状态和工作态度，尽快内化和融合到新的组织中，使之对新的环境、工作条件、人际关系、工作职责和规章制度等有所了解而进行的一系列培训开发活动。

新员工培训的目的是使新员工感受到组织的欢迎与重视；详细地了解组织和即将从事的工作；深刻地认识组织的发展前途与自己未来的成功机会。最终培养员工对组织的归属感，包括对组织从思想上、感情上及心理上产生认同、依附和投入，使员工内化为组织成员，这些是培训开发员工对组织的忠诚、承诺和责任感的基础。

2. 在职培训

指员工不脱离工作岗位，在实际工作进行中直接对员工进行培训，一般通过聘请有经验的员工、管理人员或专职教师指导员工边学习、边工作。在职培训是组织最普遍惯用的培训方式，也是一种比较经济的方式。在职培训可以使员工获得完成工作所需要的技能，还可以传授和开发员工其他的技能，如解决问题的方法、沟通的艺术、倾听的技巧和处理人际关系等。

3. 脱产培训

指员工在一段时间内脱离原工作岗位，进行专门的业务学习与提高的培训方式。主要形式有：举办技术训练班，开办业余学校，选送员工到正规院校、知名企业或国外进修等。脱产培训开发花费较高。随着企业人力资本投资比例的增加，组织对员工工作效率的日益重视，脱产培训一般在实力雄厚的大型企业和组织严密的机关事业单位得到普遍采用。

（三）按培训对象分

1. 纵向培训

也称各层次培训开发，是指对经营及管理的各层次——高层、中层和基层的培训。

对高层管理人员的培训目标是丰富其工作经验和提高其领导才能。因此，对他们的培训开发就是使高层管理者有效地运用自己的经验，发挥自己的才能；培训开发各种潜能素质，使其及时发现和理解组织外部环境和内部条件的变化；提高和完善工作中的某项专门技能。对新上任的高层管理人员，使他们迅速了解组织的战略方针，适应新的工作需要。

对中层管理人员的培训，主要是培训其观念意识、管理技能和领导艺术等。因为组织中的中层管理人员在组织整体利益与下属员工利益之间，很容易发生角色冲突和矛盾。在他们担任管理职务后，必须通过培训使其尽快掌握必要的管理技能和工作方法。

对基层员工的培训开发分为专业技术人员和一般员工的培训开发。专业技术人员培训指对财务人员、工程技术人员等的培训开发，这类培训开发对象都有专门的业务范围，掌握着本专业的知识技能。培训开发的目的就是让他们了解周围同事的工作，使他们能从组织整体出发开展工作，发扬团队精神，互相沟通协调，共同合作；不断更新专业知识，及时了解各自领域内的最新动态和最新知识。

一般员工的培训开发主要依据岗位说明书和工作规范的要求，明确职责权限，掌握必要的工作技能，塑造与组织相适应的工作态度与行为习惯，使之有效地完成本职工作，并得到职业的成长与发展。

2. 横向培训

也称各职能培训，指对经营及管理的各职能部门（业务、生产、人事、财务、研究开发等）所进行的培训开发，目的是使员工明确各职能部门的职业分工、操作规程、权责范围。横向培训的原则是差异化培训，即注重培训开发的专业性，针对不同职能部门人员进行不同类型的知识、技能培训开发；强调专业知识和技能的层次，针对同一职能部门相同专业的不同员工分别提出不同的专业技能要求，以适应不同职务、不同岗位的需要；重视培训开发的适应性和前瞻性，即根据变化了的外部环境和人员结构，以及预期未来组织生存状况，适时地展开某方面某些专业的培训开发，以调整组织内员工素质结构，适应外部形势或为组织未来储备必要的人才。

五、员工培训开发的基本程序

（一）培训开发需求分析

培训开发需求分析是指在规划与设计每项培训活动之前，由培训部门采取科学方法和技术，对组织及成员的目标、知识、技能等方面进行系统的鉴别与分析，从而确定培训必要性及培训内容的过程。培训需求分析就是采用科学的方法做出谁最需要培训、为什么要培训、培训什么等问题，并进行深入探索研究的过程。它既是确定培训目标、设计培训计划、有效地实施培训的前提，也是进行培训评估的基础，是培训工作准确、及时和有效的重要保证，因而成为培训活动的首要环节。

在培训开发需求分析环节，培训部门需要界定组织所处的外部环境，再根据相应的组织发展战略，提出对员工素质能力的要求；对员工现有的实际素质能力进行科学测评，以找出理想状态与现实情况之间的差距；对这些差距进行分析，以确认哪些差距可以通过培训开发来弥补。

在实际进行过程中，必须要制定培训达到的标准。培训部门要科学分析本组织员工应具备的素质能力，根据组织发展战略和组织发展的特殊要求，对员工的素质能力标准做出详细说明；其次是真实测评员工的能力。要科学测评员工的实际素质能力，这需要分析人员与部门负责人的通力合作。这一阶段的任务是通过科学的分析方法，详细地给出组织员工培训开发的质的要求和量的需求。

（二）培训开发的计划与实施

包括培训开发项目设计，制定培训开发计划，培训开发实施三个阶段。

　　培训开发项目设计阶段主要是进行课程设计，包括设计培训开发目标、培训开发方法、培训开发的媒体、课程内容简介、情景案例和各种活动等。

　　在制定培训开发计划阶段，根据培训开发需求分析结果，结合培训课程设计，根据培训开发要解决的问题制订周密计划，设置课程，选择培训方式和落实培训开发人员（培训师和员工），拟定培训时间和地点，并进行成本核算。这是决定培训开发的工作成效的关键阶段。

　　在培训开发实施过程中，要注意具体落实计划中的各部分内容，同时要加强管理和监督，以确保培训开发工作科学有序地进行。培训开发部门还应针对实施中遇到的问题随时调整培训方法，征询培训师和受训者意见建议，加强培训开发控制，在动态管理中使培训开发达到最佳效果。

（三）评价培训开发结果

　　主要包括对课程设计、培训开发方式和授课效果的评估，以及对受训者返回岗位后工作绩效的定期跟踪反馈。

　　在培训评价结果阶段，要重视对培训开发效果的评估。此项工作一般在培训开发结束后，组织人力资源测评专家和部门负责人对每一位受训人员进行素质能力测评，与初次的测评结果相比较，以判断此次培训开发效果；其次要建立每位员工的素质档案，对受训者进行定期的训后跟踪反馈，为制订下一批员工的培训开发计划提供现实依据，也为对该受训者的下一轮培训开发做好准备。

课 堂 讨 论

资料：摩托罗拉公司的"百年大计 培训为本"

　　摩托罗拉公司对雇员的培训需要投入大量的财力和物力。摩托罗拉公司已向所有雇员提供了每年至少 40 小时的培训时间，这在美国已属于较高的培训要求。公司希望在大约 2000 年时，将这一培训时间增加 4 倍。美国训练与发展协会首席经济学家安东尼·卡内维尔说，这种做法"将使他们走上一条超常规发展道路。"这一做法也许一年要花费 6 亿美元，相当于一个大型芯片工厂的费用。摩托罗拉公司甚至在公立学校推广公司的培训方法，为公司准备和培养下一代雇员。

　　摩托罗拉如此热心培训，与其高层领导的支持是分不开的。1993 年 12 月以铁腕著称的加里·L. 图克提任新总裁，他继任时明确表示，他将继续摩托罗拉公司的培训事业。他说，"如果知识更新和淘汰的周期越来越短，我们就别无选择，只有在教育上投资。谁说这就不会成为一个竞争武器呢？"公司敢于对培训做出上述的承诺和投入，是因为更新知识的培训已使公司获益匪浅。公司产品的质量取决于车间工人和操纵统计程序控制的技术人员。公司在 1985 年时发现 60% 的雇员达不到美国 7 年级的数学水平，大约从那时开始，当时的董事长罗伯特·盖尔温下令将工资额的 1.5% 用于培训。这一比例后来上升到 4%。公司还成立了培训中心——摩托罗拉大学，而且对聘用雇员的要求也更严格了。

资料来源：http://cache.baiducontent.com

讨论：

摩托罗拉为什么如此热衷于培训呢？是不是盲目投资于培训呢？

要点：_____

案例简析

　　米拉日湖度假村拥有并经营着三家娱乐公司，每年吸引着三千万左右的游客，它是一家非常成功的企业，过去几年当中投资者获得的回报率每年达百分之二十二，公司被称为美国最令人羡慕的企业之一。据十二家商业出版社称，该度假村在赌博业和酒店业中的生产效率是最高的，该公司的酒店始终保持着百分之九十八点六的入住率，而当地其他酒店则为百分之九十，米拉日湖成功的关键是以高质量的服务来赢得回头客。

　　除了招聘最好的雇员，让他们从事感兴趣的工作并为他们营造良好的工作环境外，米拉日湖度假村将培训放在公司的首要位置上，为开发自己的人力资源（包括培训），公司研究了两百多家其他企业的人力资源管理活动，包括酒店、赌场和生产型企业，以探索哪些行为有效，哪些行为无效，从而拟定一个培训基准。研究的结果使公司认识到培训的重要性，为此每年用于培训上的支出大约在八百万美元。米拉日湖度假村之所以投资于培训，不仅是要提高雇员的专业技能，而且要为他们在米拉日湖内的职业生涯发展做好准备。举例来说，通过培训使雇员掌握事业成功所必需的关键和战略，以此来取悦客户，公司还投资旨在提高雇员非工作时间里的生活质量的培训。

　　问题：米拉湖度假村通过培训提高服务质量从而取得成功的案例对我们有什么启发？

　　简析：

　　随着人力资源管理日益成为管理学的核心，人们对培训与开发的观点也发生了改变。员工的培训与开发是帮助企业创造价值和提高竞争力的有力手段，米拉日湖度假村利用培训获得了比对手更好的经营业绩。培训正在成为企业适应不断变化和日趋复杂环境过程中日益重要的核心职能。谁拥有高质量的培训者，谁就拥有培训的竞争优势，就拥有了高质量的员工队伍，就会促进组织的健康、快速、高效发展，更好地实现组织的战略与发展目标。

☐ 实训项目

实训内容：

一、请学生考察一家大中型企业员工培训状况，了解这个企业员工培训的制度、内容、方式、培训对象等，以此判断此企业培训工作方面有哪些可取之处，有哪些不足之处，需要在哪些方面进行完善和提高。

实训指导：

1. 被考察的企业可选择重视培训的企业，如保险公司、酒店、商场等，这些公司进行培训活动有一定的经验，比较规范，已基本形成制度，培训方式创新，对以后从事培训活动有借鉴意义。

2. 调查时可以以小组为单位进行，要从三个层次进行调查，即高层管理人员、中层管理人员和基层员工的培训方式、培训内容、培训地点及培训效果等，调查要全面、翔实。

3. 调查完毕后要写出调查报告，在课上进行交流讨论。调查报告包括以下三方面的内容。

（1）企业的总体概况，重点了解员工的素质水平特点。

（2）培训情况：总的培训特点；高、中、基三个层次的培训内容、培训方式、培训地点、培训效果、工作态度等。

（3）进行调查的方式和过程，员工的欢迎和配合程度。

二、某商城经过几年的发展，原来的老售货员因年龄或升迁等原因，所剩无几，并且服务质量也有所下滑。商城最近新招了一批售货员，计划对新老售货员进行分期、分批培训。培训人员 200 人，其中新员工 150 人，老员工 50 人。总公司现有一个能容纳 200 人的大型会议室，商城距离总公司大约 6 千米，商城有一辆能容纳 55 人座的旅游大客车。

请参照以上所给内容，拟定一份此商城培训售货员的培训计划书和培训方案。

☐ 学中做　做中学

请你代表你所在虚拟公司人力资源部为你们小组成员进行培训需求分析。要求：

1. 在进行培训需要分析时，要考虑：假如虚拟公司要正式运作，我认为我们小组成员最需要了解哪些知识、掌握哪些技能，必备哪些能力，具备什么样的工作态度，采取什么样的合作方式才能运转起来？要进行认真细致的调查，将调查方法列出来。

2. 请每个小组成员讨论你调查分析的结果是否符合本人的特点，是否与虚拟公司的业务有直接联系，如果不符合，请重新调查，直到取得一致意见。

3. 在进行详细培训需求分析的基础上，有针对、有重点、分步骤地制定出业务开始运作前的培训计划。

项目二 员工培训开发流程

【知识精讲】员工培训开发流程；培训开发计划书的编制；培训开发的实施操作；培训的控制；培训效果评估。

作为一名优秀的人力资源管理者，要想开展好组织内的各项培训活动，保证培训开发活动的顺利开展，关键在于设计科学合理的培训开发流程。一般来讲，培训开发流程包括制定岗位培训制度、开展培训需求分析、制订培训开发计划及计划经费预算、确定培训对象、选择培训方法和培训机构、进行课程设置、培训开发实施、实施培训开发评估等几个主要方面，如图6-1所示。

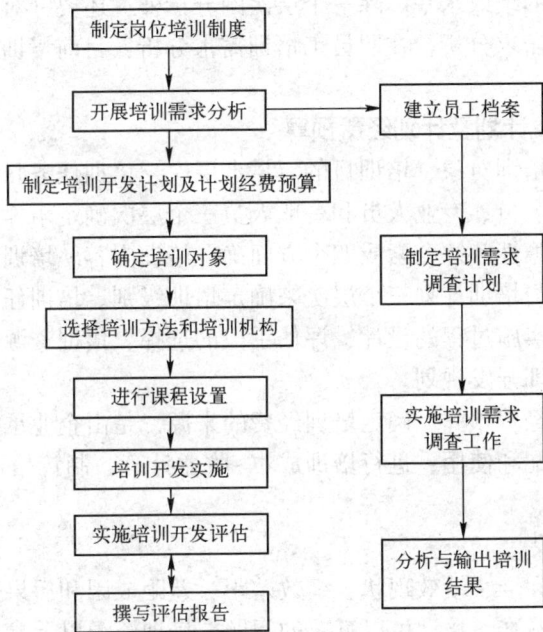

```
制定岗位培训制度

开展培训需求分析 ──────→ 建立员工档案

制定培训开发计划及计划经费预算

确定培训对象                制定培训需求
                          调查计划

选择培训方法和培训机构

进行课程设置                实施培训需求
                          调查工作

培训开发实施

实施培训开发评估            分析与输出培训
                          结果

撰写评估报告
```

图6-1 员工培训开发流程图

一、员工培训开发流程

（一）制定岗位培训制度

紧密结合职务岗位要求制定培训制度和政策，其核心是确保培训、考核、使用、待遇一体化的配套措施的实行。主要内容包括：新员工入职制度，一般先培训后任用；培训激励制度，调动员工培训学习的积极性；培训考核与评估制度，目的在于检验培训效果；员工奖惩制度，保证培训效果的关键；风险制度，确保组织培训时投入与回报成正比，保护组织的权益，规避不必要的漏洞风险。

（二）开展培训需求分析

培训需求分析一般分为以下四个流程。

（1）建立员工背景档案，原始培训需求回顾。

（2）制定培训需求调查计划。制定行动计划，确定工作目标，选择调查方法，确认调查内容。

（3）实施培训需求调查工作。提出培训需求动议；调查、申报、汇总动议；分析培训需求；汇总需求意见，确认培训需求。

（4）分析与输出培训需求结果。从组织层次分析，分析组织的人力资源需求、劳动效率和企业文化方面的差距；从工作岗位层次分析，主要从员工从事的工作岗位分析所需要的岗位知识、岗位技能和工作态度；从员工个人层次分析，主要分析员工具备的实际工作能力、素质、技能和现有的绩效水平。除三个层次的分析外，还要针对不同的培训活动进行分析，主要有新员工培训需求分析，在职员工培训需求分析，目前培训需求分析，未来培训需求分析等。

（三）制订培训开发计划及计划经费预算

培训开发计划要从培训对象、培训目的、培训层次、培训任务几个方面来制定。

培训对象指从管理人员、专业人员和一般人员三个层次确定培养对象。培训目的要从技能完善、技能提高、前瞻性和综合素质四个方面确定培训内容。培训层次指按照整体发展规划、培养管理计划和部门培训计划三个层次来确定培训级别。培训任务要针对培训项目的确定、培训内容的开发、实施过程的设计、评估手段的选择、培训资源的筹备、培训成本的核算等六项任务来制订培训开发规划。

制订培训开发计划经费预算：确定培训经费的来源，是由企业承担或企业与员工共同承担；确定培训经费的分配和使用；进行培训成本-收益计算；制订培训预算计划；培训费用的控制及成本降低措施。

（四）确定培训对象

对工作任务、绩效标准、绩效现状、绩效差距、差距成因和后果进行预期分解、分析以获取的信息来确认培训标准、培训可以解决的问题、培训资源以及参加培训的对象。

（五）选择培训方法和培训机构

常见的培训实施方法有四大类：直接传授法，即通过讲授、研讨、专题讲座的模式，主要为了学习知识和更新理念；实践法，即通过岗位工作指导、工作轮换、特别任务和个别指导模式掌握技能；参与法，即通过自学、案例研究、头脑风暴、模拟训练模式提高综合能力进行敏感性训练；角色扮演、行为模仿、拓展训练等。

（六）进行课程设置

课程设置的基本原则，符合企业和学习者的需求；符合成人学习者的认知规律；体现企业培训功能的基本目标。

培训课程设置流程：前期准备工作—设定课程目标—收集信息和资料—课程模块设

计—课程预演—信息反馈与课程修订。

（七）培训开发实施

培训开发实施是整个培训活动的核心阶段。在具体开展过程中，要注意根据培训计划有步骤地分工落实培训内容，同时要加强对受训者的管理和监督，以确保培训开发活动有条不紊地进行。同时培训部门要根据受训者的具体情况及随时出现的各种特殊情况，及时与受训者沟通交流，征询培训师的意见建议，注意各方面的信息反馈，有针对性地调整培训方法或增加培训内容，加强培训开发过程的整体控制，使培训开发处在动态管理中，达到最佳效果。

（八）实施培训开发评估

反应评估，主要测量受训者对培训的主观感觉或满意度；

学习评估，主要测量学员对培训内容、技巧、概念的掌握和吸收程度；

行为评估，关注受训者培训后的行为改变是否因培训而改变；

结果评估，衡量培训给组织的业绩带来的影响。

（九）撰写评估报告

评估报告一般包括：评估的目的与评估的性质；评估实施的背景；分析与说明；阐明评估结果；解释评估结果并提出建议。

案例简析

南方电器公司成立于一九九二年，在过去的十年中，由最初总资产几百万元发展成为现在总资产为两百多亿元的大型电器公司。但最近南方公司遇到了比较麻烦的问题，公司经常出现熟练工人短缺的情况，产生这个问题的原因是公司从国外引进了世界上最先进的生产设备，并且生产的产品品种比以前增多，这些变化要求生产工人掌握更为先进的技术，而从人才市场上招进的员工很难能在短期内符合公司的需要。

于是公司总经理洪明要求人事部编写一个生产工人的短期培训计划，以满足公司对人力资源的需要，人事部经理王明把此事交给了张平，张平是由技术人员提拔上来的人事管理者，刚接触人事管理工作。

问题：王明应该怎么样指导张平做这个培训计划？

简析：

1. 调查分析培训需求。通过访谈、观察等方法了解员工现有技术水平及新工作对员工的要求标准；分析现实与理想状态间的差距，明确工作对培训的要求。

2. 课程设计。根据工作和员工的现状，有针对性地设计课程。

3. 了解培训环境支持体系。内部环境：公司培训政策、经费情况、内部培训师资、培训场地、组织的支持表现。外部环境：专业培训机构、培训课程、培训师资、培训费用。

4. 确定培训计划的各要素。培训对象、人数、时间、地点、课程设计、师资、费用、培训项目工作人员。

5. 设计培训评估工具。

6. 考试与实操。

二、培训计划的制订

确定了员工培训需求之后，培训项目负责人就可以制订并实施培训计划。制订培训计划包括设定培训目标，设计培训内容、选择培训方式，挑选培训师和安排培训场地设施等。在实施培训计划的过程中应加强培训管理，采取一定措施来实施培训控制。

（一）了解学习的规律及员工学习的特殊性

在制订一个行之有效的培训程序之前，首先要了解学习的规律及员工学习的特点。由于培训进程的结果经常与学习的原则相关联，因此，应了解不同培训方式或技巧的使用效果是不同的。

把握员工学习的规律。要为员工设定学习目标，如课程的大纲要求、明确学习要点；尽可能以有意义的方式撰写学习材料，如提供一些丰富多彩的实例；多安排行为示范，通过正确行为的模仿和错误行为的纠正来让员工明确如何去行动；重视员工的个体差异；积极提供机会让员工参与实践；注意将培训内容的整体学习与部分学习相结合；注意在时间上将系统学习和分段学习相结合；通过积极的反馈与检查来激发员工的学习动力；通过及时的鼓励让员工产生成就感来实现学习的强化。

掌握成人学习的特点。由于生理状态与心理状态的原因，成年人在学习过程中与在校学生不同：成人学习者更需要被尊重；自立自强，经常会进行自学；学习讲究实用性，不想学习毫无意义的东西；知识面广，在学习、生活和工作方面积累了很多生活阅历；主动性强，不喜欢别人告诉自己该干什么；肩负工作、家庭及社会多重责任，讲究实效，反对浪费时间。

员工培训开发应该旨在建立员工的自尊，而不是破坏他们的自尊。要让员工有机会提问，并回答他们的问题。让他们在小组中与大家分享自己的知识专长和个人经验。在培训中，要让员工自己形成看法，自己找到答案，而不是告诉他们该干什么、什么时候干。最后，为了满足员工对实用性知识的要求，培训中提供的信息和技能要能很快地应用在工作中。培训者要选择员工可能面对的实际问题和情景案例，这样员工就能把观念化的信息与实践建议结合起来，并把观念运用在工作中。

（二）培训计划的制订原则

1. 理论联系实际原则

员工培训开发应该立足于实践，服务于实践，然而作为实践的先导，理论水平的提高也是培训过程中不可忽视的内容。培训既要提高员工的实际操作技能，也要适当组织理论学习，为他们创造条件，以便将来在实践中对书本知识进行验证。

2. 短期计划与长期目标相结合原则

培训开发既要满足当前组织现状的迫切需求，同时也要为企业的未来发展做好人力资源的战略储备。根据长远目标规划的培训可能费时费力，达不到立竿见影的效果，但是在将来的组织发展中会产生巨大效益。因此，如何将短期规划与长远目标在员工培训的人、财、物方面协调起来，这是制订培训计划的一个难点。

3. 员工的个性与共性相结合原则

不同层次、不同专业岗位的员工需要通过培训提高的能力要求是不一样的，培训计划应因材施教。比如对企业高层领导者的培训应该从提高其决策能力和战略眼光入手，对中层管理者应该立足于经营能力和管理能力，而对一般员工则要侧重于提高其基础文化知识和操作技能。

4. 培训与工作兼顾原则

从长远来看，员工培训有助于组织效率的提高，但它是要以暂时的人力、财力和时间的消耗为代价的。安排员工进行培训肯定要在一段时间内与组织的正常运作产生冲突和矛盾。在制订培训计划时，要注意安排好组织本身的日常工作，如企业可以安排生产和销售的淡季组织培训，可以让员工分批、分期参加培训。

（三）培训计划的内容

培训计划一般应包括以下几个方面的内容。

1. 确定培训目标

培训目标是根据培训需求分析结果，指出员工培训的必要性，以及期望达到的效果。好的培训计划可以为培训工作提供明确方向，为确定培训对象、内容、时间、教师、方法等具体操作内容提供依据，并可以在培训之后，对照此目标进行效果评估。培训目标可分为若干层次，从某一培训活动的总体目标甚至到每堂课的具体目标，都要详细制定。目标的设置也要注意与企业的宗旨相兼容，要切实可行、陈述准确。

2. 安排培训课程及进度表

这一过程其实是培训目标的具体化和操作化，即根据培训对象、培训目标及要求，确定培训项目的形式、学制、课程设置方案，拟定培训大纲、培训内容、培训时间、培训方式及教学方法，选择教科书与参考教材、培训教师、辅助培训器材与设施等。选择为受训人员提供具体的日程安排，落实到详细的时间安排。培训计划应将总体计划及各分项目标计划实施的过程、时间跨度、阶段划分用简明扼要的文字或图表表示出来。

3. 设计采用的培训方式

在培训中，可视需要及许可条件选择一系列培训方法，如讲授法、会议研讨法、案例研究法、行为示范法、工作轮换法、角色扮演法、管理游戏法、现场培训法等，可采取以其中一两种方法为重点，多种方法变换组合的方式，使培训效果达到最理想状态。同时培训方法的设计也要注意受训者的知识层次和岗位类型，如案例研究对管理者和科技人员比较适合，但对操作人员来说，现场培训和授课方法的效果可能会更好。

4. 培训经费预算

一般来说，员工参加组织外部的培训费用都要按培训单位的收费标准来支付。组织内部培训的形式有：内部自行培训、聘请培训师来组织培训和聘请培训公司来组织培训等几种形式，其经费预算各不相同，主要包括培训师及内部员工的工资，场地费、设备材料的损耗费，教材及资料费用等。培训计划应对所需经费做出详细预算。

5. 制度培训控制措施

为保证培训工作的有序进行，应采取一定的措施及时跟踪培训效果、约束员工行为、保障培训秩序，监督培训工作的开展。常见的控制手段有签到登记、例会汇报、流动检查等。这也是培训计划中所需安排的一项重要内容。

三、培训的实施操作

（一）确定培训师

组织要培训一位合格的培训师成本很高，而培训师的水平直接影响培训的效果。一位优秀的培训师既要有广博的理论知识，又要有丰富的实践经验，既要有扎实的培训技能，又要有高尚的人格。因此，培训师的知识经验、培训技能、人格特征是判别培训师水平高低的三个维度。

（二）确定教材和教学大纲

一般由培训师确定教材，教材来源主要有四种：公开出售的教材、组织内部教材、培训公司开发的教材和培训师编写的教材。一套好的教材应该是围绕培训目标，简明扼要、图文并茂、引人入胜。教学大纲是根据培训计划，具体规定课程的性质、任务和基本要求，规定知识与技能的范围、深度、结构、教学进度，提出教学和考试（考核）的方法。教学大纲要贯彻理论联系实际的原则，对实践性教学环节做出具体规定。

（三）确定培训地点

培训地点一般有以下几种：企业内部的会议室、企业外部的会议室、宾馆内的会议室。要根据培训的内容来布置培训场所。培训者和受培训者对培训环境的评判是从以下因素来考虑：视觉效果，听觉效果，温度控制，教室大小和形状，座位安排，交通条件和生活条件等等。

（四）准备好培训设备

根据培训设计事先准备好培训所需设备器材，例如：电视机、投影仪、屏幕、放映机、摄像机、幻灯机、黑板、白板、纸、笔等。尤其是一些特殊的培训，需要一些特殊的设备。培训设备的添置和安排一般要受培训组织的财务预算制约，但至少要满足培训项目的最低要求。

（五）选择培训时间

培训时间的合理分配要依据训练内容的难易程度和培训所需总时间而定。一般来说，内容相对简单的、短期的培训可以使用集中学习，使之一气呵成；而内容复杂、难度高、时间较长的学习，则宜采用分散学习的方法，以节约开支，提高效率。例如，美国有学者曾研究监工如何向工人进行工作指导问题时，将监工分两组，一组在两周内接受 6 小时的训练，另一组在 3 天内每天接受 2 小时的训练，结果发现采用分散学习的第一组监工比集中学习的第二组监工在指导新职工时所犯错误少得多。另外，在时间选择上也要考虑是在白天还是晚上，是工作日还是周末，是企业生产旺季还是淡季等因素。

（六）发出培训通知

使每个人都确知时间、地点与培训的基本内容。

案例简析

这是一次为 SH 物流公司举行的培训课。课堂上，培训师时而在长篇大论地讲述，时而在白板上书写着，但是讲台下面却很混乱。中间下课休息时，学员聚集在一起议论，仓储主管小李说："你们觉得这位名师如何？我可是耐着性子听了这两天半的课了，本以为他可能会讲些实用的内容，可是这三天的培训课快完了，我也没听到与我工作相关的内容！"而货运主管小齐大声说道："主管在培训前可是发话啦，受训完回岗可是有任务的！我是做运输的，我想知道如何解决运输中的突发事故，比如遇到发错货了、途中遭劫或货物被人做手脚了等问题时应该如何处理，结果听了半天，还没有摸到门道！""这可不行啊，我们可是花了大价钱请他来上课的！平常工作这么忙，能坐到这里听课多不容易啊！要不是看他斯斯文文的样子，我早就提议大家将他赶下台了！"检验员小杨也急切地插话。仓储主管小李又接着说："我们抱怨也没用啊，还是快想想办法吧。要不我们将这些情况向 HR 经理反映一下。"货运主管小齐说："对！对！我们花钱并不是坐在这里听听课就行了，他虽然讲的都没错，但对我们没有用啊！这些想法一定要讲出来，一定要讲出来！"

在企业人力资源管理活动过程中，这种令人失望的事并不少见，只是程度不同而已。

请结合本案例，分析说明是什么原因导致上述教学质量问题发生的？

简析：

首先，培训师不具备聘任的资料和条件，在培训师的选配上出现严重失误。其次，培训主管事前没有与培训师进行深入沟通，说明培训的内容，提出具体的要求。最后，培训课程的设计可能存在一些问题和不足，使培训内容缺乏实用性和适应性。即使上述的几个方面都做得很好，当培训师在教学过程中，出现偏离教案等一些不良情况时，如果培训主管能够及时地指出，并予以纠正，也能"亡羊补牢"，不致出现严重过失。

四、员工培训的控制

培训控制是指在培训过程中不断根据目标、标准和受训者的特点，矫正培训方法及进程的种种努力。培训控制的主体是培训工作的负责人及其他管理人员，组织中的高层领导也可以监督检查的方式介入其中，受训者亦可以根据切身感受提出建议。培训控制可以分为训前控制、训中控制和训后控制三个阶段。

（一）训前控制

训前控制工作一般包括以下内容。

制订培训制度与纪律，包括作息时间、员工工资、奖惩办法等。

对培训师的考评，在选择培训师过程中应采取试讲、提交培训大纲等方式对培训师的能力与水平予以考评。

对培训内容与方法审核，以组织讨论、试培训，以及向专家咨询的方式对培训内容与方法的合理性进行核实与调整。

训前动员，向受训者说明培训的目的、内容及期望达到的效果，激发其学习的主动性和能动性。

（二）训中控制

训中控制应做好以下几个方面的工作。

受训者先测，即对受训者的知识技能进行测量，以便有一个清楚的定量式的认识，为下一步培训效果的检验提供基础。

训中测验与考核，这是一种常见的培训效果检验方法，包括每一门课讲授过程中的测验和课程的结束考核，定期的测验与考核结果可为改进培训方法提供有效依据。

建立例会讨论制度，即定期让受训者集会总结，解决培训过程中遇到的问题，交流学习经验与心得，让受训者在互动中学习，管理者在互动中确定与调整培训控制策略。

积极与培训师交流，聆听培训师的意见与建议，及时对培训师的培训工作提出要求。

加强纪律检查，做好培训记录。

（三）训后控制

训后控制应做好以下工作。

训后考评总结，即根据培训过程中受训者的各课程成绩、态度、考勤等各方面进行系统总结，以物质奖励、晋级或精神奖励等方式对表现突出的受训者进行表彰，对达不到培训要求的受训者提出批评。

培训效果评估，采用科学的评估手段与方法对培训的效果进行分析，看是否达到预定培训目标，可以带来多大的培训效益，并认真总结培训中的经验与教训，为下一轮的培训积累经验。

培训结果的转移，即引导受训者将培训中所学到的知识与技能应用到实际工作之中，提高组织绩效。

五、培训效果评估

培训效果评估是指在培训过程中受训者所获得的知识、技能等应用于工作中的程度。培训效果可能是积极的，这时工作绩效得到提高；也可能是消极的，这时工作绩效可能会出现退步的情况。一般来说，培训内容与以后工作的相似成分越多，就越容易获得积极的效果。

西方的企业组织都很重视对员工培训项目的结果进行评估，通过评估，可以了解某一培训项目是否达到了原定的目标和要求，也可以考察受训人技能的提高，而不仅仅是判断培训目标的实现程度。

（一）柯氏模式

最常用的培训课程评估模式是由威斯康星大学（Wisconsin University）的柯当纳（Donald. L. Kirkpatrick）教授提出来的。因此这种评估模式就被称为"柯氏模式"。柯当纳教授认为，评估培训效果有以下四个不同层面。

第一个层面是评估参与者的反应。因为无论教师怎样认真备课，学员只要对某方面不感兴趣，就不会认真学习。这种评估除了表明他们是否喜欢一项课程外，还可以对他们自己认为最有用的内容和技能进行深刻理解，甚至会促使受训者批评培训工作、积极提出交流和反馈建议。参与者反应的评估是培训效果测定的最低层次，主要利用问卷来进行测定，可以问以下一些问题：受训者是否喜欢这次培训？是否认为培训师很出色？是否认为这次培训对自己很有帮助？有哪些地方可以进一步改进？

第二个层面是评估员工所学的东西，这种检查可能以考卷形式进行，也可能是实地操作。在培训开始之前测试受训者的知识和技能可以提供基本标准，在培训后对其重新测试可以了解到进步之处，而且可以对受训者之间进行平行比较。对员工学习的评估可以运用书面测试、操作测试、情景模拟等方法来测定。主要测定受训者与受训前相比，受训后是否学到了较多的知识，是否掌握了较多的技能，是否改善了工作态度。

第三个层面是评估员工工作行为的变化。在测定员工的反应和学习成果时，培训效果的得分往往很高，但在实际工作中往往会发现，由于某些原因受训者未能在工作中表现出行为的改变。为了使培训转移的效果最大化，管理者可以经常采取措施对员工行为改变进行评估，以便记录学员是否真正掌握了课程内容并运用到工作中去。如果他们没有学以致用，那么就说明该次培训对每个参加的人都是一种浪费。行为变化的测定可以通过上级、同事、下级、客户等相关人员对受训者的业绩评估来进行，主要测定受训者在受训前后行为是否有改善，是否运用了培训时的知识、技能，是否在交往中态度更正确，等等。

第四个层面是评估培训结果，即要衡量培训是否有助公司业绩的提高。如果一门课程达到了让员工改变工作态度的目的，那么这种改变是否对提高公司的经营业绩起到了应有的作用，这是培训效果测定的最高层次，可以通过事故率、产品合格率、产量、销售量、成本、利润、离职率、迟到率等指标进行测定，主要测定内容是个体、群体、组织的效率状况在受训后是否有改善。现在许多机构开始计算培训的实际效用，即发生费用后所获得的效益，如果培训的成本高收益低，或者员工因为其他原因离开原有职位，培训的实际效用就低。

上述评估模式总的规则是：一级评估主要是观察学员的反应；二级评估侧重于检查学员的学习结果；三级评估衡量培训前后的工作表现；四级评估衡量公司经营业绩的变化。要使与工作相关的培训效果好，至少要对一部分培训课程进行三级评估甚至四级评估。深层评估不但能发现培训对实现组织目标是否真有贡献，而且可暴露培训内容在工作中难以运用的障碍。总之，培训部的评估工作绝不仅仅限于统计培训时数和感到满意的学员人数，科学评估培训效果应该是现代人力资源管理的一项重要职责。

（二）其他培训效果评估方法

评估培训效果的常见方法还包括测试比较评估、受训者意见反馈评估、工作标准对照评估、工作态度考察评估和工作绩效考察评估等几种形式。

1. 测试比较评估

考试是测量受训者通过培训获得知识和掌握技能程度的一种有效办法。一般国家和行业都有一些统一举办的资格考试，如会计师资格考试、律师资格考试、程序员资格考试等，也有一些测量水平的等级考试，如英语等级考试、计算机等级考试等，培训结束后参加这类考试的成绩可以直接反映培训的效果。企业也可以自行组织一些考试，以把握培训的直接效果。

2. 受训者意见反馈评估

培训过程中受训人对培训的主观反应是衡量培训效果的一种很有价值的培训效果评估手段。受训者在培训过程中和应用培训结果的时候会形成一些感受、态度及意见，也是员工培训最宝贵经验和财富，是作为培训效果评估的有效依据。比如说培训目标是否合理、培训内容是否实用、培训方式是否合适、培训教师是否有水平等等，它们可以涉及从培训需求分析到培训计划制度与实施等不同层面，甚至涉及诸如培训的时间、场地安排、培训方法等细节性问题。

3. 工作标准对照评估

对照培训目标，比较受训者在工作数量、质量及态度方面能否达到工作标准来评估。具体操作过程中，将受训者的工作业绩与培训之前进行比较，也可以比较同类员工受训者与未受训者之间的工作成绩，来达到评估培训效果目的。如果受训者的工作绩效比培训之前，或者比未受训者有明显的提高，则说明培训是有效果的。

4. 工作态度考察评估

通过观察受训者在培训前后工作态度的变化，如通过受训者在工作中所表现出的热情、组织纪律性和责任心等来评估培训的效果。态度是培训中的一项重要内容，一旦态度端正，员工会自觉地去学习知识、掌握技能。在心理学、教育学和社会学领域都已开发出许多成熟的态度测量量表，可以选择具有较高的效度和信度的量表来测量员工的工作态度，评估培训效果。

5. 工作绩效考察评估

受训者在培训中所获得的收获最终要应用于工作实践中，改变培训对象的工作行为，提高他们的实践能力，这才是培训的目的所在。受训者在培训中获得的知识和技能能否应用于实际工作，切实提高工作绩效，是评价培训效果好坏的重要标准。包括员工受训后工作的积极性、行为的规范性、操作的熟练性、分析解决问题的有效性等等。培训结束后，每隔一段时间以绩效考评的方式了解受训者在工作上所取得的成绩，做好考评工作记录，建立一个受训员工绩效考评档案，以此来评估分析培训效果。

案例简析

名企培训实例——肯德基的企业大学化培训

作为一家餐饮名企，肯德基在中国的发展壮大离不开肯德基员工们的集体贡献。那么，肯德基是如何凝聚起全体员工力量的呢？在此方面，肯德基对员工开展的培训可谓功不可没。

肯德基在中国特地建有适用于餐厅管理的专业训练系统及教育基地——教育发展中心。这个基地成立于1996年，专为餐厅管理人员设立，每年为来自全国各地的2 000多名餐厅管理人提供上千次的培训课程。中心大约每两年会对旧有教材进行重新审定和编写。培训课程包括品质管理、产品品质评估、服务沟通、有效管理时间、领导风格、人力成本管理和团队精神等。

据了解，肯德基最初的培训课程有来自国际标准的范本，但最主要的是来自当地资深员工的言传身教及对工作经验的总结。每一位参加教育发展中心培训的员工既是学员，也是执教者。这所独特的"企业里的大学"，就是肯德基在中国的所有员工的智囊部门、中枢系统。

（一）内部培训制度：分门别类

1. 职能部门专业培训。肯德基隶属于世界上最大的餐饮集团——百胜全球餐饮集团，中国百胜餐饮集团设有专业职能部门，建立了专门的培训与发展策略。每位职员进入公司之后要去肯德基餐厅实习7天，以了解餐厅营运和公司企业精神的内涵。职员一旦接受相应的管理工作，公司还开设了传递公司企业文化的培训课程，一方面提高员工的工作能力，为企业培养合适的管理人才；另一方面使员工对公司的企业文化也有了深刻的了解，从而实现公司和员工的共同成长。

2. 餐厅员工岗位基础培训。作为直接面对顾客的员工，从进店的第一天开始，每个人都要严格学习工作站基本的操作技能。从不会到能够胜任每一项操作，新进员工会接受公司安排的平均近200个工作小时的培训，最后通过考试取得结业证书。从见习助理、二级助理、餐厅经理到区经理，每一段的晋升，都要进入这里修习5天课程。粗略估计，训练一名经理，肯德基要花上好几万元。

3. 餐厅管理技能培训。目前肯德基在中国有大约5 000名餐厅管理人，针对不同的管理职位，肯德基都配有不同的学习课程，学习与成长的相辅相成，是肯德基管理技能培训的一个特点。

当一名新的见习助理进入餐厅时，他将要学习进入肯德基每一个工作站所需要的基本操作技能和常识，以及必要的人际关系的管理技巧和智慧，随着管理能力的增加和职位的升迁，公司会再次安排不同的培训课程。当一名普通的餐厅服务人员经过多年的努力成长为管理数家肯德基餐厅的区经理时，他不但要学习领导入门的分区管理手册，同时还要接受公司的高级知识技能培训，并具备获得被送往其他国家接受新观念以开拓思路的资格和机会。

（二）横纵交流：传播肯德基理念

为了密切公司内部员工关系，肯德基还举行不定期的餐厅竞赛和员工活动，进行内部纵向交流。在肯德基的餐厅，需要学习的最重要的东西就是团队合作精神和注重细节的习惯。

另外，肯德基从 1998 年 6 月 27 日起开始强化对外交流，进行行业内横向交流。和中国国内贸易局共同举办了数届"中式快餐经营管理高级研修班"，为来自全国的中高级中式快餐管理人员提供讲座和交流机会，由专家为他们讲述快餐连锁的观念、特征和架构，市场与产品定位，产品、工艺、设备的标准化，快餐店营运和配送中心的建立等。对技能和观念的培训与教育，除了能提高员工工作能力，同时这种形式的交流也促进了中国快餐业快速地学习国际先进的快餐经营模式。

肯德基在中国开出第 700 家店的上海庆祝活动中，公司没有打广告也没有搞庆祝仪式，而是把自己的培训课堂搬进了复旦大学的校园，让学生体验肯德基的培训。肯德基上海有限公司王奇解释这一现象为"企业大学化"。把企业的培训理念引进校园，一方面高校为企业的培训提供着良好的专业背景，同时企业也通过这样的形式将自己对人才素质的需求及来自管理实践的最新经验反映给学校，这是一个互动的过程。

资料来源：学习世界 500 强企业如何培训员工．经理人论坛．2009-10-20.

问题：肯德基在培训方面有哪些可借鉴之处，对我们提高企业凝聚力有什么启示？

简析：

肯德基在培训方面采取了种种举措，如每年都对培训教材进行重新审定和编写，补充一线员工在实践中获得的新知识、新方法，使培训内容更符合企业实际。其次在培训中采取内部培训制度，对员工进行分门别类的、有针对性的培训。最后在培训中实行横纵交流，目的是传播肯德基理念，使肯德基在创造经济效益的同时，也让肯德基理念获得了更广范围的认可，让肯德基品牌的核心竞争力得到了提升。肯德基已经在用行动努力把创造利润和创造知识结合在一起，现在更多的企业也意识到了这一点：未来，创造财富不仅仅是靠资本、资源，更多的是靠知识。

☐ 实训项目

实训内容：请为你所在的虚拟公司制订一份完整的培训计划。

实训指导：

1. 培训计划要具有可操作性，切实符合公司的实际。

2. 培训计划的内容有：培训目标；培训课程及进度表培训项目的形式，包括课程设置方案，培训内容大纲、培训时间、培训方式及教学方法，选择教科书与参考教材、任课教师、辅助培训器材与设施；制度培训控制措施；培训经费预算；培训具体实施步骤。

3. 要求培训的每项工作都要指定小组成员具体负责，责任到人。

❑ 学中做　做中学

请每位同学为所在的虚拟公司人员开发一项有针对性、可操作性强的培训课程，要求做到：

1. 课程的设置要符合公司实际，并对提高小组成员的素质或技能有很大的帮助。

2. 课程的内容最好是为小组成员量身定制的培训课程。可以是人际沟通、人才观念、领导能力、协调能力、社交礼仪等，只要小组成员感兴趣，能增长知识和能力均可。

3. 课程的内容采用教案形式，将内容写成4～6个课时的教案。

4. 做出你开发课程的授课计划。授课计划包括课程描述和授课计划两个部分，课程描述主要指课程培训对象、课程名称、课程目的、培训目标、培训人数、课程时间和设施要求等；授课计划则包括课程纲要、内容要点、培训方法、练习项目或案例、时间分配等内容。

项目三　员工培训方法实务操作

【知识精讲】各种培训方法的含义、类别，各种培训方法的优缺点，选择培训方法的程序。

工欲善其事，必先利其器，培训要想取得满意的效果必须选择恰当的培训方法。培训方法的选择要与培训内容紧密相关，不同的培训内容适用于不同的方法。不同培训方法有不同的特点，在实际工作中，应依据公司的培训目的、培训内容及培训对象，选择适当的培训方法。培训方法主要分为以下几大类。

一、传授培训法

传授培训法适用于知识类培训，主要包括讲授法、专题讲座法和研讨法等。

（一）讲授法

讲授法是指培训师按照准备好的讲稿，系统地向受训者传授知识的培训方法。它是最基本的培训方法，适用于各类学员对学科知识、前沿理论的系统了解。主要有灌输式讲授、启发式讲授、画龙点睛式讲授三种方式。讲课教师的水平是讲授法成败的关键因素。

1. 讲授法的优点

（1）对培训环境要求不高，易于操作。一旦讲授内容确定后，只需根据培训的内容确定相应的主讲人，找到一间合适的教室，选定培训时间，召集需进行培训的学员即可进行，学员可多可少。

（2）经济高效。可以对大量学员进行培训；可在较短时间内使学员系统地学习、掌握有关的系统知识；员工平均培训费用较低。

（3）有利于教师作用的发挥。培训教师在课堂上对学习者进行知识讲解、能力训练、思维启迪、方法示范，在培训中起主导作用。

（4）学员可利用教室环境相互沟通；也能够向教师请教疑难问题。

2. 讲授法的局限性

（1）单项式教学。讲授法的培训过程是由教师控制的，讲授内容、进度取决于教师，学员基本处于被动接受状态，教师与学员间缺乏必要的交流和反馈，学员间缺乏相互作用和信息交流。单纯的或过多采用讲授法，会助长学员学习的被动或抵触情绪，而且不利于学习内容的消化和记忆。

（2）缺乏实际的直观体验。讲授法仅是利用语言从理论上传授知识和技能，不能给学员提供相关的感性认识，可能对知识的理解和运用有困难。

（3）培训的针对性不强。讲授法主要针对学员的普遍性问题确定讲授内容，采用统一资料、同一方法进行培训，难以顾及每个学员的具体特点和个别问题。

（二）专题讲座法

专题讲座法形式上和课堂教学法基本相同，但在内容上有所差异。课堂教学一般是系统知识的传授，每节课涉及一个专题，接连多次授课；专题讲座是针对某一个专题知识，一般只安排一次培训。这种培训方法适合于管理人员或技术人员了解专业技术发展方向或当前热点问题等。

1. 专题讲座法的优点

培训不占用大量的时间，形式比较灵活；可随时满足员工某一方面的培训需求；讲授内容集中于某一专题，培训对象易于加深理解。

2. 专题讲座法的缺点

讲座中传授的知识相对集中，内容可能不具备较好的系统性。

（三）研讨法

指在教师引导下，学员围绕某一个或几个主题进行交流，相互启发的培训方法。

1. 研讨法的类型

（1）以教师或受训者为中心的研讨。

以教师为中心的研讨从头至尾由教师组织，教师提出问题，引导受训者做出回答。教师起着活跃气氛、使讨论不断深入的作用。讨论的问题除主题本身外，有时也包括由受训者的回答引出的问题。讨论也可以采用这种形式，教师先指定阅读材料，然后围绕材料提出问题，并要求受训者回答。研讨结束后，由教师进行总结。

以受训者为中心的研讨常常采用分组讨论的形式。有两种方法：一是由教师提出问题或任务，受训者独立提出解决办法；二是不规定研讨的任务，受训者就某议题进行自由讨论，相互启发。

（2）以任务或过程为取向的研讨。

任务取向的研讨着眼于达到某种目标，这个目标是事先确定的，即通过讨论弄清某一个或几个问题，或者得出某个结论，组织这样的研讨需要设计能够引起讨论者兴趣、具有探索价值的题目。

过程取向的研讨着眼于讨论过程中成员之间的相互影响，重点是相互启发，进行信息交换，并增进了解，加深感情，又能达到相互影响的目的。这需要对讨论进行精心的组织。例如，先分成小组讨论，小组内进行充分的交流，意见达成一致；然后小组推举一人在全体学员的讨论会上发言。

2. 研讨法的优点

（1）多向式信息交流。在讨论过程中，教师与学员间，学员与学员间相互交流、启发和借鉴，有利于学员取长补短，开阔思路，促进能力的提高。

（2）要求学员积极参与，有利于培养学员的综合能力。研讨法要求在调查准备的基础上，就研讨内容提出自己的观点，找出解决办法，因而学员必须独立思考，收集、查阅各种资料，分析问题，并用语言表达，同时还要能判断评价别人的观点并及时做出反应。

（3）加深学员对知识的理解。通过对实际问题的研究、讨论，为学员提供了运用所学知识的机会，加深了学员对原理知识的理解，提高其运用能力，并激发进一步学习的动力。

（4）形式多样，适应性强，可针对不同的培训目的选择适当的方法。

3. 研讨法的难点

（1）对研讨题目、内容的准备要求较高；

（2）对教学教师的要求较高。

4. 选择研讨题目注意事项

（1）题目应具有代表性、启发性；

（2）题目难度要适当；

（3）研讨题目应事先提供给学员，以便做好研讨准备。

二、实践型培训法（现场培训）

实践型培训法简称实践法，主要适用于以掌握技能为目的的培训，指通过让学员在实际工作岗位或真实的工作环境中，亲身操作、体验，掌握工作所需的知识、技能的培训方法。具体包括工作指导法、工作轮换法、特别任务法、个别指导法、行为模仿法。

实践型培训方法在员工培训中应用最为普遍。这种方法将培训内容和实际工作直接相结合，具有很强的实用性，是员工培训的有效手段。适用于从事具体岗位所应具备的能力、技能和管理实务类培训。

实践法在培训实践中很经济，受训者可边干边学，一般无须特别准备教室及其他培训设施，并且很实用、有效，受训者可通过实干来学习，使培训的内容与受训者将要从事的工作紧密结合，而且受训者在实践的过程中，能迅速得到关于他们工作行为的反馈和评价。

实践法的具体形式如下。

（一）工作指导法

工作指导法又称教练法、实习法，是指由一位有经验的员工或直接主管人员在工作岗位上对受训者进行培训的方法。指导者的任务是指导受训者如何做，提出如何做好的建议，并对受训者进行激励。

工作指导法的优点是应用广泛。可用于基层生产工人的培训，如让受训者通过观察指导者工作和实际操作，掌握机械操作的技能。也可用于各级管理人员培训，让受训者与现任管理人员一起工作，后者负责对受训者进行指导，一旦现任管理人员因退休、提升、调动等原因离开岗位时，训练有素的受训者便可立即顶替，如设立助理职务培养和开发企业未来的高层管理人员。

这种方法并不一定要有详细、完整的教学计划，但应注意培训的要点：一是关键工作环节的要求；二是做好工作的原则和技巧；三是须避免、防止问题和错误的发生。

（二）工作轮换法

工作轮换法是指让受训者在预定时期内变换工作岗位，使其获得不同岗位的工作经验的培训方法。以管理岗位的工作轮换培训为例：让受训者有计划地到各个部门学习，如生产、销售、财务等部门，在每个部门工作几个月。实际参与所在部门的工作，或了解所在部门的业务，扩大受训者对整个企业各环节工作的了解。

工作轮换法的优点如下：

（1）能丰富受训者的工作经验，增加对企业工作的了解；

（2）使受训者明确自己的长处和弱点，找到适合自己的位置；

（3）改善部门间的合作，使管理者能更好地理解相互间的问题。

工作轮换法的不足：工作轮换法鼓励"通才化"，适合于一般直线管理人员的培训，不适用于职能管理人员。

（三）特别任务法

特别任务法是指企业通过为某些员工分派特别任务对其进行培训的方法，此法常用于管理培训。其具体形式如下。

1. 委员会或初级董事会

特别任务法是为有发展前途的中层管理人员提供的，培养分析全公司范围问题的能力，提高决策能力的培训方法。一般"初级董事会"由10～12名受训者组成，受训者来自各个部门，他们针对高层次的管理问题，如组织结构、经营管理人员的报酬、部门间的冲突等提出建议，并将这些建议提交给正式的董事会，通过这种方法为这些管理人员提供分析公司高层次问题的机会。

2. 行动学习

行动学习是让受训者将全部时间用于分析、解决其他部门而非本部门问题的一种培训方法。4～5名受训者组成一个小组，定期开会，就研究进展和结果进行讨论。这种方法为受训者提供了解决实际问题的真实经验，可提高他们分析、解决问题，以及制订计划的能力。

（四）个别指导法

个别指导法和我国以前的"师傅带徒弟"或"学徒工制度"相类似。目前我国仍有很多企业在实行这种"传帮带"式的培训方式，主要是通过资历较深的员工的指导，使新员工能够迅速掌握岗位技能。

1. 个别指导法的优点

（1）新员工在指导者指导下开始工作，可以避免盲目摸索；

（2）有利于新员工尽快融入团队；

（3）可以消除刚从学校毕业的受训者开始工作时的紧张感；

（4）有利于企业传统优良工作作风的传承；

（5）新员工可从指导者那里获取丰富的经验。

2. 个别指导法的缺点

（1）为防止新员工对自己构成威胁，指导者可能会有意保留自己的经验、技术，从而使指导浮于形式；

（2）指导者本身水平对新员工的学习效果有极大影响；

（3）指导者不良的工作习惯会影响新员工；

（4）不利于新员工的工作创新。

（五）行为模仿法

行为模仿法是通过向学员展示特定行为的范本，由学员在模拟的环境中参照示范或者榜样进行模仿，并由指导者对其行为提供反馈，以提高技能的一种培训方法。它适宜于中层管理人员、基层管理人员和一般员工的培训。

1. 行为模仿法的优点

能使受训者的行为符合其职业、岗位的行为要求，提高学员的行为能力；能使受训者能更好地处理工作环境中的人际关系；针对性强。这种培训方法根据培训的具体对象确定培训内容，如基层主管指导新雇员，纠正下属的不良工作习惯等。

2. 行为模仿法的操作步骤

首先，向受训者展示做某件事的正确方式或"示范"（用录像或影片），建立示范模型。

其次，让每位受训者练习用这种正确的方式做这件事。要求受训者在模拟环境中扮演角色，以体验培训情景。

然后由受训者的主管就他们实际表现，给他们提供反馈意见和表扬。

再次，社会行为强化。

最后，培训成果的转化与应用。

3. 行为模仿法的应用对象

（1）培训中层管理人员，使他们更好地处理所在环境中的人际关系，例如讨论工作绩效问题、讨论不理想的工作习惯等。

（2）培训基层主管人员，使他们更好地处理常见的主管与雇员之间的相互关系问题，包括给予赏识、训导、引进变革以及改进不良工作绩效。

（3）培训一般员工，使他们掌握企业要求的岗位行为，并纠正原有不良行为。

课 堂 讨 论

资料：人力资源部的难题

一大型酒店的餐饮部门抱怨，他们上下班没个正点，工作辛苦，每天为客人陪笑脸，却因为早晨开晨会迟到被人力资源部批评罚款，心中不服。职能部门抱怨说，他们每天协调这个，管理那个，为经营部门服务，虽然穿的是管理服装，可拿的工资还没有餐厅的主管拿的多，心中不服气。

讨论：

针对此种情况，作为人力资源部经理，你认为该采取什么方式才能解决员工的思想问题？

要点：＿＿＿＿＿＿＿＿＿＿＿＿＿＿＿＿＿＿＿＿＿＿＿＿＿＿＿＿＿＿＿＿

＿＿＿＿＿＿＿＿＿＿＿＿＿＿＿＿＿＿＿＿＿＿＿＿＿＿＿＿＿＿＿＿＿＿＿

三、参与型培训法

参与型培训法是调动培训对象的积极性，让其在培训者与培训对象双方的互动中学习的方法。这类方法的主要特征是每个培训对象积极参与培训活动，从亲身参与中获得知识、技能，掌握正确的行为方式，开拓思维，转变观念。主要形式有自学、案例研究法、头脑风暴法、模拟训练法、敏感性训练法和管理者训练法。

（一）自学

自学适用于知识、技能、观念、思维、心态等多方面的学习。自学既适用于岗前培训，又适用于在岗培训，而且新员工和老员工都可以通过自学掌握必备的知识和技能。

1. 自学的优点

（1）费用低。自学只需要为自学者创造一定的学习条件或者对自学进行必要的组织，不需要聘请教师，购置大件教学设备，不需要解决学员的食宿问题，因此自学费用比课堂培训低得多。

（2）不影响工作。与集中培训不同，自学往往是在业余时间进行，学习和工作不会发生矛盾，对工作一般不会产生影响。

（3）自学者自主性强。自学者可根据自己的具体情况安排时间和进度，有重点地选择学习内容，学习者自主性强，可弹性安排学习计划。

（4）可体现学习的个别差异。自学者可以对学习内容进行选择，着重学习自己不熟悉的内容。同时，自学者可按照自己习惯的方法学习。

（5）有利于培养员工的自学能力。在信息时代，每个人都必须终身受教育，学会如何学习对于每个人都非常重要。自学的过程是学习者主动地掌握知识的过程，必然会提高学习能力。

2. 自学的缺点

（1）学习的内容受到限制。自学时缺少交流、演练和指点。

（2）学习效果可能存在很大差异。每个员工的自学能力和主动性不同，学习效果可能存在很大差异。

（3）学习中遇到疑问和难题往往得不到解答。在课堂培训时，教师会对重点和难点进行着重讲解，使受训者能够听懂。在自学时，自学者遇到不懂的问题可能无法得到解答。

（4）容易使自学者感到单调乏味。在讲授时，教师一般通过生动的讲解引起学员的兴趣，营造良好的学习气氛。自学是单独进行的，如果恰好学习者对学习的内容缺乏兴趣，就会产生单调、乏味的感觉。

3. 自学的组织方式与步骤

从培训的角度看，自学并不是放任自由，它是实现培训计划的一种方式。因此有必要对自学进行有效的组织。

自学的组织有以下几种形式。

（1）指定学习资料。包括选定学习资料；规定学习的完成时间和具体要求；员工自学；反馈学习结果。

（2）电视教育。企业创建自己的闭路电视系统课程。对大多数中小企业而言，如果没有明显的地域限制，半脱产和鼓励员工业余时间自学是最好的选择。

（3）网上学习。企业在互联网上开设线上课程，员工无论何时何地，只要打开手机或计算机就可以学习。不受时间和空间的限制、费用低是在线学习的最大优势。

其具体步骤是：建设在线课程—员工拥有个人手机或计算机—开设线上课程—配备自学辅导员。

网络教学的优点：自学者可以在自己选定的时间、空间内学习；便于自学者与指导者交流；信息量大、选择性强；学习内容易于保存；费用低。

网络教学的缺点：课程内容很难根据自学者的具体情况改变，不够灵活；只适合进行知识方面的培训，其他培训项目较难开展；无法对学习过程进行控制，完全依靠学习者的自觉性；由于个人单独学习，容易产生单调感和孤独感。

（二）案例研究法

案例研究法指一种信息双向性交流的培训方式，是将知识传授和能力提高两者融合在一起的培训方法。可分为案例分析法和事件处理法两种。

1. 案例分析法

案例分析法又称个案分析法，围绕一定的培训目的，把实际工作中真实的场景加以典型化处理，形成供学员思考分析和决策的案例，通过独立研究和相互讨论的方式，来提高学员的分析及解决问题能力的一种培训方法。一般针对特定案例进行讨论，寻求解决问题的方案，可以看作是一种特殊的研讨法。

（1）案例分析法的特点

案例分析法目的是提高学习者分析问题和解决问题的能力，学员需要在课外去完成案例知识的准备，是一种较为高级的培训方法；主体是学习者；学习方式是学习者通过对案例的分析，从中总结出某些规律，即由案例引出理论。本质上是一种归纳式学习方法；教师的任务就是引导学习者以思考、讨论的方式将人的行为动因或行为规律找出来；案例分析法提供给学习者一个个生动具体的案例，这些案例只是为学习者的分析与思考提供问题的情景。教师在案例中鼓励和激发学习者的思考。

案例分析法提供的情景是具体、全方位的，人们的行为可以从多方面进行解释，很难有一个最优答案。

（2）案例分析法的基本方法和程序

教师介绍案例。选择的案例一般是组织运行中的实际问题；让受训者陈述他们的看法，征求他人意见，正视不同看法并做出决策，这样就导致将对教师的依赖降到最低限度；教师很少回答"对"或"不对"，那些不完善的案例才是真实的；教师通过创造适当程度的戏剧场面来推进案例研究。

在案例分析法中，教师扮演着至关重要的角色。教师不应是解释教科书原理的讲师或说教者，而应是一种催化剂和教练。教师还应是有效的信息源，应提出探讨性的问题以引发学员之间热烈的辩论。

用于教学的案例应满足以下三个要求：内容真实；案例中应包含一定的管理问题；分析案例必须有明确的目的。

案例分析可分为两种类型：第一种是描述评价型。即描述解决某种问题的全过程，包括其实际后果（不论成功或失败）。这样，留给受训者的分析任务只是对案例中的做法进行事后分析，以及提出"亡羊补牢"性的建议。第二种是分析决策型。即只介绍某一待解决的问题，由受训者去分析并提出对策。本方法更能有效地培养受训者分析决策、解决问题的能力。上述两种方法不是截然分开的，中间存在一系列过渡状态。

2. 事件处理法

事件处理法是指让受训者自行收集亲身经历的案例，将这些案例作为个案，利用案例研究法进行分析讨论，并用讨论结果来警示日常工作中可能出现的问题。受训者间通过彼此亲历事件的相互交流和讨论，可使企业内部信息得到充分利用和共享，同时有利于形成一个和谐、合作的工作环境。

（1）事件处理法的适用范围：适宜各类员工了解解决问题时收集各种情报及分析具体情况的重要性；了解工作中相互倾听、相互商量、不断思考的重要性；通过自编案例及案例的交流分析，提高受训者理论联系实际的能力、分析解决问题的能力，以及表达、交流能力；培养员工间良好的人际关系。

（2）事件处理法的优点：参与性强，变受训者被动接受为主动参与；将受训者解决问题能力的提高融入到知识传授中；教学方式生动具体，直观易学；受训者之间能够通过案例分析达到交流的目的。

（3）事件处理法的缺点：案例准备的时间较长且要求高，案例法需要较多的培训时间，同时对受训者能力有一定的要求；对培训顾问的能力要求高；无效的案例会浪费培训对象的时间和精力。

（三）头脑风暴法

头脑风暴法又称"研讨会法""讨论培训法"。头脑风暴法的特点是培训对象在培训活动中相互启迪思想、激发创造性思维，它能最大限度地发挥每个受训者的创造能力，提供解决问题的更多、更好的方案。

（1）操作要点：只规定一个主题，即明确要解决的问题，保证讨论内容不泛滥。把受训者组织在一起无拘无束地提出解决问题的建议或方案，组织者和受训者都不能评议他人的建议和方案。然后再收集各受训者的意见，交给全体受训者，排除重复的、明显不合理的方案，重新表达内容含糊的方案。组织全体受训者对各可行方案逐一评估，选出最优方案。头脑风暴法的关键是要排除思维障碍，消除心理压力，让受训者轻松自由、各抒己见。

（2）头脑风暴法的优点：培训过程中为企业解决了实际问题，大大提高了培训的收益；可以帮助受训者解决工作中遇到的实际困难；培训中受训者参与性强；小组讨论有利于加深受训者对问题理解的程度；集中了集体的智慧，达到了相互启发的目的。

（3）头脑风暴法的缺点：对培训顾问要求高，如果不善于引导讨论，可能会使讨论漫无边际；培训顾问主要扮演引导的角色，讲授的机会较少；研究的主题能否得到解决也受培训对象水平的限制；主题的挑选难度大，不是所有的主题都适合用来讨论。

（四）模拟训练法

模拟训练法以工作中的实际情况为基础，将实际工作中可利用的资源、约束条件和工作过程模型化，受训者在假定的工作情境中参与活动，学习从事特定工作的行为和技能，提高其处理问题的能力。其基本形式是：由人和机器共同参与模拟活动；人与计算机共同参与模拟活动。

模拟训练法的优点：受训者在培训中工作技能将会获得提高；通过培训有利于加强员工的竞争意识；可以带动培训中的学习气氛。

模拟训练法的缺点：模拟情景准备时间长，而且质量要求高；对组织者要求高，要求其熟悉培训中的各项技能。

这种方法与角色扮演类似，但并不完全相同。模拟训练法更侧重于对操作技能和反应敏捷的培训，它把受训者置于模拟的现实工作环境中，让受训者反复操作，解决实际工作中可能出现的各种问题，为进入实际工作岗位打下基础。这种方法比较适用于对操作技能要求较高的员工的培训。

（五）敏感性训练法

敏感性训练（sensitivity training）法又称 T 小组法，简称 ST 法。敏感性训练要求受训者在小组中就个人情感、态度及行为进行坦率、公正的讨论，相互交流对各自行为的看法，并说明其引起的情绪反应。它的目的是要提高受训者对自己的行为和他人的行为的洞察力，了解自己在他人心目中的"形象"，感受与周围人群的相互关系和相互作用，学习与他人沟通的方式，提高在各种情况下的应变能力。

敏感性训练法适用于：组织发展训练，晋升前的人际关系训练，中青年管理人员的人格塑造训练，新进人员的集体组织训练，外派工作人员的异国文化训练等。

敏感性训练法常采用集体住宿训练、小组讨论、个别交流等活动方式。具体训练日程由指导者安排，内容可包括问题讨论、案例研究等。讨论中，每个受训者充分暴露自己的态度和行为，并从小组成员那里获得对自己行为的真实反馈，承受以他人的方式给自己提出意见，同时了解自己的行为如何影响他人，从而改善自己的态度和行为。

（六）管理者训练

管理者训练（manager training plan）简称 MTP 法，是产业界最为普及的管理人员培训方法。这种方法旨在使受训者系统地学习，深刻地理解管理的基本原理和知识，从而提高他们的管理能力。

管理者训练适用于培训中低层管理人员掌握管理的基本原理、知识，提高管理能力。一般采用专家授课、受训者间研讨的培训方式。企业可进行大型的集中训练，以脱产方式进行。

管理者训练的操作要点：指导教师是管理者训练法的关键，一般采用外聘专家或由企业内部曾接受过此法训练的高级管理人员担任。

课 堂 讨 论

资料：击败了对手

盖莫里公司是法国一家拥有 300 人的中小型私人企业，这一企业生产的电器有许多厂家与之在市场竞争。该企业的销售负责人参加了一个关于发挥员工创造力的培训后深受启发，在自己公司谋划成立了一个创新小组。在冲破了来自公司内部的层层阻挠后，他把整个小组（约 10 人）安排到了农村一家小旅馆里，在以后的三天中，每人都采取了封闭管理，以避免外部的电话或其他干扰。

第一天全部用来训练。通过各种训练，组内人员开始相互认识，他们相互之间的关系逐渐融洽，很快都进入了角色。第二天，进行创造力技能训练，开始涉及智力激励法及其他方法。他们要解决的问题有两个，一是解决第一个问题，发明一种拥有其他产品没有的新功能电器；二是解决第二个问题，为此新产品命名。

在第一、第二两个问题的解决过程中，都用到了智力激励法，但在为新产品命名这一问题的解决过程中，经过两个多小时的热烈讨论后，共取了 300 多个名字，主管则暂时将这些名字保存起来。第三天一开始，主管便让大家根据记忆，默写出昨天大家提出的名字。在 300 多个名字中，大家记住 20 多个。然后主管又在这 20 多个名字中筛选出了三个大家认为比较可行的名字。再将这些名字征求顾客意见，最终确定了一个。

结果，新产品一上市，便因为其新颖的功能和朗朗上口、让人回味的名字，受到了顾客热烈的欢迎，迅速占领了大部分市场，在竞争中击败了对手。

资料来源：http://www.docin.com/p-1510337711.html

讨论：

1. 通过以上的描述，你知道这个公司运用了什么方法训练的吗？

2. 结合案例说说这种方法的优点？

要点：_____

四、态度培训法

态度培训法主要针对行为调整和心理训练，具体包括角色扮演法和拓展训练等。

（一）角色扮演法

角色扮演法是在一个模拟真实的工作情境中，让参加者身处模拟的日常工作环境之中，按照他在实际工作中应有的权责来扮演与实际工作类似的角色，模拟性地处理工作事务，从而提高处理各种问题的能力。这种方法的精髓在于"以动作和行为作为练习的内容来开发设想"。也就是说，受训者们不是针对某问题相互对话，而是针对某问题采取实际行动，以提高个人及集体解决问题的能力。

1. 角色扮演法的优点

（1）受训者参与性强，受训者与教师之间的互动交流充分，可以提高受训者培训的积极性。

（2）角色扮演中特定的模拟环境和主题有利于增强培训效果。在角色扮演过程中，受训者之间需要进行交流、沟通与配合，因此可增加彼此之间的感情交流，培养他们的沟通、自我表达、相互认知等社会交往能力。

（3）在角色扮演过程中，受训者可以互相学习，及时认识到自身存在的问题并进行改正，明白本身的不足，使各方面能力得到提高。

（4）提高受训者业务能力，同时加强了其反应能力和心理素质。

（5）具有高度的灵活性，实施者可以根据培训的需要改变受训者的角色，调整培训内容。同时，角色扮演对培训时间没有任何特定的限制，视要求而决定培训时间的长短。

（6）角色扮演者能放弃自己的禁忌，尝试采取新的行动方式，并可训练人们体察他人情绪的敏感性。例如，一个主管可以尝试采取替他人着想的领导方式，也可以尝试采取专断的领导方式。

2. 角色扮演法的缺点

（1）场景是人为设计的，如果设计者没有精湛的设计能力，设计出来的场景可能会过于简单，使受训者得不到真正的角色锻炼、能力提高的机会。

（2）实际工作环境复杂多变，而模拟环境却是静态的、不变的。

（3）角色扮演中的问题分析限于个人，不具有普遍性。

（4）有时受训者由于自身原因，参与意识不强，角色表现得漫不经心，影响培训效果。

（5）一次活动可能需用一个小时或更长时间才能完成，如果活动指导人员没有准备有关受训者将学到什么东西的概括性说明，受训者只会认为是浪费时间。

（6）有些受训者认为角色扮演是儿童游戏，不配合进行；而另一些参加过不成功的角色扮演活动的人，则完全不愿意再参加了。

综上所述，角色扮演法既有优点，又有不足之处，是一种难度很高的培训和测评方法。要想达到理想的培训和测评效果就必须进行严格的情景模拟设计，同时，保证角色扮演全过程的有效控制，随时纠正可能产生的问题。

（二）拓展训练

拓展训练是指通过模拟探险活动进行的情景式心理训练、人格训练、管理训练。它以外化型体能训练为主，受训者被置于各种艰难的情境中，在面对挑战、克服困难和解决问题的过程中，使人的心理素质得到改善，包括场地拓展训练和野外拓展训练两种形式。

1. 场地拓展训练

场地拓展训练是指需要利用人工设施（固定基地）的训练活动，例如高空断桥、空中单杠等高空项目，扎筏泅渡、合力过河等水上项目等。场地拓展的特点如下。

（1）有限的空间，无限的可能。如训练场地的几根绳索，却是能否生存的关键；几块木板，成了架设通往成功的桥梁。

（2）有形的游戏，锻炼的是无形的思维。在培训师的引导下，利用简单的道具，整个团队进入模拟真实的训练状态，团队和个人的优点得以凸显，问题也不同程度地暴露出来，在反复的交流回顾中，也许找到了某些想要的答案，也许为今后问题的解决提供了思路。

（3）简便，容易实施。场地拓展训练可以在会议厅里进行，也可以在室外的操场上进行，因此它既可以作为一次单独的完整团队培训项目来开展，又能很好地和会议、酒会或其他培训相结合，使团队在变革与学习、沟通与默契、心态和士气、共同愿景等方面得到收益和改善。

场地拓展训练可以促进团队内部和谐，提高沟通的效率，提升员工的积极性，对形成从形式到内涵真正为大家认同的企业文化起到了明显的作用，也能作为企业业务培训的补充。

2. 野外拓展训练

野外拓展训练，是指在自然地域，通过模拟探险活动进行的情景体验式心理训练。它起源于第二次世界大战中的海员学校，英文是 outward bound，意思是一艘小船离开安全的港湾，勇敢驶向探险的旅程，去接受一个个挑战，战胜一个个困难。它旨在训练海员的意志和生存能力，后被应用于管理训练和心理训练等领域，用于提高人的自信心，培养把握机遇、抵御风险、积极进取和团队精神等素质，以提高个体的环境适应与发展能力，提高组织的环境适应与发展能力。

野外拓展训练的基本原理：通过野外探险活动中的情景设置，使参加者体验所经历的各种情绪，从而了解自身（或团队）面临某一外界刺激时的心理反应及其后果，以实现提升受训者能力的培训目标。

野外拓展训练包括远足、登山、攀岩和漂流等项目。这些活动是参加者的一种媒介，使他们可以了解自身与同伴的力量、局限和潜力。

3. 野外拓展和场地拓展的区别

（1）野外拓展借助自然地域，轻松自然；

（2）野外拓展提供了真实模拟的情境体验；

（3）野外拓展使参与人员拥有开放接纳的心理状态；

（4）野外拓展使参与人员拥有与以往不同的共同生活经历。

课 堂 讨 论

资料：采用哪种方法呢？

上级要求人力资源部设计一个培训方案，帮助电信产品事业部的管理人员加强沟通与合作。

讨论：

1. 您认为哪些培训方法适合用于这次培训中？

2. 应选择内部培训师还是外部培训师？

要点： _____

五、科技时代的培训方法

随着现代社会信息技术的发展，大量的信息技术被引进到培训领域。在这种情况下，新兴的培训方式不断涌现，如网上培训、虚拟培训等在很多公司受到欢迎。

（一）网上培训

网上培训又称为基于网络的培训，是指通过企业的内部网或因特网对受训者进行培训的方式。它是将现代网络技术应用于人力资源开发领域而创造出来的培训方法，也以其无可比拟的优越性受到越来越多企业的青睐。

在网上培训中，老师将培训课程储存在培训网站上，分散在世界各地的受训者利用网络浏览器进入该网站接受培训。

1. 网上培训的优越性

（1）无须将受训者从各地召集到一起，大大节省了培训费用。

（2）网络上的内容易修改，且修改培训内容时，无须重新准备教材或其他教学工具，可及时、低成本地更新培训内容。

（3）网上培训可充分利用网络上大量的声音、图片和影音文件等资源，增强课堂教学的趣味性，从而提高受训者的学习效率。

（4）网上培训的进程安排比较灵活，受训者可以充分利用空闲时间进行，而不用中断工作。

2. 网上培训的缺点

（1）网上培训要求企业建立良好的网络培训系统，这需要大量的培训资金，中小企业由于受资金限制，往往无法花费资金购买相关培训设备和技术。

（2）某些培训内容不适用于网上培训方式，如关于人际交流的技能培训就不适用于网上培训方式。

（二）虚拟培训

虚拟培训是指利用虚拟现实技术生成实时的、具有三维信息的人工虚拟环境，受训者通过运用某些设备接收和响应环境的各种感官刺激而进入其中，并可根据需要通过多种交互设备来驾驭环境、操作工具和操作对象，从而达到提高培训对象各种技能或学习知识的目的。

虚拟培训的优点在于它的仿真性、超时空性、自主性、安全性。在培训中，受训者能够自主地选择域组合虚拟培训场地和设施，而且受训者可以在重复中不断增强自己的训练效果；更重要的是这种虚拟环境使他们脱离了现实环境培训中的风险，并能从这种培训中获得感性知识和实际经验。

案例简析

艾南化妆品公司是南方某市一家有名的生产女用系列化妆品的民营公司，公司创办于

1992 年，主要生产和经营化妆品及老年保健用品。在创办最初的几年里，该公司每年以 25%的速度迅速地发展，产品不但销往全国各省市，而且销往境外十多个国家和地区，成为一家国内外享有盛誉的化妆品公司。1999 年后，原销售部经理杨涛升任负责销售的副总经理，而原来销售部的负责境外地区销售的副主任柳艳被提升为销售部经理，柳艳上任后不久，即参照境外的经验制订了有关销售人员的培训计划。计划规定对销售人员集中培训两次，一次是在春节期间，另一次为六月份最后一个星期，每次时间 3 至 5 天。把所有的销售人员集中起来，听取有关国内外最新销售技术知识的讲座和报告，再结合公司的销售实际进行讨论。每次都聘请了一些专家顾问参加讲座和讨论。这样每年集中培训两次的费用不大（每次 40 多个人，费用 10 万多元），但培训收效却很大。

近年来，由于化妆品市场的激烈竞争，公司的生意开始停滞不前，公司在经济上陷入了困境。

为了扭转局势，总经理下令，要求各副总经理都要相应地削减各自负责领域的费用开支。在这种情况下，负责销售的副总经理便找销售部经理柳艳商讨，二人在讨论是否应削减销售人员的培训费用问题上意见不同。副总经理杨涛建议把销售人员原来一年两次的培训项目削减为一次。杨涛提出："柳艳，我们目前有着经济上的困难，一则希望通过裁减人员来缩减开支，但是公司的销售任务很重。目前 40 多位销售人员还转不过来，所以人员不能裁减。那么剩下的一条路就是削减培训项目了。我们目前的销售人员大多数都是近几年招进来的大学毕业生，他们在学校里都已经学过关于销售方面的最新理论知识，他们中有些人对这种培训的兴趣也不是很大。而少数一些销售人员，虽不是大学毕业，但他们都在销售方面有了丰富的经验了。因此，我认为，销售人员的培训项目是不必要的开支，可以取消或缩减。"柳艳回答道："杨经理，我们大多数销售人员都是近几年来的大学毕业生。但是，要知道，他们在大学里学的只是书本上的理论知识和抽象的概念。而且，他们在专业性的化妆品和保健品销售上没有任何经验。在培训中，我们让从学校出来的人与有经验的销售人员一起工作一段时期，在此基础上再参加我们的培训，一边听取有关最新销售技术知识的讲座和报告，一边结合我们公司的具体实际与专家们共同研讨。正是由于我们坚持不懈地进行了这种培训，我们才在国内和国际市场上扩大了销售量，也才减少了顾客对我们的抱怨，赢得了顾客的信誉。因此，我认为，我们决不能削减这个培训项目！""对不起，柳艳。总经理要我们必须缩减开支，我真的没有办法。我对你说了，我们销售任务很重，我们不能裁减销售人员，所以，我们只有通过削减销售人员培训计划来缩减开支。我决定，从明年开始，把每年两次的培训项目缩减为一次，总之，销售人员的培训削减 50%至 60%。也许等公司的经济好转以后，我们再考虑是否恢复增加销售人员的培训费用问题。"

问题：

艾南化妆品公司通过停止培训项目来缩减开支的办法可取吗？请简单分析一下理由。

简析：

艾南化妆品公司通过停止培训项目来缩减开支的办法是不可取的。影响销售技能提高，进而影响未来销售业绩；失去对竞争对手的了解，无法制定出有效的应对措施；工作中存在的问题不能得到及时解决；造成人员流失。

但是我们可以通过对培训方式进行革新。例如将集中培训分为分散培训、网络培训研讨等，培训内容不变，但节省费用。

裁减绩效一直不好的销售人员，节省费用，通过培训，提高其他销售人员的业绩进行弥补。

改革培训方式，提高传帮带的作用，发挥团队协作作用，提高整体作战能力，同时降低成本。

六、其他方法

除了以上的培训方法之外，还有函授、业余进修、开展读书活动、参观访问等方法，这些方法通过受训者的自身努力和自我约束能够完成的，公司只起鼓励、支持和引导作用。

七、选择培训方法的程序

（一）确定培训活动的领域

企业培训的目的和特性形成培训目标，在具体实施培训活动时要划定培训的领域。要在这些领域中有效地开展教育培训活动，就要选择恰当的技巧和方法。

对企业培训的领域进行整理和分类，并把它们与培训课程相对照，研究选择适当的培训方法和技巧，以适应培训目标所设定的领域。

分析培训方法的适用性。培训方法是为了有效地实现培训目标而挑选出的手段和方法。它必须与教育培训需求、培训课程、培训目标相适应；同时，它的选择必须符合培训对象的要求。

（二）培训方法的选择原则

每一种培训方法都有自己的长处与短处，有一定的适用领域。优选培训方法，即选择最优的培训方法、最合适的培训方法。优选培训方法的原则如下：

（1）保证培训方法的选择要有针对性，即针对具体的工作任务来选择；

（2）保证培训方法与培训目的、课程目标相适应；

（3）保证选用的培训方法与受训者群体特征相适应；

（4）培训方式方法要与企业的培训文化相适应；

（5）培训方法的选择还取决于培训的资源与可能性（设备、费用、场地、时间等）。

案例简析

大华公司在全国范围内营销自己的产品，公司推行异地轮训制。西北市场的负责人李军上一年开始负责上海市场，但是上海市场的业务却比较低迷，公司财务主管坚持认为需要将李军撤换，而人事主管则认为不能撤换。人事主管认为，李军在西北市场做得很好，且深得业务员们的拥护，而且正是因为李军在西北市场工作的时间太长，才导致他与上海的发展无形中脱节。如果把李军调开随便安排在一个位置，这显然与公司长期培养人才的政策相矛盾。对李军的不当安排，立刻会使公司的异地轮训制度面临信任危机，公司其他员工会认为异域地轮训是一种变相的淘汰方法，对公司人员的稳定极为不利，但财务主管坚持认为李军的工作跟不上上海的发展，需要换人，同时推荐李军的副手代替他的位置，但是李军的副手认为自己的临时身份很难发挥作用，委婉地拒绝了这一要求。公司吴经理听到两人的辩论，觉得都有道理。

问题1：吴总该采取什么样的行动呢？

问题2：从该案例中，可以得到什么经验教训？

简析：

问题1：吴总应主要从以下三个方面来着手。

（1）耐心辅导。吴总不能听信财务主管而撤换李军。他应当和李军亲自谈一谈，告诉李军他目前的处境，以帮助他克服现在的困难，建立新的业绩。如果盲目撤换李军，会给公司带来严重的负面影响。

（2）培训开发有潜能的领导者。从案例中可以看出，李军是公司重要的骨干人员。决定不改变上海市场的负责人，并不是要回避李军业绩不好的事实。吴总要让李军知道，身为上海市场的主管，光靠"人和"的长处是不够的，他还需要适应市场的能力，也就是李军需要改变，提高自己的能力，有所作为。

（3）才智应用恰到好处。吴总可以建议李军和副手更好地合作。案例中可看出，李军的副手是一名不错的员工。经过一段时间，如果吴总已经尽力协助，而李军仍然没有起色，面对新的挑战又不能适应，吴总就必须调整上海地区的负责人，毕竟不能因为李军一个人而使公司的整体利益受到损害。这时处理李军的问题，最好的方式是用钱请人走路。因为李军如果留在公司内部，一方面没有合适的位置，另一方面也会产生对异地轮训制度的负面影响。

问题2：

（1）公司的决策影响员工的进步，公司应当承担相应的责任；

（2）企业必须坚持长期的政策，保持政策的稳定性；

（3）公司应当帮助重要工作人员适应变化的环境，因为这也是公司的事情。

☐ 实训项目

实训内容：运用角色扮演法，进行情景模拟。

1. 你正在会见一名经常旷工的员工，包括在周末安排他工作时也旷工。把会谈的内容引向：在旷工期间都在干什么？

2. 你正在会见一名员工，他抱怨你刚公布出来的排班表。把会谈的内容引向：你和这名员工已经清楚地表明了抱怨的实质。

3. 你正在与一名对重要工作和程序置若罔闻的员工会谈，这已经是你与该员工第三次讨论这个问题了。你对他清楚地表明了这个问题的实质后，就不再谈论该问题，并一直到会谈结束都不提及此问题。

实训指导：

1. 按小组成员分工，每组给 20 分钟练习以上三种情境的内容。

2. 请一组学生上台表演任何一个情境，其他学生则对表演者在角色扮演中运用的技巧进行评论，并写下他们的评论，包括做得好的和需要改进的。

3. 分别对学生的表演进行总结讨论，并可以进行轮换表演。

❏ 学中做　做中学

1. 讲授法：信息知识的讲解

你是某大型公司的人力资源部经理，今年为信息部新招了六名大学生。这些大学生有学中文的，有学管理的，有学法律的，有学医药的，有学食品加工的，有一个是学计算机的。他们的教育背景可以满足不同的需要，但遗憾的是他们对信息部的工作一无所知，你有必要先向他们介绍一下信息部的工作及信息的有关知识。

请你作为人力资源培训师为新进大学生进行 20 分钟的授课。

2. 为你所在的虚拟公司进行某一专题内容的课程设计，就你设计的培训内容在课上采用讲授法或其他方法进行实际演练。

小　结

1. 员工培训开发是指组织为开展业务及培育人才，采用各种方式对员工进行有目的、有计划的培养和训练的管理活动，使员工在知识、技能、能力方面得到提高，在态度方面得到改善，以保证员工能够按照工作标准完成所承担的工作和任务，目的是通过改善员工的绩效来提升组织的整体绩效，实现组织的总体目标。

2. 员工培训开发是人力资源开发和管理的基本核心。组织中的人力资源管理职能一般有：人力资源规划、招聘录用、岗位分析、培训开发、绩效管理、薪酬管理、员工关系管理、职业生涯设计等，而培训开发工作贯穿于人力资源管理的各个环节。

3. 培训开发流程一般包括制定岗位培训制度、开展培训需求分析、制订培训开发计划及计划经费预算、确定培训对象、选择培训方法和培训机构、进行课程设置、培训开发实施、撰写评估报告、实施培训评估等几个主要方面。

4. 培训计划的内容主要包括确定培训目标、安排培训课程及进度表、设计采用的培训方式、培训经费预算、培训控制的制度措施。

5. 培训的具体实施主要有确定培训师、确定教材和教学大纲、确定培训地点、准备好培训设备、选择培训时间、发出培训通知。

6. 传统的培训方法主要有四大类：传授培训法，包括讲授法、专题讲座法和研讨法；实践型培训法，包括工作指导法、工作轮换法、特别任务法、个别指导法、行为模仿法；参与型培训法，包括自学、案例研究法、头脑风暴法、模拟训练法、敏感性训练法和管理者训练法；态度培训法，包括角色扮演法和拓展训练等。科技时代的培训方法具体有网上培训、虚拟培训等。其他培训方法还有函授、业余进修，开展读书活动，参观访问等方法。

思考题

1. 什么是员工培训开发？员工培训开发与其他人力资源职能有何关系？
2. 员工培训开发的流程有哪些？
3. 员工培训开发的计划包括哪些内容？
4. 员工培训开发的具体实施包括哪些内容？
5. 培训方法主要有哪些？如何实施讲授法？角色扮演法的优缺点有哪些？

模块七

绩 效 管 理

知识目标：

1. 绩效、绩效管理的含义；
2. 绩效管理与绩效考核的区别和联系。

能力目标：

1. 绩效管理的各类方法；
2. 绩效管理的程序和步骤。

素质目标：

1. 主动适应环境，适时提出调整；
2. 主动发现工作中存在的问题。

导入案例：

北方公司注重员工工作过程的考评

北方公司的员工考评主要分为两个方面：一方面是员工的行为，另一方面是绩效目标。

每个员工在年初就要和主管确定当年最主要的工作目标是什么。以前是每年制定一次目标，现在随着市场变化及公司发展的变化，公司对员工的考评是经常性的，随时会对已定的目标进行考评和调整。公司的员工除了和自己的上司订立目标，还有可能与其他部门一起合作做项目，许多人都参加到同一个项目里。所以一个员工的业绩考评不是一个人说了算，也不是一个方面能反映的。

对员工绩效进行考评的人员，除了员工的主管外，还有很多同事，以及他们的下属，这就是所谓的"360度考评"。对员工的行为和目标的考评因为是经常性的，员工在工作中出现什么不足，就会从周围人和主管那里获得信息，如果有些不同看法，主管会与员工进行沟通，力求使员工能够对绩效考评有更加全面深入的认识。

北方公司认为考评有两个功能，一是看以前的工作表现和业绩，它反映一个人的能力；二是看这个员工以后的发展，通过考评过程可以发现员工能够提高的空间，以及现在的工作或将来应该怎么样。北方公司许多不同级别管理层的现职人员是通过考评发现的，根据考评发现员工的潜能和发展愿景，使员工有可能成为公司人才选拔的候选人。

北方公司考评的整个过程通常需要花费 2 个月时间，公司上下都非常认真对待考评工作，北方公司的员工认为这既是对自己负责，也是对别人负责。

资料来源：http://cache. baiducontent. com

项目一　绩效管理概述

【知识精讲】绩效的概念与特征；绩效管理的概念与目的；绩效管理的程序。

企业管理的研究者们在探索提升企业竞争能力的一系列实践中发现：在人力资源开发与管理中，任何环节的正常运转都与绩效管理有着千丝万缕的联系。人力资源管理各个环节的工作都需要绩效管理活动为其提供翔实的资料和信息。选拔录用员工是否能适应工作要求，需要通过绩效考核来衡量；职位升迁还要考察员工的能力、态度、绩效；薪酬高低需要以员工的绩效和贡献为基础；培训要以员工的现有能力、素质和潜力为依据等。

一、绩效的概念与特征

（一）绩效的概念

绩效也称业绩或效绩，反映的是人们从事某一种活动所产生的成绩或成果。但随着管理实践的深度和广度的增加，人们对绩效认知的立场和角度的改变，绩效的概念和内涵也出现了多元化的解析。在一个组织中，广义的绩效包括两个层次的含义：一是指整个组织的绩效，二是指员工的绩效。在本章中，我们讨论的主要是员工的绩效。

绩效是一个多义的概念，是员工自身的多种素质因素在特定条件下，通过行为过程转化而来的综合反映，也是员工的工作任务、工作技能、工作态度和工作环境、工作条件等因素相互作用的结果。

（二）绩效的特征

一般来说，绩效具有以下三个主要的特征。

1. 多因性

多因性就是指员工的绩效受到多种因素的共同影响，如知识、能力、激励、环境等，并不是哪一个因素就可以决定的，绩效和影响绩效的因素之间的关系可以用一个公式加以表示：

$$P = f(K, A, M, E)$$

在这个关系式中：f 表示一种函数关系；P（performance），就是绩效；K（knowledge），就是知识，指与工作相关的知识；A（ability），就是能力，指员工自身所具备的能力；M（motivation），就是激励，指员工在工作过程中所受的激励；E（environment），就是环境，指工作的设备、工作的场所等。

2. 多维性

多维性就是指员工的绩效可以从多个维度或方面考核，工作结果和工作行为都属于绩效的范围。例如一名操作工人的绩效，除了生产产品的数量、质量外，原材料的消耗、出勤情况、与同事的合作，以及纪律的遵守等都是绩效的表现。因此，对员工的绩效必须从多方面进行考察。当然，不同的维度在整体绩效中的重要性是不同的。

3. 动态性

动态性就是指员工的绩效并不是固定不变的，随着时间的推移绩效是会发生变动的。这种动态性就决定了绩效的时限性，绩效往往是针对某一特定的时期而言的。

二、绩效管理的概念和目的

（一）绩效管理的概念

绩效管理就是指组织制定员工的绩效目标并收集与绩效有关的信息，定期对员工的绩效目标完成情况做出考核和反馈，以改善员工工作绩效并最终提高企业整体绩效的制度化过程。

（二）绩效管理与绩效考核的区别

关于绩效管理，在现实中存在许多片面的甚至是错误的看法，人们往往把它视同为绩效考核，认为绩效管理就是绩效考核，两者并没有什么区别。其实，绩效考核只是绩效管理的一个组成部分，代表不了绩效管理的全部内容。完整意义上的绩效管理系统是由绩效计划、绩效沟通、绩效考核和绩效反馈这四个部分组成的一个系统，如图7-1所示。

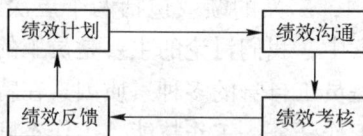

图 7-1 绩效管理的过程

而绩效考核通常被称为业绩考评或"考绩"，它是考核主体根据岗位工作说明书和绩效考核标准，运用各种科学的方法，针对企业中每个员工所承担的工作、行为的实际效果及其对企业的贡献或价值进行周期性的考核和评价。它是对员工的绩效、能力、岗位适应度、任务完成情况、员工发展情况等进行全面评估，并将评定结果反馈给员工的过程。

绩效管理是把对组织绩效的管理和对雇员绩效的管理结合在一起的体系，绩效考核的主要目的是改善行为和改进绩效，绩效考核是事后考评工作的结果，而绩效管理包括事前计划、事中管理、事后考核。所以绩效考核只是绩效管理中的一个重要环节。

绩效管理与绩效考核的主要区别如表7-1所示。

表 7-1 绩效管理与绩效考核的主要区别

绩 效 管 理	绩 效 考 核
从战略的高度对绩效进行管理	对个人或部门的绩效进行评价
着眼于组织绩效和长远发展	着眼于个人或部门的绩效
一个完善的管理过程	管理过程中的局部环节和手段
侧重于信息沟通与绩效提高	侧重于判断和评估
伴随管理活动的全过程	只出现在特定的时期
事先的沟通与承诺	事后的评估

（三）绩效管理的目的

绩效管理的根本目的是改善员工的工作绩效并最终提高企业的整体绩效，因此绝对不能把它简单地看成是一种对员工的控制手段。企业根据它们不同的情况和需要所运用的绩效管理系统可能有不同的目的或侧重于不同的目的。可以归纳为如下几种。

1. 战略目的

绩效管理系统将员工的工作活动与组织的战略目标联系在一起。在绩效管理系统的作用下，组织通过提高员工的个人绩效进而提高组织的整体绩效，从而实现组织的战略目标。

2. 管理目的

组织在多项决策中都要使用绩效管理信息（尤其是绩效考核的信息）。绩效管理的目的在于对员工的绩效进行考核，并给予员工相应的奖惩以激励员工。

3. 开发目的

绩效管理的过程能够让组织发现员工存在的不足之处，以便对他们进行针对性培训。

三、绩效管理的意义和作用

无论企业处于何种发展阶段，绩效管理对于提升企业的竞争力都具有巨大的推动作用。绩效管理对于处于成熟期企业而言尤其重要，没有有效的绩效管理，企业和个人的绩效得不到持续提升，企业和个人就不能适应残酷的市场竞争，最终将被市场淘汰。

（一）促进企业和个人绩效的提升

绩效管理通过设定科学合理的企业目标、部门目标和个人目标，为企业员工指明努力的方向。管理者通过绩效管理及时发现员工工作中存在的问题，给员工提供必要的工作指导和资源支持，员工通过工作态度以及工作方法的改进，保证个人绩效目标的实现。

（二）促进管理流程和业务流程优化

企业管理涉及对人和对事的管理，对人的管理主要是激励约束问题，对事的管理就是流程问题，就是一件事情或者一个业务如何运作，涉及因何而做、由谁来做、如何去做、做完了传递给谁等四个环节，四个环节的不同安排都会对产出结果有很大的影响，极大地影响着组织的效率。

（三）保证企业战略目标的实现

企业一般都有比较清晰的发展思路和战略，有远期发展目标及近期发展目标，在此基础上根据外部经营环境的预期变化及企业内部条件，制订出年度经营计划及投资计划，以及订立企业年度经营目标。企业管理者将公司的年度经营目标向各个部门分解就成为部门的年度业绩目标，各个部门向每个岗位分解核心指标就成为了每个岗位的关键业绩指标。

知识链接

2011—2012 年中国企业绩效管理调查报告
第二部分 核心发展（节选）

一、中国企业开始从绩效考核转向绩效过程管理

调查发现，绩效已经得到中国各大企业的普遍重视，很多企业对绩效投入了大量的时间和精力，但同时调查发现，超过一半的企业对自身的绩效管理情况不满意。在访谈中发现企业对于绩效管理仍有误区：多位 HR 认为"绩效考核即绩效管理"，认为设定指标、考核、奖金就是绩效管理的全过程，从而忽视了绩效管理过程中的沟通、反馈和改善。与西方企业的绩效管理相比，中国企业止步于绩效考核，忽视过程管理，从而导致效能低下。

绩效考核是绩效管理中的重要环节，但不是全部。与单纯的绩效考核不同，绩效管理更多关注于绩效执行过程，强调过程中追踪和管理目标，并且围绕目标开展反馈与沟通。未来，企业需要根据自身的发展情况和企业目标改造绩效管理过程，将注意力从单纯的绩效考核转向绩效过程管理。从西方先进的绩效管理实践来看，绩效管理一般分为三部分：目标管理、考核评估和持续反馈。

二、目标管理浮于表面：看似有目标，但目标难执行、难考核

调查发现，超过一半的企业绩效目标管理中存在目标不明晰、目标无记录，主管无法深度回顾目标的问题，这表明业务部门的目标管理仍然是影响绩效管理成功的最大障碍。业务部门人员由于缺乏有效的引导和支持，在目标设定、目标执行及目标评估和反馈过程中，都感觉有心无力。

某企业绩效经理绩效管理零压力，考核结果也得到了大家的一致满意。访谈中，这位绩效经理介绍道："目标过程中要求全员的主动性要高，并且要科学化设定目标。我配合业务部门主管一起制定了员工的绩效目标。业务部门主管先提出他认为可行的绩效目标，我和他一起探讨，保证目标清晰可执行。"

三、反馈缺失是绩效管理中的隐形杀手

调查显示，能够持续进行绩效反馈的企业，绩效管理的效果明显高于不能持续反馈的企业。而事实上能够持续进行绩效反馈的企业仅占 30%，可见绩效反馈在中国的应用并没有

想象中的乐观，它可能是中国企业绩效管理落后的真正原因。绩效考核结果无反馈，没有达到绩效管理反馈改进的目的，这样的考核相当于白白浪费了绩效管理中所有人的付出。在访谈中发现，企业的员工非常期待主管的反馈，但是由于主管不知道如何跟员工反馈，或因企业没有合适的反馈渠道，绩效反馈并没有达到预期帮助员工提升绩效的效果。这一情况在中国尤其明显，因为中国人先天的"面子"思想，使许多管理者不愿意面对"冲突"与"压力"，更希望通过一些冠冕堂皇的语言来完成绩效反馈，而使绩效反馈过程流于形式。

四、HR在绩效管理中的角色应该转变为专业支持者

调查发现，业务部门对绩效管理的各个方面评分普遍低于HR部门的评分。这表明，人力资源部对绩效管理过于乐观，这可能是因为业务部门的预期与人力资源部门实际提供的服务之间存在一定的差异。中国HR希望控制绩效管理的过程，采用各种督促方法驱动业务主管在员工绩效管理方面投入更多时间和精力。事实上，与一般管理技能一样，绩效管理是业务主管需要专门学习的一项新的能力。由于缺乏专门的绩效知识和管理技能，很多主管抱怨不知道如何反馈，不会制定目标，更不了解绩效管理的价值，绩效HR与业务主管相互抱怨变成常态。

因此在绩效管理过程中，HR真正的价值应该体现在，作为真正的绩效管理专家，为公司员工宣传绩效管理的价值，并为员工和管理者提供更多的绩效管理培训和其他的专业支持。未来HR在绩效管理中的角色势必会从监控者向专业支持者转变。

资料来源：北森人才管理研究院

四、绩效管理的程序

完整的绩效管理依次包括以下四个步骤：绩效计划的制定、绩效实施与管理、绩效评估、绩效反馈，它们紧密相连，相互影响。这四个基本步骤对任何一个优秀组织的绩效管理来讲，都是不可缺少的，缺少其中任何一个要素，都不是真正意义上的完整的绩效管理。

（一）绩效计划的制定

绩效计划的制定是整个绩效管理过程的开始，这一时期主要是完成绩效计划的任务，也就是说通过上级和员工的共同讨论，确定出员工的绩效目标和绩效考核周期。这是绩效管理系统中最重要的环节，如果没有绩效目标作为考核的基础，考核便是无公正客观可言的，考核的结果也没有任何的说服力。

1. 绩效目标

也称绩效考核目标，是对员工在绩效考核期间的工作任务和工作要求所做的界定，这是对员工进行绩效考核时的参照系，绩效目标由绩效内容和绩效标准组成。

（1）绩效内容。绩效内容界定了员工的工作任务，也就是说员工在绩效考核期间应当做什么样的事情，它包括绩效项目和绩效指标两个部分。

（2）绩效标准。绩效标准明确了员工的工作要求，也就是说对于绩效内容界定的事情，

员工应当怎样做或者做到什么样的程度，例如，"产品的合格率达到 90%""接到投诉后两天内给客户以满意的答复"等。绩效标准的确定，有助于保证绩效考核的公正性。绩效目标应具备以下五个方面的要求，也就是通常所说的"SMART"原则：

S——绩效目标必须是具体的（specific），以保证其明确的牵引性；

M——绩效目标必须是可衡量的（measurable），必须有明确的衡量指标；

A——绩效目标必须是可以达到的（attainable），不能因指标的无法达成而使员工产生挫折感，但这并不否定其应具有挑战性；

R——绩效目标必须是相关的（relevant），它必须与公司的战略目标、部门的任务及职位职责相联系；

T——绩效目标必须是以时间为基础的（time-based），即必须有明确的时间要求。

2. 绩效考核周期

也称绩效考核期限，指多长时间对员工进行一次绩效考核。由于绩效考核需要耗费一定的人力、物力，考核周期过短，会增加企业管理成本的开支；但是，绩效考核周期过长，又会降低绩效考核的准确性，不利于员工工作绩效的改进，从而影响绩效管理的效果。因此，在准备阶段，还应当确定出恰当的绩效考核周期。

绩效考核周期的确定，要考虑到以下三个因素。

（1）职位的性质。不同的职位，工作的内容是不同的，因此绩效考核的周期也应当不同。一般来说，职位的工作绩效是比较容易考核的，考核周期相对短一些。

（2）指标的性质。不同的绩效指标，其性质是不同的，考核的周期也应当不同。一般来说，性质稳定的指标，考核周期相对要长一些；相反，考核周期相对就要短一些。

（3）标准的性质。在确定考核周期时，还应当考虑到绩效标准的性质，就是说考核周期的时间应当保证员工经过努力能够实现这些标准，这一点其实是和绩效标准的适度性联系在一起的。

（二）绩效实施与管理

有了具体的考核目标和考核标准之后，就可以针对每个不同的员工实施考核了。在绩效实施阶段，主要是完成绩效沟通和绩效考核两项任务。

1. 绩效沟通

部门直接主管在绩效沟通前的准备工作，主要有收集资料和安排面谈计划。

（1）收集资料。收集的资料有部门绩效计划、岗位说明书、绩效考评表、员工的绩效档案。

（2）安排面谈计划。根据工作安排，拟订行之有效的员工面谈计划，并将计划告诉员工，让员工做好心理和行动上的准备，再与员工进行适当的沟通。

2. 绩效考核管理

实施绩效管理与考核，并依据绩效管理方案，持续改进完善绩效管理及企业各方面管理。

3. 企业绩效管理中存在的主要问题

绩效管理与战略实施相脱节，不能够引导所有员工趋向组织的目标；对绩效管理认识不明确，简单地将绩效管理等同于绩效考核；在绩效指标的设置上往往忽视企业的长期绩效，造成了企业的短视行为；除人力资源以外的其他部门在绩效管理上参与度不高，实施效果大打折扣；上下级之间缺乏绩效沟通，员工对企业缺少承诺的同时也缺乏责任感，上级在对员工缺乏培养的同时也缺乏对企业未来成长所担负的义务。考核指标缺少量化或者量化指标过少，导致考核结果凭主观判断的可能性加大。

（三）绩效评估

绩效评估是一种正式的员工评估制度，它是通过系统的方法、原理来评定和测量员工在职务上的工作行为和工作成果。

1. 绩效评估流程

（1）人力资源部负责编制考评实施方案，设计考评工具，拟定考评计划。

（2）各级主管组织员工撰写述职报告并进行自评。

（3）所有员工对本人在考评期间内的工作业绩及行为表现（工作态度、工作能力）进行总结。

（4）部门主管根据受评人日常工作目标完成程度、管理日志记录、考勤记录、统计资料、个人述职等，在对受评人各方面表现充分了解的基础上，负责进行客观、公正的考核评价。

（5）主管负责与下属进行绩效面谈。

（6）人力资源部负责收集、汇总所有考评结果，编制考评结果一览表，报考评委员会审核。

（7）考评委员会听取各部门的分别汇报，对重点结果进行讨论和平衡，纠正考评中的偏差，确定最后的评价结果。

（8）人力资源部负责整理最终考评结果，进行结果兑现，分类建立员工绩效考评档案。

（9）各部门主管就绩效考评的最终结果与下属面谈沟通，对受评人的工作表现达成一致意见，肯定受评人的优点所在，同时指出有待改进的问题和方向，双方共同制定可行的绩效改进计划和个人发展计划，提高个人及组织绩效。

（10）人力资源部对本次绩效考评成效进行总结分析，并对以后的绩效考评提出新的改进意见和方案，规划新的人力资源发展计划。

2. 绩效考核的方法

（1）比较法。属于相对考核的方法，通过员工之间的相互比较从而得出考核结果。比较法主要有以下四种。

① 个体排序法。也称排队法，排队法是一种简便易行的方法。这种方法把被考评的员工按每个人绩效的相对优劣排出顺序或名次。

② 配对比较法。为了降低排队的难度，可以采用配对比较的方法。这种方法要求按照

某种绩效标准，把员工进行两两比较，每一次比较时，给表现好的员工记"+"，另一个员工就记"-"。所有员工都比较完后，计算每个人"+"的个数，以此对员工做出考核——谁的"+"的个数多，谁的名次就排在前面。见表7-2。

表7-2　配对比较法示例

配对人姓名	A	B	C	D	E	"+"的个数
A	0	-	-	+	+	2
B	+	0	+	+	+	4
C	+	-	0	+	+	3
D	-	-	-	0	-	0
E	-	-	-	+	0	1

③ 人物比较法。在考核之前，先选出一位典型员工，以他的各方面表现为标准，对其他员工进行考核。

④ 强制比例法。指根据被考核者的业绩，将被考核者按一定的比例分为几类（最好、较好、中等、较差、最差）进行考核的方法。

（2）评级量表法。指在量表中列出需要考核的绩效指标，将每个指标的标准区分成不同的等级，每个等级都对应一个分数。考核时考核主体根据员工的表现，给每个指标选择一个等级，汇总所有等级的分数，就可以得出员工的考核结果。

（3）描述法。指考核主体用叙述性的文字来描述员工在工作业绩、工作行为、工作能力和工作态度方面的优缺点，以及需要加以指导的事项和关键性事件等，由此得到对员工的综合考核。具有代表性的是关键事件记录法。

课 堂 讨 论

资料：营业人员的考评设计

A公司是一家大型商场，公司包括管理人员与员工共有500多人。由于大家齐心努力，公司销售额不断上升。到了年底，A公司又开始了一年一度的绩效考评，因为每年年底的绩效考评是与奖金挂钩的，大家都非常重视。人力资源部又将一些考评表发放到各个部门的经理，部门经理在规定的时间内填写表格，再交回人力资源部。

老张是营业部的经理，他拿到人力资源部送来的考评表格，却不知怎么办。表格主要包括了对员工工作业绩和工作态度的评价。工作业绩那一栏分为五档，每一档只有简短的评语，如超额完成工作任务，基本完成工作任务等。由于年初种种原因，老张并没有将员工的业绩目标清楚地确定下来。因此对业绩考评时，无法判断谁超额完成任务，谁没有完成任务。工作态度就更难填写，由于平时没有收集和记录员工的工作表现，到了年底，仅对近一两个月的事情有一点记忆。

由于人力资源部又催得紧，老张只好在这些考评表勾勾圈圈，再加上一些轻描淡写的评语，交给人力资源部。想到这些绩效考评要与奖金挂钩，老张感到如此做有些不妥，他决定向人力资源部建议重新设计本部门营业人员的考评方法。老张在考虑，为营业人员设计考评方法应该注意哪些问题呢？

资料来源：http://wenku.baidu.com

讨论：

(1) 该公司绩效管理存在的哪些问题有待于改进和加强？

(2) 选择营业人员的绩效考评方法时，应该注意哪些问题？

要点：＿＿＿＿＿＿＿＿＿＿＿＿＿＿＿＿＿＿＿＿＿＿＿＿＿＿＿＿＿＿＿＿＿＿＿＿＿

＿＿＿

(四) 绩效反馈

绩效考核的最终目的是能够发现员工在工作中的不足之处，做出考核和绩效改进的建议，以提高员工的工作绩效。因此，绩效反馈主要包括根据考核结果实施考评面谈、根据考评面谈制定绩效改进计划，以及根据绩效改进计划进行绩效改进指导。

案例简析

通达公司成立于20世纪50年代，目前公司有员工1 000人左右。总公司本身没有业务部门，只有一些职能部门；总公司下有若干子公司，分别从事不同的业务。绩效考评工作是公司重点投入的一项工作，公司的高层领导非常重视，人事部具体负责绩效考评制度的制定和实施。人事部在原有考评制度基础上制定了《中层干部考评办法》。在每年年底正式考评之前，人事部又具体出台当年的考评方案，以使考评达到可操作的程度。

公司的高层领导与相关职能部门人员组成考评小组。考评的方式和程序，通常包括被考评者填写述职报告、在自己单位内召开员工大会进行述职、民意测评、向科级干部或者全体员工征求意见、考评小组进行汇总写出评价意见并征求主管副总经理的意见后报总经理。

考评内容主要包括3个方面：被考评者的德、能、勤、绩和管理工作情况；下一步工作打算；重点努力的方向。具体的考评细目侧重于经营指标的完成、政治思想品德，对于能力的定义则比较抽象。各业务部门都在年初与总公司对于自己部门的任务指标进行了讨价还价的过程。对中层干部的考评完成以后，公司领导在年终总结会上进行说明，并将具体情况反馈给个人。尽管考评方案中明确说明考评与人事升迁、工资升降等方面挂钩，但最后的结果总是不了了之，没有任何下文。对于一般员工的考评则由各部门的领导掌握。子公司的领导对于下属业务人员的考评通常是从经营指标的完成情况来进行的；对于非业务人员的考评，无论是总公司还是分公司都由各部门的领导自由进行。至于被考评人员来说，很难从主管处获得对自己业绩有利评估的反馈，只是到了年终奖金分配时，部门领导才会对自己的下属做一次简单的排序。

资料来源：http://wenku.baidu.com

问题：

1. 绩效考评在人力资源管理中有何作用？这些作用在通达公司是否有所体现？

2. 通达公司的绩效考评存在哪些问题？如何才能克服这些问题？

☐ 实训项目

实训内容：

请对你的虚拟公司的各部门、各岗位进行一次较为全面的绩效管理调查。了解企业的组织架构，人力资源管理的基本状况，人力资源管理部门在企业中的地位，人力资源部门的管理层级、下设机构，人员构成、分工，每位人力资源管理人员的职务构成，工作职责及来历背景等信息，模拟多重身份给企业各部门进行绩效计划的拟定。

实训指导：

1. 根据企业的性质（生产、零售、服务、餐饮等）确定要制定绩效考核的重点岗位，首先要收集该岗位的有关信息，包括该岗位的岗位说明书的信息。

2. 与同类型的企业相同性质的岗位进行比较研究，收集相关信息，确定要提取的各岗位的绩效考核内容、绩效目标和关键绩效指标、绩效考核期限，为制定绩效计划做好准备。

☐ 学中做　做中学

请为你的虚拟公司的各部门、各岗位制定相应绩效计划，并配备相应的人员来进行模拟的绩效考核。要求：

1. 某岗位的绩效信息的收集要依据该岗位的岗位说明书、绩效计划；

2. 选择合适的绩效信息收集方法，设计适当的绩效考评表；

3. 安排合适的地点、合适的时间进行一对一的绩效计划面谈；

4. 拟定比较详细的绩效反馈面谈表，作为绩效反馈信息收集的来源，以求做一次完整的绩效管理活动。

项目二　绩效管理的方法

【知识精讲】 目标管理法的理念及基本的工作流程；关键绩效指标法的理念及基本的工作流程；360度考核的理念及基本的工作流程。

绩效管理实质是管理者确保员工的工作活动和工作产出与组织的目标相一致的手段及过

程。绩效评估体系作为绩效管理系统的一个重要的子系统，它对组织目标的实现起到重要的支撑作用。因此，为了更好地实现绩效管理的目标，组织在进行绩效评估体系设计时，应紧紧围绕组织的战略目标，在确定组织绩效评估指标的基础上，层层分解出各岗位和个人的评估内容和标准。

一、目标管理法

目标管理法（management by objective，MBO）是由美国管理专家彼得·德鲁克于1954年在《管理的实践》一书中提出的，根据德鲁克的观点，管理必须遵循一个原则：每一项工作都必须为达到总目标而展开。在这里，目标管理法指的是目标管理理论在绩效评估中的运用。因此，目标管理法在绩效评估中的应用也必须根据目标管理的循环实行。目标管理循环图如图7-2所示。

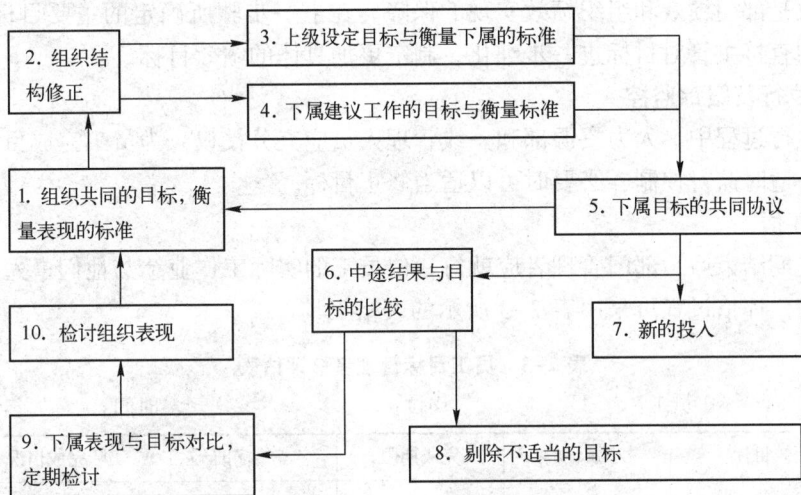

图7-2 目标管理循环图

（一）目标管理法的特点

目标管理法十分重视员工参与式的管理，从目标的制定开始，员工能够全过程地参与到整个绩效管理的过程中。

（1）员工同上级管理者一起建立目标。

（2）在如何达到目标方面，管理者给予员工一定的自由度，使员工参与目标建立，成为该过程的一部分，可以增强员工完成目标的积极性和主动性。

（3）进行绩效评估。员工和上级要举行正式面谈，就绩效周期中的目标实施情况进行充分沟通。管理者事先审查预定目标的实现程度，然后与员工共同确定为解决遗留问题而需要采取的措施。

（4）进行绩效反馈。管理者和员工要根据绩效目标的实施情况，有针对性地帮助员工提高今后的工作业绩，并为下一个绩效周期制定新的目标，以形成一个不断循环的过程。

（二）目标管理法的实施步骤

1. 确定组织目标

目标管理要从明确组织使命和核心价值观着手，并在此引导和驱动下形成战略愿景和总目标，以统摄统领全局、整合组织相关绩效管理行为。

2. 确定部门目标

部门是组织的中间层次，其管理目标的分解和统揽，具有承上启下实现绩效落实和整合的关键作用。一般的形式是部门领导就本部门目标与部门内的下属员工展开讨论。这种讨论一般是在全部门的会议上进行的。在讨论中，部门管理者要求下属员工制定个人的工作计划和初步的绩效目标。即明确自己在部门目标的实现中承担哪些责任，应该做出哪些贡献。

3. 确定个人目标

个人绩效是部门绩效和组织绩效实现的保障。在上一步骤所确定的主要目标的基础上，员工和他们的直接主管对目标进一步细化，制定更加具体的绩效目标。

4. 绩效执行及跟踪监控

在目标执行过程中，人力资源部和一线管理人员应充分授权，为员工完成目标提供足够的资源支持，适时监督控制，必要时可以适当修正目标。

5. 绩效评估

在绩效周期结束后，部门管理者应就每一位员工的实际工作业绩与他们事先确定的绩效目标加以比较。评估过程可采用表 7-3 所示的表格工具。

表 7-3　员工目标管理考核评估表

部门：　　　　　　员工：　　　　　　岗位：　　　　　　　　时间：　　　年　　　　季

序　号	绩效目标	权重（%）	完成期限	考核标准	实际完成情况	评　分
1		20				
2		20				
3		20				
4		20				
5		20				
	小计	100				

6. 提供反馈

管理者组织进行绩效反馈面谈，与下属人员就绩效评估的结果进行充分的沟通，共同对绩效目标的达成情况进行分析和解释，找出可能提高未来绩效的方法，制定绩效改进计划。

作为一种评估工具，目标管理得到广泛的应用。许多研究认为，目标管理具有较高的有效性,它通过指导和监控目标的实现过程提高员工的工作绩效。

(三)实施目标管理法的优缺点

1. 实施目标管理法优点

(1)目标管理中的绩效目标易于度量和分解。

在实行目标管理中,往往把绩效目标进行相应分解,从公司总体的目标分解至部门,再从部门分解至个人,责任和权利明确。同时目标考核的指标容易度量,显性绩效成分比较多。

(2)考核的公开性比较好。

因为考核是基于为部门和员工设定的目标,所以在考核上完成的成效如何、完成的程度如何、完成的量的多少都是公开公平的,不存在过多的人为主观成分在里面。

(3)促进了公司内的人际交往。

因为设定的目标是上司与下级沟通交流后达成的,而且在修正和考核当中也要沟通,所以对改善公司内部员工间的人际关系就很有帮助。

2. 实施目标管理法缺点

(1)指导性的行为不够充分。

既然是为了目标,就往往会忽视在达成目标的过程中对下级或下属部门的指导,有时会出现只要结果、不要过程的现象。其实在管理当中,管理的过程和结果同样重要。

(2)目标的设定可能存在异议。

因为目标是上级与下级沟通后共同确定的,所以难免存在讨价还价的现象,设定的目标可能会受到人情关系的影响。而且有时会发现具体设定多大的目标,存在一定的不确定性。

(3)设定的目标基本是短期目标,忽视了长期目标。

目标管理经常针对企业短期的目标多,因此考核过程具有一定的可操作性,但企业长期性的目标往往被忽视。

二、关键绩效指标

关键绩效指标(key performance indicator,KPI)是通过对组织内部流程的输入端、输出端的关键参数进行设置、取样、计算、分析,衡量流程绩效的一种目标式量化管理指标,是把企业的战略目标分解为可操作的工作目标的工具,是企业绩效管理的基础。KPI可以使部门主管明确部门的主要责任,并以此为基础明确部门人员的业绩衡量指标。建立明确的切实可行的KPI体系,是做好绩效管理的关键,而其中KPI指标的提取又是重中之重。其具体步骤如下。

(一)分解企业战略目标,分析并建立各子目标与主要业务流程的联系

企业的总体战略目标在通常情况下均可以分解为几项主要的支持性子目标,而这些支持性子目标本身需要企业的某些主要业务流程的支持才能在一定程度上达成。因此,在本环节上需要完成以下工作:

（1）企业高层确立公司的总体战略目标（可用鱼骨图方式，见图7-3）；

（2）由企业（中）高层将战略目标分解为主要的支持性子目标（可用鱼骨图方式）；

（3）将企业的主要业务流程与支持性子目标之间建立关联。

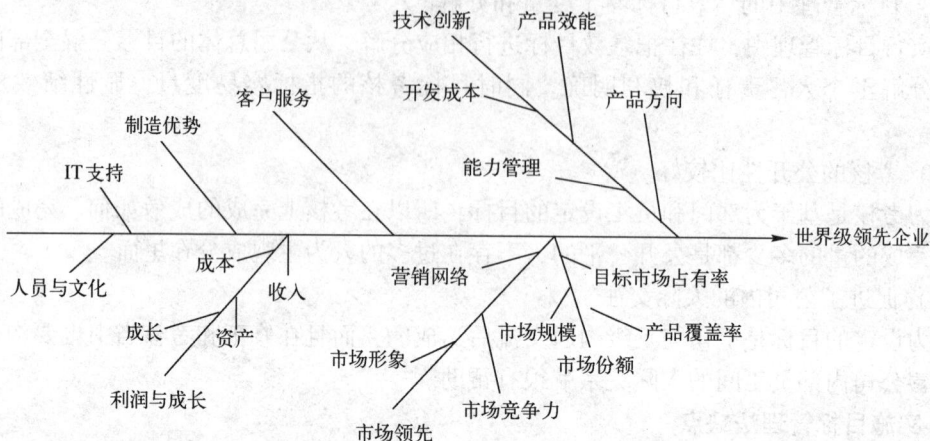

图7-3   战略目标分解鱼骨图方式示例

（二）确定各支持性业务流程目标

在确认对各战略子目标的支持性业务流程后，需要进一步确认各业务流程在支持战略子目标达成的前提下流程本身的总目标，并进一步确认流程总目标在不同维度上的详细分解内容，参见表7-4。

表7-4   确认流程目标示例

流程总目标： 低成本快速满足客户对 产品质量和服务要求		组织目标要求（客户满意度高）			
		产品性能指标合格品	服务质量满意率	工艺质量合格率	准时齐套发货率
		产品设计质量	工程服务质量	生产成本	产品交付质量
客户要求	质量	产品设计好	安装能力强	质量管理	发货准确
	价格低	引进成熟技术			
	服务好		提供安装服务		
	交货周期短			生产周期短	发货及时

（三）确认各业务流程与各职能部门的联系

本环节通过确认各业务流程与各职能部门的联系，在更微观的部门层面建立流程、职能与指标之间的关联，为企业总体战略目标和部门绩效指标建立联系，参见表7-5。

表 7-5 确认业务流程与职能部门联系示例

流程：新产品开发	各职能所承担的流程中的角色				
	市场部	销售部	财务部	研究部	开发部
新产品概念选择	市场论证 ——	销售数据收集 ——	—— ——	可行性研究 ——	技术力量评估 ——
产品概念测试	—— ——	市场测试 ——	—— ——	—— ——	技术测试 ——
产品建议开发	—— ——	—— ——	费用预算 ——	组织预研 ——	—— ——

（四）部门级 KPI 指标的提取

在本环节中要将从通过上述环节建立起来的流程重点、部门职责之间的联系中提取部门级的 KPI 指标，参见表 7-6。

表 7-6 部门级 KPI 指标提取示例

		关键绩效指标（KPI）维度			指 标
		测量主体	测量对象	测量结果	
绩效变量维度	时间	效率管理部	新产品（开发）	上市时间	新产品上市时间
	成本	投资部门	生产过程	成本降低	生产成本率
	质量	顾客管理部	产品与服务	满足程度	客户满意率
	数量	能力管理部	销售过程	收入总额	销售收入

（五）目标、流程、职能、职位目标的统一

根据部门 KPI、业务流程及确定的各职位职责，建立企业目标、流程、职能与职位的统一，参见表 7-7。

表 7-7 KPI 进一步分解到职位示例（以市场部为例）

流程：新产品开发流程		市场部部门职责		部门内职位职责			
				职位一		职位二	
流程步骤	指标	产出	指标	产出	指标	产出	指标
发现客户问题，确认客户需求	发现商业机会	市场分析与客户调研，制定市场策略	市场占有率	市场与客户研究成果	市场占有率增长率	制定出市场策略，指导市场运作	市场占有率增长率
			销售预测准确率		销售预测准确率		销售预测准确率
			市场开拓投入率减低率		客户接受成功率提高率		销售毛利率增长率
			公司市场领先周期		领先对手提前期		销售收入月度增长幅度

从上到下，整体 KPI 指标和各部门及各岗位 KPI 指标体系构建完毕后。

（五）实施关键绩效指标考核的优缺点

1. 关键绩效指标优点

（1）目标明确，有利于公司战略目标的实现。

关键绩效指标是企业战略目标的层层分解，通过关键绩效指标的整合和控制，使员工绩效行为与企业目标要求的行为相吻合，不至于出现偏差，可有力保证企业战略目标的实现。

（2）提出了客户价值理念。

关键绩效指标提倡的是为企业内外部客户价值实现的思想，可以提升企业形成以市场为导向的经营的思想。

（3）有利于组织利益与个人利益达成一致。

关键绩效指标的分解，使企业战略目标成为个人绩效目标，员工个人在实现个人绩效目标的同时，也是在实现企业总体的战略目标，达到两者和谐。企业与员工共赢的结局。

2. 关键绩效指标缺点

（1）关键绩效指标比较难界定。

关键绩效指标更多是倾向于定量化的指标，这些定量化的指标是否对企业绩效产生关键性的影响，如果没有运用专业化的工具和手段，确实比较难以界定。

（2）关键绩效指标会使考核者误入机械的考核方式。

过分地依赖考核指标，而没有考虑人为因素和弹性因素，会产生一些考核上的争端和异议。

（3）关键绩效指标并不是对所有岗位都适用。

对于特定的一些岗位，运用关键绩效指标并不是很恰当，比如部分职能型的职务，绩效周期很长，而且外显的绩效行为不明显，运用关键绩效指标来考核就不是很适合。

在运用关键绩效指标考核时，一定要在整个企业内部有充分的沟通，让部门和员工自己首先认可自己的关键绩效指标后再进行考核，这样可以大大减轻考核阻力，而且可以保证考核结果被广泛认可。

三、360 度绩效考核

（一）360 度绩效考核法的含义

360 度绩效考核法又称为全方位考核法，最早由英特尔公司提出并加以实施运用。该方法是指通过员工自己、上司、同事、下属、顾客等不同主体来了解其工作绩效，使员工通过评论知晓各方面的意见，清楚自己的长处和短处，来达到提高自己的目的。

员工如果想知道别人对自己的评价，自己的感觉跟别人的评价是否一致，就可以主动提出来做一个 360 度绩效考核。当然这种考核并不是每个员工都必须要做的，一般是工作时间较长的员工和骨干员工。360 度绩效考核法分为与被考核员工有联系的上级、同级、下级、服务的客户四组人员，每组至少选择 6 个人。然后公司用外部的顾问公司来做分析、出报告交给被考核人。

考核的内容主要是跟企业的价值观有关的各项内容。四组人员根据对被考核人的了解来判断他是否符合企业价值观，除了画圈外，再给出被考核人三项最强的方面。分析表是很详细，每一项同级、上级、下级会有不同的评价，由专门的顾问公司对这些评价信息进行分析，得到对被考核人的评价结果。被考核人如果发现在任意一点上有的组比同级给的评价较低，都可以找这个组的几个人进行沟通，提出"希望帮助我"，大家敞开交流、交换意见。这就起到帮助员工提高的效果。

近几年来，在绩效考核这个问题上，世界 500 强的企业基本上都已经抛弃了被考核者的上级作为单一考核主体的做法，普遍引入了 360 度绩效考核法，以期实现绩效考核的公平性和客观性。

常见的 360 度绩效考核模式如图 7-4 所示。

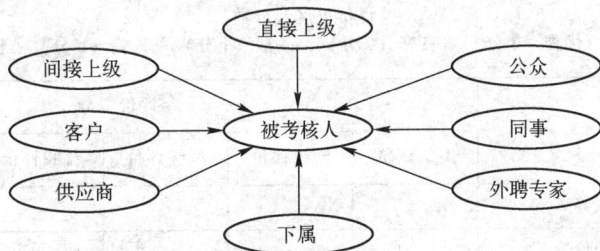

图 7-4 360 度绩效考核模式

（二）360 度绩效考核法的过程

1. 准备阶段

准备工作影响着评估过程的顺利进行和评估结果的有效性。准备阶段的主要目的是使所有相关人员，包括所有评估者与受评者，以及所有可能接触或利用评估结果的管理人员，正确理解企业实施 360 度绩效考核的目的和作用，进而建立起对该考核方法的信任。

2. 评估阶段

组建 360 度绩效反馈队伍。必须注意评估要征得受评者的同意，这样才能保证受评者对最终结果的认同和接受。

对评估者进行 360 度绩效考核反馈技术的培训。为避免评估结果受到评估者主观因素的影响，企业在执行 360 度绩效考核反馈方法时需要对评估者进行培训，使他们熟悉并能正确使用该技术。此外，理想情况下，企业最好能根据自身情况建立自己的能力模型要求，并在此基础上，设计 360 度绩效考核反馈问卷。

实施 360 度绩效考核反馈。分别由上级、同级、下级、相关客户和本人按各个维度标准进行评估。考核过程中，除了上级对下级的评估无法实现保密之外，其他几种类型的评估最好是采取匿名的方式，必须严格维护填表人的匿名权及对评估结果报告的保密性。大量研究表明，在匿名评估的方式下，人们往往愿意提供更为真实的信息。

　　统计并报告结果。在提供 360 度绩效考核报告时要注意对评估者匿名需要的保护。还有重要的一点，要确保其科学性。例如，报告中列出各类评估人数一般以 3～5 人为下限；如果某类评估者（如下级）少于 3 人的话，则必须归入其他类，而不得单独以下级评估的方式呈现评估结果。企业管理部门针对反馈的问题制定相应措施。

　　员工 360 度绩效考核表见表 7-8。

表 7-8　员工 360 度绩效考核表

被评价者姓名：		部门：		职务：		
评价者姓名：		部门：		职务：		
评价区间： 　年　月—　年　月						

评价尺度及分数

杰出（4分）　优秀（3分）　良好（2分）　一般（1分）　较差（0分）　极差（-1分）

评价项目		评价得分					
		上级评价	同级评价	下级评价	自我评价	权重	备注
个人素质 （20分）	品德修养					%	
	个人仪表仪容					%	
	坚持真理					%	
	意志坚定					%	
	勤奋好学					%	
工作态度 （20分）	热情度					%	
	信用度					%	
	责任感					%	
	纪律性					%	
	团队协作精神					%	
专业知识 （20分）	专业业务知识					%	
	相关专业知识					%	
	外语知识					%	
	计算机应用知识					%	
	获取新知识					%	

评价项目		评价得分					
		上级评价	同级评价	下级评价	自我评价	权重	备注
工作能力 (20分)	文字表达能力					%	
	逻辑思维能力					%	
	指导辅导能力					%	
	人际交往能力					%	
	组织、管理与协作能力					%	
工作成果 (20分)	工作目标的达成					%	
	工作效率					%	
	工作质量					%	
	工作创新效能					%	
被评价者姓名：	部门：				职务：		
工作成本控制						%	
分数合计						100%	
工作表现综合评价							
优势及 劣势	优势分析						
	劣势分析						
项目的建议 预训练	有待提高技能						
	参加培训项目						
工作预期	明年目标						
	与其表现						

3. 反馈和辅导阶段

向受评者提供反馈和辅导是一个非常重要的环节。通过来自各方的反馈（包括上级、同事、下级、自己以及客户等），可以让受评者更加全面地了解自己的长处和短处，更清楚地认识到公司和上级对自己的期望及目前存在的差距。根据经验，在第一次实施360度绩效考核和反馈项目时，最好请专家或顾问开展一对一的反馈辅导谈话，以指导受评者如何去阅读、解释及充分利用360评估和反馈报告。另外，请外部专家或顾问也容易形成一种"安全"（即不用担心是否会受惩罚等）的氛围，有利于与受评者深入交流。

课 堂 讨 论

资料：A公司的考评制度设计

A公司已有20年的历史，年营业额在12亿元左右。但以往的考评内容一成不变、考评流于形式，不能真实地反映员工的工作绩效。因此，人事部门全面修订了考评制度，重新编制了考评表。2019 年起，新的考评制度开始实行。公司对普通员工的考评分为自我考评、上级考评和人事部门考评；对部门的考评分为自我考评、上级考评、人事部门考评和下级考评。

每月初部门经理在员工考核表上列出员工本月应当完成的主要工作，将考评表发给员工。考评表除了列出本月的工作要求外，还有固定的考评项目，如工作态度、工作品质、纪律性、协调能力、团队精神等，每项都说明了含义和分值。考评项目满分为 100 分，月末员工填写考评表为自己打分，交部门经理。部门经理在同一张考评表上为员工打分，交给人事部门。人事部门对员工进行最终的考评和分数汇总，并向员工通报当月的考评成绩。员工对考评结果有疑问，可直接向人力资源部反映。

普通员工的考评自评占 30%，人事部门评分占 10%，部门经理评分占 60%。部门经理的考评自评占 30%，下级评分占 20%，人事部门评分占 10%。考评结果应用于薪酬、晋升、培训等各方面。

讨论：

1. 请指出案例中体现了考评制度设计的哪些内容？
2. 请指出该公司在绩效管理方面存在的主要问题。
3. 请说明运用绩效分析方法确定培训需求和培训对象的主要步骤。

要点：_____

_____

（三）实行 360 度绩效考核要注意以下事项

1. 保证考核者的多角度化，考核主体和考核过程的公平化

因为对于相同职位的被考核者，他的考核者一定是统一确定的，不能出现同一岗位的不同员工让不同的考核者来进行考核。

2. 考核实行匿名化

为了保证考核结果的真实可靠，在整个过程中，考核必须实行匿名化。

3. 考核一定是基于胜任特征

胜任特征是指能将工作中表现优秀者与表现平平者区分开来的个体潜在的深层次特征。我们不可能把员工所有的行为，包括定性行为和定量行为都一一进行概述和考核，我们只需把对员工绩效起主要影响的关键行为描述出来，将考核中起主要影响的关键行为描述出来就可以了。所以，360 度绩效考核要开展，一定要建立在企业内部职位的胜任特征考核模型之上，才能保证考核结果的真实。

（四）360 度绩效考核的优点

（1）能减少考核误差，考核结果相对有效。因为考核的主体是多元化的，所以在考核结果上就显得相对比较公平，同时员工接受起来也更容易得多。

（2）可以让员工感到企业很重视绩效管理。让多个主体参与考核，调动众多部门的人员和资源，从企业整体绩效管理推动上来讲，对于员工参加和认识到考核重要性上是有一定推动作用的。

（3）可以激励员工提高自身全方位的素质和能力。现在考核的要素趋于多元化，对员工综合素质要求比较高，要取得好的考核成绩，各方面都要严格要求自己。这有利于促进员工的全面快速成长，有利于企业人力资源整体水平的提高。

（五）360度绩效考核法的缺点

（1）成本较高。因为整个考核牵涉到的人力资源和其他资源比较多，而且周期比较长，时间成本和工作损失也必然存在，所以，总体显性和隐性的成本总和比较高。很多企业为了考核方便、省事，都不愿意采用此种考核模式。

（2）因为侧重综合考核，所以定性成分高，而定量成分少。反映一个部门或一个员工的业绩水平，在一定程度上要根据具体产生的定量化的绩效来衡量，定性化的考核带有很大主观性，所以考核指标里定量化的指标应比定性化的指标设置得多一些，才能真正考核出员工的绩效水平。

案例简析

在A公司总部会议室里，王总经理正在听取本年度公司绩效考评执行情况的汇报。其中有两项决策让他左右为难，一是年度考评结果排在最后的几名员工却是平时干活最多的人，这些人是否要按照原有的考评方案降职或降薪？另一个是下一阶段考评方案如何调整才能更加有效？

A公司成立仅4年，为了更好地激励和评价各级员工，在引入市场化用人机制的同时，建立了一套新的绩效管理制度，它不但明确了考评的程序和方法，还细化了"德、能、勤、绩"等多项指标，并分别做了定性描述，考评时只需对照被考评人的实际行为，即可得出考评的最终结果。但考评中却出现了以下问题：工作比较出色和积极的员工，考评成绩却被排在后面，而一些工作业绩平平或者很少出错的员工却被排在前面，特别是一些管理人员对考评结果大排队的方式不理解，存在抵触心理。

为了弄清这套新制度存在的问题，王总经理深入调查，亲自了解到以下情况。

车辆设备部李经理快人快语："我认为本考评方案需要尽快调整，考评指标虽然十几个，却不能真实反映我们工作的实际，我部总共有20个人，却负责公司60台大型设备的维护工作，为了确保它们安全无故障的运行，检修工需要按计划分散到基层各个站点上进行设备检查和维护，在工作中，不能有一点违规和失误，任何一次失误，都会带来不可估量的生命和财产的损失。"

财务部韩经理更是急不可待："财务部门的工作基本上都是按照会计准则和业务规范来完成的，凭证、单据、统计、核算、记账、报表等多项工作要求万无一失，但这些工作无法与'创新能力'这一指标及其评定标准对应，如果我们的工作没有某项指标规定的内容，在考评时，是按照最高还是按照最低成绩打分？此外，在考评中沿用了传统的民主评议方式，我对部门内部人员参加考评没有意见，但让部门外的其他人员打分是否恰当呢？财务工作经常得罪人，让被得罪过的人考评我们，能保证公平公正吗？"

听了大家的各种意见反馈，王总经理陷入了深深的思考之中。

请根据本案例，回答以下问题：

1. 该公司在绩效管理中主要存在哪些亟待改进的问题？

2. 请针对该公司绩效管理存在的诸多问题，提出具体对策。

简析：

1. 绩效考核中考核的是关键绩效指标，工作任务的数量跟绩效考核没有太大关联，需要确定的是他是否在关键绩效考核指标上完成了工作，以及完成得是否出色。

2. 可能是绩效考核 KPI 指标设置有问题，没有找出关键驱动因素。

3. 绩效考核不是考核所有的工作内容，在绩效考核下面应该还需要一些制度辅助实施，如车辆设备部的王经理所反映的情况。

4. 工作内容比较复杂的，一般可以采取出错率和将失误比较多的环节设置 KPI 的方式来处理，抓住关键驱动因素。

5. 财务的创新是比较难的，建议创新考核只适用于季度或年度，考核是否引进新的核算工具，是否做到了流程优化甚至是流程再造，提高了工作效率。

6. 绩效考核不可能找一个对工作不了解的人去做考评，360 度绩效考核一般请直线领导进行考核，如主管、经理直线上级。

☐ 实训项目

实训内容： 请学生运用 360 度绩效考核法对自己所组建的公司的中层管理部门进行一次较为全面的绩效管理。了解企业的组织架构，了解该部门在企业组织架构中的地位，该岗位的工作职责、工作环境、任职资格等信息，设计中层管理部门的绩效计划的表格。

实训指导： 根据企业的性质（生产、零售、服务、餐饮等）确定要制定的中层管理岗位的绩效考核重点，确定中层岗位的绩效目标，进行细化分解，并根据绩效目标确定关键绩效指标，选择 360 度绩效考核的主体，制定绩效考核表，进行模拟绩效考核。

☐ 学中做　做中学

请为你的虚拟公司的中层管理岗位制定目标管理绩效计划。要求：

1. 依据该岗位的职位说明书确定管理目标，并进行细化分解。

2. 拟定该岗位的关键绩效指标，不要求详细，但要符合该岗位的性质和层次。

3. 拟定比较详细的360度绩效考核面谈表，仔细考察考核主体，谨慎选择考核主体。

项目三 制定绩效方案实务操作

【知识精讲】 企业员工绩效考核内容；企业高层管理人员、中层管理岗位和基层员工绩效考核的制定标准。

绩效管理是管理者确保员工的工作活动和工作产出与组织的目标相一致的手段及过程。企业绩效评估的目的主要有两个方面：一是提高员工的工作业绩，从而提高企业的生产效率，实现企业的生产经营目标。二是为企业人力资源管理提供依据，包括职位的晋升、奖励、培训等人事工作。通过采用科学的方法，对评估者即员工的工作业绩、工作态度、工作能力等进行全面评价，以评价的结果作为人力资源管理决策的依据。

一、企业员工绩效考核内容

随着管理实践的发展，企业员工绩效考评的内容主要涉及员工个人情况和员工工作情况两个方面，具体来说主要包括四个方面。

(一) 岗位绩效

员工绩效考核要紧紧围绕员工的工作岗位来进行，将岗位说明书中的内容作为评估员工业绩的基本依据。这样才能使员工在考核工作中主动配合，真正促进员工工作积极性和绩效的提高。岗位绩效包括如下内容：

(1) 可以量化的工作业绩。这里主要是指工作数量，如是否按计划、按标准完成了上司布置的工作或完成了多少工作。

(2) 工作效果。这是相对于工作数量的工作质量，也就是说，工作完成得如何、结果是否达到了要求等。

(3) 工作的创造性。在岗位工作中，员工是否具有一定的创造性是企业对员工的要求和期待，也是岗位绩效考评的内容。

(4) 工作的协调性。企业的业务性质要求员工树立和坚持团队精神，每位员工在充分发挥个人能力的同时，还要和同事密切配合、协调一致，以集体的智慧和力量完成工作。

(5) 工作的示范性。对管理岗位来说，岗位绩效还包括对下属员工的指导培训能力，也就是说工作是否具有示范性。

(二) 素质能力

在很大程度上，员工岗位绩效的好坏，取决于其素质的高低和能力的大小。在考核工作中，应考虑员工的素质能力。素质能力主要包括以下几方面。

(1) 基本素质。基本素质包括文化修养、接受一般教育的程度、工作经历、人生阅历以及日常待人接物的能力等。

（2）基础能力。基础能力是指适用于岗位职责的专业知识和技能。例如，销售人员所要掌握的市场知识、营销策略等能力。

（3）业务能力。这是在企业特定环境中员工素质和基础能力相结合的综合能力，如高层管理人员对投资项目的理解力、对投资环境的判断力、与同事和客户沟通的能力、部门经理的组织协调能力、对突发事件的反应能力、起草各种必要文件的能力等。

（三）工作态度

具有一定素质和能力的员工，并不一定都具有符合岗位职责要求和企业文化精神要求的工作态度，而员工工作态度的好坏往往是其工作是否有成效、表现是否出色的决定因素。因此，工作态度也是员工绩效考核的重要内容。工作态度有如下内涵。

（1）自觉性。在领导不在身边、缺乏面对面监督、工作没有压力等情况下，员工是否照样热情地工作、是否照样出色地完成工作任务，就是员工自我管理程度的测定依据之一。

（2）积极主动性。企业是否有活力，要看员工在工作中是否有积极性和主动性。员工工作的积极性和主动性是企业经营活动中最重要、最可贵的动力。因此，企业十分看重员工工作的积极性和主动性。

（3）责任感。敢于负责是企业对各个岗位员工的共同要求之一。一般来说，只有具备高度责任感的员工才能够较好地完成企业部门和班组交办的工作。

（4）合作精神。这不仅需要员工个人的素质高和能力强，更需要员工发扬合作精神，在客户服务中互相配合、互相补充，形成资源共享与互补的优势。

（四）工作潜力

潜力考核就是通过一定的手段发现员工的潜力，找出阻碍其发挥的原因，从而采取必要的措施，更好地将员工的潜力发挥出来，把潜在的处于休眠状态的能力转化为现实的能力，从而为企业的发展做出贡献。通过潜力考核，可以为工作岗位的轮换、职务的升迁等提供依据。

二、企业管理人员绩效考核标准制定

绩效考核标准是对考核内容的进一步细化，它建立在对企业各岗位的岗位分析和员工个人工作职责分析的基础之上。因此，合理确定员工绩效考核的内容和标准，是做好员工绩效考核的前提和基础，也是企业人力资源管理的重要工作内容。由于企业员工所处的部门、岗位、工作性质和工作内容不同，其绩效考核标准的内容和具体评估标准也不完全一样。

（一）高层管理人员绩效考核标准确定

确定高层管理人员的考核指标体系是高层管理人员绩效考核的关键工作。指标的确定要紧紧围绕企业经营目标进行，考核采取业绩考核加素质评价，既要考虑结果又兼顾过程的方式。具体来说，高层管理人员的评价指标包括以下几个方面。

1. 决策绩效

决策是高层管理人员的首要职能。领导活动自始至终都是围绕决策而展开和进行的，高层管理人员决策的科学性、正确性对组织的前途具有直接的决定作用。其一，考察在一定时期内高层管理人员所做出决策的正确率，就可以比较直观地了解高层管理人员决策的绩效状况。其二，考察高层管理人员决策所带来的效益，通过分析决策的效益成本比可以对高层管理人员决策绩效做出总体评价。

2. 用人绩效

考察高层管理人员的用人绩效，主要是考察高层管理人员发现了多少人才，正确选拔了多少人才，恰当使用了多少人才，真正培养了多少人才。也就是说，领导活动成功与否，在很大程度上取决于高层管理人员选材用人是否正确和有效。

3. 办事绩效

考察高层管理人员的办事绩效，主要就是对领导者完成工作任务和处理事务的效率、效果进行考核。另外，可以用单位时间内高层管理人员完成工作任务的情况对领导绩效进行考核。

4. 组织的整体贡献绩效

高层管理人员是企业的大脑，企业的活动一般都是在高层管理人员的直接领导下进行的，包括组织目标的确定、人事的安排、制度的订立、决策的执行等。因此，高层管理人员的绩效最终要体现在对组织的整体贡献上，它是决策绩效、用人绩效、办事绩效的统一体，对组织整体贡献绩效的考核，主要是通过组织目标实现的程度、组织对社会贡献的大小等指标来衡量。

企业高层管理人员绩效考核评估表见表7-9。

表7-9 某企业高层管理人员绩效考核评估表

职务		分管工作		姓名				
分类		评价内容		评分				
				5	4	3	2	1
工作态度	1	经营计划的立案、实施是否有充分准备						
	2	是否以长期眼光审视公司的未来						
	3	是否能以负责人的胸怀关注全体员工						
	4	是否重视经营理念						
	5	是否有强烈的盈利欲望						
基础能力	6	为了实现目标，是否能站在最前线指挥						
	7	是否能省钱、省时地完成目标						
	8	是否重视长期目标的实施						
	9	是否能按时完成目标						
	10	能否随机应变，适时修改目标值，以确保完成目标						

续表

职务		分管工作		姓名				
分类		评价内容		评分				
				5	4	3	2	1
业务能力	11	是否能站在企业的立场上发言、提议						
	12	是否能以长期眼光制定企业战略						
	13	是否能以企业观点收集情报						
	14	是否能与其他经理交流情况						
	15	是否积极地与其他部门协调						
责任感	16	是否了解下属的优缺点						
	17	是否能为其他下属协调						
	18	是否善于用人						
	19	是否热心培养后继者						
协调性	20	仔细倾听下属意见						
	21	是否注意身体健康						
	22	是否谨慎地使用金钱						
	23	是否热心于小组内部意见的沟通						
	24	避免引起异性问题						
自我启发	25	不与顾客勾结						
	26	对社会和时代的变迁是否敏锐						
	27	是否热心于获取新技术与知识						
	28	是否站在高层事业上自我革新						
	29	是否可以为了改进工作而抛弃惯例						
	30	是否善于预测未来						
评价分数合计								

（二）中层管理人员绩效考核标准确定

中层管理人员绩效考核是企业人力资源管理考核体系和过程中的一个环节，其考核结果是确定中层管理人员晋升、岗位轮换、薪酬、福利等人事决策的客观依据，同时也是检验员工创造最佳业绩的有效手段。中层管理人员绩效考核的指标不仅局限在工作成绩的评价上，而且包含了德、能、勤、绩四个方面的要求。

1. 德

即职业道德考核，即对工作所要求的个人道德素质的考核。其主要考察指标包括政治素质、信念理想、道德情操等。

2. 能

中层管理人员的能力可以归纳为三个方面，即基础能力、业务能力和素质能力。能力考核是对专业技能、专业知识、工作经验、体力、智力、心理素质、潜力、适应性等指标的评价。

3. 勤

即工作态度考核，是对中层管理人员在工作过程中表现出来的主观性进行评价，考核指标包括工作积极主动性、纪律性、协调性、责任感、自我开发等内容。

4. 绩

即实绩考核。对中层管理人员实绩的考核往往与企业运营目标结合在一起，包括对中层管理人员完成工作的数量、质量、效率和经营效果的考核。通常从以下四个方面下手：

（1）工作量的大小，即工作成绩的数量；

（2）工作效果如何，即工作成绩的质量情况；

（3）对下属的指导教育；

（4）在本职工作中的自我努力和提高。

企业中层管理人员绩效考核评估表见表7-10。

表7-10　某企业中层管理人员绩效考核评估表

序号	考核项目	考核等级说明					得分
		A级优秀5	B级良好4	C级尚可接受3	D级需要督导2	E级不能接受1	
1	主动性	总是能提前（甚至15天以上）预测机遇或危机，并及时做出积极反应	几乎总是能提前（甚至7天以上）预测机遇或危机，并及时做出反应	偶尔能提前预测机遇或危机，或者偶尔能做出反应	在指导下能预测机遇或危机，或在督导下做出反应	任何时候都是事到临头才进行计划或做出反应	
2	可靠性	从不需要督导，就能独立地完成任务	几乎不需要督导就能独立完成任务，偏差仅仅一次	偶尔需要督导，偏差2次	经常需要督导，偏差3次以下	经常需要督导，偏差超过3次	
3	计划能力	对部门的工作目标、主次非常清楚；所有员工完全了解目标	工作目标、主次比较清楚，轻重缓急把握得当；90%的员工了解目标	工作目标、主次基本清楚，偶尔要提醒；80%的员工了解目标	无目标、工作安排主次不分，不能把握轻重缓急，出现两次类似情况；70%的员工了解目标	无目标、工作安排主次不分，不能把握轻重缓急，出现三次类似情况；40%的员工了解目标	
4	协作能力	任何工作都按时保质保量完成，从来没有怨言、牢骚	偶尔一次不能迅速响应或完成，基本没有怨言、牢骚	有两次不能迅速响应或按标准完成，或者偶尔伴有怨言、牢骚	有三次不能按时保质保量完成，或者有怨言、牢骚	有四次以上不能按时保质保量完成，并经常有怨言、牢骚	

序号	考核项目	考核等级说明					得分
		A级优秀5	B级良好4	C级尚可接受3	D级需要督导2	E级不能接受1	
5	团队行为	零错误、零损坏、零偏离标准的行为，从不重复工作	错误、损坏、偏离标准的行为或重复工作少于1次，没有造成严重影响	错误、损坏、偏离标准的行为或重复工作少于3次，影响严重但没损失	错误、损坏、偏离标准的行为或重复工作少于4次，影响严重但没造成损失	错误、损坏、偏离标准的行为或重复工作少于5次，影响严重或造成损失	
6	安全	从未发生过有关人身财产安全方面的事件	出现过安全隐患，但由于及时排除，没有造成不良影响	出现1次有关人身财产安全方面的轻微事故，没有造成不良影响	出现1次有关人身财产安全方面的案件，造成500元以下损失	出现1次有关人身财产安全方面的案件，造成1 000元以下损失	

三、企业技术和服务人员绩效考核标准确定

企业技术人员的工作比较规范，所以考核标准的确定应紧紧围绕岗位职责进行。考核指标的内容主要包括工作态度、基础能力、业务熟练程度、责任感、协调性、自我启发等方面。表7-11是某企业技术人员绩效考核评估表。

表7-11　某企业技术人员绩效考核评估表

分类		评价指标	分　值				
			5	4	3	2	1
工作态度	1	很少迟到、早退、缺席，工作态度认真					
	2	细心地完成任务					
	3	做事效率高					
	4	遵照上级指示					
	5	正确向上级报告					
基础能力	6	精通业务知识，具备处理事务的能力					
	7	掌握业务上的要点					
	8	正确理解上级指示，并正确传达					
	9	严格遵守报告、联络、协商的规则					
	10	在既定的时间内完成工作					
业务熟练程度	11	能掌握工作的节奏，并有效开展工作					
	12	能随机应变					
	13	能创造新的价值观念					
	14	善于与顾客交涉，说服力强					
	15	可以自己从事新的工作					

续表

分类		评 价 指 标	分 值				
			5	4	3	2	1
责任感	16	责任感强，确实完成交付的工作					
	17	即使是很困难的工作，也会勇敢面对					
	18	用心处理事情，避免过错发生					
	19	预测过错的可能性，并想出预防的对策					
协调性	20	做事冷静，绝不感情用事					
	21	与他人协调的同时，也朝着自己的目标前进					
	22	重视与其他部门的人协调					
	23	在工作上乐于帮助同事					
	24	服从与自己意见相反的决定					
自我启发	25	热衷于获取新情报或知识					
	26	以市场为导向制定生产计划					
	27	有进取心、决断力					
	28	积极创新					
	29	即便是分外的事，也能提出提案					
	30	以长期的眼光制定目标或计划，并付诸实践					
		评价分数合计					

企业服务人员的岗位职责标准非常明确，绩效考核应该紧紧围绕岗位要求进行。服务人员绩效考核指标应该涵盖工作数量、工作质量、业务能力、责任心、品德作风及团队精神等几个方面。此外，仪容仪表也应该列入服务人员绩效考核指标体系。表7-12是某企业服务人员绩效考核评估表。

表7-12 某企业服务人员绩效考核评估表

姓名			入职时间			考勤情况（本考核期内）		迟到		天
部门			年龄					事假		天
岗位			本岗位时间					病假		天
职级			本级时间					旷工		天

分数 项目	10	9	8	7	6	5	4	3	2	1	自我评估	考评分数	初审	复审	权重	实际得分
工作质量	工作质量高，超额完成任务	能比较圆满地完成任务		偶尔出现差错，办事可靠			有时出现错误，工作质量有待提高		经常出现错误，不能完成工作任务							

续表

分数 项目	10	9	8	7	6	5	4	3	2	1	自我 评估	考评 分数	初审	复审	权重	实际 得分
工作效率	能超额完成工作指标，时效性强	能迅速完成工作任务		基本能按时完成工作任务		工作有延迟现象，效率不够稳定		工作经常延误，效率低								
责任心	工作高度负责，进取心强	主动负责进取心强		对工作无抱怨，比较有上进心		在督促下方能进行工作		得过且过，对工作采取应付态度								
业务能力	知识面广，可胜任多种工作	熟悉本岗业务技能比较熟练		具有一定业务知识，能进行日常工作		业务知识比较贫乏，能勉强进行工作		能力欠佳，不能够开展工作								
团队精神	企业意识强，能顾全大局	同事关系融洽，能够积极合作		能够合作共事		与同事有隔阂，不能主动与他人合作		难与他人合作								
仪容仪表	态度亲切，仪表端庄	举止大方得体，着装规范		基本符合企业要求		欠规范		仪表不整，举止不雅								
品德作风	热情敬业，乐于奉献，公而忘私	洁身自好，忠于职守		品行端庄，基本能够遵守企业规定		作风欠严谨		作风随便，自律性差								
考勤记录	事假	病假		公假		产假		旷工								

奖惩记录：

加减分数：

个人意见和建议：

被评价人签字：

面谈情况：

面谈人签名：

四、企业员工绩效考核各类表格

以某酒店为例：

某酒店综合绩效考核方案

一、总则

（一）为了保证酒店总体目标的实现，建立有效的监督激励机制，加强部门之间的配合协作能力，提高酒店经营管理机制，特制定本方案。

（二）本绩效考核方案适合酒店各部门。

二、考核目的

绩效考核成绩作为部门每月奖金领取，优秀部门评选，年终奖发放的依据。

三、考核原则

为充分发挥绩效考核对公司各阶段工作的经营管理状况的诊断作用，以及对各部门工作的指引作用，绩效考核应遵循"公开、公平"原则。考评内容、考核标准、评分细则、考评程序和考评结果透明公开，对酒店各部门形成正确指导，在酒店内部形成良性竞争的机制。

四、考核内容与方式

（一）考核期：以月份为期限，具体时间段为上月 21 日至本月 20 日。

（二）根据财务部对酒店经营情况核算，对经营部门制定经营指标绩效奖金，后勤部门按照一定比例提取奖金。

（三）考核内容如下。

1. 部门考核方式：综合评估的方式。

2. 考核内容详见附表。

五、考核程序与方法

（一）各绩效考评人的组成：由部门第一负责人，执行总经理，总经理组成。

（二）各考评人的职责：负责对考评对象进行评分。

（三）评分规则如下。

1. 各部门总分为 100 分。

2. 各考评人根据后面的附表进行综合评分，最后取平均分。

3. 部门奖金计算方式：部门奖金=综合得分/100×奖金。

4. 总经办于每月 21 日将综合评估表下发到各部门及评分人，各部门于每月 24 日之前完成综合评估并上交于总经办，总经办于每月 25 日之前完成综合评估汇总，于每月 26 日交于财务部。

（四）综合得分95分（含95分）以上，视为100分。

六、资料的整理与存档

每月考评结束后，总经办对所有资料进行整理存档。

××××酒店
二○××年六月六日

表7-13至表7-15是某餐饮企业各岗位绩效评估表格。可供参考。

表7-13　某餐饮企业厨师长绩效考核评估表

内　　容	评　　分				
	1	2	3	4	5
厨房专业知识（手眼协调、动作敏捷）					
创造性（菜谱创新、花色创新）					
食品外观（色、形）					
食品质量（味道、质地等）					
知识					
预测					
成本控制					
菜单结构与计划					
价格					
员工工作安排					
烹调过程					
剩余食品利用					
顾客关系					
公司政策					
领导能力					
总评					

评分标准：90分以上为1；80～89分为2；70～79分为3；60～69分为4；59分以下为5。

表 7-14 某餐饮企业新员工试用期评估表

姓名		性别		年龄		文化程度	
部门		岗位		工牌号		入店时间	
项目	评分等级	优秀：5		良好：4	满意：3	一般：2	不合格：1
仪容仪表							
礼节仪表							
工作主动性							
工作服从性							
业务水平							
工作效率							
人际关系							
学习能力							
发展潜力							
英语水平							
总分							
总评							
建议		请在下列所选选项前面的□内打"√" □同意留用，可转为正式员工。 □有发展潜质，但需要延长试用期一个月。 □不适合本岗位工作，但可到企业其他岗位工作。 □不适合在本企业工作。					
备注							
评估人签名							
填表时期		年　月　日					

表 7-15 某餐饮企业员工绩效考核情况处理表

一、事由

二、部门写出情况产生原因

三、部门写出情况处理意见

续表

四、对出现问题，部门提出整改措施
部门负责人签字：

备注：每月 7 日前（遇节假日顺延），部门负责人将处理结果上报考核工作小组。

案例分析

A 是 K 公司的员工。大学毕业后加入 K 公司，一直从普通员工做到高级销售经理。K 公司在年初制定销售计划，较上年初提高将近 100%。同时改变绩效考核办法，由原来的季度考核改为月考核，并且实行了负激励，尽管员工的反对声音很大，但新办法还是开始实行。然而，一个季度后，公司业绩渐离目标甚远，员工的绩效奖金大幅度减少。A 认为是 K 公司制定计划不切实际，考核目标太高，无法完成。而公司认为在数次沟通无效后员工干劲不足。A 愤然离职，并带走了部分同事和资料。

问题：

1. K 公司的绩效管理出现了哪些问题？为什么？

2. 请为 K 公司提出总的改革建议。

简析：脱离现实，制定目标时没有咨询员工意见，绩效目标应是全体员工共同认可的。如果是宏观经济原因，应该参考在内，对绩效目标做适当调整。负激励最不可取，员工没有安全感。应该设置较低的基本工资，有较高的按业绩占比的浮动奖励。与员工沟通不够，不能够以人为本。

☐ 实训项目

实训内容：请学生运用 360 度绩效考核法对自己所组建的公司的基层管理部门进行一次较为全面的绩效管理。了解企业的组织架构，该部门在企业组织架构中的地位，该岗位的工作职责、工作环境、任职资格等信息，设计中层管理部门的绩效计划的表格。

实训指导：首先根据企业的性质确定要制定的基层管理岗位的绩效考核重点，确定基层岗位的绩效目标，进行细化分解，并根据绩效目标确定关键绩效指标，选择 360 度绩效考核的主体，制定绩效考核表，进行模拟绩效考核。

□ 学中做　做中学

请为你的虚拟公司的基层管理岗位制定目标管理绩效计划。要求如下。

1. 依据该岗位的职位说明书确定管理目标，并进行细化分解。

2. 拟定比较详细的绩效辅导面谈表，确定绩效辅导面谈的时间、地点，最好由基层管理者与绩效被考核者就有关绩效计划问题，进行一次适当的绩效辅导面谈，以确定该岗位员工的绩效计划。

3. 拟定该岗位的关键绩效指标，不要求详细，但要符合该岗位的性质和层次。

小　结

1. 绩效是员工在工作岗位上所做的与组织战略相关的、具有可评估要素的工作行为和工作成果，它体现了员工对组织的贡献和价值。绩效的性质中值得强调的是它的多因性、多维性和动态性。

2. 绩效管理是有效管理员工以确保员工的工作行为和产出与组织目标保持一致，进而促进个人与组织共同发展的持续过程。

3. 绩效管理的意义：有助于提升企业的绩效，可以为人力资源管理提供决策信息。

4. 完整的绩效管理依次包括以下四个步骤：一是绩效计划的制定，包括工作承诺、绩效目标与标准等内容；二是绩效的实施，包括绩效计划执行过程中的绩效沟通及绩效信息的收集；三是绩效评估；四是绩效反馈。这四个步骤紧密相连，相互影响，是一个循环改进的过程，使企业的绩效得以持续提高。

5. 目标管理的思路是：由员工同他们的上级一起确定具体的绩效目标，定期检查这些目标的实现情况，并以此作为报酬分配的依据。

6. 360度绩效考核也被称为全方位考核法，是指由被考核者的上级、下级、同事（包括内部客户和外部客户）以及被考核者本人，从多个角度对被考核者进行全方位的评价，再通过反馈环节，达到改善绩效的目的。

7. 绩效考评的方法有：排序法、配对比较法、强制分布法、关键事件法等。

8. 绩效考评信息来源主要有：直接上级、同级同事、直接下属、被考核者本人和顾客。

9. 绩效面谈是绩效反馈的重要形式，为了提高绩效反馈的效果，在面谈时应该遵循下列原则：绩效面谈经常性；面谈准备充分；营造良好的沟通环境；以表扬为主、批评为辅；把重点放在解决绩效问题上。

思考题 • • •

1. 什么是绩效？它具有哪些性质？

2. 什么是绩效管理？它与绩效考核有何区别？绩效管理的目的是什么？

3. 概述绩效管理的过程。

4. 绩效考评的基本原则有哪些？

5. 什么是目标管理法？

6. 绩效考评的方法有哪些？

7. 怎样获得员工的绩效考评信息？信息来源有哪些？

8. 为什么要进行绩效信息反馈？如何进行信息反馈面谈？

模块八

薪酬福利管理

知识目标：

1. 薪酬的概念与功能、薪酬的构成；
2. 薪酬管理的概念、内容；
3. 常见薪酬制度类型与结构；
4. 福利的定义、常见福利项目。

能力目标：

1. 薪酬设计的基本程序、岗位评价的方法；
2. 企业福利制度设计。

素质目标：

能够使用合适方法对职位实施评价，通过薪酬调查建立薪酬曲线，确定薪酬等级，完成基本薪酬设计。

导入案例：

猎人和猎狗的故事

有一个猎人养了一群猎狗，猎狗在猎人的指挥下捕捉野兔，猎人吃肉，猎狗吃骨头，靠这种方式生活。开始的时候，猎狗为了生存捕捉野兔都很卖力，时间长了，大家感觉捕多捕少都能够吃到兔骨头，就不太卖力了，捕捉兔子的数量大不如从前。猎人看到这些，就给猎狗们开会："从今往后，谁每天捕到 5 只兔子，不但能吃骨头，还能分一块兔肉。"猎狗们一下兴奋起来，每天捕兔数量增加很多，猎人很高兴。

过了一段时间，捕兔数量又少了，且捕捉的小兔子居多，猎人问为什么，猎狗说，捕捉大兔子费时费力，和捕捉小兔子一样分骨头分肉，谁还愿意捕大兔子。猎人想了想说："今后分骨头分肉，不但要看兔子的数量，还要称重量，按重量分配。"

从此猎狗们又尽力捕捉兔子，那些身强力壮的猎狗捉的兔子又多又大。又过了一段时间，身强力壮的猎狗懒惰起来，猎人不明白为什么。猎狗说："我们现在身强力壮，拼死拼活也只是饱餐一顿，老了以后还不是照样没饭吃。"猎人于是做出了决定：今后大家捕捉野兔，按数量和重量分配，除了吃的以外，吃不完的可以累积起来，以后老了不能捕捉兔子时再分给大家。猎狗们听后，高兴地跳起来，从此不再偷懒了。

资料来源：管理学经典案例《猎人与猎狗的故事》

项目一　薪酬福利管理概述

【知识精讲】 薪酬概念和构成、薪酬管理的概念及内容、薪酬管理的原则、薪酬管理与其他人力资源管理职能的关系、我国企业加强薪酬管理的对策。

薪酬管理是企业人力资源管理的一项重要职能。一个运行良好的、公平的薪酬系统是企业吸引和留住人才最重要的手段。企业的薪酬管理制度是否合理，直接决定企业是否能够很好地激励员工，提高员工工作绩效。因此，企业要重视员工薪酬管理。

一、薪酬概念和构成

（一）薪酬概念和形式

1. 薪酬概念

薪酬具有"广义"与"狭义"之分。广义的薪酬也称为劳动报酬，是指员工从事企业所需要的劳动，而得到的以货币形式和非货币形式所表现的补偿，包括经济性报酬和非经济性报酬两大类。

经济性报酬又可分为直接经济性报酬和间接经济性报酬。直接经济性报酬是单位按照一定的标准以货币形式向员工支付的报酬。间接经济性报酬不直接以货币形式发放给员工，但通常可以给员工带来生活上的便利、减少员工额外开支或者免除员工后顾之忧。

非经济性薪酬是指无法用货币等手段来衡量，但会给员工带来心理愉悦效用的一些因素。

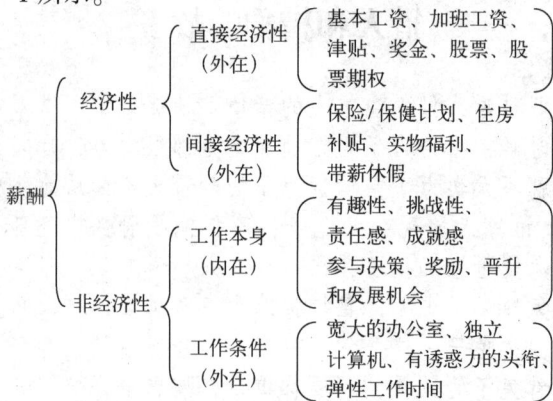

报酬的分类如图 8-1 所示。

薪酬	经济性	直接经济性（外在）	基本工资、加班工资、津贴、奖金、股票、股票期权
		间接经济性（外在）	保险/保健计划、住房补贴、实物福利、带薪休假
	非经济性	工作本身（内在）	有趣性、挑战性、责任感、成就感、参与决策、奖励、晋升和发展机会
		工作条件（外在）	宽大的办公室、独立计算机、有诱惑力的头衔、弹性工作时间

图 8-1　薪酬的分类

狭义薪酬是指劳动者在向企业提供有效劳动后，从企业获得的全部显性和隐性的经济性收入，即前面提到的劳动者获得的直接和间接的经济性报酬。我们通常讲的薪酬是狭义薪酬的概念。

美国著名的薪酬管理学者米尔科维奇对薪酬的定义是：员工因为雇佣关系的存在而从雇主那里获得的各种形式的经济收入，以及有形的服务和福利。薪酬支付的主体是企业，客体是员工。这个定义强调如下两点。

一是薪酬是因雇佣关系的存在而存在的，其他收入比如投资股票、房屋出租、个人进行经营的收入不可以称作薪酬。所以薪酬和收入的区别就是是否因为雇佣或劳动关系的存在而产生、取得。

二是与传统的工资概念所不同的是，薪酬还包含了非货币形式的报酬。

2. 薪酬的形式

薪酬体现为基本薪酬、可变薪酬和间接薪酬三种主要形式。

（1）基本薪酬，指组织根据员工所承担或完成的工作本身，或者所具备的完成工作的技能或能力而向其支付的稳定性报酬。基本薪酬是员工从企业获得的较为稳定的经济报酬，为员工提供了生活保障和稳定的收入来源。一般来说，基本薪酬在员工总工资收入中占有较大的比例。基本薪酬还是确定员工可变薪酬的一个主要依据。

（2）可变薪酬，指薪酬系统中与企业和员工绩效直接挂钩的部分。也就是平时所说的奖金、绩效奖励或绩效工资，一般包括日常工作绩效工资、年终效益奖，单项奖励如超产奖、安全生产奖，这些属于短期激励。还有一种是针对企业经营者或管理层等核心员工设计、实施的长期激励部分，也叫资本工资，如股票、期权等。短期奖励的目的一般是鼓励员工努力工作，取得良好的工作业绩，主要按年、季、月度发放；长期奖励的主要目的更多地在于长久留住企业发展所需要的核心人才。

（3）间接薪酬，是指各种福利项目，包括法定福利和企业自定福利。法定福利如养老、医疗、失业、工伤、生育等保险，企业自定福利包括员工年休假、住房补贴，企业为员工提供的各种服务等。间接薪酬也是薪酬体系的一个重要组成部分，一定不能忽视福利设计和管理的作用。

各种薪酬形式及其特点见表 8-1。

表 8-1　薪酬的主要形式及其特点

薪酬分类	功　　能	决定因素	变动性	特　　点
基本薪酬	体现岗位价值	职位价值、能力、资历	较小	稳定性、保障性
可变薪酬	对优秀业绩的回报	个人绩效 团队绩效 组织绩效	较大	激励性、持续性

续表

薪酬分类	功　能	决定因素	变动性	特　点
间接薪酬	提高员工满意度	就业与否、法律、法规	较小	保障性、调节性
	提高员工满意度	工作条件、工作环境、社会评价等	较小	保障性、调节性

（二）薪酬构成

企业员工薪酬一般包括以下几部分。

1. 基本工资

基本工资是企业按照一定的时间周期，定期向员工发放的固定报酬。基本工资主要反映所承担的职位的价值或者员工所具备的技能或能力的价值，即分别是以职位为基础的工资和以能力为基础的工资，就是通常所说的职位工资与能力工资。在国外，基本工资往往有小时工资、月薪和年薪等形式，在中国大多数企业中，提供给员工的基本工资往往以月薪为主，即每月按时向员工发放固定工资。

2. 绩效工资

绩效工资是根据员工的年度绩效评价的结果而确定的对基本工资的增加部分，它是对员工优良工作绩效的一种奖励。绩效工资被称为绩效提薪。它与奖金的差别在于，奖金并不成为基本工资永久性的增加部分，而只是一次性的奖励。

3. 奖金

奖金也称为激励工资或可变工资，是在薪酬发放中根据员工的工作绩效进行浮动发放的部分。奖金可以与员工的个人业绩相挂钩，也可以与他所在团队的业绩相挂钩，还可以与企业的整体业绩相挂钩，这分别被称为个人奖金、团队奖励和企业奖励。

4. 津贴

津贴是对员工工作中的不利因素的一种补偿，它与经济学理论中的补偿性工资差别相关。例如：企业对从事夜班工作的员工，往往会给予额外的夜班工作津贴；对于出差的员工，也往往会给一定的差旅补助。但津贴不构成薪酬的核心部分，它在整个薪酬体系中所占的比例较小。

5. 福利

福利是企业通过增加福利和设施，建立各类补贴制度，以及举办文化体育活动，为工作人员提供生活方便，减轻工作人员生活负担，丰富员工文化生活而从事的一系列活动的总称。它是个人消费品分配的一种形式，同时也是报酬分配的一个重要组成部分。

福利和工资分配所依据的原则不同，工资分配所依据的是"按劳分配"的原则，其水平根据工作人员劳动的数量、质量确定，而福利则是根据整个社会的生活和消费水平，有条件、有限度地解决和满足员工的物质文化需要。在现代社会，福利的形式和内容非常多，国内外已经设计和使用过的就不下百种。

6. 股权

股权主要包括员工持股计划和股票期权计划。员工持股计划主要针对企业中的中基层员工，而股票期权计划则主要针对中高层管理人员、核心业务和技术人才。

员工持股计划和股票期权计划不仅是针对员工的一种长期报酬形式，而且是将员工的个人利益与企业的整体利益相连接，优化企业的治理结构的重要方式，是现代企业动力系统的重要组成部分。近年来股权计划已经越来越多地受到中国企业的青睐。

上述工资构成的各部分，基本工资对应的是基本薪酬，绩效工资、奖金及股权属于可变薪酬，津贴、补贴和福利等属于间接薪酬。

二、薪酬管理的概念及内容

（一）薪酬管理的概念

员工为企业工作的动力有很多，但是薪酬无疑是最直接的一种动力。薪酬管理是企业经营管理工作的焦点之一。

薪酬管理是指一个组织针对所有员工所提供的服务来确定他们应当得到的报酬总额，以及报酬结构和报酬形式的一个过程。

在这个过程中，企业就薪酬水平、薪酬体系、薪酬结构、薪酬构成及特殊员工群体的薪酬做出决策。同时，作为一种持续的组织过程，企业还要持续不断地制定薪酬计划，拟定薪酬预算，就薪酬管理问题与员工进行沟通，同时对薪酬系统的有效性做出评价，并进行不断完善。

（二）薪酬管理的决策内容

薪酬管理决策包括薪酬体系、薪酬水平和薪酬结构三大核心决策，以及薪酬构成、特殊群体的薪酬、薪酬管理政策三大支持性决策。

1. 薪酬体系

确定企业的基本薪酬以什么为基础。目前国际较通行的体系包括职位薪酬体系、技能薪酬体系及绩效薪酬体系。

2. 薪酬水平

薪酬水平管理是薪酬管理的核心内容，薪酬水平高，有利于企业吸引、保留和激励人才，但企业都有人工成本控制问题，企业必须同时考虑员工薪酬水平的外部竞争力和企业人工成本承受能力，因此，企业应经常关注外面市场薪酬水平的变化，并结合企业的实际情况，确定和调整企业员工薪酬水平。

3. 薪酬结构

指同一组织内部的不同职位所得到的薪酬之间的相互关系，是组织纵向薪酬薪级与横向薪酬薪档组成的薪酬矩阵。它涉及的是薪酬的内部一致性问题。

国有企业的平均主义和"大锅饭"的问题，"想留的人留不住，不想留的人一个也不走"的局面，薪酬结构不合理是其中一个重要原因。

4. 薪酬构成

指员工得到的全部薪酬的组成成分，包括以福利或服务形式支付的间接补偿等。分为直接薪酬和间接薪酬。

5. 特殊群体的薪酬

通常情况下，销售人员、专业技术人员、管理人员尤其是高层管理人员都可以被视为特殊员工群体，特殊群体要根据其工作内容，设计不同的薪酬方案。

6. 薪酬管理政策

薪酬管理政策要确保薪酬系统的公平，有助于实现组织和员工个人的目标。并且要考虑薪酬成本与预算控制，以及薪酬规定、薪酬水平等政策的保密制度等。

三、薪酬管理的原则

（一）公平性原则

员工对薪酬分配的公平感，也就是对薪酬发放是否公正的判断与认识，是设计薪酬制度和进行薪酬管理时应考虑的首要因素，这也是"公平感"的主观性和相对性所决定的。薪酬的公平性可以分为三个层次。

1. 外部公平性

外部公平性指同一行业或同一地区或同等规模的不同企业类似职务的薪酬应大致相同，因为同一职务对员工的知识、技能与经验的要求相似，员工的各自贡献也就相差无几。与岗位相关的薪酬统计数据或市场薪酬调查能够揭示出企业所支付薪酬的外部公平程度。

2. 内部公平性

内部公平性指同一组织中不同岗位所获薪酬应正比于各自的贡献。只要比值一致，便是公平。工作评价是决定内部公平的首要方法。

3. 个人公平性

个人公平性指企业仅根据员工的个人因素，诸如业绩水平和学历等，对完成类似工作的员工支付大致相同的薪酬。

（二）竞争性原则

竞争性原则指在社会上和人才市场中，组织的薪酬标准要具有吸引力，才足以战胜其他组织，招到所需人才。究竟应将本组织摆在市场价格范围的哪一段，当然要视本组织的财力、所需人才的可获得性等具体条件而定，但要有竞争力，至少是不应低于市场平均水平的。

（三）激励性原则

激励性原则是指要在内部各类、各级岗位的薪酬水平上，适当拉开差距，真正体现按贡献分配的原则。平均主义的"大锅饭"分配制度，其落后性和危害在过去我国的许多国有企业中已充分体现。

（四）经济性原则

企业在确定薪酬水平时，一方面要考虑对员工的激励，另一方面还要注意控制人工成本。提高组织薪酬水平，固然可提高其竞争性与激励性，但同时也不可避免地导致人工成本的上升，所以薪酬制度不能不受经济性的制约。不过组织领导在对人工成本考察时，不能仅看薪酬水平的高低，还要看员工绩效的质量水平高低，事实上，后者对组织产品的竞争力的影响，远大于成本因素。

（五）合法性原则

组织薪酬制度必须符合国家的政策法律、法规，符合国家及地方有关劳动用工及人事的有关法律、法规，尤其要体现对劳动者的尊重、公正，避免不应有的歧视。例如在员工提供了正常劳动的前提下，企业支付的工资不能低于我国各省、市、自治区普遍执行的最低工资标准规定。

课 堂 讨 论

资料：

制样师杨军在深圳市某运动鞋企业工作，月固定工资为 3 500 元。他技术好，工作努力，深得领导重用。考虑到领导对自己不错，几次高薪跳槽的机会他都放弃了。但年初，他得知一位新来的同事月工资居然高达 5 800 元，杨军再也待不下去了，马上向公司领导递交了辞呈，他很快在另外一家运动鞋企业找到了同样的工作，月薪 6 000 元，还有月终、年终奖。杨军走后两个月内，该企业又有一批骨干员工辞职，其中好几个都到了杨军所在的企业。

讨论：

这个企业的薪酬管理犯了什么错误？

要点：_____

_____

四、薪酬管理与其他人力资源管理职能的关系

由于现代人力资源管理的整体性特征，薪酬管理与企业其他人力资源管理环节具有密切的联系。

（一）薪酬管理与岗位分析的关系

岗位分析是薪酬设计的基础，尤其对岗位工资制来说，更是建立内部公平薪酬体系的必备前提。岗位分析所形成的岗位说明书是进行工作评价、确定薪酬等级的依据，工作评价信息大都来自岗位说明书的内容。即使在新的技能工资体系中，岗位分析仍然具有重要的意义，因为评价员工所具备的技能，仍然要以他们从事的工作为基础来进行。

（二）薪酬管理与人力资源规划的关系

薪酬管理与人力资源规划的关系主要体现在人力资源供需平衡方面，薪酬政策的变动是改变内部人力资源供给的重要手段，例如提高加班工资的额度，可以促使员工增加加班时间，从而增加人力资源供给量，当然这需要对正常工作时间的工作严格加以控制。

（三）薪酬管理与招聘录用的关系

薪酬管理对招聘录用工作有着重要的影响，薪酬是员工选择工作时考虑的重要因素之

一，较高的薪酬水平有利于吸引大量应聘者，从而提高招聘的效果。此外，招聘录用也会对薪酬管理产生影响，录用人员的数量和结构是决定组织薪酬总额增加的主要因素。

（四）薪酬管理与绩效管理的关系

薪酬管理和绩效管理之间是一种互动的关系。一方面，绩效管理是薪酬管理的基础之一，激励薪酬的实施需要对员工的绩效做出准确的评价；另一方面，针对员工的绩效表现及时地给予不同的激励薪酬，也有助于增强激励的效果，确保绩效管理的约束性。

（五）薪酬管理与员工关系管理的关系

在组织的劳动关系中，薪酬纠纷是最主要的问题之一，劳动争议也往往是由薪酬问题引起的，因此，有效的薪酬管理能够减少劳动纠纷，建立和谐的劳动关系。此外，薪酬管理也有助于塑造良好的组织文化，维护稳定的劳动关系。

课 堂 讨 论

资料：技术人员工资低陆续离职

武汉光谷某高新技术企业 H 公司技术经理程欢，认为自己的技术水平不错，而公司的工资低，又没有发展前途，于是通过猎头公司准备跳槽。H 公司认为程欢走了之后，也不会对公司有太大的影响，于是同意了程欢的离职申请。程欢熟悉行业的产品要求，技术能力过硬，很快被竞争对手录用。程欢到了新公司，被任命为技术总监，工资待遇提高了很多。程欢离职给原公司的技术团队带来不好的示范作用，技术人员的离职申请越来越多，引起了总经理的重视。公司人力资源部通过沟通了解，技术人员普遍反映岗位工资低，绩效奖金少，而公司的开发任务重，没有项目奖金。此外，工作沟通少，配合度低，大家没有积极性。请结合本案例分析，公司如何应对技术人员不满工资待遇陆续离职的情况？

资料来源：https://wenku.baidu.com/

讨论：

该公司在人力资源管理及薪酬管理中出现了哪些不应有的失误？

要点：_____

_____

五、我国企业加强薪酬管理的对策

21 世纪是一个充满机遇与挑战的时代，是人力资源竞争的时代。传统的薪酬策略和薪酬实践已经越来越不适应新的环境，薪酬管理面临着严峻的挑战，如何利用好薪酬这个激励杠杆，调动员工的积极性，满足企业发展的需要，是企业必须要考虑的问题。我国企业要结合自身实践进行科学合理的薪酬管理决策。

1. 转变政府职能为企业提供良好的外部环境

企业薪酬管理中存在的问题不是企业本身可以完全解决的，首先需要外部有良好的环境。国家要继续为企业提供政策支持，摒除附着在企业上的政治、社会功能，使其真正成为可以自主经营、自负盈亏的市场经济主体。给予企业在用人、薪酬管理方面的完全自主权，企业才能根据市场竞争状况与市场薪酬水平自主决定薪酬结构与薪酬水平。

2. 科学规划薪酬制度体系

管理人员、技术人员占企业总人数的比例虽然很小，但是他们却对整个企业的发展起着不可估量的作用。他们的成就感、事业感、争取较高的社会地位等因素是推动他们发挥聪明才智的动力，但较丰厚的薪金报酬也是至关重要的因素。对企业技术人员及经营管理人员要给予适当的薪酬激励，实行年薪制、股票期权制。

3. 建立科学的考核体系，完善健全的增资机制

企业在具体确定工资总额和工资增长率时，需注意操作的规范性和科学性。首先，进行薪酬调查，取得相关行业企业的薪酬结构和薪酬水平的资料，以及社会发展的状况和劳动能力的分析；其次，严格实行全面考核，考核职工的技术业务水平和实际工作能力，以正确区分劳动差别；最后，综合以上的情况，对工资结构、工资标准、工资形式，以及工资晋升条件等进行决策，决策前应征求企业工会职代会及全体职工的意见。

4. 促进福利政策设计的人本化

企业要留住人才，不仅要给员工提供有市场竞争力的薪资，优厚的福利也是必不可少的。福利政策应该是公司整体竞争优势战略的一个有机组成部分。面对激烈的人才竞争，我国企业应将西方国家人性化的福利项目与我国的实际结合，不断推出多元化的符合中国特点的福利项目，为员工提供一个自我发展、自我实现的优良环境。同时，企业还可以借鉴在西方国家大行其道的"弹性福利计划"，由员工在企业规定的时间和金额范围内，按照自己的意愿搭建自己的福利项目组合，满足员工对福利灵活机动的要求，提高员工的满意度。

案例简析

案例一：

川妹子餐厅坐落于 S 市西北地区的一条繁华街道上，餐厅规模虽不大，但陈设幽雅，主要经营正宗的川菜。由于餐厅生意兴隆，餐厅老板程强决定扩大餐厅的规模，从原来的 8 个分店增加为 20 个分店。由于规模扩大了，服务员和厨师里的帮工人手明显不够，因此，程强通过一家人才中介机构聘请了 8 名员工，其中 2 名是 40 岁以上的当地下岗妇女，主要帮助厨师打下手，从事食材的清洁和准备工作，工资为每个月 1 800 元；另一名是他的一位亲戚，工资为每月 2 000 元。其余 5 名员工都是 20～30 岁之间的年轻人，他们或多或少有一些餐厅打工的经验。对于他们，程强则是每个月给 1 600 元。虽然从表面上看，服务员的工资要低于厨房的工作人员，但是，如果服务员尽心尽责，那么他们可能获得的小费也不会少。

　　但是，营业两个月来，程强逐渐发现了厨房工作人员与服务员之间存在一种对抗。通过进一步观察，程强发现他们矛盾的焦点是工资：厨房工作人员认为服务员活轻，而且如果没有她们的辛勤劳动，服务员就只能提供冰冷的食物。但是，服务员挣得却比他们多得多，这非常不公平。然而，服务员却自有他们的看法，他们认为人人都会切菜洗杯子，而他们所提供的服务却是专业化的。当矛盾进一步激化时，程强决定着手解决这个问题。因为他发现这种争执已经影响到了餐厅的正常营业。有时，客人在餐厅等了很久，菜却迟迟不能上来，原因就是心怀不满的厨房工作人员故意拖延时间，致使造成多次客人愤然离席。

　　事实上，由于以前餐厅规模小，员工基本上都是他的亲戚朋友，主厨廖辉也是以合伙人的身份在餐厅工作的，与他的私人关系也非常好，所以他们合作的这两年一直没有出现过不愉快。而程强本人也一直认为经营餐饮业最主要的是原材料的采购、确保菜肴的质量等方面，对员工的管理没有过多关注。直到最近问题出现了，迫使程强不得不认真思考这一问题。经过反复考虑，程强决定给这两个厨房工作的女工增加工资，由每月1 800元调至2 000元，以增强她们的工作积极性。决定一宣布，弥漫在餐厅中的紧张气氛似乎就消失了。但是，好景不长，不久程强就发现服务员的工作积极性开始下降了，甚至有一两个人还私下透露过想跳槽。原因就是他们觉得既然厨房工作人员的工资增加了，那么他们的底薪也应该增加，况且他们通过熟人了解到，在其他类似规模的餐厅，服务员每月的底薪就有1 800元。

　　这时，程强才发现问题不像他一开始想象的那样简单。为此，他曾考虑过辞退这批员工，重新招募一批新人，但是一想到招聘和培训的费用他又犹豫不决。而且，频频更换员工对餐厅来说还有很多负面影响。员工的工资肯定不可能这样无限制地增加下去，但是又该如何调动他们的工作积极性呢？

　　问题思考：请联系案例说明，程强在设计薪酬时忽略了哪些原则，导致了川妹子餐厅的员工对其薪酬的不满意？

　　简析：

　　1. 违反按劳付酬原则：按照劳动的数量和质量进行报酬分配：程强聘请了8名员工，其中2名工资为每月1 800元；另一名是他的一位亲戚，工资为每月1 850元。

　　2. 同工同酬原则：要求对从事相同岗位的员工支付同样的基本报酬。程强聘请了8名员工，其中2名工资为每月800元；另一名是他的一位亲戚，工资为每月1 850元。其余5名员工则是每月1 600元。

　　3. 外部平衡原则：要求一个企业的薪酬水平应与其他同类企业的薪酬水平大致保持平衡。程强餐厅底薪是1 600元，其他餐厅服务员每月的底薪就有1 800元。

　　案例二：

　　DY公司是一家大型的电子企业。2006年，该公司实行了企业工资与档案工资脱钩，与岗位、技能、贡献和效益挂钩的"一脱四挂钩"工资和奖金分配制度。一是以实现劳动价值为依据，确定岗位等级和分配标准，岗位等级和分配标准经职代会通过形成。公司将全部岗位划分为科研、管理和生产三大类，每类又划分出10多个等级，每个等级都有相应的工资和奖金分配标准。科研人员实行职称工资，管理人员实行职务工资，工人实行岗位技术工资。科研岗位的平均工资是管理岗位的2倍，是生产岗位的4倍。二是以岗位性质和任务完成情况为依据，确定奖金分配数额。每年对科研、管理和生产工作中有突出贡献的人员给予重奖，最高的达到8万元。

总体上看，该公司加大了奖金分配的力度，进一步拉开了薪酬差距。DY公司注重公平竞争，以此作为拉开薪酬差距的前提。如对科研人员实行职称聘任制，每年一聘。这样既稳定了科研人员队伍，又鼓励优秀人员脱颖而出，为企业长远发展提供源源不断的智力支持。请根据案例回答以下问题：

问题：

1. DY公司薪酬体系的优势主要体现在哪些方面？

2. 您对完善DY公司薪酬体系有何建议？

简析：

DY公司以实现劳动价值为依据，确定岗位等级和分配标准，并经职代会通过形成。公司将全部岗位划分为科研、管理和生产三大类，每类又划分出10多个等级，每个等级都有相应的工资和奖金分配标准。科研人员实行职称工资，管理人员实行职务工资，工人实行岗位技术工资。科研岗位的平均工资是管理岗位的2倍，是生产岗位的4倍。"经职代会形成"体现了制度的形成通过了与职工的沟通，体现了薪酬制度的合法性。全部岗位划分为科研、管理、生产三大类体现了岗位分类的科学性，在薪酬上实现了对员工的分类管理。每类人员都有相应的工资与奖金分配标准，体现制度的严谨、明确与可操作性。

薪酬体系突出重点，偏重于科研人员，符合企业特点，提高了企业的核心竞争力。

公司是以岗位性质和任务完成情况为依据，确定奖金分配数额。每年对科研、管理和生产工作中有突出贡献的人员给予重奖，最高的达到8万元。从总体上看，该公司加大了奖金分配的力度，进一步拉开薪酬差距，如对科研人员实行职称聘任制，每年一聘，这样既稳定了科研人员队伍，又鼓励优秀人员脱颖而出，为企业长远发展提供源源不断的智力支持。通过奖金拉大薪酬差距，有利于降低人工成本与增加效益。

需完善的地方：1. 对外公平未体现；2. 对管理层的激励需进一步体现；3. 绩效管理机制需进一步完善；4. 需要加强员工的薪酬的反馈机制；5. 加强福利建设，提高凝聚力。

实训项目

实训内容：调查某一家所熟悉的或了解的企业（也可以从网上查阅资料），描述企业的薪酬管理现状，包括企业薪酬水平、员工薪酬构成、各构成部分的比例及工资管理政策如发放时间、其他奖惩办法等。

备注：由于薪酬管理政策属于企业商业机密，所以本实训项目有相当的难度。

实训指导：

1. 调查时，最好通过自己的亲朋好友来进行。如果亲朋好友直接在企业负责人力资源管理工作更好，即便是负责一般工作，也对企业薪酬管理有一定的认识和了解。

2. 在调查过程中，强调语言表达能力和沟通能力，注意运用一些技巧。

3. 对企业员工进行访谈调查，了解员工对薪酬的满意度。

4. 写出调研报告。对调查对象的薪酬管理制度进行描述，并进行合理分析，评价公司现有的薪酬管理制度是否科学，是否符合企业发展现状的要求。

☐ 学中做　做中学

分小组讨论虚拟公司的薪酬管理问题。通过讨论，进一步理解和把握企业薪酬管理的重要意义。要求：

1. 公司目前的组织结构属于哪种类型？有什么特点？哪些部门属于公司的关键部门？哪些岗位是核心岗位？

2. 公司目前处于哪一个发展阶段？未来发展战略目标及发展的重点是什么？薪酬管理如何对企业战略及人力资源战略提供服务？

3. 针对虚拟公司各岗位，如何进行薪酬各构成部分的设计？分别起到什么样的作用？

项目二　薪酬体系设计实务操作

【知识精讲】薪酬体系模式、常见的薪酬制度、薪酬体系设计模型、岗位评价、薪酬水平确定、薪酬体系设计程序。

薪酬体系是指薪酬中相互联系、相互制约、相互补充的各构成要素形成的有机统一体。薪酬体系设计是薪酬管理的"骨骼"，以此为基础展开的薪酬管理工作，直接牵动着企业的运营效率。因此，如何成功地设计薪酬体系至关重要。

一、薪酬管理模式

（一）常见薪酬体系模式

目前薪酬分配的价值基础有三个，即基于职位（position）、基于能力（person）、基于业绩（performance）。也就是所谓的"3P"。在"3P"中，基于职位和基于能力多用于确定员工的基本工资，而基于业绩则多用于绩效容易衡量的岗位类别。

1. 职位薪酬体系

职位薪酬体系主要依据职位在组织内的相对价值为员工付酬。职位的相对价值越高，那么薪资就越高，反之亦然。在这种模式下，员工薪资的增长主要依靠职位的调整。

基于职位的薪酬模式具有较强的适应性，它传递了职位价值贡献大小决定薪酬高低的价值取向。但在基于职位的薪酬模式下，员工需要遵从等级秩序，千方百计获得职位晋升，才能得到较高的薪酬。

2. 能力薪酬体系

能力薪酬体系主要依据员工工作能力来确定其薪酬。无论在什么职位上，只要员工的能力达到了企业预先设定的要求，那么就能获取相应的薪资。在这种模式下，员工薪资增长的快慢主要依靠其个人能力的强弱。

基于能力的付酬原理要求员工关注个人的能力及个人的价值贡献。这种薪酬模式突破了基于职位薪酬模式的局限性，可以让专业技术人才安心从事本职工作，有利于打破"官本位"的思想，专心在本专业本领域发展。但在操作上有一定的技术难度，如果控制不好，企业的薪酬成本会越来越高。

3. 绩效薪酬体系

绩效薪酬体系设计的基本原则是通过激励个人提高绩效来促进组织的绩效。即是通过绩效薪酬体系传达企业绩效预期的信息，刺激企业中所有的员工来达到自己的目标，能促进高绩效员工获得高水平薪酬，保证薪酬因绩效而不同。

在设计任何绩效薪酬体系时都必须做出的关键决策是绩效认可，即薪酬在多大程度上建立在绩效基础上，并且企业需要建立完善的绩效管理体系，以使绩效与薪酬有效连接。应满足的条件有：员工的工作绩效容易度量；员工之间的绩效差别可以区分；业绩薪酬增长的前景将激励提高绩效行为的改变。

三种薪酬体系的区别见表8-2。

表8-2 三种薪酬体系的区别

薪酬体系	特 点	优 点	缺 点	适 用 企 业	举 例
职位薪酬体系	员工的薪酬主要根据其所担任的职务（或岗位）来决定	有利于激发员工工作责任心	无法反映在同一岗位工作的员工技术、能力、贡献的差别	适用于工作之间责权利明确的企业	岗位责任制、职能工资制
能力薪酬体系	员工的薪酬主要根据员工所具备的能力水平来确定	有利于激励员工提高能力水平	忽略了工作绩效及能力的实际发挥程度，企业薪酬成本较高	适用于技术复杂程度高、劳动熟练程度差别较大的企业，或是重视提升核心能力的企业	职能工资、技术等级工资
绩效薪酬体系	员工的薪酬主要根据其工作绩效来决定	激励效果好	重视眼前利益，不重视长期发展；重视自己绩效，不重视与人合作、交流	绩效容易衡量；绩效能自我控制，员工可以通过主观努力改变绩效等	计件工资、提成工资

（二）常见的企业工资制度

目前常见的企业工资制度有计件工资制、销售提成制、技术等级工资制、岗位或职务等级工资制、结构工资制、岗位技能工资制、薪点工资制等。

1. 计件工资制

计件工资是以员工完成的合格产品或工作量，以及事先规定的计件单价计算出的薪酬。员工计件工资的多少取决于员工完成的合格产品数量或工作量的多少，以及取决于计件单价的高低。

$$员工计件工资 = 产品量（工作量）×计件单价$$

计件工资适用于生产目的是提高产量、生产有连续性和稳定性、员工或部门的产量或工作量可以计量、有科学的定额制度的企业。

2. 销售提成制

销售提成制是根据员工所销售产品的数量，以及事先确定的销售单位产品可以得到的提成金额，或提成比例，而进行工资计算的一种工资制度，提成金额或提成比例的高低取决于商品销售的难易程度，难销售的商品提成多一些，反之则少一些。销售提成制的适用对象是销售人员。

3. 技术等级工资制

技术等级工资制是根据劳动复杂程度、繁重程度、精确程度和工作责任大小等因素划分技术等级，按等级规定工资标准的一种工资制度。它由工资等级表、技术登记标准和工资标准三项组成。技术等级工资制适用于技术复杂程度高、劳动熟练程度差别大的工种。

4. 岗位或职务等级工资制

岗位或职务等级工资制是按照岗位或职务规定工资标准的一种工资制度。它根据各岗位或职务的重要性、责任大小、技术复杂程度等因素，按照岗位或服务评价高低规定统一的工资标准，由岗位或职务等级表、工资标准等组成。岗位或职务等级工资制适用于各类企业。

5. 结构工资制

结构工资又称为多元化工资、分解工资。它将构成工资标准的诸因素按其作用的差别划分为几个部分，并分别规定工资数额，构成劳动者的全部薪酬。结构工资通常由五个部分组成：基本（基础）工资，职务（岗位）工资，技能工资，年功（工龄）工资，奖励工资（绩效工资）。结构工资制适用于企业的生产、管理、技术等各类员工。

6. 岗位技能工资制

岗位技能工资制是根据按劳分配原则，以劳动技能、劳动责任、劳动强度、劳动条件等基本要素的岗位评价为基础，以岗位和技能工资为主的企业基本薪酬制度。它由岗位工资与技能工资两部分组成。

7. 薪点工资制

薪点工资制是用点数和点值来确定员工的工资，即员工的工资由薪点数乘以点值确定。

企业工资标准表不是用金额表示，而是用薪点数表示。薪点工资是一种用量化考核方法确定员工实际薪酬的分配形式。

（三）薪酬体系设计的模型

组织在设计战略型薪酬体系时，可从战略层面、制度层面和技术层面三个层面来考虑，即美国布朗德提出的以战略为导向的薪酬管理体系模型，如图 8-2 所示。

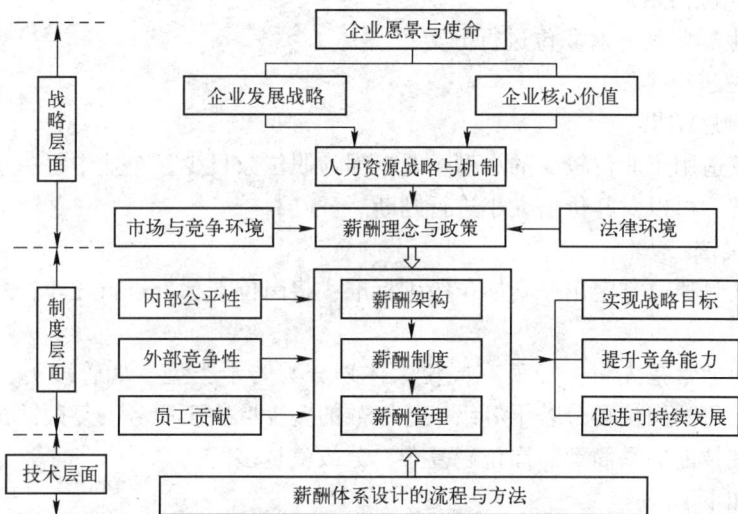

图 8-2　布朗德战略导向的薪酬管理体系模型

该模型显示了薪酬体系设计的逻辑结构，表明了组织薪酬必须纳入组织的战略发展的大系统，才能使薪酬系统有效地发挥作用。一般组织在薪酬设计时，比较关注制度层面和技术层面，而对战略层面考虑得不是很多。

二、岗位评价

（一）岗位评价的内涵

岗位评价又称为职位评价，是在对岗位进行分析的基础上，对企业所设置的岗位承担任务的难易程度、责任范围、工作强度、所需要的资格条件等因素进行分析，形成对企业岗位价值的评价。岗位评价能够衡量出企业岗位的价值，从而为企业薪酬等级的设计做准备。

需要强调岗位评价的是企业中的岗位，而非企业中的员工。

（二）岗位评价的方法

在薪酬管理中，用来对岗位进行评价的方法多种多样，但常用的主要有排序法、岗位分类法、要素计点法和因素比较法四种。

1. 排序法

排序法是岗位评价最简便的方法，也是一种整体性的职位评价方法。排序法是根据一些特定的标准，例如工作的复杂程度、对组织的贡献大小等对各个岗位的相对价值进行整体的比较，进而将岗位按照相对价值的高低排列出次序的岗位评价方法。具体又分为简单排序法、交替排序法和配对比较排序法三种。排序法工作的步骤如下：

（1）获取职位信息；

（2）选择报酬要素并对职位进行分类；

（3）对职位进行排序；

（4）综合排序结果。

排序法比较适用于职位较少的小型企业，因为职位数目少，企业中每一个员工对于其他职位都比较了解，可以对其价值大小进行判断。

2. 岗位分类法

岗位分类法是通过制定出一套岗位级别标准，将岗位与标准进行比较，并归到各个级别中去。

标准的制定通常是先将企业所有岗位大体划分为若干类型，如管理类、研发类、销售类、文秘类等。每类岗位再分若干等级，等级数的多少取决于职务的复杂性，即所承担责任的轻重，要掌握技能的繁简等。岗位越复杂，分级就越多。

操作步骤如下。

（1）确定职位等级数量；

（2）描述每一职位等级的确切定义；

（3）根据职位等级定义将所有职位进行归类。

不过，分类法在进行关键岗位分级及各待定岗位套级时，只作整体的综合性评价，不作因素分解，常常影响岗位评价结果的精确性与客观性，一般只适应于小型的、结构较简单的企业。

3. 要素计点法

要素计点法是目前应用最广泛、最精确、最复杂的一种岗位评价方法。所谓的要素计点，就是在岗位分析的基础上，对岗位的责任、工作强度、所需资格条件等特性进行评价，以确定岗位相对价值的过程。

要素计点法的主要步骤如下。

（1）确定基准职务。基准职务是指从企业所有职务中选出典型的代表性职务，一般应是位置重要并且涵盖较多工作人员的职务。其他职务的价值可以通过与基准职务的评价要素进行比较来判断。

（2）选择评价要素及其子要素。评价要素是企业认为应当并愿意为之支付报酬的因素。一般可采用国际公认的四类要素，即工作责任、劳动强度、任职资格和工作环境作为职务评价依据。在实际操作中，这四类要素又包含了许多相关的子要素，见表8-3。

表8-3　评价要素的结构量化表

评价要素及权重	评价要素的子要素及权重（合计最高500点）	评价要素等级及点数				
		5级	4级	3级	2级	1级
任职资格（40%）	专业知识（10%）	50	40	30	20	10
	工作熟练程度（10%）	50	40	30	20	10
	技术（10%）	50	40	30	20	10
	主动性和灵活性（10%）	50	40	30	20	10
劳动强度（15%）	脑力强度（5%）	25	20	15	10	5
	体力强度（10%）	50	40	30	20	10
工作环境（15%）	工作场所（10%）	50	40	30	20	10
	危险性（5%）	25	20	15	10	5
工作责任（30%）	材料消耗和产品生产（10%）	50	40	30	20	10
	设备使用、保养（10%）	50	40	30	20	10
	他人安全（5%）	25	20	15	10	5
	他人工作（5%）	25	20	15	10	5
合计点数		500	400	300	200	100

（3）定义评价要素并界定评价要素等级。为了使工作评价具有客观性和可操作性，不仅要对所选择的评价要素进行阐释，还需要为每个评价要素划分等级并对不同等级水平进行界定，以便评价时统一理解，并根据定义评分，减少评分的主观性和误解。

（4）确定评价要素权重和各要素等级的分数。各个要素对职务价值的影响大小是不同的，因此，需要根据对职务价值的影响程度，确定不同要素及其子要素的权重，一般以百分比表示。确定权重后，还需要确定各要素等级的分数。

（5）对岗位进行评价。按照岗位评价标准对各岗位进行评价打分。进行实际的职位评价时，只要确定所评价职位的每一评价要素处于类似表8-3中的哪一个等级，则该等级的分数就是这一职位在该评价要素上的分数，将所有评价要素的分数汇总即可得出该职位最终具体的分值。

（6）建立岗位价值等级结构。在所有待评岗位的总点数计算完毕后，根据各岗位得分的高低进行排列，然后按等差方式将岗位进行等级划分，就可建立岗位价值等级结构表，进而为组织确定薪酬等级提供依据。

要素计点法是一种量化的岗位评价方法。主要特点：一是"对岗不对人"；二是衡量的是岗位的相对价值，而不是绝对价值。

4. 因素比较法

因素比较法也是一种量化岗位评价方法，实际上是对岗位排序法的一种改进。首先根据岗位的状况，选择影响岗位价值的相关要素，然后选择典型的岗位作为基准进行分析比较，根据不同岗位相关要素分别排列顺序，进行比较综合，最后确定其价值的大小。

这种方法与岗位排序法的主要区别是：岗位排序法是从整体的角度对岗位进行比较和排序，而因素比较法则是选择多种报酬因素，按照各种因素分别进行排序。

因素比较法是一种比较系统、精确的量化评价方法，它将岗位特征具体到付酬因素，能够说明组织付酬的依据。但是因素比较法在应用上也很烦琐，整个评价过程复杂，还需要不断随劳动力市场的变化进行调整，其应用局限性较大，是几种评价方法中应用最少的一种。四种方法特点比较见表 8-4。

表 8-4　四种方法特点比较表

方 法	含 义	特 点	适 用 企 业
排序法	根据各种岗位的相对价值或它们对组织的相对贡献进行排列	优点：简单方便，易理解、操作，节约成本 缺点：主观性强；只能排列各岗位价值的相对次序，无法回答岗位之间价值差距	岗位设置比较稳定；规模小
岗位分类法	将各种岗位与事先设定的一个标准进行比较来确定岗位的相对价值	优点：简单明了，易理解、接受，避免出现明显的判断失误 缺点：划分类别是关键；成本相对较高	各岗位的差别明显；公共部门和大企业的管理岗位
因素比较法	确定标尺性岗位在劳动力市场的薪酬标准，将非标尺性岗位与之相比来确定标尺性岗位的薪酬标准	优点：能够直接得到各岗位的薪酬水平 缺点：应用最不普遍；要经常做薪酬调查，成本相对较高	能够随时掌握较为详细的市场薪酬标准
要素计点法	选择关键评价要素和权重，对各要素划分等级，并分别赋予分值，然后对每个岗位进行估值	优点：能够量化；可以避免主观因素对评价工作的影响；可以经常调整设计比较复杂；对管理水平 缺点：设计比较复杂；对管理水平要求较高；成本相对较高	岗位不雷同；岗位设置不稳定；对精确度要求较高

三、企业薪酬水平的确定

（一）影响薪酬水平的因素

薪酬水平是指企业内部各类职位和人员平均薪酬的高低状况，它反映了企业薪酬的外部竞争性，对员工的吸引力和企业的薪酬竞争力有着直接的影响。影响企业薪酬水平的因素有外部因素和内部因素。

1. 外部影响因素

1）劳动力市场的供求状况

劳动力市场供求状况的变化，企业对员工成本的投入，会影响企业员工薪酬水平的变化。如果社会上可供企业使用的劳动力大于企业需求时，则企业员工的薪酬水平相应会降低；反之，企业员工的薪酬水平相应会提高。

2）政府的政策调节

在市场经济条件下，政府对企业薪酬水平的干预，包括直接调节与间接调节，主要表现为以培育、发展和完善劳动力市场为中心，用宏观经济政策调节劳动力供求关系，引导市场。

3）经济发展状况与劳动生产率

一般来说，当地的经济发展处在一个较高水平，其劳动生产率高，企业员工的薪酬会较高；反之，则会较低。我国的劳动力价格在不同地区有所不同，这是由于各地的消费水平、劳动力结构、劳动生产率等因素不同而导致的。

4）物价变动

在货币薪酬水平不变，或变动幅度小于价格上涨的情况下，会导致员工实际薪酬水平下降；反之，则会提升。一般来说，在生活必需品价格普遍上涨的情况下，企业必须加薪，以保证员工的基本生活和企业的生产经营不受影响。

5）地区的生活水平

所在地区的生活水平从两个层面影响企业的薪酬策略。一是生活水平高，员工对个人生活的期望也高，对企业薪酬水平的压力就大；二是生活水平高也可能意味着物价指数持续上涨，为了保持员工生活水平不降低，企业会给员工增加薪酬。

6）行业薪酬水平的变化

行业薪酬水平的变化主要取决于行业产品的市场需求和行业劳动生产率两大因素。当产品需求上升时，薪酬水平可有所提高；当行业劳动生产率上升时，薪酬水平也可以在企业效益上升的范围之内按比例提高。

2. 内部影响因素

1）企业的支付能力

企业经济效益的好坏直接决定了员工个人收入水平的高低。薪酬是劳动力的价格和价值的表现形式，它和其他劳动要素成本的价格一样，随着企业效益的变化而变动。企业薪酬中的非货币薪酬部分与企业效益的联系更为密切。

2）企业的发展阶段

企业的发展阶段不同，其经营战略不同，企业的盈利能力也不同，因此，企业的薪酬战略也不同，企业薪酬战略应与企业战略相适应。表8-5解释了如何将薪酬战略与企业不同发展阶段的经营战略相匹配。

表8-5 薪酬战略与发展阶段的关系

组织特征	企业发展战略			
	初创阶段	增长阶段	成熟阶段	衰退阶段
经营战略	以投资促发展	以投资促发展	保持利润与保护市场	收获利润并开展新领域投资
风险水平	高	中	低	中～高

组织特征	企业发展战略			
	初创阶段	增长阶段	成熟阶段	衰退阶段
薪酬战略	个人激励	个人—集体激励	个人—集体激励	奖励成本控制
短期激励	股票奖励	现金奖励	利润分享、现金奖励	
长期激励	股票期权（全面参与）	股票期权（有限参与）	股票购买	
基本工资	低于市场水平	等于市场水平	大于或等于市场水平	低于或等于市场水平
福利	低于市场水平	低于市场水平	大于或等于市场水平	低于或等于市场水平

3. 工作的劳动价值

工作需要的"劳动"价值不同，其薪酬水平也不同。一般来说，工作需要员工的学历较高时，工资也较高，因为学历越高，员工自身的投资也越大；员工的工龄越长，工资也越高，福利也越好，因为工龄长意味着对企业的贡献多；员工的能力越强，绩效也越高，其报酬也应该越高。

4. 企业高层领导的态度

薪酬管理策略的选择与设计在很大程度上是由企业领导的态度决定的。高层领导对于薪酬问题的理解和重视程度，对保持和提高士气、吸引高质量的员工、降低离职率、改善员工的生产水平、种种愿望，以及对员工本身的认识态度等，都会对企业的薪酬水平和薪酬策略产生影响。

（二）薪酬水平策略

企业通常采取的薪酬水平策略主要有以下四种。

1. 领先型薪酬策略

领先型薪酬策略是采取本组织的薪酬水平高于竞争对手或市场的薪酬水平的策略。这种薪酬策略以高薪为代价，在吸引和留住员工方面都具有明显优势，并且将员工对薪酬的不满降到一个相当低的程度。

2. 跟随型薪酬策略

跟随型薪酬策略是力图使本组织的薪酬成本接近竞争对手的薪酬成本，使本组织吸纳员工的能力接近竞争对手吸纳员工的能力。跟随型薪酬策略是企业最常用的策略，也是目前大多数组织所采用的策略。

3. 滞后型薪酬策略

滞后型薪酬策略是采取本组织的薪酬水平低于竞争对手或市场薪酬水平的策略。采用滞后型薪酬策略的企业，大多处于竞争性的产品市场上，边际利润率比较低，成本承受能力很弱。受产品市场上较低的利润率所限制，没有能力为员工提供高水平的薪酬，是企业实施滞后型薪酬策略的一个主要原因。当然，有些时候，滞后型薪酬策略的实施者并非真的没有支付能力，而是没有支付意愿的问题。

4. 混合型薪酬策略

混合型薪酬策略是指企业在确定薪酬水平时，是根据职位的类型或者员工的类型来分别制定不同的薪酬水平策略，而不是对所有的职位和员工均采用相同的薪酬水平定位。比如，有些公司针对不同的职位采用不同的薪酬水平策略。对企业里的关键人员如高级管理人员、技术人员，提供高于市场水平的薪酬，对普通员工实施匹配型的薪酬政策，对那些在劳动力市场上随时可以找到替代者的员工提供低于市场价格的薪酬。

课堂讨论

资料：

公司员工薪酬水平怎么定？

A 企业是一家制药公司，销售业绩一直不好，为了提高销售量，将销售人员的薪酬水平调至最高级别。但是，销售人员的高工资并没有带来好的销售业绩，其他部门的员工意见很大。因此，公司决策层提出要对薪酬进行调整，使得薪酬更富有激励性。

讨论：

如果您是 A 公司的人力资源部经理，承担了进行薪酬体系调整的重任，那么，如何操作才能够使 A 公司达到薪酬调整的目标并走出困境？

要点：_____

_____

（三）薪酬水平的确定

薪酬水平是从某个角度按某种标准考察的某一领域内员工薪酬的高低程度。实际上就是制定员工薪酬的高低，其主要方法有以下几种。

1. 薪酬比较比率法

薪酬比较比率＝实际平均薪酬÷薪酬等级中值

其比值大小的含义见表 8-6。

表 8-6 薪酬比值的三种不同含义

比值大小	具体含义
>1	用人单位支付的薪酬总额过高，实际的平均薪酬超过了薪酬幅度的中间数
<1	用人单位实际支付的薪酬低于薪酬幅度的中间数，或大部分职位的薪酬水平是在薪酬中间数之下
=1	用人单位所支付的薪酬总额符合平均趋势

2. 增薪幅度法

增薪幅度指组织内全体员工平均薪酬水平增长的数额，一般以一年为核算单位。

本年度的平均薪酬水平＝上一年度的平均薪酬水平+增薪幅度

3. 最低工资水平法

最低工资是国家和地方政府立法所规定的用人单位在不破产和劳动者按照合法的劳动合同从事规定的劳动后，劳动者应得或用人单位应付的最低劳动报酬。

4. 综合因素法

综合因素法指考虑经济发展水平、劳动生产率水平及其增长情况、就业水平和社会平均工资水平、居民生活费用价格指数的变化趋势、大多数企业的支付能力、社会救济金和失业保险金水平等影响薪酬的因素后合理地制定薪酬的一种方法。综合因素法是企业最常用的方法。

四、企业薪酬体系设计

企业薪酬制度设计的一般程序如下。

（一）确定企业薪酬支付的策略

企业的薪酬支付策略是企业人力资源管理策略的重要构成部分，而企业人力资源管理策略反映了企业经营战略、发展战略的要求，因此制定企业的薪酬支付策略需要在企业经营战略等各项战略的指导下进行，并集中反映各项企业战略的要求。一般而言，企业的薪酬支付策略要反映的内容有：对企业高级管理人才、专业技术人才、核心营销人才的价值的估计，体现出企业基本的薪酬制度和收入分配的原则等。

（二）进行岗位分析

岗位分析是确定企业薪酬的基础，是员工完成工作所需要的技能、责任、知识的体现，是一项重要的人力资源管理的技术。岗位分析的主要内容包括：明确岗位分析获得的信息的用途并获取有关岗位分析的信息，设计出组织的流程图和工作的流程图，对有代表性的工作进行分析，最后编写岗位说明书和岗位规范。

（三）岗位评价

岗位评价是确保薪酬体系实现公平性的重要手段之一。岗位评价的主要目的有两个，一是比较企业内部各个岗位的相对重要性，得出岗位的等级序列；二是为企业进行薪酬调查做准备，消除不同企业间由于岗位名称不一致但工作内容一致所导致的岗位差异性，增加企业之间岗位的可比性。岗位评价作为薪酬设计流程的重要内容，其所运用的评价方法将在后面的内容中做重点的说明。

（四）市场薪酬调查

市场薪酬调查也是薪酬设计流程中的重要组成部分。企业要吸引并留住企业的员工，不仅要重视内部薪酬的公平性，更需要重视外部薪酬的公平性，因此企业需要开展薪酬调查。

（五）设计薪酬结构

薪酬结构指同一组织内部不同薪酬等级之间的相互关系，包括薪酬等级数量，变动范围及相互之间的交叉和重叠关系。这种关系和规律通常多以"薪酬结构线"来表示，如图8-3所示。

薪酬结构线显示的是组织内部各个岗位相对价值和与其对应的实付薪酬之间的关系。薪酬结构线的横坐标是以工作评价获得的表示其相对价值的分数，纵坐标是实付薪酬值。

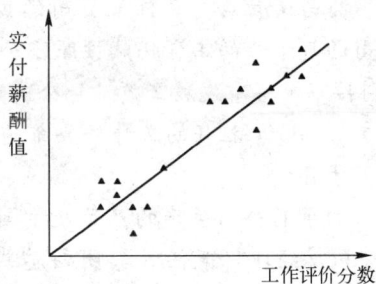

图 8-3　薪酬结构线

完整的薪酬结构应包括以下内容：

（1）薪酬的等级数量，是通过职位评价或技能评价所产生的；

（2）同一薪酬等级内部的薪酬变动范围（最高值、中间值、最低值）；

（3）相邻两个薪酬等级之间的交叉与重叠关系。

薪酬结构合理与否往往会对员工的流动和工作积极性产生重大影响。薪酬结构强调薪酬内部一致性，但不是与外部竞争性完全无关，是两种薪酬有效性标准之间进行平衡的一种结果。

（六）薪酬制度的执行、控制

组织薪酬制度一经建立，如何投入正常运作并对其实行适当的控制与管理，使其发挥应有的功能，是一项长期而复杂的工作。

（七）薪酬的调整

一般在以下情况需要对企业薪酬进行调整。

（1）效益调整。当企业效益好，盈利增加时，可对全员进行普遍加薪，但以浮动式、非永久性为佳。当企业效益下滑时，全员性的报酬下调也是理所当然。但需注意的是，报酬调整往往具有"不可逆性"。

（2）业绩性调整。奖励性调整是为了奖励员工的优良工作绩效，鼓励员工继续努力，再接再厉，更上一层楼。也就是论功行赏。

（3）职位晋升或技术等级晋升。

（4）岗位调换。

（5）试用期满调薪。

（6）工龄调整。工龄调整要体现对公司贡献积累的原则，鼓励员工长期为公司服务，增强员工对企业的归属感，提高企业的凝聚力。

（7）特殊调整。这里指企业根据内外环境及特殊目的而对某类员工进行的报酬调整。如实行年薪制的企业，每年年末应对下一年度经营者的年薪重新审定和调整，企业应根据市场因素适时调整企业内优秀人才的报酬以留住人才等。

🔍 案例简析

案例一： L公司是国有企业A集团下属的一个分公司，主要从事高科技电子产品的研发与生产。L公司是由A集团原来的V子公司与J子公司组建而成，组建时员工主要来自V

公司和 J 公司。同时，为了发展需要，公司还从人才市场招聘了一部分员工。

公司运营后，来自 V 公司的员工 c 的工资依然按照 V 公司原来的薪酬标准发放，来自 J 公司的员工 d 的工资仍然按照了公司原来的薪酬标准发放，而从外部人才市场招聘来的员工 e 则按市场标准发放工资。L 公司的薪酬均以月固定工资的形式发放，实行薪酬保密制度。员工 c、d、e 担任的工作任务都是电路设计与研发，然而员工 e 的工资却远多于 c，而 c 又略多于 d。

由于 L 公司生产的产品处于国内领先水平，A 集团对其非常重视。在 L 公司成立之初，L 公司总经理（兼任 A 集团副总裁）就曾向员工许诺，公司盈利后将逐步提高员工的薪酬待遇。L 公司员工的积极性因此非常高涨，在较短的时间内，完成了多个研发项目，并顺利通过评审。产品投放到市场后，L 公司逐渐开始盈利，而薪酬制度却仍然没有变动，L 公司的总经理只是在年末以非公开的形式发放了年终奖。

此后，公司里关于薪酬收入的小道消息满天飞，员工 c、d、e 通过一些非正式的渠道也都彼此知道了各自工资和年终奖的数额。在 L 公司开始盈利后的第一年（公司成立后第三年），公司员工针对薪酬待遇的抱怨声四起，积极性开始下降，不时有人跳槽，迟到早退现象也不断增加，生产率随之大幅下跌。与此同时，竞争对手向市场推出了同类型的竞争性产品，已极大地威胁到 L 公司的市场地位。

问题： L 公司的薪酬设计有哪些问题，如何才能做到公平合理？

简析：

缺乏科学合理的薪酬设计，是现阶段一些企业普遍存在的问题。特别是一些国有企业集团为了在市场竞争中更具竞争力，常常采用行政手段将原有的企业进行重组。重组时，员工在集团内无偿调配，集团内员工薪酬依照原有的薪酬标准发放，外部招聘人员依照市场标准发放。这种多个标准的薪酬制度在短时期内可能不会出现问题，但长期内必然会影响员工的积极性，进而影响组织效率。

L 公司要在薪酬设计中做到公平，薪酬体系设计中必须包含以下 5 个要素：科学的岗位薪酬、与工作实绩相对应的绩效薪酬、与突出的工作实绩相对应非货币报酬、合理的程序和有效的沟通。其中，科学的岗位薪酬、与工作实绩相对应的绩效薪酬和与突出的工作实绩相对应非货币报酬构成科学的薪酬结构，合理的程序和有效的沟通则是科学的薪酬结构实现公平的保障。

案例二： 某房地产集团属下的一家物业经营管理公司，成立初期，非常注重管理的规范化和充分调动员工积极性，制定了一套较科学完善的薪酬管理制度，公司得到了较快的发展，短短的两年多时间，公司的业务增长了 110%。随着公司业务的增加和规模的扩大，员工也增加了很多，人数达到了 220 多人。

但公司的薪酬管理制度没有随公司业务发展和人才市场的变化而适时调整，还是沿用以前的。公司领导原以为发展已有了一定的规模，经营业绩理应超过以前，但事实上，整个公司的经营业绩不断滑坡，客户的投诉也不断增加，员工对工作失去了往日的热情，部分技术、管理骨干离职，其他人员也出现了不稳定的预兆。其中：公司工程部经理在得知自己的收入与后勤部经理的收入相差很少时，感到不公平，他认为工程部经理这一岗位相对后勤部经理，工作难度大、责任重，应该在薪酬上体现出这种差别，所以，工作起来没有了以前那种干劲，后来辞职而去。因为员工的流失、员工工作缺乏积极性，致使该公司的经营一度出现困难。

在这种情况下，该公司的领导意识到问题的严重性，经过对公司内部管理的深入了解和诊断，发现问题出在公司的薪酬系统上，而且关键的技术骨干力量的薪酬水平较市场明显偏低，对外缺乏竞争力；公司的薪酬结构也不尽合理，对内缺乏公平，从而导致技术骨干和部分中层管理人员流失。针对这一具体问题，该公司就薪酬水平进行了市场调查和分析，并对公司原有薪酬制度进行调整，制定了新的与企业战略和组织架构相匹配的薪资方案，激发了员工的积极性和创造性，公司的发展又开始恢复良好的势头。

问题：这个房地产公司调整薪酬制度对现代企业管理有什么启示？

简析：

现代企业理想的薪酬制度应达到三个目的：第一是提供具有市场竞争力的薪酬，以吸引有才能的人；第二是确定组织内部的公平，合理确定企业内部各岗位的相对价值；第三是薪酬必须与工作绩效挂钩，激励员工的工作动机，奖励优秀的工作业绩，利用金钱奖赏达到激励员工的目的。

企业的薪酬水平是否合理，直接影响到企业是否在人才市场有竞争力。只有对外部环境具有竞争力的薪酬，企业才能吸引发展所需的各类优秀人才。上述案例中的企业薪酬水平偏低，特别是关键的技术骨干力量的薪酬水平较市场明显偏低，对外缺乏竞争力，从而导致技术骨干和部分中层管理人员流失。薪酬缺乏市场竞争力，造成企业人才流失的后果是极为明显的，其结果是造成企业不断招聘新员工以满足运作需求的同时，老员工又不断离职的恶性循环，这是企业人力资源的极大浪费。

☐ 实训项目

实训内容：请描述前面所调查企业的薪酬管理模式。公司有无全面科学的薪酬管理制度？各级各类岗位的薪酬管理属于哪一种薪酬管理体系和薪酬制度？如果你认为目前的薪酬管理不合理，请思考如何进行科学的薪酬设计。

实训指导：

1. 分析公司薪酬制度是否科学，需要向相关人员了解薪酬制度设计程序，同时需要掌握有关公司薪酬管理的相关资料，如各岗位职责、任务及对人员的要求等。

2. 薪酬结构设计兼顾内部公平和外部公平，对公司薪酬结构进行深入全面的解读和分析。

3. 小组写出所调查企业的薪酬分析报告，指出企业薪酬管理存在的问题，并提出解决建议。

☐ 学中做　做中学

为虚拟公司设计适合的薪酬管理制度。要求要写出设计过程，重要步骤必须进行详细说明，如岗位评价过程及评价的结果，薪酬结构设计的过程及结果。

1. 准备相关资料，如岗位说明书、岗位评价标准、评价表等；
2. 进行岗位评价，对各岗位进行打分（推荐应用要素计点法）；
3. 设计市场薪酬调查方案，给出虚拟调查结果即标杆岗位的市场薪酬数据；
4. 依据岗位评价结果和市场数据设计薪酬结构；
5. 制定企业的薪酬管理制度。

项目三　福利设计实务操作

【知识精讲】福利特点、福利类型、福利的功能、主要的福利项目、福利管理的主要内容。

福利是薪酬制度中另外一个重要组成部分，它是企业为满足员工的生活需要，除基本薪酬与奖金以外的向员工个人及其家庭所提供的实物和服务等一切待遇。也就是说，福利的形式可以是金钱或实物，也可以是服务机会与特殊权利。

随着经济和社会的发展进步，福利制度对员工也产生越来越多的影响，因此，企业应重视福利的管理。

一、员工福利概述

（一）福利的特点

员工福利的主要特点如下。

1. 针对性

企业为员工提供的福利，如消费品与劳务等都具有明显的针对性。一项福利往往是针对员工的某项需要而设立的，因而有时会有很强的时间性，如防暑费、取暖费等。

2. 集体性

企业为员工提供的福利设施一般是员工集体消费或共同使用的公共物品，如员工食堂、员工俱乐部等都具有集体性这一重要特征。

3. 补偿性

企业提供的福利只是起到满足员工生活有限需求的作用，不像工资是满足基本需要的，福利只是对员工为企业提供劳动的一种物质补偿，也是员工工资的一种补充形式。

4. 均等性

企业所提供的福利是针对所有的履行劳动义务的本企业员工，不管是谁，只要符合条件都可以享受。因此，福利在一定程度上起着平衡劳动者收入差距的作用。

（二）福利的类型

根据福利的内涵、享受对象、性质和表现形式的不同，可以把福利划分为以下不同的类型。

1. 广义福利和狭义福利

（1）广义福利。广义的福利包括三个层次：一是作为一个合法的公民，应享有或有权享受政府提供的文化、教育、卫生、社会保障等公共福利和公共服务；二是作为企业员工，享有企业兴办的各种集体福利；三是薪资以外的，企业为员工个人及家庭所提供的实物和服务等福利形式。

（2）狭义福利。狭义的福利又称职业福利或是劳动福利，是为了满足员工的生活需要，企业在工资收入之外向员工本人和家庭提供的货币、实物及其他服务形式。

2. 集体福利和个人福利

（1）集体福利。集体福利是指全部员工可以享受的公共福利，包括员工集体生活设施，如员工食堂、托儿所、幼儿园等；集体文化体育设施，如图书馆、健身室、浴池、体育馆；医疗设施，如医院、医疗室等。

（2）个人福利。个人福利是指个人具备国家及所在企业规定的条件时可以享受的福利，如探亲假、病假、婚丧假等，又如冬季取暖补贴、子女医疗补助、生活困难补助、房租补贴等。

3. 法定福利和补充福利

（1）法定福利。法定福利又称为基本福利，是指按照国家法律法规和政策规定必须发生的福利项目，其特点是只要企业建立并存在，就有义务、有责任且必须按照国家统一规定的福利项目和支付标准支付，不受企业所有制性质、经济效益和支付能力的影响。法定福利包括如法定社会保险；法定带薪假日；国家规定的高温防暑降温补贴；特殊情况下的工资支付如婚假、丧假和探亲假工资等。

（2）补充福利。补充福利是指在国家法定的基本福利之外，由企业自定的福利项目。企业根据自身的经济效益和企业的经营战略目标，以及企业的经营理念和文化确定补充福利项目。补充福利项目繁多，常见的有：交通补贴、房租补贴、免费住房、工作午餐、女工卫生费、通信补助、互助金、员工生活困难补助、财产保险、人寿保险、法律顾问、心理咨询、贷款担保、内部优惠商品、搬家补助、子女医疗费补助等。

4. 经济性福利与非经济性福利

（1）经济性福利。它是指货币或实物形式的福利。前面介绍的集体福利与个人福利、法定福利与补充福利等均是以货币或实物形式表现的，是经济性福利。这些福利直接发生经济成本。

（2）非经济性福利。这类福利表现为服务或员工工作环境的改善，不涉及金钱实物，故称为非经济性的，旨在全面改善员工的工作、生活质量。

（三）福利的功能

一个组织之所以愿花较多钱来支持福利项目，其原因是福利对组织发展具有重要意义。

1. 传递企业的文化和价值观

现代企业越来越重视员工对企业的文化和价值观的认同，因为企业是否有一个积极的、得到员工普遍认同的文化氛围，将对企业的运营效率产生十分重要的影响。而福利恰恰是体现企业的管理特色，传递企业对员工的关怀，创造一个大家庭式的工作氛围和组织环境的重要手段。企业成功的经验一再证明，那些能够在市场上获得成功的企业，无一不重视企业文化的塑造，无一不强调以员工为中心来展开企业的管理，也无一不向员工提供形式多样、富有吸引力的福利计划。

2. 增强企业在劳动力市场上的竞争力，吸引和保留人才

一方面，福利是企业体现其管理特色的一种工具，另一方面，员工本身也存在对福利的内在需求，因此，越来越多的求职者在进行工作选择时，也将福利作为十分重要的因素来进行考虑。从企业这方面来说，为增强在劳动力市场上的竞争能力，很多企业会在国家法定的一些福利项目之外，自主设立其他福利项目。能够向员工提供有吸引力的、切实可行的福利计划，成为企业吸引人才和保留人才的重要因素。

3. 享受优惠税收政策，提高企业成本支出的有效性

福利相对于工资和奖金，还有十分重要的一个功能就是税收减免。因为福利作为企业提供给员工的各种保障计划、服务和实物等，它完全可以用现金来进行替代，那么，把这些福利完全折算成现金计入工资中，将会使员工为这些福利支付一笔高额的所得税。但如果采取福利的形式，那么员工就能够在得到这些报酬的同时，获得税收的减免，这也是福利在当前越来越受到欢迎的十分重要的原因。企业可以通过发放福利达到合理避税，而员工的总薪酬水平不受任何影响。因此企业将一定的收入以福利的形式而不是以现金的形式提供给员工更具有成本方面的优势。

4. 激励和凝聚员工，降低流动率

福利使员工由衷产生工作的满意感，从管理的双因素激励理论来看属激励因素，因而会激发员工自觉为企业目标而奋斗的动力。同时企业的过高流动率必然使企业发展受到一定的损失，而良好的福利会使许多可能流动的员工打消流动的念头。良好的福利体现了企业高层管理者以人为本的经营思想，是构筑强劲凝聚力的重要因素之一。

5. 更好地利用金钱

从表面上来看，福利是花钱、是支出，但由于良好福利具有吸引优秀员工、激励员工、提高员工士气等作用，因而福利这种花钱会产生更多的收益、回报，因而是一种有益的投资，它能提高资金的使用效果。

二、福利项目

（一）法定社会保险

大多数国家都有相关的法律来规定必须提供的福利项目。在我国，每一位员工的福利都受到国家法律法规的保护。我国法律规定的法定福利项目包括：医疗保险、失业保险、养老保险、工伤保险及生育保险。

1. 医疗保险

是公共福利中最为主要的一种福利，是国家、企业对员工在因疾病或因公负伤而暂时丧失劳动能力时，给予假期、收入补偿和提供医疗服务的一种社会保险制度。此处的疾病是指一般疾病，其发病原因与劳动无直接关系，因此它属于福利性质和救济性质的社会保险。

2. 失业保险

是指国家和企业对因非意愿、暂时丧失有报酬或有收益工作的员工，付给一定的经济补偿，以保障其失业期间的基本生活，维持企业劳动力来源的社会保障的总称。失业保险的根本目的在于保障非自愿失业者的基本生活，促使其重新就业。为了使员工在失业时有一定的经济支持，企业应该按规定为每一位正式员工购买失业保险。

3. 养老保险

是指国家通过立法，使劳动者在因年老而丧失劳动能力时，可以获得物质帮助以保障晚年基本生活需要的保险。养老保险是社会保险体系的核心，它影响面大、社会性强，直接关系到社会的稳定和经济的发展，因而组织应该按规定为各位正式员工购买养老保险。

4. 工伤保险

工伤保险是针对那些最容易发生工伤事故和职业病的工作人群的一种特殊社会保险。我国的工伤保险制度最初建立于 1950 年，1996 年颁布了《企业职工工伤保险试行办法》，2004 年 1 月 1 日施行《工伤保险条例》，2010 年 12 月 8 日通过了《国务院关于修改〈工伤保险条例〉的决定》并于 2011 年 1 月 1 日起施行。新的工伤保险制度建立了基金体制，工伤保险费完全由企业负担，按照本企业职工工资总额乘以单位缴费费率之积，职工个人不缴纳工伤保险费。

5. 生育保险

生育保险制度是在生育事件发生期间对生育责任承担者给予收入补偿、医疗服务和生育休假的社会保险制度。其具体内容包括：生育津贴，即在法定的生育休假期间对生育者的工资收入损失给予经济补偿；医疗护理，即承担与生育有关的医护费用；生育补助，如对生育对象及其家属的生育费用给予经济补助，如"婴儿津贴"等；生育休假，包括母育假（产假）、父育假和育儿假。

（二）企业福利

1. 补充养老金

也称退休金，是指员工为企业工作了一定年限后，企业按规章制度及企业效益而提供给员工的金钱。对企业来说，它已经成为人力资源战略福利体系的一个重要组成部分，是延期支付的工资收入。它与各地的生活指数有关，并有最低限度，若企业为员工购买了养老保险，则养老金可相应减少。

2. 人寿保险

是由企业为员工提供的保险福利项目。企业一般会采取购买团体人寿保险的方式，由于参加的人多，相对于个人来说，可以以较低的价格购买到相同的保险产品。通常，团体方案适用于一个企业的所有员工，而不管他们的健康或身体状况如何。在多数情况下，企业会支付全部的基本保险费。

3. 辞退金

是指企业由于种种原因辞退员工时，所支付给员工的一定数额的金钱。一般地，辞退金与员工在本企业的工龄有关，且在聘用合同中要明确规定。

4. 住房津贴

是指企业为了使员工有一个较好的居住环境而提供给员工的一种福利，主要包括：每月的住房公积金，企业购买或建房后免费或低价租给或卖给员工居住，为员工购买住房提供免息或低息贷款，全额或部分报销员工租房费用。

5. 交通费

指企业为员工提供上下班交通方便，主要包括：企业派专车接送上下班；按规定为员工报销交通费；每月发放一定数额的交通补助费。

6. 工作午餐

指企业为员工提供的免费或低价午餐。有的企业虽然不直接提供工作午餐，但提供一定数额的工作午餐补助费。

7. 海外津贴

指一些跨国企业为了鼓励员工到海外去工作而提供的经济补偿。海外津贴受职务高低、派往国的类别、派往时间长短、家属是否陪同、工作期间回国机会的多少、愿意去该国的人数等因素的影响。

（三）有偿假期

有偿假期是指员工在有报酬的前提下，可不用上班的一种福利项目。

1. 脱产培训

脱产培训是企业对人力资源投资的一种商业行为，也是一种福利，使员工受益。

2. 病假

员工在出示医生证明，或经上级同意后，可因病休息。

3. 事假

不同企业的事假允许有差异，但通常包括：婚假、妻子产假、搬迁假等。

4. 公休假

指根据企业的规章制度，经有关管理人员同意，员工可在一段时间内不用上班的一种福利。不同企业间的公休可以有所不同，但一般规定员工每年有一周至一个月的公休假。

5. 节日假

包括我国明文规定的节假日和一些企业自行规定的节假日。

6. 工作间休息

指员工在工作中间的休息，一般上下午各一次，每次 10 分钟至 30 分钟。

7. 旅游

指企业全额资助或部分资助员工旅游的一种福利，企业可以根据自己的实际情况制定旅游时间与旅游地点，可以每年一次，也可以数年一次。

（四）生活福利

生活福利是指企业为员工生活提供的其他种类的福利项目。

1. 法律顾问

企业可以聘用长期或短期法律顾问，为员工提供法律服务，甚至一些企业为员工聘请律师并支付费用。

2. 心理咨询

企业为员工提供各种形式的心理咨询服务，以帮助减轻或避免因竞争日趋激烈而带来的心理问题；心理咨询形式常见的有设立心理咨询站、长期聘用心理顾问、请心理专家作心理健康讲座等等。

3. 贷款担保

企业为员工在个人贷款时出具担保书，使员工能顺利贷到款项。

4. 托儿所

企业在条件许可下，建立托儿所为员工解决托儿难问题。

5. 托老所

越来越多的企业开始设想和建立托老所使员工更安心地工作。

6. 内部优惠商品

为了激励员工，企业常以成本价向员工出售一定数量的本企业的产品，或专门购买一些员工所需商品，然后以折扣价或免费向员工提供。

7. 搬迁津贴

指企业为员工搬迁住所而提供一定数额的经济支持。但津贴数额、能享受搬迁津贴的间隔期有所不同。

8. 子女教育费

为了使员工子女能接受良好的教育，企业提供子女教育费已成为一项吸引优秀人才的重要福利，这项福利因企业不同而有所不同。

三、福利管理

福利的目的之一是激励员工、降低流动率，但必须建立在能有效地管理好福利的前提下。福利管理内容包括：福利目标设立、福利成本核算、福利沟通、福利调查、福利实施。

（一）福利目标设立

不同企业的福利目标各异，但都会不同程度地符合下面的原则。

1. 必须符合企业的长远目标

福利目标的设立必须考虑企业总体目标的实现，服从和服务于这一目标的实现。

2. 满足员工的需求

企业设立福利目标必须从服务员工的角度出发，设立富有个性与特色的福利项目，真正地满足员工的需求，起到激励员工的作用。

3. 符合企业的报酬政策

企业设立福利目标应在企业总体薪酬预算的安排下，符合企业文化与理念，使福利的实施过程成为企业文化与理念的传递过程。

4. 能激励大部分员工

企业设立福利目标要能真正体现福利的功能，真正能吸引和保留企业的核心人才，成为企业激励机制的重要组成部分。

5. 企业支付能力之内

企业设立福利目标应在企业的支付能力之内，做好科学的薪酬预算与控制，不致拖累企业的正常经营与发展。

6. 符合当地政府法规政策

企业的福利应与国家及当地政府的法律、法规政策保持高度一致，真正履行企业所应承担的社会责任，与政府建立良好的合作关系，构建企业经营与发展的良好外部环境。

课 堂 讨 论

资料：班车是否取缔

博开公司地处城市边缘的技术开发区，离市区较远，而且由于目前城市基础设施尚未跟上，交通非常不便。公司周围只有一个公交车站，公交车每 20 分钟一班，因此公司向出租车公司租用了一辆豪华中巴作为公司的班车，在上下班时免费接送员工。由于公司员工的居住地点比较分散，一个一个接送不现实，因此公司根据员工居住地点密集度，在城区设立了几个接送点，所有需要搭乘班车的员工都要自行到该接送点集合，家在公司附近的员工则自行解决交通问题。

目前公司班车刚能满足总公司人员的需要，但随着公司业务的拓展，班车越来越紧张。

自建立员工反馈信箱后，员工反馈最多的是上下班的交通问题。许多员工上班途中要花两个多小时，中途要倒几次车，到了公司人已经筋疲力尽了，无法安心工作。但总经理一直反对设立公司班车，他认为公司正处于快速成长阶段，公司业务尚未全面铺开，需要尽量节约成本，这样才能保证公司利润目标的完成。同时，由于城市建设的加快，市政府已经决定加速建设通往技术开发区的高速公路和轨道交通，新增多条公交线路。总经理甚至认为今后交通条件改善了，可以取消公司班车。

讨论：

1. 假如真的按照总经理的意见去做了，员工会有何反应？

2. 如果你是公司人力资源部经理，你将如何协调解决公司班车管理问题？

要点：

（二）福利成本核算

福利成本核算是影响到福利效果和效益的重要方面，因此企业必须进行详细的福利成本核算。福利成本核算包括的主要内容如下。

（1）计算公司可能支出的最高福利总费用；

（2）与外部竞争对手的福利相比，在保证本企业福利竞争优势的前提下，尽量减少福利支出；

（3）作主要福利项目的预算；

（4）确定每一位员工福利项目的成本；

（5）制订相应的福利项目成本计划；

（6）尽可能在满足福利目标的前提下降低成本。

（三）福利沟通

福利实施的好坏，不仅取决于福利设计得是否科学合理，还取决于企业能否对福利进行有效的沟通。实践证明，并不是福利投入越多，则员工就越满意，员工对福利的满意度与对工作的满意度呈正相关，而要了解掌握员工对工作和福利的满意度，福利沟通很重要。在企业人力资源管理实践中，福利沟通往往受到人力资源管理者的忽视。要实现福利管理的最优效果，与员工的福利沟通是非常必要的。

一项有效沟通的福利方案必须具备3个要素：首先企业必须要宣传自己的福利目标，并且确保任何一次沟通活动都能达到这些目标；其次，必须通过合适的媒介方式来传达这些信息；最后，沟通的内容必须完整、清楚，不能使用有碍交流的复杂专业术语。下面是一些关于福利沟通方面的做法或建议。

（1）编写福利手册，解释企业提供给员工的各项福利计划。这些手册可以包含一本总册子和一系列的附件。在福利手册中，应尽量减少专业术语，力求让普通员工清晰地理解每一福利项目的具体内容。

（2）定期向员工公布有关福利的信息，包括福利计划的适用范围和福利水平；福利计划的价值是什么及组织提供这些福利的成本。

（3）在小规模的员工群体中做福利报告。

（4）建立福利问题咨询办公室或咨询热线。这样既有利于员工了解公司的福利政策和福利成本开支情况，而且也是一种表明组织希望员工关心自己的福利待遇的一种信号。

（5）建立网络化的福利管理系统，在公司组建的内部局域网上发布福利信息，也可以开辟专门的福利版块，与员工进行有关福利问题的双向交流，同时借助于网络可以进行问卷调查，来了解企业员工对福利项目的看法与意见。

（四）福利调查

福利调查主要包括以下三种。

（1）福利项目制定前的调查，主要了解员工对某一福利项目的态度、看法与需求。

（2）员工年度福利调查，主要了解员工在一个财政年度内享受了哪些福利项目，数额多少，是否满意。

（3）福利反馈调查，主要调查员工对某一福利项目实施的反应如何，是否需要进一步改进，或是否要取消。

（五）福利实施

在实施福利时，主要应注意以下几点：

（1）根据目标加以实施；

（2）预算要落实，这样不至于使福利实施计划落空，或向员工的福利承诺不兑现；

（3）按照实施计划有步骤地实施；

（4）保持实施进程的灵活性，定期检查、定期监控。

案例简析

　　上海贝尔有限公司（以下简称上海贝尔）始终把员工看成公司的宝贵资产、公司未来的生命线，并以拥有一支高素质的员工队伍而自豪。公司每年召开的董事会，都有相当多的时间用于专题讨论与员工切身利益相关的问题，如员工培训计划、奖金分配方案、工资调整和其他福利政策等，而且每年董事会用于讨论此类事项的时间不断增加。

　　上海贝尔的决策者深刻地认识到，人力资源正日益成为高科技企业在市场竞争中的胜负关键。只有抓住员工这条主线，其他战略部署才成为有纲之目。因此，企业的福利政策应该与其总体的竞争策略保持一致。随着企业竞争策略的变化，相应的福利政策也应该随之调整。

　　当然，意识到人在企业经营中的重要性并不困难。难的是如何在企业的日常经营中贯彻以人为本的经营方略。上海贝尔在这方面做了一系列卓有成效的探索，自然也体现在公司的福利政策上。公司管理层为了塑造以人为本的理念，在实际中致力于以下几项工作。

一是创造国际化发展空间。据公司总裁谢贝尔（Gunther Strobel）先生介绍，上海贝尔在经营初期，为当时的外部环境所限，公司福利更多地承袭了计划经济体系下的大锅饭形式。随着公司的发展和中国市场体系日益与国际接轨，上海贝尔在企业福利管理方面日趋成熟。其中重要的一点就是真正做到了福利跟随战略，使上海贝尔的福利管理摆脱了原先企业不得已而为之的被动窘境，公司主动设计出别具特色的福利政策，以此营建自身的竞争优势。

为了让员工真正融入国际化的社会、把握国际企业的运作方式，上海贝尔的各类技术开发人员、营销人员都有机会前往设在欧洲的培训基地和开发中心接受多种培训，也有相当人数的员工能有机会在海外的研发中心工作，少数有管理潜质的员工还被公司派往海外的名牌大学深造。如果一个企业能提供各种条件，使员工的知识技能始终保持在国际前沿水平，还有什么比这更能打动员工的心？

二是力推自我完善。谢贝尔认为，公司的福利政策应该是公司整体竞争战略的一个有机组成部分。吸引人才、激励人才、为员工提供一个自我发展、自我实现的优良环境是公司福利的目的。同时，各类人才，尤其是高科技领域的人才，在专业和管理的知识与技能方面，自我更新和自我提升的需求日涨月高，这也是很自然的事。

"在我们的整个福利架构中，培训是重中之重，我们在此可谓是不遗余力。"谢贝尔感叹道。从企业长期发展的远景规划，以及对员工的长期承诺出发，上海贝尔形成了一整套完善的员工培训体系。上海贝尔尽管不时从外部招聘一些企业急需的人才，但主要的人才来源是高等院校毕业的本科生和研究生。他们进入上海贝尔后，必须经历为期一个月的入职培训，随后紧接着是为期数月的上岗培训。转为正式员工后，根据不同的工作需要，对员工还会进行在职培训，包括专业技能和管理专项培训。

此外，上海贝尔还鼓励员工接受继续教育，如 MBA 教育和博士、硕士学历教育，并为员工负担学习费用。除了各种各样的培训项目，公司新近还成立了自己的大学，不但提高了公司对各类专业人士的吸引力，也极大地提高了在职员工的工作满意度和对公司的忠诚度。

三是强调日常绩效。"我们致力于营造一个有良性竞争氛围的上海贝尔大家庭。努力使员工能分享公司的成功，但同时也努力使我们的福利政策能激励员工奋力争先。"谢贝尔说。福利作为一种长期投资，管理上难就难在如何客观衡量其效果。在根据企业的经营策略制定福利政策的同时，必须使福利政策能促使员工去争取更好的业绩。否则，福利就会演变成平均主义的大锅饭，不但起不到激励员工的作用，反而会助长不思进取、坐享其成的消极工作习惯。

在上海贝尔，员工所享有的福利和工作业绩密切相连。不同部门有不同的业绩评估体系，员工定期的绩效评估结果的好坏决定他所得奖金的多少。为了鼓励团队合作精神，员工个人的奖金还和其所在的团队业绩挂钩。在其他福利待遇方面，上海贝尔也是在兼顾公平的前提下，以员工所做出的业绩贡献为主，尽力拉大档次差距。其意在激励广大员工力争上游，从体制上杜绝福利平均主义的弊端。

"我们为管理骨干配备了公务用车。我们的福利政策是，你会得到你应有的部分。但一切需要你去努力争取，一切取决于你对公司的贡献。"谢贝尔说道："上海贝尔要在市场上有竞争力，在公司内部也不能排除良性的竞争。竞争是个绝妙的东西，它使所有人得益。自然，我们的福利政策必须遵循这一规律。"

四是培育融洽关系。"卓有成效的企业福利需要和员工达成良性的沟通。"谢贝尔一语惊人。要真正获得员工的心，公司首先要了解员工的所思所想、他们内心的需求。从某种程度上来说，员工的心是"驿动的心"。员工的需求也随着人力资源市场情况的涨落和自身条件的改变在不断变化。所以，公司在探求员工的内心需求时，切忌采用静态的观点和手段，必须依从一种动态的观念。

上海贝尔的福利政策始终设法去贴近员工的需求。公司员工队伍的平均年龄仅为 28 岁。大部分员工正值成家立业之年，购房置业是他们生活中的首选事项。在上海房价高涨的情况下，上海贝尔及时推出了无息购房贷款的福利项目，给员工们在购房时助一臂之力。而且在员工工作满规定期限后，此项贷款可以减半偿还。如此一来，既替年轻员工解了燃眉之急，也使为企业服务多年的资深员工得到回报，同时也从无形中加深了员工和公司之间长期的心灵契约。

当公司了解到部分员工通过其他手段已经解决了住房，有意于消费升级，购置私家轿车时，上海贝尔又为这部分员工推出购车的无息专项贷款。公司如此善解人意，员工当然投桃报李，对公司的忠诚度得以大幅提升。

很多国内企业在福利方面只做不说。只有当员工触及具体问题时，企业才可能从人事部门获得一些支离破碎的有关公司福利方面的信息。如此在福利方面缺乏沟通，首先使在职员工对公司福利政策含糊不清，即使有体贴入微的政策存在，员工对公司的忠诚度也会大打折扣；其次是内部员工况且如此，局外人肯定更是如坠雾中，公司对外部人才的吸引力将大受影响。

在上海贝尔，福利沟通是公司福利工作的一个重要组成部分，详尽的文字资料和各种活动使员工对公司的各项福利耳熟能详，同时公司也鼓励员工在亲朋好友间宣传上海贝尔良好的福利待遇。公司在各类场合也是尽力详尽地介绍公司的福利计划，使各界人士对上海贝尔优厚的福利待遇有一个充分的了解，以增强公司对外部人才的吸引力。

与此同时，上海贝尔还计划在员工福利的设立方面加以创新，改变以前员工无权决定自己福利的状况，给员工一定的选择余地，参与到自身福利的设计中来，如将购房和购车专项贷款额度累加合一，员工可以自由选择是用于购车还是购房；在交通方面，员工可以自由选择领取津贴，自己解决上下班交通问题；也可以不领津贴，搭乘公司安排的交通车辆。一旦员工在某种程度上拥有对自己福利形式的发言权，则工作满意度和对公司的忠诚度都会得到提升。

"上海贝尔一流的工作环境，其实也是员工们深感自豪的一种福利。作为上海贝尔大家庭的一员，在如此美轮美奂的条件下工作，我心足矣。"谢贝尔说，上海贝尔的工作环境，胜过他在欧洲工作时的环境。

问题：

1. 请谈谈你所了解的激励理论？

2. 请结合案例，论述上海贝尔的福利政策的主要优点和尚存不足。应如何改进？

简析：

符合员工需要的福利才是有效的福利，不管花多大成本，不管用什么形式，只有那些迎合员工迫切需要的激励方式才能充分发挥激励作用。上海贝尔公司的福利政策始终设法贴近员工需求，根据员工的现实情况实施相应福利方案。

上海贝尔的员工平均年龄仅为 28 岁，正值成家立业之年，而这个阶段的年轻人又恰恰没有什么积蓄。上海高昂的房价足以浇灭许多年轻人在上海安家立业的梦想，许多人视上海为淘金地，却不敢当上海是安身之所。上海贝尔了解员工的难处，帮助员工解决后顾之忧，推出无息购房贷款的福利项目。员工不但可以轻松贷款，而且当工作年限达到一定期限后，还可减半偿还。解决了员工的燃眉之急，员工方可安安心心地长期工作。在无息购房贷款的福利项目推行下，许多员工视上海贝尔为终身的理想雇主。还有一些员工已解决了住房问题，有意于购置私家车，上海贝尔又为这部分员工推出了购车的无息专项贷款。根据员工的需求和变化，推行相应的福利项目，为员工提供最渴求的福利，才能对人才持续保持吸引力。

上海贝尔还对福利项目加以创新，给员工更多的选择权。如购房和购车专项贷款额度累加合一，员工自己选择是购房还是购车；员工可以领取津贴自己解决上下班交通问题，也可以不领津贴搭乘公司的通勤车……更多的选择权利，可以让福利项目更加人性化，从而增强激励的作用。

实训项目

实训内容：请调查某一家企业的福利管理制度，包括福利项目、发放的对象、发放时间等。

实训指导：

1. 所调查企业可以是自己曾经实习过的公司，可以是自己家人的工作单位，也可以从网上查阅资料；

2. 重点了解该企业各类岗位和人员的福利管理方法，如包括哪些项目？员工是否都享有法定的"五险一金"？企业福利支出高低水平如何？

3. 向员工了解他们对企业福利的满意程度；

4. 分析所调查该企业福利管理的特点，有无问题？如何改进？

❑ 学中做　做中学

分小组设计虚拟公司的福利管理制度。要求：

1. 福利设计要考虑员工的实际需要，应根据不同的员工进行设计；

2. 可以向同一小组的同学进行模拟调查，了解员工对公司福利管理的意见和建议；

3. 福利制度要适合公司发展现状。要进行福利成本支出总额的计算，核算福利支出占企业工资额的比例；

4. 可以尝试进行"弹性福利计划"设计；

5. 每个小组写出《企业福利管理办法》，并打印。

小　结

薪酬是指员工向其所在单位提供所需要的劳动而获得的各种形式的补偿，是单位支付给员工的劳动报酬，包括经济性薪酬和非经济性薪酬两大类。

岗位评价的主要方法有排序法、分类法、因素比较法及要素计点法。

影响薪酬水平因素包括外部因素和内部因素。薪酬水平策略主要有领先型、追随型、滞后型及混合型四种。确定薪酬水平的方法包括：薪酬比较比率法、增薪幅度法、最低工资水平法、综合因素法。

薪酬设计的步骤包括：确定企业薪酬支付的策略；工作分析；岗位评价；薪酬调查；薪酬定位和薪酬结构设计；薪酬体系的实施和修正。

福利包括法定福利和企业自定福利。法定福利有养老保险、医疗保险、生育保险、工伤保险、失业保险等；企业自定福利项目需根据企业发展等情况确定。

福利管理包括设计福利管理目标、进行福利成本预算、福利沟通、福利调查及福利实施等内容。

思考题

1. 薪酬及薪酬管理的定义是什么？

2. 薪酬管理的内容主要有哪些？

3. 薪酬体系设计的程序包括哪些步骤？

4. 企业福利一般包括哪些项目？如何更好地设计企业的福利？

5. 福利管理的主要内容有哪些？

模块九

员工关系管理

知识目标：

1. 员工关系管理的含义；
2. 员工关系管理的流程。

能力目标：

1. 掌握沟通技巧；
2. 能正确处理劳动争议。

素质目标：

1. 培养学生重态度，讲合作，以大局为重的意识；
2. 培养学生依法履行合同，保护公司与员工的合法效益的意识。

导入案例：

张明有办法了

发达针织股份有限公司是地处郊县的一家中外合资企业，生产的针织产品绝大部分用于出口，有员工1 000人。由于地处郊县，员工有90%来自农村。凡招聘的员工，公司均与其个人签订劳动合同，并在进公司前在指定的医院进行体检，只有体检合格，才被录用。

郑英是该公司上月录用、正在试用期的一名女厨工。前天，她突然病倒，住进了医院。张明是该公司人事部经理，今天一上班就被公司外方总经理王宏叫去。王宏是生于台湾的美籍华人，大学毕业后，继承父业，从事企业管理工作。在改革开放的大潮中，像许多热恋故土的华人一样，到大陆投资办厂。他在美国接受教育，主张企业要有严格的规章制度，从严管理。在总经理办公室里，王宏对张明说：厨工郑英已生病住院，生什么病？病情如何？你先到医院去了解一下。张明听后，回想起郑英是上月刚从当地农村招进的一名女厨工，才分到伙房不久，怎么就病倒了呢？张明走出总经理办公室，连忙赶到医院，找到了主治医生。医生告诉张明：郑英患的是病毒性心肌炎，需要住院治疗。即使出院以后，也不能从事体力劳动，需要休息较长时间。张明问医生：此病是否第一次发生？医生回答：这病是旧病复发。张明立即回公司向王总经理汇报。王总经理听后，认为郑英进公司体检时隐瞒病情，在试用期内发病，按规定应予辞退。张明又查看了上海市《中外合资经营企业劳动人事管理条例》第二章第十二条，该条明文规定："在试用期内，发现不符合录用条件的，职工患病或非因工负伤，在规定医疗期满后不能从事原工作的，合营企业可以解除劳动合同、辞退职工。"

下午，张明把郑英的父母找来，将公司辞退郑英的意见告诉他们。郑英的父母认为公司的决定不能接受，因郑英发病是由于工作劳累引起的。当张明出示了医院病情诊断书，证实郑英是在体检时隐瞒病情，现在是旧病复发。郑英的父母又提出：他们认识医院的医生，让医生重新开一张所谓"正确"的诊断书。当这一建议遭拒绝后，他们又提出不要辞退，给她更换工种，从事轻松一点的工作的要求。张明回答都不行，引起郑英父母的不满，一时火起，谩骂张明是老板的狗腿子，只会欺侮自己人。张明耐着性子说明道理，并拿出有关条例给郑英父母看，表明作为人事部门会以国家劳动法规和有关规定作为准则，以客观、公正、公平的态度去解决问题。好不容易把郑英的父母劝回家，张明陷入深思。按规定在试用期内发现员工隐瞒病情，是可以辞退的。但郑英被辞退后，没有固定的收入来源，住院费、医疗费很难承担，怎么办？能不能找出一个既不违反制度，又能使员工可以接受的办法？张明又拿出《中外合资经营企业劳动人事管理条例》，翻到第四章第二十八条，条文规定："合营企业在职中国职工患病或非因工负伤，按基本企业工作时间的长短，给予三个月到一年医疗期，医疗期间的生活费用、医疗费用要参照国营企业标准，由合营企业负担。"张明略一思考，认为解决的办法有了。他打算明天向王总经理提出自己的处理意见。

资料来源：豆丁网

项目一　员工关系管理概述

【知识精讲】员工关系管理的概念；员工关系管理的内容；员工关系管理的要素及意义。

在人才高度竞争的背景下，留住优秀人才，并使其在企业中发挥最大效能，成为人力资源管理面临的重要挑战，这就需要企业与员工建立一种和谐双赢的员工关系。

现代员工关系强调以"员工"为中心，员工关系管理是构建在人力资源管理的整体机制之下，通过绩效管理、薪酬管理等各种制度发挥作用，合力营造组织内部良好的员工关系，维系组织与员工之间正面的心理契约，为组织的健康成长及绩效的持续提升提供有力保障。随着社会的发展、人们对人性本质认识的不断进步，以及国家劳动法律体系的完善，企业越来越注重改善员工关系，加强内部沟通，协调员工关系。

一、员工关系管理的概念

员工关系管理是指企业各级管理人员和人力资源职能管理人员，通过制定和实施各项人力资源政策和管理行为，以及其他的管理沟通手段调节企业和员工、员工与员工之间的相互联系和影响，从而实现组织的目标并确保为员工、社会增值。

员工进入企业、成为组织的成员后，就进入员工关系管理的框架。从实践上说，企业人力资源管理从三个方面影响企业和员工、员工与员工之间的联系，这三个方面就是工作设计、员工流动和员工激励。

工作设计，是指根据企业目标和业务特点，确定每个工作职位的工作内容、工作职责、彼此之间的工作联系、管理关系和方式，以及承担这些工作对员工的要求。工作设计明确了员工应当做什么和如何做才能达到要求。

员工流动，指员工从进入企业到离开企业的整个过程。这个过程实际上是员工为实现本人的职业发展计划和企业为保证业务运行的整个人力资源配置过程，以及满足企业和员工本人对工作能力要求而进行的绩效评估、能力转化和提升的过程。

员工激励，指如何通过内外部激励手段，不断增进企业目标实现和员工个人发展之间的良性循环。内外部的激励手段，既包含薪酬体系、福利体系，也包括其他满足员工心理需求的措施。

员工关系管理循环图如图 9-1 所示。

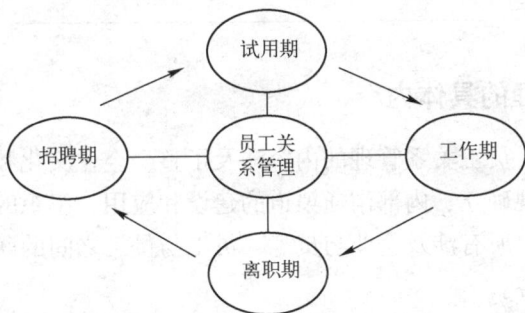

图 9-1 员工关系管理循环图

课 堂 讨 论

资料：两位老板的苦恼

黄总是一家民营公司的老板，近日到长沙参加图书订货会。出差期间，黄总忽然接到公司员工小李打来的电话。小李在陈述了一大堆理由之后，说出了他的想法：辞职。黄总非常恼火。小李是他非常器重的一名大学毕业生，本来打算好好栽培他，上个月刚刚给他加了奖金，又把他升为部门主管。现在却突然提出辞职，黄总有种上当受骗的感觉。

平静下来之后，黄总不禁大发感慨："现在的员工越来越不好管，我总是想跟他们搞好关系，想留住人，但总是事与愿违。"同行的刘总年龄稍大，一直望着愤愤不平的黄总笑而不语。

黄总说："老刘，您倒是帮我出出主意啊！为什么我总是留不住人呢？"

刘总答道："依我看，你的制度根本就不健全。拿我们的公司来说，每个员工都有押金，他即使想给我来个出其不意，也得先掂量掂量自己的几千块押金吧！"

黄总点点头，若有所悟："这倒是个办法！不过话说回来，你看人家常总，平日里悠哉悠哉，连订货会这样的大事都放手让别人去做，也不搞什么押金，人家不也做得挺好吗？"

"常总那是找对了人，用对了人！但找一个合适的人哪有那么容易啊！找人比管人难！"刘总说。

两位老板的对话还在继续。他们的对话是广大中小企业老板关于员工管理和员工关系处理所遇困扰的一个缩影。

资料来源：百度文库

讨论：

1. 通过以上描述，你知道什么是员工关系管理了吗？
2. 员工关系管理的具体内容是什么呢？怎么才能"管好"人呢？

要点：_____

_____

二、员工关系管理的具体内容

从广义的概念上看，员工关系管理的内容涉及了整个企业文化和人力资源管理体系的构建。从企业愿景和价值观确立，内部沟通渠道的建设和应用，组织的设计和调整，到人力资源政策的制订和实施等。所有涉及企业与员工、员工与员工之间的联系和影响的方面，都是员工关系管理体系的内容。

从管理职责来看，员工关系管理主要有九个方面。

一是劳动关系管理，包括劳动争议处理，员工上岗、离岗面谈及手续办理，处理员工申诉、人事纠纷和意外事件。

二是员工纪律管理。引导员工遵守公司的各项规章制度、劳动纪律，提高员工的组织纪律性，在某种程度上对员工行为规范起约束作用。

三是员工人际关系管理。引导员工建立良好的工作关系，创建有利于员工建立正式人际关系的环境。

四是沟通管理。保证沟通渠道的畅通，引导公司上下及时进行双向沟通，完善员工建议制度。

五是员工绩效管理。制定科学的考评标准和体系，执行合理的考评程序。考评工作既能真实反映员工的工作成绩，又能促进员工工作积极性的发挥。

六是员工情况管理。组织员工心态、满意度调查，谣言、怠工的预防、检测及处理，解决员工关心的问题。

七是企业文化建设。建设积极有效、健康向上的企业文化，维护公司的良好形象。

八是服务与支持。为员工提供有关国家法律、法规、公司政策、个人身心等方面的咨询服务，协助员工平衡工作与生活。

九是员工关系管理培训。组织员工进行人际交往、沟通技巧等方面的培训。

课 堂 讨 论

资料：招聘中的就业歧视

2020 年 5 月，某化妆品公司招聘大学生。面试中根据应聘大学生的血型分组面试，最后录用的 50 余名学生基本为 O 型血和 A 型血，其中 30 余人为男性，20 余人为女性。该公司与录用大学生签订了一年期劳动合同，试用期为三个月。试用期满后，该公司决定，部分员工需要延长试用期两个月。这些员工绝大部分为女大学生。其中的杨某、黄某等人非常气愤，认为自己在试用期表现良好，并不比男员工差，公司不能仅仅因为自己是女性便给予不公正的待遇。与公司多次协商未成，遂将公司诉至劳动争议仲裁委员会，请求撤销公司延长其试用期的规定，按转正工资标准补发其超过法定试用期期间的工资差额。

资料来源：东方财智商学院

讨论：

1. 这段文字描述的情景属于员工关系管理中哪一个方面？

2. 你认为员工和公司之间的争议是什么？

要点：

三、员工关系管理的要素

（一）员工认同企业的愿景

员工关系管理的出发点是让员工认同企业的愿景。大凡卓越的企业，都是通过确立共同的愿景，整合各类资源，引导整个组织不断发展和壮大，引导员工通过组织目标的实现，实现个体目标。

（二）激励束缚机制

为完成企业组织目标，适应其所处的竞争状态，建立企业与员工同生存、共发展的命运共同体，是处理员工关系的根本起点。如何完善激励约束机制，建立科学合理的薪酬制度包括晋升机制等，合理利用利益关系已成了员工关系管理的根本。

（三）心理契约

心理契约由员工需要、企业鼓励、员工自我定位以及相应的工作行动四个方面构建而成。企业在构建心理契约时，要以人力资源和个人需求结构为基础，用一定的激励方法来满足、引导员工的心理需求，促使员工以相应的工作行为作为回报。员工则根据个人期望和企业的愿景目标，调整自己的心理需求，确定自己对企业的关系定位。制定生涯规划，决定自己的工作绩效。这是员工关系管理的核心。

（四）职能部室负责人和人力资源部门

在企业员工关系管理体系中，职能部室负责人和人力资源部门处于连结企业和员工的核心环节，是首要责任人，通过互相支持和配合，协调企业利益和员工需求之间的矛盾，提高组织的活力和产出效率，通过协调员工之间的关系，提高组织的凝聚力。

课 堂 讨 论

资料：华为的差别管理

华为的价值分配理念强调以奋斗者为本，向优秀的奋斗者、成功的实践者、有贡献者倾斜。坚信差距是动力的来源，没有温差就没有风，没有水位差就没有流水，要给火车头加满油，始终保持奋斗热情。华为将员工分为三类：第一类是普通劳动者，对这些员工依照法律相关的报酬条款，保护他们的利益，并根据公司经营情况，给他们稍好一点的报酬；第二类是一般奋斗者，华为允许一部分人不是积极的奋斗者，只要这部分人踏踏实实工作，企业输出的成本大于支付给他们的成本，就可以在公司立足，报酬甚至比市场水平稍高一点；第三类是有成效的奋斗者，这些人是事业的中坚，华为坚持将公司的剩余价值与有成效的奋斗者分享，引导队伍奋力冲锋和奋斗。

资料来源：董小英等《华为启示录：从追赶到赶先》

讨论：

1. 华为公司的差别管理的实质是什么？
2. 你认为这种管理给华为带来了什么？

要点：_____

_____

四、现代员工关系管理的意义

（1）良好的员工关系管理能够提高企业竞争优势。激发员工的参与和投入是企业制胜的保证，而现代员工关系管理就是要使企业在竞争中赢得胜利。

（2）积极的员工关系管理能够促进企业与员工的双赢。企业良好的员工关系管理通常倡导企业内部的员工参与管理，在此基础上企业和员工能够形成共同的目标和价值观；同时，企业良好的员工关系管理提倡内部交流机制，有利于公开讨论的氛围形成。

（3）成功的员工关系管理有利于核心人才的保留。

案例简析

沃尔玛和丰田公司的奖励制度

1. 沃尔玛的口号——"员工是合伙人"

沃尔玛公司是由山姆·沃尔顿创立的，1945 年，山姆在美国小镇维尔顿开设了第一家杂货店。1962 年正式起用"Walmart"（沃尔玛）作为企业名称。经过 40 多年艰苦奋斗，建立起全球最大的零售王国，2001 年和 2002 年连续名列《财富》杂志 500 强榜首。巨大的成功离不开沃尔玛独特的激励机制——把员工视为合伙人。山姆非常重视人的作用，他说："高技术的设备离开了高层的管理人员以及为了整个系统尽心竭力工作的员工是完全没有价值的。"山姆一直致力于建立与员工的合伙关系，并使沃尔玛 40 多万名员工团结起来，将整体利益置于个人利益之上，共同推动沃尔玛向前发展。山姆将"员工是合伙人"这一概念具体化的政策分为三个计划：利润分享计划、雇员持股计划和损耗奖励计划。1971 年，山姆开始实施第一个计划，保证每个在沃尔玛工作 31 年以上及每年至少工作 1 000 个小时的员工都有资格分享公司利润。员工离开公司时可以现金或股票方式取走他应得的利润。沃尔玛让员工通过工资扣除的方式，以低于市价 15% 的价格购买公司股票。损耗奖励计划的目的就是通过与员工共享公司因减少损耗而获得的盈利来控制盗窃的发生。损耗是零售业的大敌，山姆对有效控制损耗的分店进行奖励，使得沃尔玛的损耗率降至零售业平均水平的一半。出色的组织、激励机制加上独特的发展战略，使得沃尔玛成为世界上顶级的明星企业。

2. 丰田公司的申报制度和建议制度

日本丰田公司成立于 1938 年，其汽车产量仅次于美国通用汽车公司和福特汽车公司，居世界第三位。1999 年位居《财富》杂志 500 强第十位。丰田公司奉行"事业在于人"的经营宗旨，认为高工资、高福利等物质激励手段的作用是有限的，只有当员工觉得自己的能力得以发挥、自己的想法和工作成果得到公司和同事承认的时候，才会有更大的干劲。于是，丰田公司注重从精神层次上激励员工，建立了申报制度和建议制度。丰田公司实行"职工自己申报制度"，每年年初，让每位员工申报一年的工作指标，年终向上级汇报指标完成情况及自己能否适应现在的岗位。同时，由上级和其他部门派出代表，对每位职工的工作能力进行鉴定，以充分发挥员工的个人才能。走进丰田，到处都是

"好产品，好主意"的大幅标语，这就是有名的"丰田职工代议制度"。丰田公司认为，丰田人的使命是通过企业去奉献社会、造福人类，为此，每个员工时刻不能忘记开发新技术，生产符合时代要求的产品。丰田为鼓励职工提建议，规定建议一经采纳即付奖金。因此，丰田职工的建议非常多，采纳率也特别高。职工建议制度帮助公司渡过了震撼世界的 20 世纪 70 年代石油危机，使丰田公司抓住机遇，制造出销量不断增长的节油型汽车。"建议制度使丰田人努力消除自己工作岗位上的浪费，团结一致，发挥主观能动性，成为丰田公司发展壮大的主要动力之一。

资料来源：百度文库

简析：

奖惩是管理者根据员工行为发生的事实、情节，依奖惩制度所给予的处理，一般可以分为精神奖惩和物质奖惩。这两个案例都是比较成功的奖励机制的案例。每个行业，每个企业的实际情况不同，奖惩方法和措施不同。只要发挥奖惩作用，达到有效管理的目的，企业管理制度的设计就是成功的。案例中，沃尔玛作为零售业企业最难管理的是员工的偷窃行为，因而采用员工是企业合伙人的激励机制；丰田公司在看到物质激励有限的基础上采用精神激励——申报制度和建议制度，帮助其度过了 20 世纪 70 年代的石油危机。

❑ 实训项目

实训内容： 请学生调查一家学校周边大中型企业（公司、饭店、工厂、商场等），了解企业中员工关系管理的基本状况，考察其员工关系管理的特点。

实训要求： 在了解企业员工关系管理的相关规定的基础上，重点考察其员工关系管理的制度，将企业的各项制度作为样本资料收集起来。

❑ 学中做　做中学

请为你的虚拟公司制定一份员工关系管理制度。

要求：

现代的、积极的员工关系管理主要包含：劳动关系管理、员工的冲突管理、员工的内部沟通管理、工作丰富化、晋升、员工的信息管理、员工的奖惩管理、员工的纪律管理、辞退、裁员及临时解聘、工作扩大化、岗位轮换等。其中"劳动关系管理"就是指传统的签合同、解决劳动纠纷等内容。根据实际情况，可适当做出内容选择。

项目二 员工沟通及冲突管理实务操作

【知识精讲】 沟通管理的含义；沟通技巧；员工冲突管理；员工离职管理。

沟通是人与人之间的思想和信息的交换，是将信息由一个人传达给另一个人，逐渐广泛传播的过程。现代企业的机构越来越复杂，沟通也越来越困难。可以说，沟通管理是企业组织的生命线。

一、沟通管理的涵义

沟通是有效地传达信息给对方，是双向的互动过程。沟通管理是通过了解员工和客户的需求，整合各种资源，创造出产品和服务来满足对方，从而为企业和社会创造价值和财富。就方式而言，沟通包含语言沟通与非语言沟通；就内容而言，沟通包含事与情的沟通，即沟通的内容和感受；就情境而言，沟通包含自己、别人和二者之间的关系，要和自己接触，也要和他人接触，更要和双方所形成的关系接触；就过程而言，沟通是双方之间意思的传达和接收。

二、沟通管理的体系

一个完整的沟通管理体系包括从新员工进入企业到被任用，从员工成长期间的流动到离职的整个变迁过程。分为以下几个方面：

（1）应聘沟通。加盟前企业与应聘者沟通，确保所进员工与企业要求相吻合。

（2）岗前培训沟通。上岗前员工要进行培训，使员工掌握企业的基本情况，提高对企业文化的理解和认同。

（3）试用期沟通。企业客观地了解新员工对工作的认知心态和胜任能力，促进新员工平稳度过"磨合适应期"。

（4）转正沟通。增进彼此间的了解，达成共识。

（5）工作流动沟通。由流动后的直接主管介绍新岗位的工作内容，使其较快适应新的岗位。

（6）定期考核沟通。在考核中结合员工绩效管理，以激励和提升员工素质。

（7）离职面谈。不仅可以为企业留住优秀人才，更能发现日常工作中的不足之处。

（8）离职后沟通。体现人性化管理，通过和离职员工真心诚意的沟通，与之建立友善的关系。

课 堂 讨 论

资料：沟通中的误区

1. "沟通不是太难的事，我们每天不是都在做沟通吗？"

2. "我告诉他了，所以我已和他沟通了。"

3. "只有当我想要沟通的时候，才会有沟通。"

讨论：

你认为以上关于沟通的描述正确吗？

要点：＿＿＿＿＿＿＿＿＿＿＿＿＿＿＿＿＿＿＿＿＿＿＿＿＿＿＿＿＿＿＿＿

＿＿＿＿＿＿＿＿＿＿＿＿＿＿＿＿＿＿＿＿＿＿＿＿＿＿＿＿＿＿＿＿＿＿＿＿

资料来源：南志珍，吕书梅. 管理沟通实务. 大连：大连出版社，2010.

三、沟通管理的作用

（一）沟通有助于改进员工和组织做出的决策

任何决策都会涉及干什么、怎么干、何时干等问题。每当遇到这些亟须解决的问题，管理者就需要在组织内部进行广泛的沟通以获取大量的信息，然后据此进行决策，或建议有关人员做出决策，以迅速解决问题。普通员工也可以通过与上级管理人员沟通，提出自己的建议，供管理者决策时参考，或经过沟通，取得上级管理者的认可，自行决策。组织内部的沟通为各个部门和人员进行决策提供了信息，增强了判断能力。

（二）沟通可以促使员工协调有效的工作

组织中各个部门和各个职务是相互依存的，依存性越大，对协调的需要越高，而协调只有通过沟通才能实现。没有适当的沟通，管理者对下属的了解也不会充分，下属也可能对分配给他们的任务和要求他们完成的工作有错误的理解，不能圆满地完成工作任务。

（三）沟通有利于领导者激励下属，提高员工的士气，建立良好的人际关系和组织氛围

沟通可以使领导者了解员工的需要，关心员工的疾苦，在决策中就会考虑员工的要求，以提高他们的工作热情。除了技术性和协调性沟通外，员工还需要鼓励性沟通，每个人都希望别人能对自己的工作能力有一个恰当的评价，如果管理者的认可能够通过沟通渠道及时传递给员工，将会在工作中起到很大的激励作用。同时，企业内部良好的人际关系更离不开沟通，思想上和感情上的沟通可以增进彼此的了解，消除误解和猜忌，即使不能达到完全理解，至少也可取得谅解，使企业有和谐的组织氛围。

有关研究表明，管理中70%的问题是由于沟通不善造成的，这说明管理的关键在于沟通，沟通是管理的核心，没有良好的沟通就没有高效率的管理。然而，管理者更加关注于经济效益的增长、预期目标的实现，往往忽视沟通的重要性，从而带来一系列的危机。事实上，对于沟通的重要性，专家们有一致的共识：良好的沟通对管理者实施新技术和训练员工运用新技术是必要的，有效的沟通也是改进工作质量的途径。为提高质量，下属需要与他们的主管就存在的问题与建议进行沟通，自我管理工作团队的成员们为提高效率也需要互相交流思想，良好的沟通对提高顾客需求的响应度也是有帮助的，跨职能团队的创新也需要有效的沟通——企业通过提高效率、质量、对顾客的响应度和创新以获得竞争优势，有效的沟通

对企业管理者与成员是十分重要的。

资料：吉拉德的经历

吉拉德是美国汽车销售大王。他讲了一件自己亲身经历的卖车经历。一次，吉拉德向一位顾客推销汽车，过程十分顺利。谈妥生意，顾客开始很骄傲地谈起了考上密歇根大学的儿子。这时，另一位推销员跟吉拉德谈起昨天的篮球赛，吉拉德一边津津有味地和同事说笑，一边伸手去接车款。不料顾客却突然掉头而走，连车也不买了。吉拉德冥思苦想了一天，仍不明白顾客为什么对已经挑选好的汽车突然放弃了。夜里 11 点，他终于忍不住给顾客打了一个电话，问清了原委。

讨论：

顾客为什么会掉头而走？你认为沟通中应遵守哪些原则？

要点：＿＿＿＿＿＿＿＿＿＿＿＿＿＿＿＿＿＿＿＿＿＿＿＿＿＿＿＿＿＿＿＿＿＿＿＿＿

四、沟通技巧模式

沟通在技巧上的分类可以分为单向沟通和双向沟通。

（一）单向沟通

所谓单向沟通或单向倾听（one-way listening）是指只有倾听者接收说话者的信息而彼此没有交换信息，或称为消极倾听（passive listening）。最典型的例子是学生听老师演讲式的课，或观众看电视、听众听广播。在人际沟通中也有这种情形，某人掌握整个谈话，其他人倾听，或父母训诫孩子不准插嘴。

单向沟通（其实不能称为沟通，应该是单向"不"沟通）最重要的特征是其中几乎没有回馈（feed-back）。接收者也许有意或无意地会用非语言方式，如点头、微笑、眼光等来表示传送者的信息被收到，但没有口语方式的反应来表示信息是否接收到。

因为说话者不会被打断或叉开，所以这种单向方式沟通传送信息的速度很快。同时倾听是一种很适当的方法，倾听是协助他人了解问题的好方法。

一般讲单向沟通是无效沟通，因为接收者对传送的说话内容必有或多或少的误解。

第一种误解是传送者把话说得很清楚、很正确，而接收者听错了，例如加 1/4 杯水听成加四杯水。

第二种误解与第一种相反，听者听得很仔细，说话者说错了。

第三种是说话者的内容没错，但是不够具体，模糊不清，听者用自己的方式来解释，例如"可以晚点来"，结果听的人晚很久才来；因为"晚点"到底多晚，双方的解释不同，因此造成误解。

（二）双向沟通

双向沟通（two-way communication）含语言回馈（verbal feedback），也就是接收者传送信息回应给传送者，以核对资料或信息是否真正被收到，在信息互动的过程中，完成了沟通的意义。

（三）沟通技巧模式

1. 倾听技巧

倾听能鼓励对方倾吐他们的状况与问题，这种方法能协助他们找出解决问题的方法。倾听技巧是有效沟通的关键，需要相当的耐心与全神贯注。

倾听技巧由四个个体技巧所组成，分别是鼓励、询问、反应与复述。

（1）鼓励：促进对方表达的意愿。

（2）询问：以探询方式获得更多对方的信息资料。

（3）反应：告诉对方你在听，同时确定完全了解对方的意思。

（4）复述：用于讨论结束时，确定没有误解对方的意思。

2. 气氛控制技巧

安全而和谐的气氛，能使双方更愿意沟通，如果沟通双方彼此猜忌、批评或恶意中伤，将使气氛紧张、冲突，加速彼此心理设防，使沟通中断或无效。

气氛控制技巧由四个个体技巧所组成，分别是联合、参与、依赖与觉察。

（1）联合：以兴趣、价值、需求和目标等强调双方所共有的事务，创造和谐的气氛而达到沟通的效果。

（2）参与：激发双方的投入态度，创造一种热忱，使目标更快完成，并为随后进行的推动交流创造积极气氛。

（3）依赖：创造安全的情境，提高对方的安全感，接纳对方的感受、态度与价值等。

（4）觉察：将潜在的"爆炸性"或高度冲突状况予以化解，避免讨论演变为负面的交流或破坏性。

3. 推动技巧

推动技巧是用来影响他人的行为，使之符合沟通议题。

推动技巧由四个技巧所组成，分别是回馈、提议、推论与增强。

（1）回馈：让对方了解你对其行为的感受，这些回馈对人们改变行为或维持适当行为相当重要，尤其是提供回馈时，要以清晰具体而非侵犯式的态度提出。

（2）提议：将自己的意见具体明确地表达出来，让对方能了解自己的行动方向与目的。

（3）推论：使讨论具有进展性，整理谈话内容，并以此为基础，为讨论目的延伸而锁定目标。

（4）增强：利用增强对方出现的正向行为（符合沟通意图的行为）来影响他人，也就是利用增强来激励他人做你想要他们做的事。

案例简析

B&Q（百安居）是欧洲最大、世界第三的仓储式家居装饰建材连锁超市，曾获"英国最佳雇主"称号。百安居认为管理重在沟通，并通过建立各种渠道倾听员工的心声，使员工的想法和建议充分受到尊重。

百安居的沟通传统强调上下级之间的双向沟通和一对一沟通，员工遇到问题可以直接找上级反映，不存在戒备森严的等级制度。

百安居还制定了完善的沟通反馈制度。例如，每月召开一次的"草根会议"，实际上是各家商店和总部的各个部门一起定期召开的基层会议，任何一个员工都可以在会议上提出问题和建议，而公司高层领导都很重视这种倾听员工心声的机会，他们会分别参加各个会议，面对面地了解员工的想法，并公开进行对话。对于会上提出的问题，管理层和相关部门会制订行动计划，然后跟进解决，并在下一次会议上向员工通报解决的情况。

如果员工觉得有些问题当面谈比较尴尬，或者离总部比较远，则可以选择发邮件到专门的电子邮箱或者打电话。百安居设立了一个对员工免费的 24 小时录音电话"Easytalk"，员工可以跟总裁或总经理反映任何问题。Easytalk 每天由专人接听整理，然后汇报给高层领导，并及时对来电做出反馈。

另外，百安居还通过员工调查的形式来了解员工的真实想法。了解员工的实际需求，尊重员工的意愿，是百安居一贯遵循的原则。

请结合本案例，回答以下问题：

良好的沟通有什么作用？

资料来源：肖晓春．人性化管理沟通．北京：中国经济出版社，2008.

简析：

良好的沟通是企业成功的"金钥匙"。它不仅有助于企业管理，而且会使组织成员感受到尊重和信赖，从而产生极大的责任感、归属感和认同感，使成员心甘情愿地为企业效力。国内外闻名退迩的企业无不视管理为生命，一个高效率、充满生机的企业，有赖于企业内部上通下达，部门之间互通有无，甘苦共知。

五、员工冲突管理

企业组织中的成员在交往中产生意见分歧，出现争论、对抗，导致彼此间关系紧张，该状态称为冲突。

（一）冲突的类型

从冲突对企业的影响上可以分为建设性冲突和破坏性冲突。建设性冲突的表现通常为集思广益，把这些意见全部拿出来，这中间可能有冲突，但是越冲突，主意越多。相反，破坏性冲突是组织中具有损害性的或阻碍目标实现的冲突。建设性冲突也可转化成破坏性冲突。

破坏性冲突不仅能使人力、物力分散，凝聚力降低，而且还会造成人们的紧张与敌意，减低对工作的关心度。

总而言之，看待冲突要一分为二，冲突不多，不利于团队和组织的改善提高，不利于适应新环境；而冲突太多、太大时，则会引起混乱和组织的生存危机。

（二）冲突的产生原因

能够引发部门和员工之间冲突的原因很多，正如以上所述，目标、时间、工作性质、地缘、组织分工背景的差异，以及缺乏沟通、争夺资源、团体意识等都能导致冲突的发生。

课 堂 讨 论

资料：王先生的苦恼

王先生是一家公司的部门经理。他的下属中有一位李司机。有一天，他非常尴尬地对王先生说："经理，我想跟你说点事儿。"王先生说："你说吧。""我买了经济适用房，想贷款，但是首付钱不够。""哦，这是小事儿，你说缺多少钱？"李司机很尴尬地回答："好像还缺一万五千块钱。"当时王先生就说了一声"哦！"结果司机马上青筋直暴，特别生气地一拍桌子，二话没说就走了。

这就造成了两人之间的冲突。其实王先生当时就想好解决方案了，方案一是告诉他一万五不是个大数，自己可以借给他；方案二是可以先帮他付钱，然后每个月从他的工资里扣钱。但是，这些解决方法王先生没有马上说出来，结果导致了冲突的发生。

讨论：

王先生与司机的沟通失误在哪里，应该如何沟通就可以避免冲突？

要点：_____

_____

（三）冲突的解决策略

（1）强制策略：运用权术获胜。这种策略依赖积极争取和自己的权势来实现个人目标而以牺牲另一方的利益为代价，可能的结果是我赢他输。

（2）妥协策略：迁就另一方的利益。这种策略最强调对方的利益，通常不利于自己，导致我输他赢的结果。

（3）和解策略：寻找中间立场或者愿意放弃某些利益以换取其他的利益。这种策略反映了对自己和他人的适度的关心，没有明显的赢家和输家。

（4）合作策略：直接面对冲突，寻找最终令彼此都满意的解决办法。又称作"问题解决"或"整合"。这种策略试图实现双方利益的最大化，导致双赢的结果。

（5）回避策略：行动上和思想上都退出冲突。这种策略反映出双方对结果都不太关心，经常导致的结果是双输。

上述五种策略适用的冲突类型如表9-1所示。

表9-1 冲突的解决策略

策略类型	适用的冲突类型
强制策略	1. 遇紧急情况，必须采取果断行动时；2. 需要采取特殊手段处理重要问题时；3. 反对采取不正当竞争手段者时；4. 处理严重违纪行为和事故时
妥协策略	1. 双方各持己见且势均力敌时；2. 形势紧急，需要马上就问题达成一致时；3. 问题很严重，又不能采取独裁或合作方式解决时；4. 双方有共同的利益，但又不能用其他的方法达成一致时
和解策略	1. 需要维护稳定大局时；2. 激化矛盾会导致更大的损失时；3. 自己犯了错误或不如对方时；4. 做出让步会带来长远利益时；5. 对方的利益比自己的利益更重要时
合作策略	双方有共同的利益，且可以通过改变方法策略满足双方的意愿时
回避策略	1. 处理无关紧要的问题时；2. 处理没有可能解决的问题时；3. 解决问题的损失可能超过收益时

（四）几种典型的冲突与解决

（1）沟通问题引发的冲突与解决：通过正式渠道沟通；和当事人直接沟通；积极主动地沟通；培养沟通能力。

（2）不同价值观的冲突与解决：换位思考；求大同存小异，不要试图改变对方；差异太大，难以缓解时，保持适当距离。

（3）个人主义引发的冲突与解决：加强人员甄选；提倡团队精神和奉献精神。

（4）职责不同引发的冲突与解决：加强沟通；解决关键问题；上级仲裁。

案例简析

空姐的尴尬

有一次，我坐飞机目睹了这样一幕。在宽敞明亮的机舱内，笑容甜美的空姐小李推着餐车缓缓走来，她一边送餐，一边询问："先生，您是吃饭，还是吃面？"生性爽直的王先生回答："要米饭。"空姐接着扭头问另一位邻座的刘先生："先生，您要饭，还是要面？"刘先生愣了一下，面带愠色大声回道："要饭！"话音刚落，周围的乘客便哑然失笑道："我们也要饭！"见此情景，空姐的脸颊上顿时浮现出羞涩的红……

思考：是什么原因导致空姐尴尬？沟通中哪个环节出了问题？

简析：

这个事例告诉我们，沟通中由于发送者表达不当，或接收者对语义理解的差异和沟通方式差异等都有可能导致沟通障碍，从而影响沟通效果。

六、员工离职管理

随着知识成为企业运营最重要的资源，人力资源日益受到重视，而全球范围内的人才大战也愈演愈烈，许多企业尤其是高成长性、中小型高科技企业共同面临着很典型的一个问题，就是对于异常性的员工流动率普遍觉得非常棘手，找不到有效的解决措施。而如何看待和处理与离职员工的关系，就成为人力资源管理面临的新课题。离职员工管理其实是企业文化的体现，做得好能够在同行业中树立人力资源管理的良好形象，能为以后吸引高级人才打下基础。而从另一个角度来看，离职员工对企业来说仍然具有很大的价值。因此，引入关系管理的概念，即在离职员工离开企业后，仍然把其看作是企业人力资源的一部分，关注离职员工的职业发展和动态，保持和维护与离职员工的关系。

对于离职员工的关系管理，一些公司都有一套自己的经典做法。麦肯锡咨询公司将离职员工的有关信息编纂成册，称其为"麦肯锡校友录"。他们将员工离职视为"毕业离校"，离职员工就是他们遍布各处的"校友"，其中不乏CEO、高级管理人员、教授和政治家。麦肯锡的管理者深知随着这些离职咨询师职业生涯的发展，他们将会成为其潜在的客户。因此麦肯锡一直投巨资用于培育其遍布各行业的"毕业生网络"。事实证明，这一独特的投资为公司带来巨大的回报，麦肯锡从离职员工那里获得大量的商机。世界著名的管理咨询公司Bain公司专门设立了旧雇员关系管理主管，其主要职责是跟踪离职员工的职业生涯变化情况，公司还建有一个前雇员关系数据库，存有北美地区2 000多名前雇员资料。Bain公司也像麦肯锡一样，用"校友"一词来代替"以前的员工"这样的说法，并于1985年创立"校友网络"，所有的"校友"经常收到最新的校友录，被邀请参加公司的各种活动，而且每年收到两次关于公司长期发展、专业成就和校友们的个人业绩的通讯。从这些公司的做法中，可以归结出离职员工关系管理的要点：第一步就是建立离职员工面谈制度，建立离职员工面谈记录卡；第二步是保留离职员工过去的信息资源和通信方式，甚至建立离职员工数据库；第三步是定期开展一些关系的维持活动，让离职员工感到公司还在时时关注他们，让他们仍然具有一种归属感。离职员工关系管理是一个系统工程，它需要收集大量的数据和技术支持，但最重要的还是观念上的转变。只有把离职员工看作是公司的朋友和资源，离职员工的价值才能体现出来。

案例简析

如何解决下属之间的冲突

你是一名部门经理。当你走过你的部门时，一位下属杰克朝你走来，要求与你私下谈谈。显然有什么事情在烦扰着杰克。你回到办公室刚坐下，杰克就滔滔不绝地谈起他与同事麦克之间的冲突。照杰克的说法，麦克欺人太甚了。麦克不惜踩着别人的脊背向上爬。特别是，麦克为了使他难堪，故意把持住一些重要的信息，而他正需要这些信息来充实报告。麦克甚至利用别人做的工作为自己沽名钓誉。杰克坚持认为：你必须对麦克的态度采取行动，而且必须尽快行动——否则的话，他警告说，部门将会有好戏看。

问题：作为部门经理，你如何解决下属之间的冲突？

简析：

解决下属之间的冲突可能比解决任何难题都需要更多的技巧和艺术。在冲突大规模升级之前，你必须意识到，冲突不会自行消失，如果你置之不理，下属之间的冲突只会逐步升级。作为经理，你有责任在你的部门里恢复和谐的气氛，你应及时地担任起现场裁判。

（1）记住你的目标是寻找解决方法，而不是指责某一个人。指责即使是正确的，也会使对方顿起戒心，结果反而使他们不肯妥协。

（2）不要用解雇来威胁人。除非真的打算解雇某人，否则，说过头的威胁只会妨碍调解。如果威胁了，然后又没有付诸实施，就会失去信用，人们再也不会认真对待你说的话。

（3）区别事实与假设。消除任何感情因素，集中精力进行研究，深入调查、发现事实，这有助于找到冲突的根源。能否找到冲突的根源是能否解决冲突的关键。

（4）坚持客观的态度。不要假设某一方是错的，下定决心倾听双方的意见。最好的办法也许是让冲突的双方自己解决问题，而你担任调停者的角色。你可以单独会见一方，也可以双方一起会见。但不管你采用什么方式，应该让双方明白：矛盾总会得到解决。

为了保证会谈成功，你必须做到以下几点。

（1）定下时间和地点。匀出足够的时间，保证不把会谈内容公之于众。

（2）说明你的目的。从一开始就让下属明白，你需要的是事实。

（3）求大同，存小异。应该用肯定的调子开始会谈，指出双方有许多重要的共同点，并与双方一起讨论一致之处。然后指出，如果双方的冲突能得到解决，无论是个人、部门，还是整个公司，都可以避免不必要的损失。还可以恰到好处地指出，他们的冲突可能会影响到公司的形象。

（4）要善于倾听不同意见。在了解所有的有关情况之前不要插话和提建议。先让别人讲话，他们的冲突是起因于某一具体的事件，还是仅仅因为感情上合不来？不断提出能简单地用是或否回答的问题。

（5）注意姿势语言。你在场时必须一直保持感兴趣、听得进而又不偏不倚的形象。不要给人留下任何怀疑、厌恶反感的印象。当下属讲话时，不能赞同地点头。不能让双方感到你站在某一边。事实上和表面上的完全中立有助于使双方相信你的公正。

（6）重申事实。重申重要的事实和事件，务必使其不发生误解。

（7）寻求解决的方法。允许当事人提出解决的方法。特别要落实那些双方都能做到的事情。

（8）制定行动计划。与双方一起制定下一步的行动计划，并得到双方执行此计划的保证。

（9）记录和提醒。记下协议后，让双方明白，拒不执行协议的一方将会引起严重的后果。

（10）别忘记会后的工作。这次会议可能会使冲突的原因公开，并引起一系列的变化。但不能认为会开完了，冲突就解决了。当事人回到工作岗位之后，他们可能会试图和解，但也可能再度失和。必须在会后的几周甚至几个月里监督他们和解的进程，以保证冲突不会再发生。可以与其中一方每周正式会晤一次来进行监督。如果冲突未能得到解决，甚至可以悄悄地观察他们的行为。不再发生任何员工之间的冲突——这是经理的工作职责之一。只有在你感到智穷力竭时，你才可以用调动工作的方法把双方隔开。但最好还是把调动工作留作最后的一招。

能否果断、直接地处理冲突，表明你作为经理是否尽到了责任。你的处理将向下属发出明确的信号：不会容忍冲突——但是愿意作出努力，解决任何问题。

□ 实训项目

实训内容： 请学生模拟一次员工离职座谈，此次员工离职是因为与上司有矛盾；或者是因为新的公司比现在公司的待遇要优厚等。

实训指导：
1. 要求按小组进行角色扮演，模拟座谈。
2. 注意内部沟通的技巧把握。
3. 要求座谈的目的最好将员工留下。

□ 学中做　做中学

企业中各个部门和各个职务是相互依存的，依存性越大，对协调的需要越高，而协调只有通过沟通才能实现。请为你的虚拟公司制定一份内部沟通管理原则。

项目三　劳动关系管理

【知识精讲】劳动关系的含义、性质；劳动关系的三要素和法律特征；劳动关系管理的含义和意义；与劳动关系有关的法律法规；劳动合同管理。

企业劳动关系的好坏关系到企业的经营能否运转和发展，只有建立和保持一种和谐的、发展的劳动关系，企业才能获得健康的发展环境。因此，在人力资源管理中，企业必须尊重员工的权利，依法建立和管理劳动关系。

一、劳动关系的含义和性质

（一）劳动关系的含义

劳动关系又称为劳资关系、雇佣关系，是指社会生产中，劳动者与用人单位（包括各类企业、个体工商户、事业单位等）在实现生产劳动过程中所结成的一种必然的、不以人的意志为转移的社会经济利益关系。

劳动关系有广义和狭义之分，从广义上讲，生活在城市和农村的任何劳动者与任何性质的用人单位之间因从事劳动而结成的社会关系都属于劳动关系的范畴；从狭义上讲，现实经济生活中的劳动关系是指依照国家劳动法律法规。规范的劳动关系，即双方当事人是被一定的劳动法律规范所规定和确认的权利和义务联系在一起的，其权利和义务的实现，是由国家强制力来保障的。

（二）劳动关系的性质

劳动关系是生产关系的主要方面，劳动关系具有三方面的性质。

1. 劳动关系具有经济利益关系的性质

在劳动关系中，员工向用人单位让渡自己的劳动力，用人单位向员工支付劳动报酬和提供福利。于是，薪酬和福利就成了联结员工与用人单位的最基本的因素和纽带。显然，劳动关系在这里反映的是用人单位与员工之间的经济利益关系。

2. 劳动关系兼有人身让渡关系的性质

在一个组织中，员工与用人单位之间从本质上说并不是一种人身让渡关系，但由于要建立劳动关系，而劳动关系又是一种权利和义务相结合的契约关系，这种契约关系的主要内容是用人单位与员工之间以支配和服从为特征的双向关系。从这一意义上，劳动关系可以被看成是一种人身让渡关系。当然，这种人身让渡关系是外在的、有条件的，其本质是劳动力让渡关系的载体，劳动者并没有失去人身自由。

3. 劳动关系还具有对等关系的性质

劳动关系的对等性质表现在两个方面。第一，劳动关系是在平等协商的基础上建立起来的。第二，劳动关系的建立一般以劳动合同的签订为保证，而在劳动合同中，劳动关系双方都应对自己的权利和义务进行全面的平等的规定。

二、劳动关系的三要素和法律特征

（一）劳动关系三要素

依据劳动法律、法规形成和调整的劳动关系，主要由三个要素构成：即主体、客体和内容。劳动关系的主体，就是劳动法律关系的参与者，包括劳动者、劳动者的组织（工会）和用人单位。劳动关系的客体，是指主体的劳动权利和劳动义务共同指向的事务，如劳动时间、劳动报酬、安全卫生、劳动纪律、福利保险、教育培训、劳动环境等。在我国，劳动者的人格和人身不能作为劳动法律关系的客体。劳动关系的内容，是指劳动关系主体双方依法享有的权利和承担的义务。

（二）劳动关系的法律特征

根据劳动法调整的劳动关系概括起来主要有以下几个法律特征。

（1）劳动关系是在实现劳动过程中发生的关系，与劳动有着直接的联系。

（2）劳动关系的双方当事人，一方是劳动者，另一方是提供生产资料的劳动者的所在单位。

（3）劳动关系的一方劳动者要成为另一方所在单位的成员，并遵守单位的内部劳动规则和其它规章制度。

课 堂 讨 论

资料：存在事实劳动关系合同不能随便解除

小罗在某网络公司工作。2019 年 3 月，他发现自己的劳动合同即将到期，于是，要求公司人事部与自己续签劳动合同。"公司正准备换 CEO，等新的 CEO 来了再说吧。"人事经理给了他这样一个答复。半个月过去了，小罗的合同已经过期，公司还没有跟他续订合同。又过了一个多月，新 CEO 终于上任了。新官上任三把火，这位新官的第一把火就烧在了人的身上——决定大幅裁员。小罗跟部分其他员工一样，收到了公司发出的终止劳动合同通知书。小罗办完离职手续后，找到人事部，要求公司向自己支付经济补偿金，没想到却遭到了人事经理的拒绝。"你的劳动合同是到期终止，不是中途解除，所以，没有经济补偿金。"人事经理这样解释道。"可是，我的合同是一个月前到期的，你们当时没有终止呀。"小罗觉得有点委屈。"不管怎么说，合同到期后，公司没有再跟你续，就可以随时跟你终止劳动关系。"人事经理态度很强硬。小罗走在回家的路上，脑子还是转不过弯来：难道劳动合同过期后，公司不立即终止也不续订，以后就可以随时解除，甚至连补偿金也可以不给？

分析提示：本案中的网络公司虽然开始时和小罗订有劳动合同，但在劳动合同到期时，既没有终止又没有续订，双方当事人处在存有劳动关系但没有劳动合同的状态，属于形成事实劳动关系的情形。网络公司以换 CEO 为理由，拖延续订劳动合同，这在法律上不属于有正当理由，仍然属于无故拖延不订。所以，网络公司已经不能采用终止劳动合同的办法结束与小罗之间的劳动关系了。即使小罗同意公司的提议，了断双方的劳动关系，也只能属于双方协商解除劳动关系。网络公司至少也应按有关规定向小罗支付解除劳动关系的经济补偿金。

讨论：

针对此种情况，作为人力资源部经理，你认为该采取什么方式才能解决员工被辞退后不满意的问题？

要点：_____

三、劳动关系管理的含义和意义

1. 劳动关系管理的含义

劳动关系管理（labor relations management）是指以促进组织经营活动的正常开展为前提，以缓和、协调组织劳动关系的冲突为基础，以实现劳动关系的合作为目的的一系列组织性和综合性的措施和手段。

2. 劳动关系管理的意义

劳动关系管理是人力资源管理的主要内容之一，因为劳动关系是否顺利，直接影响着人力资源潜力是否能够发挥，因此，如何正确认识和维护劳动关系是企业管理者的关键课题。

四、与劳动关系有关的法律法规

调整劳动关系的法律法规很多，不同的法律法规从不同的角度来维护劳动者和用人单位双方的权利。

1. 劳动法

我国现行的《劳动法》是 1994 年 7 月 5 日第八届全国人民代表大会常务委员会第八次会议通过的，自 1995 年 1 月 1 日起施行。于 2009 年 8 月 27 日经第十一届全国人大常务委员会第十次会议通过第一次修正；于 2018 年 12 月 29 日第十三届全国人大常务委员会第七次会议通过第二次修正。《劳动法》共 13 章 107 条，是调整劳动关系的一部综合性法律。内容包括：总则、促进就业、劳动合同和集体合同、工作时间和休假时间、工资、劳动安全卫生、女职工和未成年工特殊保护、职业培训、社会保险和福利、劳动争议、监督检查、法律责任、附则。

2. 劳动合同法

在 2007 年 6 月 29 日第十届全国人民代表大会常务委员会第二十八次会议通过后，《劳动合同法》自 2008 年 1 月 1 日起施行。2012 年 12 月 28 日经第十一届全国人大常务委员会第三十次会议通过修正，自 2013 年 7 月 1 日施行。《劳动合同法》共 8 章 98 条，包括：总则、劳动合同的订立、劳动合同的履行和变更、劳动合同的解除和终止、特别规定、监督检查、法律责任和附则。《劳动合同法》是规范劳动关系的一部重要法律，在中国特色社会主义法律体系中属于社会法。

3. 公司法中对与劳动关系有关的内容进行了一般性的规定

《公司法》于 1993 年 12 月 29 日经第八届全国人大常委会第五次会议通过，自 1994 年 7 月 1 日起施行。1999 年 12 月 25 日经第九届全国人大常委会第十次会议第一次修正；2004 年 8 月 28 日、2013 年 12 月 28 日、2018 年 10 月 26 日分别进行了第二、第三、第五次修正。《公司法》是建立社会主义市场经济体制的一部重要法律，它为建立新型企业组织提供了法律依据。

4. 许多专门的法律法规对劳动关系中的具体内容进行了规定

由于劳动关系涉及的内容非常广泛，所以许多专门的法律法规分别对这些内容进行了专门的规定，以保护劳动者和用人单位的利益。比如《工会法》《禁止使用童工规定》《残疾人保障法》《外国人在中国就业管理规定》等法律法规，分别对工会活动、童工保护、残疾人保障以及外国人在我国就业等问题进行了具体的规定。

5. 民事诉讼等程序法对劳动争议处理程序进行了规定

《中华人民共和国劳动争议调解仲裁法》（2008）、《劳动人事争议仲裁办案规则》（2017）、《劳动人事争议仲裁组的规则》（2017）、《中华人民共和国社会保障法》（2011）以及最高法院在2021年颁布的《关于审理劳动争议案件适用法律若干问题的解释》对劳动争议的受理、调解、仲裁和法律责任等都做了具体的规定。

课 堂 讨 论

资料：辞职应采用什么样的流程呢？

某公司个别员工辞职，向公司提出解除劳动合同。

讨论：

1. 员工提出辞职，应该遵循什么法律法规？

2. 此种情况下需要制作什么文本？提示：劳动合同解除通知书和证明书。

要点：＿＿＿＿＿＿＿＿＿＿＿＿＿＿＿＿＿＿＿＿＿＿＿＿＿＿＿＿＿＿＿＿＿

＿＿＿＿＿＿＿＿＿＿＿＿＿＿＿＿＿＿＿＿＿＿＿＿＿＿＿＿＿＿＿＿＿＿＿＿＿

五、劳动合同管理

（一）劳动合同的概念和特征

1. 劳动合同的概念

劳动合同也称劳动协议或劳动契约，是指劳动者与用人单位为确立劳动关系，明确双方权利和义务而依法协商达成的协议。在西方国家，也有人将劳动合同称为雇佣合同或雇佣协议等。劳动合同是确立、表现劳动关系的法律形式，是产生劳动法律关系的法律事实。我国《劳动法》第十九条明确规定："劳动合同应当以书面形式订立。"

2. 劳动合同的特征

订立劳动合同应当遵循合法和平等自愿、协商一致的原则。劳动合同具有以下特征。

（1）劳动合同主体具有特定性，即劳动合同主体的一方是劳动者，另一方是用人单位。劳动者需要具备相应的劳动能力和民事行为能力，而用人单位则需要具备依法雇佣劳动者的资格。

（2）劳动合同内容具有劳动权利和义务的统一性和对应性。劳动者参加企业的劳动，要服从用人单位的劳动管理和分配，要遵守企业的劳动规则和其他规章制度等；用人单位负责安排、组织和管理劳动者的劳动，要按照劳动者的劳动成果和效率支付劳动报酬和其他福利，要给劳动者提供相应的劳动条件和环境等。任何一方行使权力都必须以履行义务为前提，且双方的权利义务必须是对等的。

（3）劳动合同具有较强的法定性。劳动合同一经签订，就具有法律约束力，劳动关系当事人必须履行劳动合同规定的义务。任何一方违反劳动合同，都有可能受到法律的约束和制裁。

3. 劳动合同的种类

（1）个人劳动合同。个人劳动合同即劳动者个人与用人单位所订立的劳动合同。个人劳动合同的主体双方，一方是劳动者个人，另一方是用人单位。在本书中，除了特别注明"集体合同"外，一般提到的劳动合同均指个人劳动合同。

（2）集体劳动合同。集体劳动合同是由工会或职工代表与用人单位代表就劳动报酬、工作时间、休息休假、劳动安全卫生、社会保障和福利等事项进行协商谈判而订立的书面协议。

4. 劳动合同的效力

劳动合同的成立与生效有所区别，一般情况，劳动合同的成立也就同时生效，但有些情况下劳动合同成立但并不生效，只有等生效条件（如起始时间到达）具备时才生效。

劳动合同的无效，指当事人所订立的劳动合同不符合法律规定因而不具有法律效力。

（二）劳动合同的内容

劳动合同的内容是指当事人双方达成的劳动权利和义务的具体约定，具体表现为合同条款。劳动合同的条款分为必备条款和可备条款两类。

1. 必备条款

必备条款也称法定条款，即法律规定劳动合同必须具备的条款。我国劳动法规定的必备条款包括：劳动合同的期限、工作内容、劳动保护和劳动条件、劳动报酬、劳动纪律、劳动合同的终止条件、违反劳动合同的责任。上述条款如有缺失，则会影响合同的成立。

（1）劳动合同期限。劳动合同期限分为有固定期限、无固定期限和以完成一定的工作为期限。劳动者与用人单位还可以在劳动合同中约定试用期。试用期是对双方履行劳动合同的能力的考察。对初次就业和再次就业的劳动者，用人单位可以与其在劳动合同中约定试用期，试用期最长不得超过六个月，试用期应当包括在劳动合同期限内，通常从劳动合同生效之日起计算，如果因各种原因拖延了劳动合同的正式履行，不应将试用期限后延。

（2）工作内容。工作内容是劳动合同中权利义务的基础，是劳动者所从事的工种和工作岗位，在工作岗位上必须达到的工作要求，如劳动定额、产品质量标准等。

（3）劳动保护和劳动条件。劳动保护和劳动条件是劳动者在工作中所享有的生产、工作条件，即用人单位保障或者提供劳动者正常生产或工作所必需的基本条件，包括劳动场所和设备、劳动安全卫生设施、符合国家规定标准的劳动防护用品等。

（4）劳动报酬。劳动报酬是用人单位根据劳动者劳动的数量和质量，以货币形式支付劳动者的工资。在劳动报酬方面，用人单位可以根据自身情况，根据劳动者不同的工作岗位确定不同的劳动报酬形式，如计件工资、计时工资、效益工资等。但是在劳动合同中，必须遵守国家的法律规定。劳动报酬条款应当明确工资的支付周期、工资的支付时间、工资支付数额等。

（5）劳动纪律。劳动纪律是劳动者在劳动过程中必须遵守的劳动规则，包括国家的法律、法规规定的规则及用人单位制定的、符合国家法律规定的劳动规则。在法律效力上，用人单位制定的劳动纪律低于国家的法律法规，即如果用人单位的劳动纪律与国家法律法规不一致，则以国家法律法规为准。在实践中，有些地方劳动行政主管部门通过用人单位的规章制度备案的做法对用人单位的规章制度的合法性进行监督。

（6）劳动合同终止的条件。《劳动法》规定，劳动合同期满或当事人约定的劳动合同终止条件出现，劳动合同即行终止。可见，劳动合同终止的条件除了合同期满之外，双方当事人可以在劳动合同中约定其他终止条件。

（7）违反劳动合同的责任。《劳动法》《劳动合同法》《违反和解除劳动合同的经济补偿办法》《违反〈劳动法〉有关劳动合同规定的赔偿办法》对劳动合同双方当事人违反劳动合同所应承担的责任作了相应规定。另外，劳动合同双方当事人可以根据具体情况，在符合国家法律的前提下，自行约定其他具体的违反劳动合同的责任。

2. 可备条款

可备条款就是法律规定劳动合同可以具备的条款，可备条款的缺少一般不影响劳动合同的成立，一般包括试用期条款、保守商业秘密和专有技术秘密条款、禁止同行业竞争条款等。

除以上必备条款和可备条款外，我国劳动立法关于劳动合同的内容还有一些限制性规定，比如：用人单位在与劳动者订立劳动合同时，不得以任何形式向劳动者收取定金、保证金（物）或抵押金（物）。对违反规定的，由公安部门和劳动保障部门责令用人单位立即退还给劳动者。

（三）劳动合同的订立

劳动合同的订立是指劳动者与用人单位为建立劳动关系依法就双方的权利和义务协商一致，建立合同关系的法律行为。

订立劳动合同一般遵循如下的程序。

（1）起草劳动合同草案。在我国，一般由用人单位提供劳动合同草案。不管是哪一方起草合同草案，其内容都必须符合国家相关的法律法规的规定。劳动者有权就不清楚的条款要求用人单位有关人员做出解释和回答。

（2）双方协商劳动合同内容。合同双方当事人在了解合同内容的基础上，全面真实地表达各自意见和主张，通过充分的协商讨论，达成一致意见。

（3）双方签约。合同双方当事人在签约前，认真审阅合同文书的内容是否为经双方协商一致的结果。在确认无误的基础上，双方当事人签字、盖章。如果合同不需要鉴证，则双方当事人签字、盖章后,所签合同即具有法律效力。

(4) 合同鉴证。这是指按照国家规定或当事人的要求,用人单位将合同文本送交合同签订地或履行地的合同鉴证机构或劳动行政主管部门,合同鉴证机构或劳动行政主管部门依法审查、鉴定合同的合法性,并提交有关鉴证证明。凡需要鉴证的合同,只有在鉴证后才会生效。

(四) 劳动合同的履行

劳动合同的履行指双方当事人按照劳动合同的约定,履行各自所承担的义务的行为。劳动合同的履行,应当遵循以下原则。

1. 实际履行的原则

实际履行的原则是指合同双方当事人要按照合同规定的标的履行自己的义务和实现自己的权利,不得以其他标的或方式来代替。这主要表现在以下两个方面。

(1) 一方当事人即使违约,也不能以罚金或赔偿损失来代替合同标的履行,除非违约方对合同标的履行对另一方当事人已无实际意义。

(2) 一方当事人不履行合同时,另一方当事人有权请求法院或仲裁机构强制或敦促其履行。

2. 亲自履行原则

劳动者提供劳动力,用人单位使用劳动力的特点决定了合同当事人必须亲自履行劳动合同规定的义务。亲自履行就是指双方当事人要以自己的行为履行合同规定的义务和实现合同规定的权利,不得由他人代为履行。这就是说,劳动者的义务只能由劳动者自己去履行,管理者的义务只能由管理者去履行。双方当事人权利的实现也是这样,只能依靠自己。亲自履行的原则要求,合同双方当事人要以自己的实际行为去完成合同规定的任务,实现合同约定的目标,当事人要将合同规定的内容融入自己的合同活动履行中去。

3. 正确履行的原则

正确履行原则是指当事人要按照合同规定的内容,不打折扣地全面履行,不得改变合同的任何内容和条款。合同正确履行的原则包括三方面的内容。一是实际履行,二是亲自履行,三是全面履行。只有当事人按照合同规定的标的或方式来实施,才算是合同的正确履行。也只有当事人自己亲自履行合同的内容和条款,才称得上是合同的正确履行。同时,也只有当事人履行合同的全部条款,即按照合同约定的标的及其种类、数量和质量履行,又按照合同约定的时间、地点和方式等履行,才算是合同的全面履行,也才算得上是合同的正确履行。也就是说,正确履行的原则是要求合同当事人履行合同既要实际履行,又要亲自履行,同时还要全面履行。

4. 协作履行的原则

协作履行原则是根据劳动合同客体——劳动行为的特征提出的,劳动行为是在运用劳动力,实现劳动过程中发生的行为,只有当事人双方协作才能完成任务。协作履行的原则是指双方当事人在合同的履行过程中要发扬协作精神,要互相帮助,共同完成合同规定的义务,共同实现合同规定的权利。

（五）劳动合同的变更

劳动合同的变更是指当事人对依法订立而尚未履行或未完全履行的劳动合同，因主客观情况发生，双方当事人依法协商一致，进行修订、补充合同内容的行为。

劳动合同的变更主要反映在四个方面：一是生产或者工作任务的增加或减少；二是劳动合同期限的延长或缩短；三是劳动者工种或职务的变化；四是对劳动者支付劳动报酬的增加或减少。例如，一些国有企业由于产业结构的调整，生产经营情况发生了重大变化，需要安排部分员工下岗，致使原劳动合同的条款无法履行，这部分下岗员工要进入企业再就业服务中心，并与中心签订基本生活保障和再就业协议，就需要同时变更原来与企业签订的劳动合同，使之与经济发展的形势相适应。又如劳动者因意外事故致伤、致残，不能从事原岗位劳动，工作岗位需要作适当调整。国家颁布了新的法律、法规，原劳动合同的某些条款与新的法律、法规相悖。由于不可抗力（如水灾、地震、战争）等因素，造成任何一方无法履行原劳动合同时，经双方当事人平等协商，可以变更劳动合同的相关内容。

（六）劳动合同的解除

劳动合同的解除是指劳动合同双方当事人对依法订立而尚未全部履行的劳动合同，因一定的法律事实的出现，劳动合同一方或双方当事人依法提前终止劳动合同的法律效力，解除双方权利和义务关系的行为。与劳动合同的订立、变更不同，劳动合同解除可以是双方的，也可以是单方的法律行为。劳动合同的解除分为法定解除和约定解除两种。用人单位解除与劳动者的劳动合同应具备法律规定的条件，若违反法律的规定将承担法律责任。法律规定的解除劳动合同的条件，因解除的原因不同而有所不同。

（七）劳动合同的终止

指劳动合同的法律效力因一定法律事实的出现而归于无效。劳动合同终止的事由主要有以下几项：

（1）劳动合同期满；

（2）劳动者被除名、开除、劳动教养或判刑；

（3）劳动者完全丧失劳动能力或死亡；

（4）劳动者退休；

（5）用人单位主体消灭；

（6）双方约定终止条件的出现或合同目的已实现；

（7）法律规定的其他情形。

但当法律规定的特殊情形出现时，一些劳动合同到期也不能终止，而应依法顺延一定期限或长期顺延。主要情形有：劳动者患病或负伤在规定的医疗期内；劳动者因工丧失部分劳动能力；女员工在孕期、产期、哺乳期内。

劳动合同终止后，合同双方当事人仍负有一定的后续义务。其中，用人单位的主要义务是给劳动者出具劳动合同的证明书，作为劳动者享受失业保险待遇的失业登记、求职凭证，并在 7 日内报失业保险经办机构备案。用人单位是国有企业的，还应给劳动者按 1 年 1 个月的标准支付生活补助费，但最多不超过 12 个月。劳动者的主要义务是继续为用人单位保守商业秘密。

案例简析

周某同某企业签订了 2 年期限的劳动合同，合同中约定试用期为 6 个月，试用期的工资为劳动合同约定工资的 50%，该劳动合同关于试用期及工资的约定是否合法？

简析：

《劳动法》规定，劳动合同可以约定试用期，但最长不得超过六个月，《劳动合同法》对试用做出了有针对性的规定：劳动合同期限三个月以上不满一年的，试用期不得超过一个月；劳动合同期限一年以上不满三年的，试用期不得超过二个月；三年以上固定期限和无固定期限的劳动合同，试用期不得超过六个月。

《劳动合同法》规定了试用期间的劳动者工资待遇的法定最低标准，劳动者在试用期的工资不得低于本单位相同岗位最低档工资或者劳动合同约定工资的 80%，并不得低于用人单位所在地的最低工资标准。

而本例 6 个月试用期及其工资的约定明显违反《劳动合同法》的上述强制性规定，属无效条款，周某的试用期不应超过 2 个月，试用期的工资不得低于劳动合同约定工资的 80%。

应当注意的是，试用期是劳动合同的一个约定的条款，如果双方事先没有约定，用人单位就不能以试用期为由解除劳动合同。

可以肯定，《劳动合同法》的实施给企业用工管理带来了巨大的挑战和机遇，但是只要企业全面理解并有效运用《劳动合同法》，如严格依法订立、履行、变更、解除或者终止劳动合同，依法防范劳动用工法律风险，维护劳动者的合法权益，就一定能避免不必要的劳动争议发生，就一定能构建新型的和谐稳定的劳动关系。

实训项目

实训内容：走访企业并了解该企业劳动关系管理的有关内容。

实训指导：

1. 了解该企业的劳动合同的订立、变更、解除、续订等方面的内容。

2. 了解该企业处理劳动争议的方式及途径。

3. 通过深入企业，能将所学的理论知识有效地和实践相结合，培养学习的主动性、积极性。

🞏 学中做　做中学

为你的虚拟公司招聘的员工拟定一份试用期合同。

要求：

试用期的劳动合同要注意合同内容，试用期是包括在劳动合同期限内的。

第一，单独的试用期合同是无效的。根据《劳动部关于贯彻执行〈中华人民共和国劳动法〉若干问题的意见》的规定："劳动者被用人单位录用后，双方可以在劳动合同中约定试用期，试用期应包括在劳动合同期限内。"

第二，劳动期限应和劳动合同期限挂钩，最长不得超过六个月。《劳动法》第二十一条规定："劳动法合同可以约定试用期。试用期最长不得超过六个月。"具体来说就是，劳动合同期限在六个月（半年）以下的，试用期不得超过15天；劳动合同期限在六个月到一年的，试用期最长不超过30天；劳动合同期限在一年以上两年以下的，试用期最长不得超过60天；劳动合同期限在两年以上的，试用期不得超过六个月。

第三，资金担保违法，可酌情提供担保人。用人单位要求新入职员工试用期提供担保，可能有两种形式，一是以收取保证金（物）的形式，二是以提供担保人要求其承担担保责任的形式。第一种是我国《劳动法》明令禁止的；第二种是要求提供担保人来承担连带责任，在我国没有法律条文做出过明文的允许或禁止，劳动者可以本着自愿的原则提供。

第四，试用期企业须有理由退工，员工可无理由走人。《劳动法》规定在试用期内，用人单位必须有证据证明劳动者不符合录用条件时，才能辞退。而员工只要"通知"单位就可以解除劳动合同，无须提供任何理由。

《劳动法》第三十二条规定有下列情形之一的，劳动者可以随时通知用人单位解除劳动合同：

（1）在试用期内的；

（2）用人单位以暴力、威胁或者非法限制人身自由的手段强迫劳动的；

（3）用人单位未按照劳动合同约定支付劳动报酬或者提供劳动条件的。

项目四　劳动争议处理实务操作

【知识精讲】 劳动争议的概念和类型、劳动争议的处理；劳动争议的预防。

近年来，劳动争议的内容越来越复杂。一方面是身份性争议减少，经济性争议增多。另一方面，争议内容日益多样化。劳动争议中不再是传统的"解除劳动合同争议、劳动报酬争议和社会保险争议"，而是出现了很多新的争议内容，如辞退争议、加班工资争议和工伤待遇争议等。随着劳动法律制度的普及，劳动者法律意识的提高，主动拿起法律武器保护自己权益的劳动者日益增多。在劳动争议仲裁中，劳动者胜诉的比率不断提高，企业的胜诉率则不断下降。

一、劳动争议的概念和类型

（一）劳动争议的概念

劳动争议，指劳动关系的双方主体及其代表之间在实现劳动权利和履行劳动义务等方面所产生的争议或纠纷。早期的劳动争议主要集中在开除、除名、辞退违纪员工等员工惩处方面。

（二）劳动争议的类型

根据不同的分类方式，可对劳动争议进行不同的分类。

（1）按劳动争议当事人中劳动者一方人数多少的不同，可分为个人争议和集体争议。个人劳动争议是劳动者个人与用人单位发生的劳动争议。集体劳动争议是指劳动者一方当事人在 3 人以上、有共同理由的劳动争议。劳动者因与用人单位签订和履行集体合同而发生的团体劳动争议也属于集体争议的范畴。

（2）按照劳动争议的内容来分类，可分为权利争议和利益争议。权利争议也称既定权利争议，是指劳动关系双方主体及其代表对既定权利和义务的实现和履行产生的争议。利益争议也称待定权利争议，是指劳动关系双方主体及其代表在确定彼此的权利和义务关系时产生的分歧和争议。

（3）按照劳动争议的客体来划分，可分为，因履行劳动合同发生的争议；因履行集体合同发生的争议；因企业开除、除名、辞退员工和员工辞职、自动离职发生的争议；因执行国家有关工作时间和休息休假、工资、保险、福利、培训、劳动保护的规定而发生的争议等。可分为履行劳动合同争议、开除争议、辞退争议、辞职争议、工资争议、保险争议、福利争议和培训争议等。

（三）劳动争议的内容

企业劳动争议的内容是多方面的。综合起来说，这些基本内容具体涵盖以下主要方面：

（1）有关工资、津贴和奖金等问题；

（2）有关集体合同的执行、解除和终止及重新谈判等问题；

（3）有关劳动合同的执行、解除、变更和终止等问题；

（4）有关工人的录用、辞退、辞职和工作变动等问题；

（5）有关工会的成立、运作、管理和代表权的承认等问题；

（6）有关工作安全和劳动卫生等问题；

（7）有关工作时间和休息、休假等问题；

（8）有关就业培训和职业训练等方面的问题；

（9）有关劳动保险、劳动福利及女职工、未成年劳工特殊保护等方面的问题。

课 堂 讨 论

资料：小白怀孕期间被公司辞职了，小白不服，向公司提出赔偿。

讨论：

小白在怀孕期间应该被辞职吗？这属于哪一种劳动争议？

要点：＿＿＿＿＿＿＿＿＿＿＿＿＿＿＿＿＿＿＿＿＿＿＿＿＿＿＿＿

二、劳动争议的处理

在组织的劳动关系中，劳动争议是一种普遍存在的社会现象。劳动争议不仅会给劳动者造成负担，更会给企业造成不必要的影响和损失。首先，劳动争议会破坏企业的劳动关系，在员工内部造成不良影响，不利于稳定人心。其次，劳动争议会给企业造成诉讼，带来不必要的麻烦。由于大量劳动争议是企业不按法律制度和合同办事引起的，所以劳动争议一旦提交仲裁，败诉的往往是企业。最后，劳动争议尤其是集体劳动争议会破坏企业正常的生产经营活动。正确、合理、及时地处理好劳动争议，对维护和谐的劳动关系，发挥人力资源的潜力具有重大意义。

（一）劳动争议治理的手段

劳动争议治理有两种基本手段，劳动争议预防和劳动争议处理。劳动争议的预防是指在认识企业劳动争议发生的客观规律基础上，发挥人的主观能动性，尽量限制或减少企业劳动争议的发生，是一种事前主动治理。而企业劳动争议处理则是调解、仲裁、诉讼等一系列解决方式，是一种事后被动治理手段。在某种程度上，预防比处理更为重要，因为它可以避免不必要的损失。长期以来，社会和企业强调更多的是被动的劳动争议处理。所以企业要转变观念，化被动为主动，要积极预防劳动争议。除了完善劳动法制、使劳动关系制度化、提高劳动者素质以外，作为企业，可以从以下几方面入手：加强企业内部劳动法规的宣传工作；依法建立科学的企业劳动规章制度；加强企业内部沟通，完善劳动关系双方的对话协商机制；发挥企业法律顾问制度的作用。通过以上几方面的努力，把劳动争议制止在萌芽状态，营造良好的员工关系。

（二）劳动争议处理的程序

劳动争议发生后，当事人应当协商解决；劳动争议发生后，当事人可以向本单位劳动争议调解委员会申请调解；调解不成，当事人一方要求仲裁的，可以向劳动争议仲裁委员会申请仲裁；当事人一方也可以不经调解直接向劳动争议仲裁委员会申请仲裁；对仲裁裁决不服的，可以向人民法院提起诉讼。可以看出，劳动争议当事人可以有四条途径解决其争议。

（1）协商程序。劳动争议双方当事人在发生劳动争议后，应当首先协商，找出解决的方法。

（2）调解程序。这里的调解程序是指企业调解委员会对本单位发生的劳动争议的调解。调解程序并非是法律规定的必经程序，然而对于解决劳动争议却起着很大的作用，尤其是对于希望仍在原单位工作的员工，通过调解解决劳动争议当属首选。

（3）仲裁程序。当事人从知道或应当知道其权利被侵害之日起 60 日内，以书面形式向仲裁委员会申请仲裁。仲裁委员会应当自收到申请书之日起 7 日内做出受理或者不予受理的决定。仲裁庭处理劳动争议应当自受理仲裁申请之日 45 日内结束之日起 60 日内结束。案情复杂需要延期的，经报仲裁委员会批准，可以适当延期，但是延长的期限不得超过 15 日。

（4）诉讼程序。当事人如对仲裁决定不服，可以自收到仲裁决定书 15 日内向人民法院起诉，人民法院民事审判庭根据《中华人民共和国民事诉讼法》的规定，受理和审理劳动争议案件。审限为 6 个月，特别复杂的案件经审判委员会批准可以延长。当事人对人民法院一审判决不服，可以再提起上诉，二审判决是生效的判决，当事人必须执行。需强调的是，劳动争议当事人未经仲裁程序不得直接向法院起诉，否则人民法院不予受理。

关于处理因签订或履行集体合同发生的争议，《劳动法》作了特殊的程序规定，即因签订集体合同发生争议，当事人协商解决不成的，当地人民政府劳动行政部门可以组织有关各方协调处理；因履行集体合同发生争议，当事人协商解决不成的，可以向劳动争议仲裁委员会申请仲裁。对仲裁裁决不服的，可以向人民法院提起诉讼。

（三）企业劳动争议调解委员会对劳动争议的调解

劳动争议调解委员会是用人单位根据《劳动法》和《企业劳动争议处理条例》的规定在本单位内部设立的机构，是专门处理与本单位劳动者之间的劳动争议的群众性组织。

（四）劳动争议仲裁委员会对劳动争议的仲裁

劳动争议仲裁委员会是处理劳动争议的专门机构。县、市、市辖区应当设立劳动争议仲裁委员会（以下简称仲裁委员会），负责处理本辖区内发生的劳动争议。设区的市的仲裁委员会和市辖区的仲裁委员会受理劳动争议案件的范围，由省、自治区人民政府规定。

三、劳动争议的预防

（一）劳动争议产生的原因

由于占我国劳动争议绝大部分的是企业劳动争议，故在此讨论的劳动争议产生的原因，主要是针对企业而言的。在市场经济条件下，企业生产经营的最终目的是追求利润的最大化。而为了获得最大化的利润，企业经营管理当局必然的选择就是控制成本，而劳动者的薪酬福利作为总成本的组成部分，其绝对水平或增长率往往难以达到劳动者的满意。另外，作为独立的市场主体，劳动者向用人单位提供劳动，其目的是追求个人福利的最大化，即较高的劳动报酬和较为优厚的福利待遇，这样就会和企业长远利益之间形成矛盾。企业经营管理者和劳动者双方主体的利益差别过大会导致双方的不满，就会产生企业劳动争议甚至企业劳动关系的冲突。根据对发达市场经济国家或地区劳动争议时间的分析，企业劳动争议案件的主要原因就在于企业经营者利润最大化目标与企业劳动者个人收入或个人福利最大化目标之间的利益差别或矛盾。所以，在市场经济条件下，企业劳动关系双方主体经济利益的差别或矛盾是企业劳动争议的内在原因。

（二）劳动争议预防的意义

劳动争议处理的目的是控制和降低已经发生的劳动争议的危害程度，企业劳动争议预防的目的是限制或减少企业劳动争议的发生。管理学的基本原理告诉我们，事前控制比事中控制、事后控制更为有效。无论从社会的宏观层面还是从组织的微观层面，对劳动争议的预防比劳动争议处理更为有效。在实践中，不管制度和法律多么健全和有效，劳动争议处理也只是在劳动关系运行不正常情况下的一种补救措施，其处理结果不管多么合法或多么令双方当事人满意，但争议本身所带来的经济损失甚至社会损失已经发生，无法挽回。也就是说，对于劳动争议，管理者更应追求发生数量的减少。当然，劳动争议的发生在客观上是难以避免的，但尽量减少企业劳动争议的发生应是劳动争议管理的最终目标。

案例简析

李某与 A 企业于 2014 年 2 月 20 日签订了为期 5 年的劳动合同，合同中约定试用期为 1 年，工作岗位为一车间操作工。同年 4 月 1 日李某自感身体不适，经医院诊断为过敏症，休假 4 天痊愈。4 月 25 日该症状再次发生，经企业指定医院诊断为生产中常用的一种原料过敏症，若不脱离过敏源，该症状将会反复发作，影响患者健康。李某经治疗休息痊愈，4 月 29 日上班。企业了解李某的情况后，表示吃惊：因为一车间前后曾经有 600 多名工人工作，从未出现过该种疾病。为保障员工的健康，提议调整李某的工作岗位，到三车间工作，从而脱离过敏源；并允许李某休假到"五一"节后上班，以让其充分考虑企业的意见。休假后，李某拒绝企业调整工作岗位的建议，提出自己掌握中英文打字技术，要求到企业总部的职能科室工作。因企业有严格的科室人员的定员标准，不能满足李某的要求。双方协商未果。企业再次允许李某带薪休息 3 天，考虑企业调整工作岗位的建议。5 月 11 日，李某表示不能接受企业的建议。于是，企业以"试用期内，经发现不符合录用条件"为由，当日解除了与李某的劳动合同。

根据劳动法律、法规的相关规定，对上述案例提出你的全面的分析意见和适当的建议。并回答下述问题：

1. A 企业可以调整李某的工作岗位吗？为什么？

2. 李某与一车间常用原料过敏，且"不脱离过敏源，该症状将会反复发作，影响患者健康"，企业应如何应对？

3. A 企业应怎样合法地处理与该员工的劳动关系？

4. 根据本案例对企业劳动合同管理提出适当的建议。

简析：

在本案例中，企业可以调整李某的工作岗位。李某不同意调整，在试用期内，用人单位可以解除劳动合同，但是单位约定一年的试用期因违法而无效，试用期最长不得超过六个月。所以，单位要解除与李某的劳动合同，应当适用《劳动法》第二十六条提前30日书面通知劳动者。

《劳动法》第二十一条规定：劳动合同可以约定试用期。试用期最长不得超过六个月。

第二十五条规定：劳动者在试用期间被证明不符合录用条件的，用人单位可以解除劳动合同。

第二十六条规定：有下列情形之一的，用人单位可以解除劳动合同，但是应当提前三十日以书面形式通知劳动者本人：

（1）劳动者患病或者非因工负伤，医疗期满后，不能从事原工作也不能从事由用人单位另行安排的工作的；

（2）劳动者不能胜任工作，经过培训或者调整工作岗位，仍不能胜任工作的；

（3）劳动合同订立时所依据的客观情况发生重大变化，致使原劳动合同无法履行，经当事人协商不能就变更劳动合同达成协议的。

❑ 实训项目

实训内容：在上次调查了某企业劳动关系管理的有关内容后，完成调查报告。

实训指导：

1. 要求每组学生整理出走访报告或小结。

2. 要求学生填写实训报告。包括时间项目、目的、内容，等等。

3. 教师评阅后写出评语，时间小组或全班交流。

❑ 学中做　做中学

为你的虚拟公司拟定一份劳动合同。

要求：

《劳动法》第十九条规定，劳动合同应当以书面形式订立，并具备以下条款：

（1）劳动合同期限；

（2）工作内容；

（3）劳动保护和劳动条件；

（4）劳动报酬；

（5）劳动纪律；

（6）劳动合同终止的条件；

（7）违反劳动合同的责任。

劳动合同除前款规定的必备条款外，当事人可以协商约定其他内容。

小　结

1. 员工关系管理是指企业各级管理人员和人力资源职能管理人员，通过制定和实施各项人力资源政策和管理行为，以及其他的管理沟通手段调节企业和员工、员工与员工之间的相互联系和影响，从而实现组织的目标并确保为员工、社会增值。

2. 员工关系管理主要有九个方面：劳动关系管理、员工纪律管理、员工人际关系管理、沟通管理、工绩效管理、员工情况管理、企业文化建设、服务与支持、员工关系管理培训。

3. 劳动关系又称为劳资关系、雇佣关系，是指社会生产中，劳动者与用人单位在实现生产劳动过程中所结成的一种必然的、不以人的意志为转移的社会经济利益关系。

4. 劳动合同也称劳动协议或劳动契约，是指劳动者与用人单位为确立劳动关系，明确双方权利和义务而依法协商达成的协议。

5. 劳动争议，指劳动关系的双方主体及其代表之间在实现劳动权利和履行劳动义务等方面所产生的争议或纠纷。劳动争议治理有两种基本手段，劳动争议预防和劳动争议处理。

思考题 ●●●

1. 什么是员工关系管理？

2. 企业在沟通管理中应注意哪些问题？

3. 劳动者在企业中的地位是什么？在劳动关系中劳动者有哪些基本权利？

4. 劳动合同的原则有哪些？订立劳动合同时应注意哪些问题？

5. 处理劳动争议的方法和途径有哪些？

6. 如何避免劳动争议？